LAUDI TYKA

Das Rennen der Gefühle

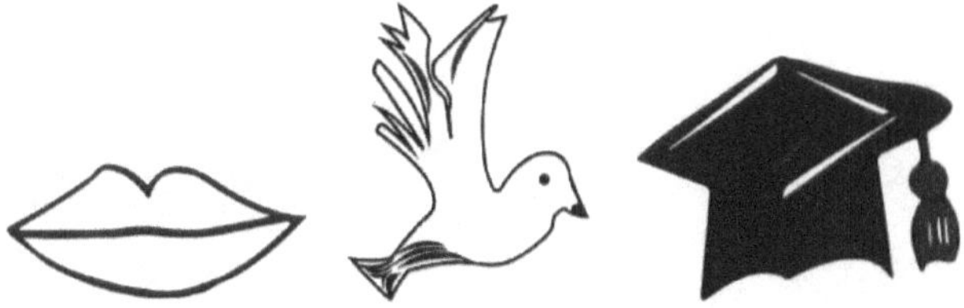

LAUDI TYKA

Das Rennen der Gefühle

Gefühle X Freiheit!!!! Bildung √

Die Verfolgung eines Ziels, Einfluss fremder Kulturen,
Umwege der Gefühle

ROMAN

Impressum

DAS RENNEN DER GEFÜHLE

Autorin: Laudi Tyka
Coverbild: Laudi Tyka
Covergestaltung: Freelancer
Seitengestaltung: Laudi Tyka/ Freelancer
Lektorat: Freelancer
Druck und Bindung: KDP Self Publisher
Alle Charakter und Personen in diesem Buch sind frei erfunden.
Etwaige Namensähnlichkeiten sind reiner Zufall.
Copyright © 2020 Laudi Tyka

Alle Rechte vorbehalten.
ISBN: 978-3-00-066908-8

Vorwort

Das Buch ist eine Sammlung lose zusammengetragener Reiseerlebnisse. Kombiniert mit phantasievoll entwickelten Charakteren, welche spannend und lebendig gehalten sind. Der Roman richtet sich speziell an die Menschen die sich selbst als Weltbürger sehen und sich in vielen verschiedenen Ländern wie zuhause fühlen.

Im Fokus dieses Buches steht die besondere Message, sich selbst und unsere jetzige Situation nicht zu ernst zu nehmen. Denn letztendlich entwickeln sich unsere Vorweisungen oft anders als wir zum Anfang dachten.

Inhaltsverzeichnis

Freiheitsticket

An dem Wochenende vor ihrem Abflug nach Amerika veranstalteten Kamilas Eltern, Marius und Azze für sie eine Abschiedsparty. Sie ahnte zwar, dass es etwas geben würde, hatte aber keine Ahnung, was und wo. Vielleicht ein Essen mit Familie und Freunden? Wenn Kamila sich die Einkäufe ihrer Mutter so ansah, die vielen Tüten und vor allem die Unmengen an Tomaten, fragte sie sich „Komisch warum hat Mama so viel eingekauft, schließlich sind wir nur zu sechst." Azze wurde als Ablenkung für sie eingespannt. Mama war auch froh, als Kamila endlich ging, damit sie alles vorbereiten konnte. Da Marius Kamila zu Azze hinfuhr, hatte sie auch kaum die Möglichkeit, früher nach Hause zu kommen, ohne abgeholt zu werden.

Azze brauchte ewig, um sich schön zu machen. Das tat sie immer. Sie saß vor dem Spiegel und perfektionierte ihr Make-up, um ihre wunderschönen großen, braunen Azzes Bett lag und über Amerika träumte. ‚Warum macht sie sich jetzt so schick?' Kamila betrachtete sie. Azze war ziemlich klein und hatte Kurven Mandelaugen in den Vordergrund zu stellen. Kamila bewunderte sie während sie auf an den richtigen Stellen. Sie war anders als Kamila, die mit ihren 1,72 m groß war und ewig lange schlanke Beine und verglichen mit Azze eher sportliche Hüften besaß. Azze hatte kurze Beine und für die Region, in der sie aufwuchsen, viele Rundungen. „Mann Azze, ich frage mich wirklich, warum du dich so auftakelst. Es geht doch nur um ein Essen bei mir zu Hause." – „Na ja, ich will halt einfach gut aussehen." erwiderte sie lächelnd – „Aber du weißt schon, dass Marius vergeben ist. Oder willst du etwa wieder mit ihm anbandeln? Du hattest ja schon immer eine Schwäche für ihn." Azze lachte fröhlich und sagte verführerisch: „Vielleicht." Marius war Kamilas Bruder und kein Kind von Traurigkeit, doch inzwischen fest liiert mit seiner Freundin Fiona. Kamila verstand sie nicht und drängte: „Komm, lass uns gehen. Ich habe Hunger." Als sie rausgingen, trafen sie Badak und Recep, ein paar Kumpel. Kamila wusste nicht, dass währenddessen daheim ungefähr zwanzig Leute auf sie warteten, welche die Terrasse mit Ballons schmückten und ein Grillfest vorbereiteten. Es sollte eine Überraschung für Kamila sein und Azze sollte sie so lange von zu Hause fernhalten, bis alle bereit waren. Kamila war langweilig und Hunger hatte sie auch, sie wollte unbedingt heim, doch dann kam ein glücklicher Zufall für Azze, denn Badak fragte Kamila: „Magst du mit mir eine Motorradtour um den Alpsee machen? Das letzte Mal die Heimat sehen bevor du in die große Welt aufbrichst – nach Amerika?" Zustimmend lächelte sie: „Gerne." Badak gefiel Kamila schon immer. Er hatte Ähnlichkeit mit Orlando Bloom, nur kürzere Haare. Gebildet war er nicht unbedingt, was die Schule anging, doch er war intelligent. Seine sanfte, ruhige Art kamen oft zum Vorschein und er war freundlich und zuvorkommend, das schätzte sie an ihm. Schnell sprang sie hinten auf und sie fuhren um den großen Alpsee. Noch einmal schaute sie sich alles an, als wenn das für eine lange Weile reichen musste. Sie war auch ein bisschen schüchtern sich so eng an Badak festzuhalten, doch sie hatte Angst vom Motorrad runterzufallen und schmiegte sich ganz eng an ihn. ‚Er riecht gut', dachte sie verlegen. Azze blieb zurück und wartete schon ungeduldig, als sie wieder zurückkamen und fragte: „Warum habt ihr so lange gebraucht?" Kamila sah sie erstaunt an: „Du brauchst dich nicht zu beschweren. Du hast selbst ewig gebraucht, um dich fertig zu machen." Azze lachte und forderte sie auf: „Okay. Komm, wir gehen jetzt zu dir." Kamila sah sie merkwürdig an. „Ne, echt du willst wieder was von Marius? Mach kein Mist, er hat eine Freundin!" Badak und die Jungs drückten Kamila und wünschten ihr alles Gute für Amerika und verabschiedeten sich. Kamila sollte das Jahr in Amerika verbringen um ihre Englischfähigkeiten, die fast nicht existent waren, aufzupolieren und Auslandserfahrung zu sammeln, damit sie studieren und durch die Auslandserfahrung Vorteile für ihre Karriere sammeln konnte. Sie bewarb sich wie fast jedes Mädchen als Au-Pair, damit dort alles schon organisiert war und um sich im Ausland nicht so alleine zu fühlen.

Kamila ahnte immer noch nichts von der Überraschungsparty und lachte über Azze, die sich so in Schale geworfen hatte. Doch als sie näher kamen, sah Kamila die mit vielen bunten Ballons geschmückte Terrasse und die vielen Leute, die schon auf der Terrasse standen und ihr vom weiten „Überraschung" zuriefen. Erstaunt sah sie Azze an: „Nein, ist das für mich? Eine Party?" Azze nickte zustimmend. Kamila war so überrascht und von Gefühlen überwältigt, dass sie ihre Tränen kaum zurückhalten konnte. All ihre Gefühle kamen hoch und vor Rührung liefen ihr Tränen die Wangen herunter. Azze war genauso ergriffen von Kamilas Reaktion und weinte mit. Dann sagte sie: „Komm wir gehen rauf, die warten schon alle auf dich." Kamila ging zu Tür rein und ihre Mutter kam mit offenen Armen entgegen und drückte sie lächelnd. Kamila schluchzte: „Jetzt weiß ich, warum du so viele Tomaten und Gurken gekauft hast." Ihre Mama lachte: „Ja die Salate. Es war nicht einfach, das alles vor dir zu verbergen." Die Party war ein riesen Erfolg. Als Kamila einen Moment Zeit hatte und sich umsah, bemerkte sie, wie aufwendig alles für sie vorbereitet war. Die Kissenhüllen der Gartenstühle waren türkis und hatten zarte gelb-rosa Streifen. Die Tischdecken waren auch in Türkis gehalten und erinnerten sie nicht nur an den Sommer, sondern auch ans Meer. Überall hingen Ballons und Luftschlangen. Die Tische waren überfüllt, wie es eigentlich immer bei ihrer Familie war. Es gab reichlich zu trinken und zu essen; vom Salat bis zum Grillfleisch, von der Limo bis zum Schnaps. Fast zwanzig Leute kamen und gingen, saßen gemütlich auf der Terrasse und rückten zusammen. Es war lustig. Viele Geschichten wurden ausgetauscht, es wurde viel gelacht und getrunken. Liam, ein Kumpel von Kamila, gestand ihr an diesem Abend sogar seine Liebe. Er war so sehr verknallt, dass er gelobte: „Ich würde alles für dich tun Kamila. Ich will nicht das du gehst." Geschmeichelt sah sie ihn an und offenbarte: „Komm Liam, du hast zu viel getrunken." Er antwortete: „Ne Kamila, du bist echt toll, ich meine es total ernst." Ungläubig schüttelte sie den Kopf. Er war zwar nett, doch sie hatte nichts mit Liebe am Hut, jetzt, da sie wegflog. Außerdem, warum jetzt? Er hatte doch so viel Zeit gehabt, als sie allein und einsam gewesen war. Jetzt, ein Jahr von Francesco, ihrer ersten Liebe, getrennt. Die Feier ging ewig, bis in die Früh. Kamila war sehr glücklich über die Überraschung. Das war das Beste, was ihr bis jetzt passiert war. Für viele war sie etwas Besonderes und ihr Leben war für viele ein Glückstreffer. Sie sahen nicht, was es für sie an Kraft bedeutete weg von ihrer Familie zu sein. Sie war mit ihren Lieben sehr verwachsen. Es störte sie, dass sie den Platz an der Uni nicht bekommen hatte und jetzt ein Jahr aussetzen musste. Sie wollte studieren und in der Karriere voranschreiten. Von zuhause weggehen gehörte nie zu ihren Plänen. Sie war neugierig auf Amerika. Ihr leiblicher Vater, den sie nie kennengelernt hatte, war ein Amerikaner. Sie vermisste ihn aber nie, da er so früh gestorben war und ihr Stiefvater war jetzt ihr Vater. Sie war aber neugierig auf das Land, Amerika. Außerdem, hatte sie auch ein inneres merkwürdiges Gefühl, dass sie drängte dorthin zu fliegen. Das war auch der Weg, der ihr gerade freistand, nicht der Weg, den sie sich selbst ausgesucht hatte. Sie wollte nicht zurückblicken, sondern sich vorwärts bewegen. Diese Chance, ein Jahr Ausland zu erleben, ergriff sie mutig.

Ersehnte Veränderung

Endlich kam die ersehnte Veränderung, es war Ende der 90er Jahre. Ein neues Zeitalter sollte nächstes Jahr beginnen und für Kamila war das die Möglichkeit, dem Ziel ein gutes Stück näher zu kommen. Die Reise diente dazu, ihre Englischkenntnisse aufzupolieren und kulturelle Erfahrungen zu sammeln. Das würde ihr später im Beruf helfen und sie würde nicht ein Jahr unnütze rumsitzen. Es war an der Zeit, nach Amerika zu fliegen. Die erste Station war New York. Auf dem Flughafen verabschiedete sie sich von ihrer Familie, welche sehr traurig war. Sie drückte ihre Mama und ihren Stiefvater, den sie Vater nannte, und weinte. Ihre Mama versuchte sich zusammen zu reißen, um ihr es nicht schwerer zu machen. Doch sie hatte Schwierigkeit damit, ihre Gefühle zu unterdrücken. Fest drückte sie Kamila an sich, strich ihr die Haarsträhne vom Gesicht und küsste sie sanft auf die Wange. Alle weinten. Der Abschied war herzzerreißend. Ihr Vater konnte auch nicht und ging ein bisschen zur Seite um sich zu sammeln. Mama gab ihr dann die letzte Umarmung und munterte sie auf: „Sei nicht traurig, das ist doch toll. Jetzt wirst du Amerika sehen, eine neue Welt entdecken und spannende Sachen unternehmen." Kamila versuchte, sich zusammenzureißen, aber ihr Herz war gebrochen. Sie nickte: „Ja, ich weiß, doch ich werde euch vermissen", schluchzte sie traurig. Sie wollte selbstständig sein. Aber der Preis dafür, weg von ihrer Mutter zu sein, war so verdammt hoch. Sie lächelte während sie sich an die Sicherheitscheck Schlange anreihte und rief leise: „Ich liebe euch, ich werde euch so sehr vermissen. Danke Mama, dass du an mich glaubst."

Fragen, wie und warum es gerade nicht in Deutschland geklappt hatte, quälten sie. Warum musste sie immer zwischen etwas wählen? Viele Leute mussten so eine schwierige Wahl gar nicht erst treffen. Bei ihnen lief es einfach glatt. Sie gingen zur Schule, fanden Jobs, in denen sie zufrieden waren, heirateten und lebten für immer an einem Fleck. Traurig ging sie durch die Sicherheitszone und zum Gate, wo sie durch ein Fenster das Flugzeug sah. Noch immer liefen ihr Tränen die Wangen herunter. Sie wollte sie zurückhalten, doch der Schmerz, die liebsten Menschen ein Jahr lang nicht zu sehen, lähmte sie fast. Eifrig versuchte sie, sich zu beherrschen, schließlich war sie jetzt erwachsen und für ihr Leben selbst verantwortlich. Kamila nahm ihren Walkman heraus und hörte eine Kassette mit dem Lied „Big World" von Emilia– es war kaum auszuhalten.

‚Mist', dachte sie, das Lied macht mich fertig.' Sie stoppte die Musik und schaute traurig aus dem Fenster.

Endlich durfte sie an Bord gehen. „Pass und Ticket bitte," rief die Flugbegleitung. Kamila ging den engen Flugzeuggang resigniert weiter zu ihrem Platz, verstaute das Gepäck und setzte sich entmutigt hin. Neben ihr saß ein Mädchen, das genauso wie sie ein Au-pair sein würde. Erleichtert, dass sie nicht alleine war, unterhielt sie sich mit dem Mädchen. „Hi, hast du Familie in USA?" fragte Kamila. „Nein", erzählte sie. „Ich bin eine Au-pair." „Ohh, wirklich ich auch," berichtete Kamila. „Gott sei Dank sind wir nicht alleine." sagte Andrea. So hieß sie. Außerdem war sie genauso verheult wie Kamila und prompt fühlte Kamila sich ein wenig besser, weil sie in ihrem Schmerz nicht mehr alleine war. Zur Beruhigung bestellten sie einen Sekt und nach dem zweiten Glas schlief Kamila beschwipst ein. Sie schlief nicht lange, denn die Flugbegleiterinnen servierten das Essen. Ihr Hunger machte sich in ihrem Bauch bemerkbar, denn sie hatte kaum etwas gegessen. Sie sah Andrea an und sagte: „Das Essen ist nicht gerade prickelnd. Nicht wie daheim." Andrea nickte: „Ja, das werden wir wohl länger nicht mehr serviert bekommen." Danach schlief Kamila von der Traurigkeit erschöpft wieder ein. Total nüchtern und aufgeregt landeten die beiden Mädchen in New York. Alles war sorgsam organisiert. Die Au-pair-Organisation hatte einen Abholservice bereitgestellt, welcher sie zu den Unterkünften nach Long Island bringen würde. Doch bevor sie losfahren konnten, wurden sie vom Fahrer informiert. „Wir müssen noch auf andere Au-pairs warten, die gerade erst noch landen." Während sie dort standen, kamen Amerikaner auf sie zu und baggerten, was das Zeug hielt. „Hello, pretty ladies, how are you doing – Hallo schöne Fräuleins, wie geht es euch", flirteten sie. Kamila war daran gewöhnt, dass Jungs mit ihr flirteten, aber diese direkte Anmache war ihr fremd. Europäer waren subtiler. Sie lächelten, tauschten Blickkontakte, aber sprachen nie so offensiv an. Die amerikanischen Jungs fragten sie, wo sie herkamen. Kamila versuchte sich in ihrem gebrochenen Englisch und antwortete: „Wir kommen aus Deutschland." Die Jungs fingen an komische Fragen zu stellen, zuerst dachte sie, dass sie sie auf den Arm nehmen wollten. Sie fragten „Habt ihr in Deutschland Waschmaschinen?" Kamila dachte zuerst, dass sie die Frage falsch verstanden hatte. Doch das Mädchen neben ihr lachte und bezeugte: „Du hast schon richtig verstanden." Kamila lächelte gequält und fragte das Mädchen „Warum fragt er mich sowas?" Die Mädchen lachten und verdrehten die Augen. Kamila antwortete sarkastisch: „Waschmaschinen, was ist das?" Sie setzte sogar noch einen drauf und erzählte: „Ach du, in Deutschland gehen die Leute zum Fluss und schrubben die Wäsche auf den Steinen." Die Mädchen lachten über Kamilas Gestik und amüsierten sich über die dummen Fragen. Dann fragte tatsächlich ein Junge, ob sie Autos in

Deutschland hätten. Kamila erzählte: „Ne, wir haben Kutschen und wir leben auf Bäumen." Das war ihr jetzt zu blöd. Sie erklärte ihnen, dass sie natürlich Autos hätten; BMW, Mercedes und VW seien doch deutsche Marken. Da stand ein Kerl auf und sagte, BMW sei doch ein englisches Auto. Empört fragte sie, wofür die Abkürzung BMW stehe; und der Kerl antwortete tatsächlich: British Motor Works. Erschrocken gab sie auf und dachte: ‚Die Jungs sind doch nicht von dieser Welt.'

Als der Fahrer rief, stiegen sie lachend in das Auto und fuhren zum C.W. Post University Campus auf Long Island, wo sie einquartiert waren. Alles war so neu, so groß und aufregend. Auf dem Campus wurden sie herzlich von den Betreuern begrüßt: „Willkommen in Amerika." Da es schon spät war, gingen alle Mädchen, die in vierer Zimmer verteilt waren, früh schlafen. Im gesamten Schlafsaal war vereinzelt unterdrücktes Schluchzen zu hören, vielen Mädchen plagte das Heimweh. Die Nacht war eine Qual. Kamila weinte auch und fühlte sich sehr einsam und elend. Das Heimweh war unerträglich. Tagsüber wurde es ein bisschen besser, da das Programm vollgestopft war mit Aktivitäten, aber die Nächte blieben traurig und lang. Kamila wollte unbedingt nach New York, um die Freiheitsstatue zu sehen. Da sie aber auf Long Island auf dem C.W. Post Campus waren, schauten sie sich zuerst die Anlange genauer an. Kamila war verwundert über das was sie sah: „Unglaublich, der Campus war riesen groß, die Universität sieht aus wie eine ganze Stadt." Die Universitätsgebäude waren im Kolonialstil gehalten und die Wege waren wie in einem alten Schlosshof mit Steinen ausgelegt. Es schien, als befände man sich in einem Garten. Mittendrin stand ein kleiner Brunnen, umgeben von Bänken aus roten Ziegeln. Kleine Brücken aus ebenfalls roten Ziegeln überbrückten kleine Wege und es gab viele Bäume. Kamila verschlug es den Atem. „Das ist keine Universität", beschloss sie. „Das ist ein Traum." Es war fast idyllisch und es verlockte zum Träumen. Überall gab es lauschige Plätzchen, an denen man die Gedanken schweifen lassen oder sich ungestört den Studien widmen konnte. Long-Island-Universität war circa 40 Minuten von New York entfernt und einfach wunderschön für sich anzusehen. Am nächsten Tag schon plante die Organisation eine New York-Tour, genau genommen eine Bustour, die den Mädchen die Sehenswürdigkeiten von New York nahe bringen sollte. Kamila freute sich riesig darauf. „Ich bin so auf New York gespannt. Das wird bestimmte super sein." Andrea nickte: „Ja ich kann es auch nicht mehr erwarten." Tagsüber erhielten die Mädchen ein ganztätiges intensives Au-pair Vorbereitungstraining. Trotzdem hatten sie noch Zeit, die C. W. Post Universität weiter zu erforschen. Das Universitätsgelände glich tatsächlich einem Park. Es war bezaubernd und schön. Leider überschattet von Kamilas furchtbaren Heimweh. Sie musste ständig mit den Tränen kämpfen. Sie ärgerte sich: „Warum muss ich so scheiß sentimental sein, warum kann ich nicht einfach die Schönheit um mich herum wahrnehmen und genießen?" Andrea munterte sie auf: „Mach dir nichts draus, mir geht es genauso." Kamila kaufte sich eine Telefonkarte und rief jeden Tag daheim an. Während sie sprach, versuchte sie zu verbergen, wie schlimm sie unter der Trennung litt. Es gelang ihr oft nicht. Mama wusste, wie sehr sie litt. Sie munterte sie aber auf und sagte: „Das es am Anfang immer so ist und das es langsam besser wird. Gib dir einfach die Zeit, das Neue zu genießen." Nachdem sie den Telefonhörer auflegte, weinte sie oft weiter. Vielen Mädchen dort ging es gleich und so knüpfte man schnell Freundschaften. Mit ein paar Mädchen verstand sie sich auf Anhieb gut und sie munterten sich gegenseitig auf. Das Programm war umfangreich, die Veranstalter luden sogar einen Polizisten ein, um die Mädchen auf mögliche Gefahren vorzubereiten. Der Polizist erklärte, was sie tun müssten und was sie besser lassen sollten. Er erzählte über die Kriminalität auf den Straßen. Nach der Aufklärung war Kamila ein bisschen eingeschüchtert und schwor sich: „Ich werde vorsichtig sein und Leuten nicht zu schnell vertrauen. Vielleicht sollte ich gleich nach Hause fliegen?" Andrea lachte: „Du schaffst es."

Die Fahrt nach New York lenkte sie wieder vom Heimweh ab. Sie fuhren mit einem Reisebus in die Stadt hinein und die Stadtführerin zeigte ihnen New Yorks Highlights. Der Trump Tower und eines von Madonnas Apartments waren die ersten Stationen. Sie sahen John Lennons Imagine Denkmal, gingen shoppen und besichtigten das Empire State Building. Oben verschlug es Kamila fast den Atem. Die ganze Stadt war von oben sichtbar. In diesem Moment musste sie an den Film „Schlaflos in Seattle" mit Tom Hanks denken. „Komisch, das sieht wirklich alles aus, wie in den Filmen und jetzt bin ich selbst mittendrin!", schmunzelte sie. Es war eine unglaubliche Aussicht. Sie sah eine Brücke und fragte: „Ist das die Brooklyn Bridge?" Andrea sah rüber und antwortete: „Vielleicht, sicher bin ich mir aber nicht." Die vielen kleinen Autos und die Architektur der Straßen war unglaublich anders als das, was sie je gesehen hatte. ‚Viel Beton', dachte sie in sich. Obwohl die Stadt zugleich freundlich aussah. Es war nicht zu viel und nicht zu wenig, einfach einladend. „Ohh, man hoffentlich können wir die Freiheitsstatue sehen, das wird wohl der Hammer." Doch bevor sie zu dem Aussichtspunkt gingen, legte sie sich noch mitten auf die Straße und fotografierte die riesigen Türme des World Trade Center. Die Tower passten nicht ganz auf das Bild und sie musste sich auf die Straße legen, um die Spitzen fotografieren zu können. Die unglaubliche Höhe der beiden Türme erschlug Kamila. Zwischen den zwei riesigen Türmen stand eine Fontäne mit einer großen Kugel und alles sah so gut organisiert aus. Kamila fand alles sehr aufregend und war tief beeindruckt. Zwar wusste sie nicht, was den Ausschlag gab, aber die Stadt sah so prachtvoll aus. Doch sie war dort nicht entspannt, in der Stadt herrschte ein schnelles Tempo, das vibrierend in der Luft lag. Kamila empfand den schnellen Rhythmus aber nicht als stressig, denn die Cafés und Geschäfte vermittelten Vergnügen. Speziell gegen Abend, wenn die Lichter eingeschaltet wurden, sah die Umgebung wie in einem gut geschmückten Weihnachtsladen aus. Überrascht stellte sie fest, dass die Stadt verschiedene Launen versinnbildlichte. Am Nachmittag waren die Straßen von Geschäftsleuten und zum Teil von Touristen überfüllt. Bei Sonnenuntergang sah New York fast schon romantisch aus. Die unter-gehende Sonne spiegelte sich in den vielen Fenstern und die Stadt leuchtete in einem schönen orange. Die vielen kleinen Teile von New York ergaben ein Ganzes. Interessiert erkundete Kamila New York, aber es war nicht ihre Stadt, dort wollte sie nicht unbedingt bleiben. Andrea fragte: „Wie findest du New York?" Kamila sah nachdenklich in die Ferne und begründete: „Ich bin froh, New York – den Big Apple – gesehen zu haben. Es ist schön, aber ich muss hier nicht bleiben oder es erneut sehen." Andrea konterte: „Ich schon, ich will hier bleiben."

Die Woche in New York ging schleichend dem Ende zu, es fühlte sich für Kamila an wie eine Ewigkeit. Sie brachte die Zeit hinter sich und flog weiter nach San Francisco in Kalifornien, wo ihre Gastfamilie wohnte. Gedanken der Unsicherheit schossen ihr immer mehr durch den Kopf: ‚Wie werde ich es alleine schaffen? Wie werde ich mich mit den Leuten verständigen können?' Kamila teilte ihre Ängste und Befürchtungen mit ihrer Mutter am Telefon. Aus der Ferne gab sie ihr außerordentlich viel Kraft und baute sie auf. „Du zerbrichst dir unnötig den Kopf. Es wird super sein. Sieh an, wieviel du jetzt schon gesehen und erlebt hast. Lass es einfach auf dich zukommen." Kamila bedankte sich und versicherte, sie würde sich vom Flughafen wieder melden. Nach San Francisco flog sie mit einem anderen Mädchen, Lili aus Hannover. Lili sah Kamila recht ähnlich. Auch sie war groß, schlank und attraktiv. Der Flug hatte drei Stunden Verspätung und sie waren ziemlich aufgeregt, machten sich aber am Flughafen eine schöne Zeit zusammen, während sie auf das Flugzeug warteten. Lili forderte: „Komm wir sehen uns in den Geschäften um." Kamila folgte ihr. Sie verstanden sich gut und da sie alleine in einem fremden Land waren, brachte die Ferne sie noch enger zusammen. Kamila rief ihre Eltern während der Wartezeit mindestens viermal an. Ängstlich fragte sie: „Mache ich das richtige?" Sie brauchte die Bestätigung. Ebenso wollte sie ihrer Mama sagen, dass sie in Ordnung war. Am Ende des Gespräches bekam ihre Mutter fast einen genauso wilden Lachanfall wie Kamila, als Kamila erneut anrief. Mama fragte: „Vielleicht willst du doch nach Hause? Oder soll ich mit dir mitfliegen?" Kamila lachte und räumte ein: „Ja, ich bin ein richtiger Schisshase."

Am Gate verabschiedete sich Kamila noch einmal in ihren Gedanken von New York. Sie konnte zwar nichts dafür, aber unbewusst machte Kamila diese Stadt schuldig für ihre Familientrennung. Sie verband die Erfahrung in New York nicht mit ihrer eigenen Emotionalität und der eigenen Zielstrebigkeit, sondern mit dem Heimwehschmerz. Erleichtert war sie, dort wegzukommen.

Endlich saßen sie im Flugzeug, verließen den Newark Liberty Flughafen und flogen zum San Francisco International Airport. Dort angekommen, wurde Kamila nett überrascht, denn die Gastfamilie begrüßte sie mit einem riesen Willkommensschild. Auf dem Schild stand: „Welcome to our family and California". Die Familie war sehr herzlich und die kleine Hayde, auf die sie aufpassen sollte, war zu niedlich. Sie wollte die Kleine umarmen, doch sie lief weg und versteckte sich hinter ihren Eltern. Kamila dachte: ‚Ach Gott, das fängt ja gut an, sogar die Kinder rennen vor mir weg.' Marysia, das Au-pair-Mädchen, das vor ihr da gewesen war, stammte aus Polen und sprach Kamila sofort auf Polnisch an. Kamilas Mutter stammte auch aus Polen und so kannte Kamila fließend Polnisch, sie selbst wurde aber in Deutschland großgezogen. Marysia wusste das. Sie verstanden sich auf Anhieb und Kamila war froh, dass Marysia da war. Es war schön jemanden zu haben, der ihr Mut machte. Zusammen fuhren sie in die Bay Area, wo die Familie wohnte. Draußen war es schon sehr dunkel und so konnte sie kaum etwas von San Francisco sehen, nur die Dunkelheit und die Lichter. Es erschien ihr groß, aber sie war von der Reise zu müde, um wirklich etwas wahrzunehmen. Als sie im Auto saß, fühlte sie sich sofort wohl. Es war etwas Magisches in San Francisco, als wenn die Stadt ihr versprechen würde, dass sie dort behütet sein würde. Instinktiv spürte sie, dass diese Stadt für sie etwas Besonderes versprach. Die Familie wohnte in Bay Area und man musste die Bay Bridge überqueren. Kamila hatte aber kein Zeitgefühl, denn sie kämpfte mit ihrem Jet-Leg sehr. Angekommen und im neuen Zimmer, war sie erneut den Tränen nahe. Es war so ungepflegt. Sie war an die deutsche Sauberkeit gewöhnt und bei sich zu Hause waren sie sogar noch penibler als viele andere. Außer natürlich ihre Tante Wanda, die war noch extremer. Hier bei der Gastfamilie herrschte das reinste Chaos. Kamila packte ihre Sachen nicht aus, sondern fing erst einmal an, ihr Zimmer zu putzten. Marysia saß auf ihrem Bett, schaute ihr zu und lachte. Belustigt meinte sie: „Du gewöhnst dich noch dran, ich war auch so, als ich angekommen bin." Sie folgerte: „Weißt du Kamila, die meisten Amerikaner haben nicht so einen Putzfimmel wie die Deutschen und Polen." Gott sei Dank hatte sie im Zimmer eine eigene kleine Dusche und Toilette. Kamila freute sich: „Gott sei Dank habe ich meine Privatsphäre." Langsam packte sie ihre Sachen aus und Marysia erzählte ihr Geschichten über die Familie. Sie erzählte: „Die Kinder sind lieb, doch das älteste Kind hat noch seine Schwierigkeiten mit Sauberkeit und die kleine Hayde mit fast drei Jahren trägt noch Windeln." Dann gingen sie runter und als sie die Küche sah, erschreckte sie wegen der schlimmen Unordnung. Bei ihr zuhause waren alle sehr penibel. „Wenigstens, werde ich hier nicht zunehmen", lächelte sie gequält. Alles war so chaotisch. Der Vater schrie die Kinder ständig an und als Kamila auf die Kleine zuging, haute sie immer ab. Kamila dachte: ‚Oh nein, sieht so Hölle aus?' Marysia erzählte: „Es ist schade, dass die Au-pairs kaum Kontakt zu den Amerikanern haben und meistens unter sich sind." Kamila fragte: „Warum?" „Sie sind hier daheim, weil sie schon Freunde und Familien haben.", bekam sie zur Antwort. Marysia blieb noch den dreizehnten Monat bei der Familie und war damit einverstanden, Kamila in die Arbeit einzuführen. Kamila war wirklich sehr dankbar für Marysias Anwesenheit und mochte sie auf Anhieb. Daphne, die jüngere Schwester von Aby, der Gastmutter, kam auch zu Besuch. Kamila fragte sich: ‚Toll, wie soll ich entspannt bleiben, wenn so viele Leute mich hier beobachten?' Die Kinder bedauerte sie, die jetzt auf so viele Erwachsene hören mussten und keine wirkliche Bezugsperson hatten. Im Bad betrachtete sie sich im Spiegel und sprach zu sich: „Hältst du hier echt ein ganzes Jahr aus?" Dann schaute sie sich noch einmal genau an und sagte: „Es ist schon ein Wunder, wenn ich den heutigen Tag durchstehe!" Die Sehnsucht nach ihrer Familie war riesig und sie wollte am liebsten sofort wieder heimkehren, doch diese Blöße wollte sie sich nicht geben, für einen Schwächling gehalten zu werden. Sie würde es durchhalten, komme was da wolle. Sie würde sich anpassen und lernen, fließend Englisch zu sprechen.

Neue Perspektiven

Bei ihrer Gastfamilie ging der Trubel schon früh am Morgen los. Das war ungewohnt für sie, denn bei ihr zu Hause in Deutschland war alles immer ruhig. Die Gasteltern, Marti und Aby, waren nett zu ihr. Sie fragten sie: „Na, hast du gut geschlafen? Geht's dir gut? Magst du was essen?" Im Hintergrund hörte sie schon die zwei Kinder: Frank, zwölf Jahre und Hayde, drei Jahre alt. Das erschreckte sie: „Was soll ich mit den Kindern anfangen?" Zwar hatte sie ein Praktikum im Kindergarten absolviert, doch irgendwie war sie sich unsicher. Aby erlöste sie und berichtete „Oh, heute kommt ein Familienfreund namens Byran um Daphne, meine Schwester, zum Fallschirmspringen abzuholen. Bryan war ein Lehrer für Tandem-Fallschirm-Sprünge. Aby fragte Kamila: „Hast du Lust mitzukommen und auch Fallschirm zu springen?" Kamila zögerte keinen Moment und sagte: „Klar, das war schon immer etwas was ich mal machen wollte." Sie wollte mit und so erfüllte sich gleich am ersten Tag ihr Lebenstraum, ein Tandemsprung aus dem Flugzeug. Dabei dachte sie: ‚Wenn ich den Sprung überstehe, dann werde ich auch Amerika überstehen.' Alles war so aufregend. Sie musste einen speziellen Springanzug anziehen und dann war sie bereit. Ohne zu zögern und ohne nachzudenken, aus dem Flugzeug zu springen. Das war so ungewöhnlich für sie, denn sonst hatte sie immer Angst. Sie genoss es und fühlte sich so frei. Sie tat, was sie so sehr wollte. Das einzige Unangenehme an dem Sprung war, dass ihre Ohren in der Höhe wehtaten. Für eine Weile hatte sie furchtbare Schmerzen. Doch alles war vergessen, als sie wieder unten angekommen war. Sie dachte: ‚Sogar die Ohrenschmerzen haben sich gelohnt, nur für diesen kurzen Augenblick der Freiheit.' Die Reise, das Warten, nur für diesen einen Moment des Fliegens. Sie war euphorisch und glücklich, so glücklich, dass sie aus vollem Herzen strahlte.

Während sie in der Luft war, schaute sie sich die Gegend genauer an. Es war anders als in New York. Das Gebiet war rot-gold, auch viele grüne Flächen waren dabei und die heimischen Berge gab es auch. Sie lachte und korrigierte ihr Denken, es waren eher Hügel, denn man konnte es kaum mit den Alpen vergleichen. Irgendwie fühlte sie sich ungewöhnlich heimisch und angekommen. Der Tag fing klasse an und sie war aufgeregt, dass sie sich schon am ersten Tag in Kalifornien einen riesigen Wunsch erfüllt hatte. Sie konnte es kaum erwarten, was das Jahr noch für

Überraschungen für sie bereithalten würde. Zwar hatte sie immer noch schlimmes Heimweh, aber sie gab sich eine Zwei-Wochen-Frist, bevor sie eine Entscheidung treffen wollte, ob sie weiterhin nach Hause gehen wollte. Nach dem Fallschirmspringen ging die Gastfamilie mit den Kindern und Daphne zu Freunden. Kamila litt immer noch unter dem Jetlag und war müde. Auf dem Weg zu den Freunden war sie so erledigt, dass sie mit der dreijährigen Hayde im Auto einschlief. Martis und Abys Freunde hatten auch zwei Kinder und ein tolles Haus mit Pool. Dort fühlte sie sich ein bisschen unwohl, da sie noch nicht recht wusste, was sie machen sollte. Und dann passierte ihr auch noch etwas Peinliches. Sie ging über die Holzterrasse und trat aus Versehen auf die Sonnenbrille der Gastgeberin. Das war unangenehm. Peinlich berührt hob sie die kaputte Brille auf, brachte sie reuevoll der Gastgeberin und sagte: „Das tut mir so unendlich leid. Bitte Entschuldige. Ich ersetze die Brille selbstverständlich." Die Frau war sehr freundlich, denn so sind die Amerikaner, und wiedersprach: „Blödsinn, mach dir keine Sorge. Die Brille war nicht so teuer und es ist gar nicht schlimm." Das war sehr nett von ihr, doch Kamila hätte sich ohrfeigen können. Sie schämte sich für ihr rüpelhaftes Benehmen. Es wurde langsam Abend. Marysia rief bei der Familie an und fragte, ob Kamila da ist. Marti gab Kamila das Handy und Marysia fragte fröhlich: „Hey magst du mit zu einer Party gehen?" Kamila fühlte sich immer noch sehr erledigt und winkte ab: „Ne, ich bin so müde und habe noch einen Jetlag. Außerdem möchte ich mich der Familie nicht gleich von meiner ‚Partyseite' zeigen." Marysia verstand sie nicht und versuchte sie zu überzeugen: „Komm, was willst du mit den Alten?" Kamila schmunzelte und antwortete: „Morgen komme ich sehr gerne mit." Sie wollte den ersten offiziellen Tag definitiv mit der Familie verbringen, obwohl sie schon Lust gehabt hätte, mit Marysia wegzugehen. Marysia sagte: „Okay, morgen stelle ich dich dann den Anderen vor." Kamila bedankte sich bei ihrer neu gewonnen Freundin und schlief im Sessel erschöpft ein. Der Jetlag ließ sie nicht wach bleiben.

Marysia hielt ihr Versprechen und stellte Kamila all ihren Freunden vor. Sie gingen in das sogenannte Spain House. Es hieß so, weil fünf unglaublich gut aussehende Spanier dort wohnten. Sie arbeiteten als Ingenieure und deren Firma hatte das Haus für sie gemietet. Das Haus war der absolute Hammer und die Leute auch. Das Haus war nur ebenerdig, hatte aber fünf Zimmer, eine riesige Küche und die beste Gartenterrasse mit einem megacoolen Pool. Das war ein Traum. Kamila hatte so etwas in der 90er Jahre Serie Beverly Hills 90210 gesehen, aber das hier übertraf ihre kühnsten Träume. Die spanischen Jungs liefen in ihren Badeshorts und ihren braungebrannten nackten Oberkörpern durch das Haus oder lagen am Pool, als wären sie gerade einem Katalog entsprungen. Kamila schaute

Marysia an und annoncierte: „Das gibt's nicht, jetzt bin ich im Himmel angekommen. Kneif mich!" Marysia sah ihren Gesichtsausdruck und brüllte los vor Lachen. Sie schaute weiter den Jungs hinterher und sagte: „Oh, là, là!", und beide lachten. Es gab dort noch viele andere Jugendliche und Kamila lernte sie schnell kennen. Das waren Leute aus Polen, Finnland, Mexiko, Schweden, Norwegen, Canada und anderen Ländern. Marysia teilte alles mit Kamila und sie war Marysia wirklich dankbar dafür. Sie fühlte sich von allen akzeptiert und gut aufgenommen. Kamila passte einfach dazu. Sie zog ihren Bikini an und sprang ungezwungen in den Pool. Sie trug Hosengröße 34 und präsentierte sich gut in ihrem Bikini. Dass sie gut aussah entging auch nicht den Blicken der Jungs und einer gesellte sich zu ihr. Ronaldo war sein Name. Er war für Kamila der Cover-Boy schlechthin. Er sah aus wie ein Latin Lover; 1,85 m groß und ein perfektes Gesicht mit dunklen Augen und dunklen Haaren. Braungebrannt war er, genau ihr Typ und der sportlich muskulöse Körper war einfach zum Schreien sexy. Als sie Ronaldo zu sich kommen sah, verschlug es ihr kurzweilig die Sprache. Sie schaute Marysia an und machte riesengroße Augen. Marysia fand Kamila erfrischend witzig und grinste vergnügt. Kamila lachte Ronaldo mit ihrem schönsten Lächeln an und er lächelte mit seinen perlweißen Zähnen zurück. Kamila wiederholte: „Ich bin im Himmel, aber mein Herz ist in meiner Hose." Sie war froh, in dem kühlen Pool zu schwimmen, obwohl sie langsam befürchtete, dass das Wasser von ihrer Verlegenheit zu dampfen anfinge. Marysia beobachtete sie und als Ronaldo ins Haus ging, lachte sie über Kamila, weil sie nur noch schnaufen konnte. Marysia hatte wegen Kamila ein ständiges Grinsen im Gesicht. Kamila fragte Marysia: „Waren noch mehr von der Sorte ‚wow' auf der gestrigen Party?" Marysia antwortete lächelnd: „Ja, ich habe mich sowieso gewundert, warum du bei den Alten geblieben bist." Kamila erwiderte: „Ich wusste nicht, dass der Himmel nur eine Sprungweite entfernt ist. Außerdem gehört es sich, wenigstens den ersten Tag bei den Gastgebern zu sein."

Sie ergänzten sich auf Anhieb. Marysia erzählte: „Komm ich zeige dir Filipe, er ist einer der fünf Spanier. Er steht auf mich und ich mag ihn auch, aber ich wüsste nicht, ob ich mit ihm jetzt noch was anbandeln möchte." Kamila war zwar schlecht darin, ihre eigenen Tipps zu befolgen, doch sie gab echte Expertentipps für Freunde und hatte auch ziemlich lockere Ansichten. Seit ihrer Kindheit wusste sie, dass es sich nicht lohnt, sich für jemanden aufzuheben, denn das wird meistens nicht gewürdigt. Sie kannte viele Frauen, die als Jungfrau geheiratet hatten und als Schlampen abgestempelt wurden. Ermutigend begründete Kamila: „Du fährst doch sowieso bald nach Hause, also worauf denn noch warten? Daheim kannst du dann ruhigen Gewissens ins Kloster gehen, wenn das immer noch deine Wahl ist!" Marysia kicherte und sagte: „Du bist verrückt!" Ja, sie war wahrscheinlich wirklich verrückt. Sie fühlte sich in Kalifornien vollends angekommen. Das Leben entsprach ihren kühnsten Träumen, von denen sie bis jetzt keine Ahnung gehabt hatte. Solche Szenen hätte sie sich niemals vorstellen können. Es war für sie wie Wasser in der Wüste. Sie fand es auch nett, dass die Jungs alle um sie schwärmten, doch sie wollte kein Frischfleisch aus dem Ausland für sie sein, und sie wusste, dass sie es war. Glücklich setzte sie sich hin und ohne zu zögern schwärmte sie in ihrem gebrochenen Englisch von ihrem Fallschirmsprung. Marysia meinte: „Du muss unbedingt Pietro kennenlernen. Er ist halb Brasilianer und halb Amerikaner und ein angehender Pilot und ihr habt echt viel gemeinsam." Kamila fragte: „Wo ist der besagte Pietro?" und Marysia erwiderte: „Er kommt bestimmt später noch." Wegen des schlimmen Heimwehs fühlte sie sich seltsam. Alles wäre so perfekt gewesen, wäre sie dort aufgewachsen und nicht in Deutschland. Die Jungs sahen, dass sie betrübt war und taten alles, damit sie sich wohlfühlte. Sie fragten: „Kamila, magst du was essen oder trinken?" Sie ermutigten: „Mach dir kein Kopf, der Heimweh lässt nach." Dieses ehrliche Verständnis seitens der Freunde kannte sie kaum. Aber hier fühlte sie sich wirklich verstanden. Jeder von ihnen war weit weg von der eigenen Familie und sie wussten genau, was sie fühlte und wovon sie sprach. Instinktiv ersetzten sie sich gegenseitig die Familien. Die Spanier waren sehr familiär und liebten es, zu feiern. Kamila fühlte sich dort gut aufgehoben. Die spanischen Sitten gefielen ihr, da sie ihr etwas gaben, das sie in Deutschland nicht fühlte. Sie verstanden sie. Sie fühlte sich einfach akzeptiert. Sie selbst. Sie konnte sich richtig fallenlassen. Irgendwann kam der angepriesene Pietro, der angehende Pilot, den sie ja unbedingt kennenlernen sollte. Er kam rein und brachte drei XXL-Kartons Pizza mit. Alle setzten sich hin und aßen Pizza. Kamila bemerkte Pietro schon von draußen durchs Fenster. Dann schlenderte sie betont gelangweilt in das Zimmer und sah ihn mit gekreuzten Beinen auf dem Tisch sitzen. Er starrte sie an und sagte zunächst nichts. Gelangweilt schaute sie zurück und dachte: ‚Toll, der nächste hungrige Wolf, der auf mich steht.' Naja, sie war gerade die neue Ware. Sie setzte sich auf die Couch, nun nicht mehr im Bikini, sondern in ihrer engen blauen Jeans und dem schwarzen Top. Er starrte sie nur an, bis Marysia reinkam. Marysia sah Pietro und stellte ihn Kamila vor: „Ach, das ist Pietro, der Pilot." Daraufhin neigte Kamila sich zu ihm und fing an, mit ihm über Flugzeuge zu reden. Sie war noch so aufgeregt von ihrem Sprung, dass sie die Story jedem erzählen musste, der zuhören wollte. Es störte sie nicht, dass sie Englisch mit Händen und Füßen sprach. Der Sprung und das Fliegen waren so überwältigend für sie gewesen, dass sie es immer wieder aufs Neue erlebte, während sie sprach. Pietro schaute ihr fasziniert zu und da er selbst ein Flugzeugfanatiker war, verstand er sie auf Anhieb. Mehr noch, er hatte sein Publikum in ihr gefunden, denn er sprach genauso gerne über Flugzeuge und Fliegen, wie sie über das Fallschirmspringen. Verträumt schwärmte sie: „Das war das tollste was ich je gemacht habe." Sie fühlte sich wohl, alle waren so nett und halfen ihr, sich in der englischen Sprache verständlich zu machen. Niemand lachte sie aus, im Gegenteil es war so freundschaftlich. Pietro und sie teilten eine ähnliche Leidenschaft. Er fragte sie auch deswegen: „Magst du mal mit mir fliegen gehen?" Sie lächelte, und wiederholte: „Mit dir?" Er erwiderte: „Ja." Begeistert beschloss sie: „Klar, gerne." Sie fand ihn nicht so ‚wow' wie Ronaldo, aber dafür interessanter zum Reden und netter. Er teilte ihre Leidenschaft und hatte interessante Sachen zu erzählen. Sie wollte ihm zuhören, etwas, das sie generell bei Männern nicht gerne tat. Ronaldo war zwar der Hammer, doch irgendwie nur schön anzusehen.

Am ersten Au-pair-Arbeitstag brachten Marysia und Kamila Frank zur Schule, die kleine Hayde schmierten sie gut mit Sonnencreme ein und dann lagen sie entspannt in der Sonne. Das war ein sehr relaxter Tag. Als Kamila hungrig wurde forderte sie Marysia auf: „Bitte pass auf Hayde auf, ich gehe den unsauberen Kühlschrank putzten, da ich sonst nichts essen kann." Marysia fand alles was Kamila tat, total lustig und ließ sie es machen, während sie nur zuschaute. Marysia erzählte: „Wir dürfen während der Woche nicht weggehen, damit wir für die Kinder fit sind." „Okay", sagte Kamila. Diese Regel befolgten sie auch brav. Kamila war sehr dankbar, dass sie Marysia hatte und sie freute sich auf ein neues Leben dort. Sie hoffte, dass sie mehr neue Freunde finden würde. Nach dem Abendessen kam Marti und informierte: „Marysia, die latino Jungs stehen vor der Tür und fragen nach euch." Er lachte und neckte Marysia damit, bei Kamila hielt er sich noch zurück, denn er wollte sie nicht einschüchtern und mit der Tür ins Haus fallen. Marysia und Kamila gingen hinaus und da standen Ronaldo, Pietro und Filipe auf Rollerblades auf der Straße. Filipe fing sofort an, mit Marysia zu reden. Er war wirklich in sie verknallt. Er war ein hübscher Junge, aber er war ziemlich klein, sogar ein bisschen kleiner und dünner als Marysia. Während Filipe mit Marysia sprach, zog Kamila seine viel zu großen Rollerblades an. Ronaldo und Pietro nahmen sie bei der Hand und brachten ihr das Rollerbladen bei. Am liebsten wollte sie nur mit Ronaldo fahren, doch Pietro war irgendwie immer dabei. Sie spürte, dass Pietro sie mochte, doch sie wollte den ‚wow'-Ronaldo an ihrer Seite. Noch am selben Abend ging sie mit Marysia in ein Geschäft und legte sich ein paar Rollerblades zu sowie die Schutzausrüstung für Knie und Ellenbogen. Von dem Tag an fuhren sie jeden Abend Rollerblades. Sie liebte das unbeschwerte Leben. Es gab kein Gelästter und keine Intrigen. Die Leute waren genau wie sie. Ihre Dankbarkeit konnte sie kaum in Worte fassen, obwohl sie Marysia oft sagte: „Ich bin so froh, dich hier zu haben! Ich kann mir kaum vorstellen wie es ist, wenn du weg bist." Die beiden Mädchen mochten sich sehr, und verbrachten jede freie Minute miteinander. Kamila liebte Kalifornien. Sie hatte sich schon wohlgefühlt, seit sie aus dem Flugzeug gestiegen war. Die Gegend war der richtige Platz und machte Eindruck auf sie. Alles war so farbig, das Wetter jeden Tag aufs Neue angenehm warm. Niemand sprach je über das Wetter, denn es war immer schön. Das tägliche Thema war eher, welcher Freizeitbeschäftigung sie nachgehen sollten. Nach und nach freundete sie sich auch mit den Kindern an und kümmerte sich rührend um sie. Sie tat alles, was sie auch für ihre eigenen Kinder gewollt hätte. Die Kinder akzeptieren sie schnell. Vielleicht auch, weil sie sahen, dass Kamila Marysia – die sie liebgewonnen hatten – nicht ersetzen wollte, sondern lediglich von ihr unterstützt wurde. Zwischen ihr und Marysia gab es keine Konkurrenz. Sie waren Freunde und das sahen die Kinder und akzeptierten sie als Marysias Freundin.

Jeden Nachmittag nach der Arbeit, so gegen vier Uhr, machten sie sich fertig und gingen entweder in die Stadtmitte oder mit den Spaniern in das europäische Café. Marti gab ihnen immer sein Auto mit, einen Grand Cherokee. So sahen sie nicht wie Au-pairs aus und konnten sich frei bewegen. Egal wo sie hingingen, Pietro war immer dabei und er bohrte bei Kamila nach: „Was ist deine Einstellung zu Beziehungen?“ Kamila überlegte ernsthaft und kam zu dem Schluss: „Ich möchte keine Beziehung, sie bringen immer Probleme. Ich bin keine Expertin in Sachen Beziehung und habe mein Herz auch schon mal dem Falschen gegeben. Außerdem sind Beziehungen eine Bremse für die Zukunft. Nein, ich will keine Beziehung.“ Pietro lachte über ihre Antwort und machte ihr weiter den Hof. Sie wollte nichts von Pietro, sie mochte ihn nur als Freund. Zusammen in der Gruppe gingen sie wieder Rollerbladen und Pietro kümmerte sich rührend um sie, als sie einmal das Gleichgewicht verlor und auf den Boden fiel. Sofort holte er den Erste-Hilfe-Kasten, um ihre Schürfwunden zu verarzten. Kamila fand seine aufmerksame Art entzückend. Als er ihre Wunden abtupfte, sah sie ihn mit einem anderen Blick an. Leider nur für einen kurzen Moment, denn er lachte ihr zu laut und war ziemlich behaart. Nein, sie wollte ihn nicht. Wenn sie die Musik am Pool aufdrehten, hopste er herum und tanzte wie ein Verrückter und das stieß sie ebenfalls ab. Am späten Abend gingen Marysia, Filipe, Pietro und Kamila ins Kino. Wegen ihrer schwachen Sprachkenntnisse konnte sie sich kaum auf den Film konzentrieren und verstand nur wenig von dem, was sie sagten, weil alle so schnell sprachen. Außerdem fühlte sie sich in der Dunkelheit komischerweise doch zu Pietro hingezogen, als sie da so nah nebeneinandersaßen. Es prickelte. Sie schauten sich an, doch keiner machte den ersten Schritt. Sie hätte es sowieso nie getan, doch sie war verwundert das er keinen Versuch unternahm wenigstens ihre Hand zu halten. Er saß nur da und schaute sie an. Je länger er nichts tat, desto mehr wunderte sie sich. Er war standhaft und flirtete, ohne etwas zu unternehmen, denn dann konnte sie es entweder unterbinden oder fortführen. Sie hätte sich dann entscheiden können. Wütend dachte sie: ‚Er spielt mit mir!‘ Marysia lachte später nur und fragte, ob Pietro ihr jetzt doch gefallen würde. Sie lachte zurück und wehrte ab: „Nein!“, aber sie würde sich schon wundern, warum er nicht einmal versucht hatte, ihre Hand zu nehmen. Es war doch offensichtlich, dass er sie mochte. Marysia lächelte und sagte nur: „Vielleicht wollte er erst sehen, ob du es auch willst.“ Kamila grinste breit und schloss verlegen die Augen.

Emotionale Erfüllung

Die erste Woche war sehr ereignisvoll gewesen. Dass schon sechs Tage vergangen waren konnte Kamila kaum glauben. Nachmittags, war Marysia mit ihrer Freundin Louise für ein Konzert verabredet. Kamila konnte nicht mit, da das Konzert bereits ausverkauft war. Sie war aber nicht traurig, da sie sowieso mit Pietro zum Fliegen verabredet war. Eine gefühlte Ewigkeit rief er nicht an und sie wurde sauer, weil sie jetzt daheimsitzen musste und keine alternativ Pläne hatte. Das fiel ihr unglaublich schwer, denn alleine zu Hause merkte sie immer, wie sehr sie ihre Familie vermisste. Sie war lieber unterwegs und abgelenkt. Ein paar Stunden später rief Pietro doch an. Er fragte: „Hi Kamila! Magst du immer noch mit mir Fliegen gehen?" Sie antwortete: „Natürlich gerne, wann kommst du mich abholen?" Aufgeregt, holte er sie auch wenig später ab und sie fuhren zu der Flugschule, an der Pietro Unterricht nahm. Er flog für gewöhnlich mit seiner Fluglehrerin und sie schmunzelte, als sie Kamila sah. Kamila wusste, dass sie nicht die Einzige war, die Pietro zum Fliegen mitgenommen hatte. Das störte sie aber nicht, denn sie war nur aufs Fliegen fixiert und nicht darauf, die nächste Mrs. Pietro zu sein. Ein wenig schüchtern stieg sie in das Flugzeug ein und bekam Kopfhörer wegen des Fluglärms. Pietro gab sich alle Mühe, ihr die Gegend zu zeigen. Er suchte immer wieder ihre Aufmerksamkeit und erzählte: „Schau, da ist … und da ist das…" Kamila hatte ihren Fotoapparat dabei und fotografierte die Bay Area und San Francisco von oben. Es war wie in einem Traum. Pietro sah, wie sehr sie das Fliegen und die Sehenswürdigkeiten genoss und erfreute sich an ihrer Begeisterung. Intensiver bemühte er sich, ihr noch viel mehr atemberaubende Landschaften und Objekte zu zeigen. Sie flogen mit einem kleinen Flugzeug, einer PIPER Archer, einem Viersitzer. Sie flogen über die Täler und sahen sich die Berge an. Die niedrigen Einfamilienhäuser waren so schön mit vielen Pflanzen gepflegt. Es gab kaum Hochhäuser, besser gesagt gar keine. Die riesig weiten unbebauten Flächen und die Landschaft umgeben von Wasser - atemberaubend. Als sie landeten, fragte die Fluglehrerin: „Soll ich euch ein Andenkenfoto an diesen Flug schießen?" Kamila sah Pietro an und nickte gelassen. Er kam ihr vorsichtig näher und legte sanft seine Hand um ihre Hüfte, drückte sie aber nicht näher an sich. Er hielt einen respektvollen Abstand. Die Fluglehrerin schoss das Foto und grinste vergnügt. Pietro informierte: „Ich muss noch kurz die Logbücher ausfüllen und dann können wir weiterfahren. Nur einen kurzen Moment." Kamila lächelte und wartete geduldig. Nachdem Pietro seine Logbücher ausgefüllt und das Flugzeug abgegeben hatte, fuhren sie zurück zu ihrer Gastfamilie. Kamila hatte keine große Lust, nach diesem tollen Erlebnis alleine in ihrem Zimmer zu hocken und an ihre fehlende Familie zu denken, doch sie war zu schüchtern, um den ersten Schritt zu machen. Das war schon immer so gewesen und so wartete sie geduldig auf Pietros Geste. Pietro hielt mit dem Wagen vor dem Haus an und fragte: „Was hast du jetzt vor, was wirst du jetzt machen?“ Sie erzählte: „Nicht viel, denn Marysia ist auf dem Konzert.“ Daraufhin schlug er vor: „Magst du mit mir nach San Francisco zum Essen fahren? Ich könnte dir dann San Francisco am Abend zeigen.“ Kamila war froh über seinen Vorschlag und sagte: „Das wäre super.“ Sie mochte Pietro, er war interessant, abenteuerlich und klug doch sie wusste nicht, ob sie auch romantisch an ihm interessiert war. Ihre Neugierde auf die Umgebung war geweckt und so machte sie sich fertig für die Abfahrt. Er holte sie wie verabredet drei Stunden später ab. Es waren lange drei Stunden. Wie gerne hätte sie eine Zigarette geraucht, doch wusste sie leider, dass die Familie dagegen war und so ließ sie es bleiben, denn sie wollte das Risiko nicht eingehen, sich mit der Familie zu streiten. Außerdem wusste sie, dass sie rauchen konnte, wenn sie mit Pietro alleine war. Sie mochte, dass er sie nahm wie sie war. Nachdenklich überlegte sie, wie San Francisco wohl aussah.

Endlich holte Pietro sie wie vereinbart ab. Er sah großartig aus und er roch unglaublich gut. Er trug eine schicke beigefarbene Hose und ein passendes gestreiftes Hemd an. Irgendwie sah er anders aus, als sie ihn in Erinnerung hatte. Er sah schick aus und sie fühlte sich plötzlich zu ihm hingezogen. Es war auch eine ungewöhnliche Vertrautheit zwischen ihnen. Seine Augen hatten etwas Bekanntes, er hatte diese große helle Mandelaugen. Sein braungebrannter Körper fiel ihr direkt ins Auge, er hatte kurze dunkle Haare und war etwa 1,82 cm groß. Es schien ihr, als wenn er ihre Gedanken lesen könnte. Er erfüllte ihr all ihre Träume. Seltsam war, dass sie ihm nicht einmal erzählt hatte, was ihre Träume waren. Er tat, was er tat und instinktiv tat er alles, was sie sich wünschte oder sich hätte wünschen können, wenn sie davon gewusst hätte.

Sie fuhren nach San Francisco zu einem italienischen Restaurant, das seinen Freunden gehörte. Das wusste sie aber nicht. Sie bestellte Fisch und fühlte sich eigenartig beobachtet, doch es war ihr egal. Sie war in Amerika, weit weg von zu Hause und da konnte sie tun, was sie wollte. Es war ihr egal, was die Leute dachten. Zusammen saßen sie dort und genossen ihr Abendessen. Sie sprachen vertraut über das Fliegen, Amerika und sich. Das Lied ‚Kiss Me‘ Sixpence None the Richter lief im Hintergrund. Pietro starrte sie an und sie fragte ihn: „Was denkst du? Was möchtest du jetzt gerne tun?“, als es merkwürdig ruhig wurde. Er schaute sie sehnsüchtig an und gestand: „Ich würde dich gerne küssen.“ Sie lachte und sagte: „Dann tu's doch." Er lehnte sich über den Tisch und küsste sie, irgendwie war es um beide geschehen als sie sich küssten. Es lag Magie in der Luft und es war perfekt. Später konnte sie sich nicht unbedingt an den ersten Kuss zwischen Pietro und sich erinnern, nur das alles an dem Tag einfach perfekt war. Pietro war perfekt, es war einfach alles vollkommen. Pietro zahlte das Essen und sie gingen raus. Er fuhr mit ihr weiter zu den Twin Peaks und am Aussichtspunkt Christmas Tree Point zeigte er ihr die ganze Stadt von oben. Die Euphorie spitzte sich immer höher. Sie hatte nur einen dünnen Pullover an und war von dem windigen San Francisco-Wetter überrascht. Es war windig und kühl. Pietro nahm eine Jacke aus dem Auto und legte sie ihr über ihre Schultern. Erneut küsste er sie. Diesmal Leidenschaftlicher. Sie war so überwältigt von all den Eindrücken und von Pietro, dass nichts mehr diesen Abend je würde überbieten können. Sie schaute in die dunkle Nacht und sah unter ihr die wunderschöne Stadt mit den vielen hellen Lichtern. Sie liebte San Francisco und dankte in ihren Gedanken Gott, dass sie diesen Tag erleben durfte. Sie wollte es mit jedem teilen, wie es sich anfühlte, wenn man sich vollkommen fühlte. Diese Verbundenheit, die sie mit der Stadt fühlte, war, als wenn sie ein Teil von ihr wäre. Irgendwie dachte sie, dass viele sie für verrückt erklären würden, wenn sie ihnen erzählte, dass sie sich in eine Stadt verliebt hatte – doch Pietro verstand sie. Es war, als wäre sie endlich daheim angekommen. Das Einzige was fehlte, war ihre Familie, um die totale Vollkommenheit zu erleben. Sie überlegte oft, wie man so eine ungewöhnliche Vertrautheit mit einer Stadt haben konnte, als ob sie schon einmal dort gewesen wäre. Sie hatte bereits über unerklärliche Verbindungen zwischen Menschen und ungewöhnliche Gefühle in Beziehungen gelesen, aber sie hatte noch nie von solch einer starken emotionalen Verbindungen mit einem Ort gehört.

Es war noch gar nicht so spät, darum fuhren sie zu Pietro nach Hause. Er wohnte bei seinem Onkel. Alle Mitglieder der Familie schliefen schon, deshalb sahen sie sich noch einen Film an. ‚Sechs Tage und sieben Nächte' mit Harrison Ford und Anne Heche, es passte so gut zu diesem eindrucksvollen Tag. Halbangelehnt lag sie auf der Couch. Ihre Füße schräg auf dem Boden. Pietro setzte sich neben sie und zog ihr ihre Schuhe aus und fing ihr, wie selbstverständlich, die Füße zu massieren. Kein Mann hatte jemals zuvor den Versuch unternommen, ihre Füße zu massieren. Zunächst schämte sie sich und dachte, dass ihre Füße vielleicht hässlich seien. Doch Pietro tat es mit einer solchen zärtlichen Selbstverständlichkeit, dass Gänsehaut ihren ganzen Körper bedeckte. Diese Nähe und fast schon Intimität in diesem Moment war unglaublich prickelnd. Pietro mochte sie sehr und normalerweise war sie sich bei Jungs oft unsicher, doch bei ihm fühlte sie sich behütet, fast beschützt. Er schaute sie an und gestand ihr: „Weißt du, als ich dich das erste Mal gesehen habe, wusste ich schon, dass du mir gehörst." Sie lachte und fragte: „Wie kannst du dir da so sicher sein? Außerdem gehöre ich niemandem, nur mir selbst." Er erwiderte: „Es war komisch, aber ich habe es sofort gefühlt, als ich dich sah. Und ich habe sogar in der gleichen Nacht von dir geträumt. Ich wusste, du warst es und keine andere!" Und dann lachte er und sagte: „Naja, und als du dich zu mir rüber gelehnt hast und ich dein Dekolleté gesehen habe, war sowieso alles vorbei." Nun musste auch sie lachen. Er fragte sie verlegen: „Glaubst du, ich bin verrückt?" Sie verneinte. Kamila hatte noch nie mit jemandem so ein Gefühl von Vertrautheit gehabt, alles passte einfach zusammen. Sie spürte, dass sie dabei war, sich in ihn zu verlieben. Doch sie wollte es nicht und wehrte sich mit allen Mitteln gegen diese starken Emotionen. Sie wehrte sich gegen ihre Gefühle für ihn, auch wenn sie nicht erklären konnte, warum sie sich gegen sie auflehnte. Kamila hatte Angst, sich in ihren Gefühlen für Pietro zu verlieren. Diese waren nämlich so intensiv, so stark und pur. Pietro empfand sie als ihren Seelenverwandten, das Geschenk Gottes nach der langen Unglücksstrecke. Das alles war so idyllisch, doch sie konnte es niemandem erklären. Es fühlte sich so gut an, dass sie Angst bekam, es könnte vielleicht auch schon bald wieder vorbei sein. Den restlichen Abend verbrachten sie knutschend auf der Couch.

Auslandsfreunde

Die täglichen Aufgaben hatten Vorrang. Sie musste Frank zur Schule fahren und sich dann mit der kleinen Hayde beschäftigen. Einkäufe und etwas Haushalt gehörten ebenfalls dazu. Ab und zu kam Daphne, Abys Schwester, aus New York zu Besuch. Sie war dick, hatte aber ein sehr hübsches und fröhliches Gesicht. Sie trug eine Brille, hatte einen tollen Charakter und einen unschlagbaren Sinn für Humor. Kamila mochte sie und sie kamen sofort gut miteinander aus. Es gab mit ihr auch keine Eifersüchteleien. Sie war auf Anhieb freundlich und herzlich. Kamila hatte in der Umgebung in der sie in Deutschland aufwuchs, einige Erfahrungen mit Konkurrenz, Eifersucht und übler Nachrede. Dadurch war sie sehr geprägt und somit irgendwie immer auf der Hut. Doch hier war sie den ganzen Eskapaden so weit entfernt. Daphne wie auch Kamila, waren immer für ein Abenteuer bereit. Sie packten das Auto und fuhren zusammen mit den Kindern nach Oakland in den Zoo. Kamila empfand es als stressig mit vier Kindern, denn es kamen noch zwei Kinder von Abys Freunden mit. Kamila konnte noch nicht richtig Englisch und musste erst immer überlegen, was sie den Kindern sagen wollte. Es ging nicht automatisch, wie auf Deutsch oder Polnisch. Es hörte sich in etwa so an: „Hey…Pause… (wartet mal) wo wollt ihr hin (Mist, wie heißt das)…?" Im Zoo sahen sie sich Riesenschildkröten, Giraffen und Kängurus an. Neugierig liefen die Kinder überall hin. Kamila hatte Schwierigkeiten die Kinder in Schach zu halten.

Sie zweifelte, wie sie es alleine schaffen sollte, wenn Daphne und Marysia nicht mehr da sein würden. Marysia war ihr eine große Hilfe mit der Sprache und Daphne nahm ihr öfter die Kinder ab. Daphne war sehr aufgeweckt und liebte es, viel Zeit mit den Kindern zu verbringen. Der nächste Ausflug war von Daphne geplant. Sie fuhren nach Fern Canyon Redwood State Park. Dort sahen sie zusammen mit den Kindern einen 112 Meter hohen Baum, der anscheinend der höchste Baum der Erde war. Die Kinder waren begeistert und Kamila auch. Entspannt liefen sie durch den Park, machten Picknick. Kamila spielte Fangen und tobte sich fröhlich mit den Kindern aus. „Du bist!", lachte sie unterhaltsam und lief weg. Vergnügt jagten die Kinder sie. Sie mochte die Kleinen und verstand sich jetzt nach zwei Wochen sehr gut mit ihnen. Die Kinder akzeptieren sie und fanden sie lustig, wie jeder andere auch. Die Kinder verstanden ihren Sinn für Humor und alberten gerne herum. Auf dem Weg nach Hause, im Auto, planten

Daphne und Kamila erneut neue Ausflüge. „Ich habe Durst", rief Frank. Kamila griff in die Getränke Tasche und versorgte die Kinder. Das Tempo war hoch, doch Kamila war dafür bereit. Gleich am nächsten Tag fuhren sie schon nach San Francisco in die Teddy Bear Factory. Dort erstellten die Kinder zusammen mit Daphne und Kamila ihren eigenen individuellen Bär. Sie machten alles allein: Farbe aussuchen, Füllung stopfen, zusammennähen. Sie kleideten ihre Bären sogar selbst an. Kamila war begeistert von der Idee und fand, dass es für Kinder einfach das Tollste war, einen selbstgemachten Bären zu besitzen. Sogar für sie war das ein Erlebnis.

In Amerika gab es so viel, das sie beeindruckte. Es gab viel für Kinder zu tun, viel für Jugendliche und sogar für die Erwachsene inkl. Senioren. Alle hatten ihren Platz und niemand überquerte die Sphären der Anderen. Es gab keine bissigen Bemerkungen übers Altwerden oder darüber, wer fett oder hässlich war. Das war Kamilas perfekte Welt, die sie in ihren Gedanken träumte und jetzt lebte. Die Kultur war die ihre, sie fühlte sich dort frei.

Nach der Arbeit traf sie sich weiterhin mit Pietro und sie schmusten liebevoll miteinander. Es war kaum zu übersehen, dass sie sich mochten. Pietro war eher dazu bereit, seine Gefühle für sie zur Schau zu stellen und das liebte sie an ihm. Trotzdem wollte sie keine Beziehung wie mit Francesco, ihren ersten Freund haben, der ihr fast schon verboten hatte, sich mit ihren Freundinnen zu treffen. Er wollte Kamila nur für sich haben, weil er eifersüchtig war. Vielleicht wollte sie sich deswegen nicht verlieben, denn sie wollte diese Qualen nicht nochmal erleiden. Jetzt konnte sie ihre Gefühle noch kontrollieren, dachte sie zumindest. Als sie bemerkte, dass die Gefühle intensiver wurden versuchte sie, sich das mit Pietro auszureden. Es passierte aber, was passieren musste: Je mehr sie sich gegen ihre Gefühle für Pietro wehrte, umso mehr war sie ihm verfallen. Eine unerklärliche Verbundenheit spürte sie in Pietros Nähe. Sie waren sich auf jede Weise sympathisch und lachten viel miteinander. Es gab keinen Tag mit ihm, an dem sie nicht laut lachte. Den gleichen Sinn für Humor und die gleichen Interessen teilten sie. Die Chemie zwischen ihnen war perfekt. So sehr sie sich auch wehrte, sie konnte nicht von ihm lassen und dachte oft daran, dass er ihre Zwillingsseele war. So sehr sie sich in San Francisco angekommen fühlte, so sehr fühlte sie sich in Pietros Armen behütet und geborgen, etwas, das sie noch nie bei einem Mann zuvor so stark empfunden hatte.

Pietro wohnte bei seinem Onkel, arbeitete in einem der Restaurants seiner Freunde und verdiente sich das Geld fürs Weggehen als Pizzakurier. Die Flugstunden bezahlten Pietros Eltern. Deswegen arbeitete er ab und zu auch an den Wochenenden. Dann traf Kamila sich mit ihren inzwischen gemeinsamen Freunden und ging aus. Diesmal gingen sie zum Bowling. Marysia, Louise, Nicole und die fünf Spanier spielten in zwei Teams. Kamilas Team verlor das Spiel und Ronaldo erstellte ein Schild auf dem Loser-Verlierer stand und ließ von Filipe, Marysia und Kamila ein Foto schießen. Er fand das sehr witzig. Sie saßen da mit den komischen blau-roten Sechzigerjahre-Bowlingschuhen, tranken Bier und amüsierten sich während des Spiels. Die Atmosphäre in dieser Clique war locker und gelassen. Es gab für sie immer etwas zu tun. Sie fühlte sich in Filmszenen versetzt, die Ähnlichkeit hatten mit den Filmen, die sie früher in Deutschland angeschaut hatte. Alles war so groß, sogar das Bowlingcenter hatte mindestens fünfundzwanzig Bowlingbahnen mit Computern und Couches und Tischen. Es war eine unglaublich schöne Zeit.

Den ersten Monat in Kalifornien empfand sie wie einen einzigen Augenblick im Gegensatz zu der Zeit in New York, die sie als Ewigkeit empfunden hatte. Sie wussten, dass Marysia bald zurück nach Polen fahren würde und so verbrachten sie noch mehr Zeit damit, Fotos von San Francisco zu machen. Marysia und die Gruppe fuhren nach San Francisco und gingen in den Golden Gate Park. „Kamila, komm ich schieße mir ein Foto hier", rief Marysia. Kamila holte ihren Fotoapparat aus und rief: „Jungs stellt euch dazu. Ich schieße ein Gruppenfoto." Kamila verließ das Haus sowieso nie ohne ihre Fotokamera. Sie musste alles in Bildern festhalten. Undiskriminiert schoss sie sich durch den Park. Die Freunde posierten und lachten. Jeder kletterte abwechselnd auf die Statuen, die im Park standen und ließ sich knipsen. Später fuhren sie zu den verschiedenen Golden Gate Bridge-Aussichtspunkten. Kamila war überwältigt. „Das hier ist so idyllisch. Wunderschön!", wiederholte sie sich erstaunt. Sie konnte sich nicht sattsehen. Die Stadt wirkte wie eine Droge auf sie. Fasziniert starrte sie alles an, bewunderte jedes Detail und fühlte sich lebendiger als je zuvor. Sie schwärmte: „Oh, mein Gott, ist das toll hier! Schaut mal, das ist so schön!", und jeder lachte. Keineswegs lachten sie Kamila aus, sie lachten, weil sie ihre Gefühle teilten. Ihre Begeisterung spiegelte sich in ihren Augen wieder, wenn sie über die Meeresaussicht mit der Golden Gate Bridge sprach, die von Nebel umhüllt war. Sie philosophierte schon fast: „Der Nebel ist wie ein grauer Seidenschleier, der nur immer ein bisschen von der Brücke preisgibt; mal mehr, mal weniger. Die Steine im Meer blicken verspielt empor und brechen verspielt die Wellen an sich." Stundenlang konnte sie nur über San Francisco reden. Pietro genoss ihre Begeisterung und er ließ keine Gelegenheit aus, ihr noch mehr schöne Plätze zu zeigen. Er kannte die Stadt inzwischen sehr gut und er nahm sie immer wieder mit auf neue Entdeckungstouren. Sie musste ihm nicht danken, denn er sah, wie sehr sie die Schönheit der Gegend berührte.

Wehmut

Den ganzen Vormittag über fühlte Kamila sich seltsam und lustlos, denn morgen sollte ihr erster Geburtstag ohne ihre Familie stattfinden. Empfindlich und gereizt war sie dementsprechend gestimmt. Zusätzlich passierte etwas, das ihr aus ihrer Vergangenheit so sehr bekannt war. In der Vergangenheit hatte ihre Freundin sie bei anderen Freunden ständig in komische Streitereien verwickelt, weil sie eifersüchtig auf ihre Popularität war. Irgendwann gestand sie ihr das auch, doch der Schaden war nicht mehr gutzumachen. Kamila wusste, dass sie ihr nicht schaden wollte, sie wollte nur ein bisschen beliebt sein. Jetzt passierte Ähnliches: Ein Kumpel, Frederic, erzählte Lügen über Kamila, wegen denen sie mit Pietro in Streit geriet. Frederic behauptete, sie würde ihm schöne Augen machen. Pietro flippte total aus und sie wusste erst gar nicht, was passiert war und worum es ging. Er sagte nur: „Kamila, unter diesen Umständen möchte ich mit dir nichts zu tun haben. Wenn du mit Frederic flirtest." Es dauerte eine ganze Weile, bis er sich beruhigt hatte und ihr erklären konnte, was ihn so aufgebracht hatte. Wütend erzürnte sie über diese falschen Unterstellungen und gab bekannt: „Hör' zu, Frederic lügt! Außerdem ist er doch gar nicht mein Typ mit seinen zusammengewachsenen Augenbrauen." Genervt fügte sie hinzu: „Ja, er ist nett und ich mag ihn als Kumpel. Aber echt, denkst du, dass ich was von ihm will? Vertraust du mir nicht? Ich dachte, er wäre unglücklich in Klara verliebt und deswegen war ich nett zu ihm!" Pietro zögerte und glaubte ihr nicht ganz. Enttäuscht sah sie ihn an und merkte, dass ihre Zuneigung für Pietro ihr wieder mal im Weg stand. Es war ihr nicht mehr gleichgültig, was er dachte. Das störte sie. Sie konnte nicht mehr einfach weggehen und sagen: ‚Ach, glaube was du willst.' Es lag ihr etwas daran, dass er ihr glaubte. Pietro war misstrauisch und sie war über sein Verhalten und ihre Gefühle entsetzt. Sie kämpfte mit sich: ‚Wie konnte ich mich in so einer kurzen Zeit in Pietro so sehr verlieben?' Entsetzt stellte sie fest, dass sie erst seit einem Monat zusammen waren.

Kamila ließ es nicht auf sich sitzen und stellte Frederic zur Rede. Marysia unterstützte sie dabei. Sie hörte sich die Geschichte an und beschloss: „Der arme Frederic hat Wahnvorstellungen. Das ist eine Lüge!" Als Kamila Frederic fragte, warum er Pietro erzählt hatte, dass sie ihm schöne Augen gemacht hätte, gab er lässig zu: „Ja, es machte für mich den Anschein, dass du mit mir flirtest, weil du immer so freundlich und fürsorglich warst." Kamila sah ihn unwillig an und sagte: „Frederic, ich dachte, wir wären Freunde!" Zwar entschuldigte er sich, doch es half nichts. Frederic wusste nicht, dass er bei ihr in eine viel tiefere Wunde geschnitten hatte. Ihr waren früher oft Sachen unterstellt worden, für die sie nichts konnte, bloß weil sie so offen den Leuten gegenüber war. Frederic war nur einer mehr von der Sorte, die nicht wussten, was sie mit ihren Behauptungen anrichteten. Ihre Gutmütigkeit und Offenheit wurde oft von anderen als Bedrohung gesehen und entweder wollten sie sie für sich haben oder waren auf sie eifersüchtig. Seine Entschuldigung war eigentlich überflüssig. Der Schaden war schon angerichtet. Doch sie wollte mit Frederic keinen Streit und nahm seine Entschuldigung offiziell an. Sie kehrte in sich und dachte: ‚Was werde ich damit bezwecken, wenn ich für immer sauer auf ihn wäre? Das ist mir zu anstrengend.' Aber der Streit mit Pietro machte sie traurig.

Melancholisch und sentimental verbrachte sie den Tag vor ihrem einundzwanzigsten Geburtstag. Es gab keinen Tag, an dem sie ihre Familie nicht vermisste, doch jetzt war es für sie fast unerträglich. Irgendwie konnte sie Marysia und die anderen Mädchen in dieser Angelegenheit nicht verstehen. Sie hatten nicht so ein schlimmes Verlangen nach ihrer Familie. Warum konnte sie nicht auch so abgeklärt sein? Dazu kam noch, dass sie mit Pietro gestritten hatte und dass Marysia bald nach Polen zurückfliegen würde. Die Abschiede nahmen kein Ende. Ihr Leben bestand in letzter Zeit immer wieder aus Veränderungen. Bekümmert schlief sie ein.

Am ihrem Geburtstag kam sie nur schwer aus dem Bett. Am liebsten hätte sie sich verkrochen und niemanden gesehen. Aber sie musste die Kinder versorgen und so zog sie sich tapfer an und lächelte die Kinder unglücklich an. Die Kinder verlangten nach Mais zum Frühstück und sie fing an zu kochen. Ihren Frust, dass sie nicht bei ihrer Familie sein konnte, ließ sie an dem blöden Mais aus. Wütend sah sie es an und flüsterte: „Du Ekelzeug, werd' weich!" Für ihre schlechte Laune schämte sie sich, denn alle um sie herum waren sehr nett zu ihr. Sie reagierte sich an dem Mais ab und dachte verzweifelt: ‚Wer isst schon Mais am frühen Morgen?' Die amerikanische Küche und die Gewohnheiten der Familie waren neu für sie. Während sie den Mais rührte, dachte sie an Marysia, die in sechs Tagen zurück nach Polen gehen musste. Marysia wollte nicht zurück und Kamila verstand auch, warum. Kalifornien war schön und aufregend und Europa traurig und bestimmend.

Pietros schweigende Ausdauer irritierte sie noch mehr. Er rief an dem Morgen nicht an, um ihr zum Geburtstag zu gratulieren. Deprimiert machte sie weiter mit ihren Routineaufgaben und brachte die Jungs zur Schule. Nachdem sie zurück war, beschäftigte sie Hayde im Sandkasten. Als sie so schön buddelte, schlich Kamila sich kurz ins Schlafzimmer der

Gasteltern. Dort stand ein Computer. Schnell loggte sie sich ein und las ihre Geburtstags-E-Mails. Ihre Familie schrieb ihr Glückwünsche zu ihrem Geburtstag. Als sie diese las, litt sie furchtbar und Tränen flossen ihr die Wangen herunter. Traurig versuchte sie, die Schluchzer zu unterdrücken, denn sie wollte Hayde nicht beunruhigen. Sie las die Zeilen wieder und wieder und streichelte den Bildschirm mit den Händen, als wäre er ein Stück Papier. Sie druckte die E-Mails auf Papier aus und nahm sie mit nach draußen, wo Hayde immer noch fröhlich spielte. Sie trug eine Sonnenbrille, da draußen schönes Wetter war. Tränen flossen ihr immer noch über die Wangen, doch Hayde bemerkte sie nicht. Wie gerne hätte sie jetzt ihre Familie bei sich gehabt. Natürlich war sie erwachsen und in der Lage, alleine zu sein. Es ging ihr auch gut, dort, wo sie untergekommen war, doch an diesem Morgen packte sie das Heimweh mit voller Kraft.

Wenn sie darüber nachdachte, dass bald auch Marysia nicht mehr da sein würde, zog sich ihr Herz zusammen. Als Marysia später vom Einkaufen zurückkam, sah sie Kamila verwundert an. Sie sah die Tränenspuren und fragte sofort: „Raus mit der Sprache, was ist passiert? War das Pietro? Soll ich ihn in den Hintern treten?" Kamila lächelte gequält und sammelte die verstreuten Email Papierausdrucke. Marysias Blick fiel auf die ausgedruckten E-Mails. Sie kam zu Kamila, setzte sich neben sie, nahm sie in den Arm, tröstete sie und erzählte ihr: „Mach dir nichts daraus, ich fühlte mich auch so schlimm hier, als ich meinen Geburtstag alleine feiern musste." Dann lächelte sie und versicherte: „So jetzt will ich aber nicht mehr nach Hause zurück!" Sie versprach ihr, dass es besser werden würde. Kamila riss sich zusammen. Marysia fragte: „Hat Pietro schon angerufen?" Genervt rollte Kamila die Augen. Sie war sauer auf Pietro. Die Gefühle zu Pietro wollte sie vertuschen, doch sie wusste, dass sie ihm verfallen war.

Hayde spielte immer noch vergnügt draußen, als Kamila kurz aus dem Fenster blickte. Sie ging zu der Kleinen, um zu sehen, ob sie was brauchte. „Na meine Süße, was hast du denn tolles kreiert?" Hayde lachte sie an und zeigte stolz ihren Sandkuchen. Kamila lächelte der kleinen Maus zu und lobte sie für ihre Kreativität. Hayde war erst drei Jahre alt, aber sie musste instinktiv gespürt haben, dass Kamila sehr traurig war, denn sie kam zu ihr, um sie zu umarmen. Kamila drückte das kleine Mädchen fest an sich und bekam vor Rührung Gänsehaut. „Ohh, Hayde, Dankeschön das ist aber sehr lieb von dir." Sie war der Kleinen dankbar dafür, dass sie sie in diesem Moment verstanden hatte. Dann riss sie sich zusammen und sagte: „Na Süße, wir gehen jetzt zum Spielplatz." Kamila war vernarrt in Hayde, die so unbefangen und erfrischend unschuldig war. Hayde hatte keine Vorurteile, sie war ein gelassenes Kind, das immer lächelte. Sie hatte auch noch so viel Babyspeck, dass sie jeder am liebsten liebevoll hätte beißen können.

Kamila mochte generell Kinder und Hayde war nun mal ein Kind, das ihre Liebe genoss und tausendfach zurückgab. Den Jungen kannte sie noch nicht so gut, obwohl sie mit ihm schon einen Monat verbracht hatte. Frank, war ihr sympathisch, er war der typische ältere Bruder, der immer zu vermitteln versuchte obwohl er auch tiefsinnig und abweisend, dann wieder überaus nett und anhänglich war. Sie verstand ihn, denn sie wusste, wie es sich anfühlte, die Eltern zu vermissen. Sie wusste, dass es immer anders war, als es schien. Obwohl Frank nach außen fröhlicher wirkte, hatte er ein viel intensiveres Innenleben als Hayde. Er war zwiegespalten in seinen Empfindungen und sie kannte das Gefühl gut, nicht zu wissen, was man will. Ab und zu rebellierten die Kinder und Kamila konnte sie nicht gut in Schach halten, weil sie der englischen Sprache nicht so mächtig war, wie sie es gebraucht hätte. Frank nutzte das schamlos aus und brachte sie ab und zu an ihre Grenzen.

Frank, sollte seine Wäsche zusammenfalten. Kamila bat ihn darum, da seine Eltern entsprechende Anweisungen gegeben hatten. Sie sagte: „Kannst du bitte die Kleider falten?" So dachte sie jedenfalls. Aber sie verwechselte die Worte und sagte es falsch. Statt falten – fold – sagte sie fallen – drop. Frank nahm seine T-Shirts und ließ sie demonstrativ auf den Boden fallen. Entsetzt schaute sie ihn an und fragte, was er da täte. Er erklärte trotzig: „ich mache das, was du wolltest!" Er hob die Kleidung auf und offenbarte anmaßend: „Du meinst falten nicht fallen." Lange ließ sie das nicht auf sich sitzen und übte fleißig die englische Sprache, bis sie sie besser beherrschte. Sie hatte keine andere Wahl, denn sie musste sich mit den Kindern verständigen. Wie wild lernte sie und war unglaublich gut darin.

An ihrem Geburtstag waren die Kinder aber freundlich zu ihr. Sie alle spürten, was den Erwachsenen vielleicht nicht sichtbar war. Kamila war verletzlicher. Zur Feier des Tages lud sie die Gastfamilie in das mexikanische Restaurant zum Essen ein. Sie hatten ebenfalls Marysia und Mika eingeladen. Die Beiden sollten sie aufmuntern, damit sie sich nicht einsam fühlte. Als es schon nach achtzehn Uhr abends war und Pietro sich immer noch nicht gemeldet hatte, wurde sie nervös. Sie wollte nicht ausgehen. Der Trubel machte sie noch unruhiger. Sie wollte den Tag einfach nur noch hinter sich bringen und sich am besten verkriechen. Marysia aber ließ das nicht auf sich sitzen, sie beschloss: „Komm, keine Widerrede, beweg jetzt dein Arsch und mach dich schön. Immerhin habe ich extra für dich auch ein Kleid angezogen." Marysia hatte in Amerika viel zugenommen und sich kaum mehr in ein Kleid getraut. Seit Kamila da war,

war sie von Kamila auf Diät gesetzt und langsam fand sie auch wieder daran Gefallen, sich hübsch zu machen. Kamila lachte und sagte: „Okay, ich ziehe mich an. Aber nur, weil du ein Kleid angezogen hast." Sie zog sich schön an, fast schon zu schön, dachte sie. Im Spiegel sah sie sich an und wiederholte leise das Sprichwort ihrer Mama: „Du musst eine Schauspielerin im Leben sein!" Sie riss sich zusammen und ging mit der Gastfamilie und den Freudinnen zum Essen. Im Auto dachte sie kurz an ihre Abschiedsparty in Deutschland zurück. Dort hatte sie gute Freunde und Familie und in Amerika feierte sie ihren einundzwanzigsten Geburtstag mit einer Familie, die sie nicht gut kannte.

Das Abendessen verlief sehr angenehm. Sie erhielt aufmerksame Geschenke von den Erwachsenen und eine süße Karten von Frank. Er schrieb ihr sogar, dass sie die Beste sei. Marysia schaute ihn gespielt empört an und sagte: „Mensch, ich bin auch noch da, und noch nicht weggeflogen." Alle lachten. Kamila war froh, dass Mika und Marysia dabei waren, denn mit ihnen konnte sie sich wenigstens auf Polnisch unterhalten. Es gab mexikanische Küche, wie Tortillas und Guacamole. Das Essen war einfach zu gut, um es nicht genießen zu können. Mexikanische Küche stand seit diesem Abend auf jeden Fall auf Kamilas Lieblingsliste. Sie passte sehr auf ihre schlanke Linie auf und stellte überrascht fest, dass niemand am Tisch es so ernst nahm, wie sie es tat und die Frauen in Deutschland, die sie kannte. In Amerika wussten die Menschen das Leben mehr zu genießen, sogar das Essen. Kamila liebte das Essen und machte mit bei den Ohs und Ahs, die zu den genüsslichen Ausdrücken gehörten. „Ich liebe Fajitas", schwärmte sie. „Was für eine ideale Zusammensetzung der Speisen", lobte sie. Alle lachten und ließen sich von Kamilas Faszination gegenüber Amerika und dem mexikanischen Essen anstecken. Die Menschen um sie herum fühlten, dass sie Kalifornien liebte und sich dort sehr wohl fühlte. Sie akzeptieren sie vorbehaltlos als eine der ihren. Nach dem Essen saß Marysia noch mit ihr in ihrem Zimmer, als Marti Kamila nach draußen rief. „Kamila, Pietro ist an der Tür, er möchte dich sprechen." Überrascht sah sie Pietro in der Tür stehen. Er brachte ihr fünf rote Rosen und eine Karte, die er mit Bleistift unterschrieben hatte. Sie fand es nicht sehr originell und dachte: ‚Was bist du doch für ein Trottel.' Er kam näher, küsste sie auf die Wange und sagte: „Happy Birthday Schatz." Er blieb auch nicht lange, weil er am nächsten Tag arbeiten musste. Sie wollte ihn fragen, warum er nicht früher angerufen hatte, ließ es dann aber doch bleiben und sagte nichts. Sie nahm die Blumen an, bedankte sich wie es sich gehörte und ging wieder ins Haus. Marysia schaute sie erwartungsvoll an. „Und was hat er gesagt?" Kamila stellte die Blumen ins Wasser und schmiss die Karte entrüstet aufs Bett. Kamila schaute Marysia enttäuscht an und enthüllte: „Er hat mir vorgeworfen, ich würde mit seinem Kumpel flirten. Und dann kommt er erst abends kurz vorbei und bringt mir Blumen und eine Karte, die er mit Bleistift unterschrieben hat!" Kamila schaute Marysia traurig an und fügte hinzu: „Er ist doch ein Trottel." Marysia sah sie verständnisvoll an und versicherte: „Ja, du hast Recht. Es ist nicht originell, aber wenigstens hat er eingesehen, im Unrecht gewesen zu sein." Sie sprachen noch lange an dem Abend und Kamila sagte schließlich: „Genug von mir und Pietro, was wünscht du dir zum Abschied? Du warst immer so eine gute Freundin zu mir. Ich möchte dir wenigstens ein kleines Stückchen dessen zurückgeben, was du mir den ganzen Monat gegeben hast!" Marysia wurde traurig, sie selbst wusste nicht, was sie in Polen erwartete. Daher schlug sie vor: „Wie wäre es mit einer Party? Einer Abschiedsparty?" Kamila nickte und sagte: „Okay, eine Party soll es werden."

Abschied

Kamila stürzte sich voller Eifer in Planung und bereitete die beste Abschiedsfeier für Marysia vor. Die Gasteltern sahen die Mädels als Teil ihrer Familie an und stellten Geld bereit, damit Kamila für die Party einkaufen konnte. Kamila fand die Familie sehr bemüht und respektierte sie sehr für ihre Aufrichtigkeit. „Marysia, die Leute sind unglaublich. Sowas tun für manche nicht mal eigene Eltern." Marysia nickte: „Ich weiß, die Leute sind echt nett." Inzwischen hatte sie oft Horrorgeschichten von anderen Au-pairs über deren furchtbare Familien gehört. Marysia und sie hatten viel Glück gehabt, denn die Familie war ehrlich an ihrem Wohlergehen interessiert. Sie waren nicht reich wie die anderen Familien. Ordnung war auch nicht ihre Stärke, aber ihre Herzlichkeit und ihre Ehrlichkeit waren Eigenschaften, von denen sich viele eine Scheibe abschneiden konnten. ‚Gute Menschen erkennt man, wenn man sie sieht‘, dachte Kamila und dies waren gute Menschen. Die Party sollte bei den Jungs im Spain House stattfinden und Kamila war froh, dass Pietro arbeiten musste und nicht da war. Dann konnte sie sich wenigstens mit anderen Jungs unterhalten, ohne dass er gleich eifersüchtig wurde. Sie war immer noch enttäuscht von Pietro, weil er sich wegen Frederic so doof angestellt hatte und ihre Geburtstagskarte nur mit einem Bleistift unterschrieben hatte. Sie ging einkaufen und unzählige Tüten stapelten sich in der Küche. Sie kaufte Früchte, die sie später mit Alkohol präparierte. Spießhäppchen und verschiedene Salate wurden ebenfalls vorbereitet. Es gab alles Mögliche zu Trinken -Wein, Wodka, Bier, Cocktails, neben Fanta, Coca Cola und so weiter. Hayde hatte Spaß am Helfen. Die Kleine naschte von den Früchten und probierte die Knabbereien. Kamila machte die Musik lauter und tanzte mit der Kleinen in der Küche. Marysia lachte: „Hayde ist so süß, die ahmt dich beim Tanzen nach." Kamila lachte und drehte das Radio lauter und sang zusammen mit Hayde zu „A little bit of this" von Santana. Sie tanzten, sangen und bereiteten das Essen für die Party vor. Marysia sagte irgendwann: „Ich möchte heute gerne alleine mit Hayde das letzte Mal zum Spielplatz, bevor ich wegfahre. Ich möchte mich verabschieden." Kamila nickte still und blieb mit den Partyvorbereitungen zurück. Bemüht versuchte sie, dass alles super aussah und superlecker schmeckte. Mit der Party wollte sie ein bisschen von der Herzlichkeit zurückgeben, die ihr Marysia von Anfang an entgegengebracht hatte. Sie war zu einer wertvollen Freundin geworden. Gegen Abend fuhren Marysia und Kamila das Essen zu den Jungs. Anschließend schmissen sie sich in Schale. Sie sahen superschick aus. Marysia trug ein grünes Kleid und Filipe, ihr Freund, über den sie sich immer noch nicht sicher war, sabberte fast vor Bewunderung. Die Party war der Knaller. Das Essen war sehr beliebt. Auf der Party präparierte Kamila eine Wassermelone mit Wodka und war inmitten des Geschehens, dass sie Pietro an dem Abend vergaß und sich einfach amüsierte. Wie besessen tanzte sie mit Marysia und Mika. Es waren Unmengen an Leuten da, mindestens 39 oder sogar mehr. Die Musik war international. Es war fast jede Nationalität auf der Party vertreten, doch überwiegend Polinnen und Spanier. Das war eine attraktive und temperamentvolle Mixtur. Kamila fühlte sich bei ihren neuen Freunden so richtig wohl. Sie liebte die Gegend, die Leute und alles, was sie ausstrahlte, kam mit doppelter Harmonie zu ihr zurück. Die Party war gelungen und Marysia bedankte sich schon während der Feier oft und herzlich für diese fantastische Party. Kamila drückte Marysia an sich, gab ihr einen Kuss auf die Wange und sagte: „Ich danke dir für die tolle Freundschaft, die du mir entgegengebracht hast, als ich angekommen bin."

Draußen auf der Terrasse beim Rauchen lernte Kamila Janek aus Polen kennen. Er kam rüber und sprach sie auf Polnisch an. „Hi, wie geht's." Sie lachte und stellte fest: „Dich kenne ich noch nicht. Wer bist du?" Er sagte „Janek und du bist Kamila." „Ja bin ich." Es war nichts Neues, dass sie gut auf das andere Geschlecht wirkte. Sie war nicht nur Schlank mit langen Beinen und den richtigen Rundungen, sondern auch sehr positiv eingestellt und ihre freundliche und begeisterungsfähige Art zog die Leute in ihren Bann. Sie war sie selbst und das kam bei allen gut an. Niemand in Deutschland kannte sie so, aber sie hatten ihr auch kaum die Chance dazu gegeben. Irgendwie war sie dort immer unter Beschuss geraten. Doch hier war sie gelassen, witzig und hatte immer verrückte Ideen. Janek tanzte mit ihr und fragte sie: „Kamila, ich fahre mit ein paar Freunden am Wochenende nach Santa Barbara. Möchtest du dich anschließen und mit uns fahren?" Sie sprachen den ganzen Abend und da er ihr sympathisch war, einverstanden stimmte sie zu: „Klar ich fahre gerne mit. Sag mir was die Übernachtung kostet und ich schließe mich euch gerne an." Kamila wollte schon immer Santa Barbara sehen. Sie tauschten Nummern aus und er wollte sie anrufen. Sie lächelte in sich hinein und dachte: ‚Wenn ich in Deutschland mit einem Kumpel verreisen würde, würde ich wahrscheinlich in Verruf geraten.' Doch in Amerika war es anders. Es schien niemanden zu kümmern. Irgendwann im Laufe des Abends, als jeder schon angeheitert, doch noch nicht unbedingt betrunken war, kam Pietro. Er sah sie mit Janek reden. Er wurde nervös, doch er versuchte es sich nicht anmerken zu lassen. Subtil beobachtete er die Beiden und erst als Janek aufstand, um ihnen etwas zu trinken zu holen, steuerte Pietro sofort auf sie zu und drückte ihr einen Kuss auf die Lippen.

Er sagte: „Ich habe dich vermisst, ich mische mich unter die Leute und sage Hallo." Zurückhaltend sah sie ihn an, sagte „Okay" und sah Janek mit den Getränken zurückkommen. Janek setzte sich wieder zu ihr und redete weiter über Santa Barbara. Pietro begrüßte in der Zwischenzeit alle Freunde und beobachtete sie aus sicherer Entfernung. Er war nicht aufdringlich, sondern clever, denn er ahnte, dass er sie mit jeglichen Eifersüchteleien von sich wegstoßen würde. Instinktiv tat er genau das einzig Richtige, was sie später mehr an ihn binden sollte: Er vertraute ihr.

Kurz vor Marysias Abreise fuhren Marysia, Filipe, Pietro und Kamila wieder zu den Twin Peaks nach San Francisco. Beim ersten Mal war sie abends alleine mit Pietro auf den Twin Peaks gewesen. Dieses Mal waren sie am Tag dort und vor Verzückung flippte Kamila fast aus, als sie die Stadt von oben sah. Aus lauter Begeisterung rief sie: „Marysia, das ist doch super schön. Komm schau es dir nochmal an. Mach mal ein paar Fotos von mir und der Stadt." Dann rief sie Frederic: „Schieße ein paar Fotos von mir und Marysia bitte." Der Anblick der Stadt erzeugte bei ihr immer wieder eine Gänsehaut. „Die Stadt ist so schön", sagte sie zu Pietro, der neben ihr stand und hatte vor Rührung fast Tränen in den Augen. „Die Hügel, die Brücke, das Wasser, die tollen Häuser, die unglaublichen Leute. Ich liebe hier alles!" Sie hoffte, San Francisco nie wieder verlassen zu müssen und sie wusste, wenn sie dazu gezwungen wäre, die Stadt wieder zu verlassen, würde sie ein Stück von sich dort lassen. Sie saß auf der Steinmauer mit Blick auf San Francisco und lächelte glücklich vor sich hin, als Pietro zu ihr kam und sie an sich riss und innig küsste. Eng umschlungen saßen sie auf der Mauer und küssten sich zärtlich. Marysia lachte und bestand drauf: „Nehmt doch ein Zimmer, das ist kaum auszuhalten." Schmunzelnd sahen sie sich an und wussten, dass sie tatsächlich nicht länger warten wollten, um miteinander zu verschmelzen.

Sie waren verliebt und küssen alleine genügte langsam wirklich nicht mehr. Das Verlangen nach mehr wuchs. Sie mussten auch nicht lange auf eine Gelegenheit warten, denn Pietros Kumpel Maxim war in den Urlaub gefahren und Pietro hatte die Schlüssel zu seinem Apartment. So beschlossen Marysia, Filipe, Pietro und Kamila nach dem San Francisco-Ausflug, dorthin zu fahren. Sie gingen einkaufen und liehen sich bei Blockbuster DVDs aus. Ausgerüstet mit Wein, Popcorn, Chips, Gummibärchen und guten Filmen machten sie es sich in Maxims Apartment gemütlich. Pietro hatte einen portugiesischen Porto ausgesucht. Kamila sah ihn an und sagte: „Ich mag kein Wein."Er bestand: „Probiere es einfach. Das ist mein Lieblingswein und du wirst es lieben." Sie probierte es und tatsächlich, sie fand es schmackhaft und es freundete sich mit ihrem Gaumen an. Das war für sie kein gewöhnlicher Wein, das Zeug hatte es wirklich in sich mit seinen 19 % Alkoholgehalt. Gemeinsam tranken sie und es kam was kommen musste. Pietro und Kamila verdrückten sich irgendwann in das Nebenzimmer und ließen Marysia und Filipe, die sowieso auch ungestört sein wollten, alleine. Sie waren verliebt. Zwar küssten sie sich innig und leidenschaftlich, änderten aber ihr Verhalten, als sie sich näherkamen. Sie behandelten sich fast, als ob sie aus Glas wären, denn sie wollten nichts zerbrechen. Sie wollten den Moment nicht zerstören. Kamila überlegte oft, wie man eine Verschmelzung der Seelen erklären könnte. Alles stimmte. Das Gefühl stimmte, die Chemie stimmte, sogar der Ort war in Ordnung. Pietro küsste sie, während sie noch das Weinglas in der Hand hielt. Das vollkommene Gefühl machte sie fast ohnmächtig und so kippte sie das Glas Wein über das neben ihr liegende Kissen. Pietro schaute sie an, verwundert darüber, was gerade passiert war. Benebelt lächelte sie ihn nur an. Lachend schoss er mit dem Kissen in der Hand aus dem Zimmer und weichte es in der Badewanne ein. Am liebsten hätte sie das Missgeschick auf den Alkohol geschoben, aber er fragte nicht und sie erklärte nichts. Er kümmerte sich nicht mehr um das Kissen, er ließ es seelenruhig in der Wanne schwimmen und kam zu ihr zurück. Sie machten weiter, wo sie zuvor aufgehört hatten. Es fand eine tatsächliche Verschmelzung zweier Körper, Seelen und Herzen statt.

Kamila wehrte sich sehr, diese Gefühle zuzulassen, die sich so selbst-ständig an die Oberfläche kämpften. Sie hatte inständig Angst vor dieser Leidenschaft für Pietro, das war nichts, was sie je zuvor empfunden hatte, diese Gefühlsintensität entfachte Panik in ihr. Er erweckte Gefühle der vollkommenen Zufriedenheit. Irgendwie machte er ihr Angst, denn sie hatte keine Kontrolle über ihre Gefühle für ihn. Sie wollte sich seit Francesco, ihrer ersten Liebe, nicht mehr verlieben. Die Kontrolle zu haben war ihr wichtig und Pietro brach alle Grenzen, als wenn er die dazugehörige höhere Erlaubnis hätte. Er berührte ihre Seele, etwas, das in dieser Form nie jemand zuvor geschafft hatte. Sie hasste den Gedanken, ihn in einem Jahr wieder verlassen zu müssen, wenn sie wieder nach Hause musste. Eng umschlungen schliefen sie ein und am Morgen wachten sie in der gleichen Position auf. Kamila fühlte sich verlegen, als sie ihn morgens so dicht und nackt neben sich liegen sah. Sie musste unbedingt Abstand zwischen ihn und sich bringen und ging ins Bad. Dort stellte sich Marysia neben sie. Beide schauten sich an und nickten lachend. Ohne Worte verstanden sie sich und sagten nichts mehr. Als sie aus dem Bad kamen, schaute Pietro Kamila verwundert an. Er merkte, dass sie verlegen und fast schüchtern war. Er küsste sie sanft, drückte sie behutsam an sich und sagte: „Entschuldige, dass ich dir kein Frühstück ans Bett gebracht hatte, aber ich habe nicht gewusst, dass wir über Nacht in Maxims Apartment bleiben würden." Kamila schaute ihn mit großen Augen an, lächelte und sagte: „Kein Thema." Insgeheim dachte sie, dass das einfach perfekt war, was er sagte. Er war einfach perfekt. Gänsehaut durchzog ihren Körper. Sie lächelte Marysia an und sagte flüsternd: „Das war doch gerade perfekt." Marysia nickte zustimmend. Die Gefühle für Pietro waren jetzt so intensiv, dass sie wieder erschrak und sie gar nicht mehr haben wollte. So sehr kämpfte sie um die Kontrolle und um ihr inneres Gleichgewicht. Sie hatte das Gefühl, sie müsste Pietro immer wieder von sich wegschieben, damit sie sich selbst noch sehen konnte. Es fühlte sich nicht real an, so Eins mit einem anderen Menschen zu sein. Anschließend fuhr Pietro sie alle nach Hause, aber nicht so lange danach, gleich noch am Nachmittag, kamen die beiden Kavaliere mit Blumen in der Hand für ihre Angebeteten zurück. Zuerst kam Filipe und brachte Marysia einen Blumentopf mit lilafarbenen Blumen. Kamila fand es total lustig und niedlich. Pietro brachte ihr auch einen Blumentopf mit gelben Blumen. Das fand sie total doof. Entsetzt nahm sie den Blumentopf und schaute Marysia fassungslos an. Als Marysia ihren entsetzten Gesichtsausdruck sah, fing sie wie blöd an zu lachen. Kamila sagte: „Die sind gelb." Marysia lachte und antwortete: „Ist doch schön." Kamila schaute sie an und wiederholte entsetzt: „Sie sind trotzdem gelb." In Polen bedeuteten gelbe Blumen Verrat. Marysia lachte sich kaputt. Kamila bedankte sich bei Pietro und konnte ihre Verwirrung im Gesicht nicht verbergen. Er sah, dass ihr die Blumen nicht gefielen und fragte: „Was ist los, gefallen dir die Blumen nicht?" Sie wollte es ihm nicht sagen, doch er bohrte nochmal nach, als sie später im Spain House am Pool saßen, und sie teilte ihm mit, was gelbe Blumen bedeuteten. Pietro lächelte und erklärte ihr, dass die Farbe Gelb in Brasilien Freundschaft ausdrückt. Ärgerlich schaute sie ihn an und wiederholte: „Freundschaft? Echt?" Er lachte, küsste sie und schwor, er würde ihr nie wieder gelbe Blumen schenken. Er lachte laut und vergnügt und nannte sie Bunny-Hase. Dann küsste er ihren Hals und schrie ihr ins Ohr: „Bunnyyyyyyyyyy!" Oder er neckte sie und nannte sie Polaka Patatera, was soviel heißt wie eine polnische Kartoffel. Sie konnte sich nie erklären, warum sie es witzig fand, aber sie tat es, brüllte mit ihm vor Lachen und alles war wieder gut.

Das Wochenende war vorbei und Marysia musste abreisen. Es war schwer für ihre neugefundene Freundschaft. Sie waren gegenseitig dankbar für die schöne Zeit zusammen. Marysia bedauerte: „Schade, dass wir uns nicht schon früher getroffen haben. Wir hätten gemeinsam die USA auf den Kopf gestellt." Kamila nickte traurig: „Ja, das hätten wir." Das war die erste Trennung für sie in den USA. Sie war sehr traurig als Marysia wegfuhr und trauerte in sich hinein. Kamila mochte ihre Freundin sehr. Die Zeit mit Marysia konnte kaum jemand überbieten. Nach Marysias Abreise hatte Kamila viel mit den Kindern zu tun und stürzte sich in ihre Aufgaben. Kaum sah sie sich um, waren schon mindestens vier Tage vergangen. Pietro war zwar immer da, doch sie stieß ihn ungewollt von sich weg. Sie liebte ihn und wollte ihn bei sich haben, doch sie machte genau das Gegenteil. Immer wenn er kam, hatte sie etwas an ihm auszusetzen und stieß ihn weg. Sie fürchtete sich so sehr vor den intensiven Gefühlen, die er in ihr erzeugte. Sie wollte sich nicht aufgeben, sie wollte nicht süchtig nach ihm sein. Er machte ihr irgendwie Angst. Keinen Menschen konnte sie so sehr lieben und begehren, wie sie es bei Pietro tat. Sie hatte schon vorher Beziehungen gehabt, doch hatte sie noch nie zuvor die Kontrolle so verloren. Sie war selbst in den verzwicktesten Situation in der Lage, die Grenze zu setzen, doch bei Pietro war das anders. Einer musste sich aufgeben und sie hatte Angst vor genau dieser Leidenschaft. Pietro war geduldig, trotz ihrer immer wiederkehrenden Ablehnung. Er versuchte, sie zu verstehen, auch wenn es ihm schwerfiel. Sie unternahmen viel, sie gingen Rollerbladen und er kam auf sie zu und wollte sie küssen, doch sie blockte ihn ab und fuhr weg. Kamila war wütend auf sich, denn sie wusste nicht, warum sie es tat. Es geschah so automatisch. Seit Marysia weg war, lastete die ganze Verantwortung für die Kinder auf ihr. Der Stress machte ihr auch zu schaffen, denn Frank gehorchte ihr nicht richtig und Hayde war eben ein Kleinkind. Die Kinder mussten den Verlust von Marysia, die sich ein ganzes Jahr um sie gekümmert hatte, erst einmal verkraften. Sie trauten sich jetzt nicht mehr, Kamila zu vertrauen, denn sie wussten, sie werde sie nach dem Jahr auch verlassen. Kamila verstand die Kinder. Genauso fühlte sie sich gegenüber Pietro. Irgendwie überladen mit Verantwortung und verlassen von denen die sie liebte und mochte. Sie wusste, sie würden sich nach dem Jahr trennen müssen und sie wollte ihm nicht komplett verfallen. Die Nähe zu ihrer Mutter fehlte ihr und sie wünschte sich, sie wäre jetzt bei ihr, um ihr einen Rat zu geben. Trotz der Veränderungen wurde sie das Gefühl nicht los, dass sie am richtigen Platz war. Sie war richtig in Kalifornien. Hier fühlte sie sich ruhig und ungezwungen. Das Gefühl hatte sie in Deutschland nie gehabt. Am Abend traf sie sich mit ihren Freundinnen Mika und Klara im Spain House, um das Video von der Party anzuschauen. Sie lachten, Mika sagte: „Waren noch andere Leute da? Denn ich sehe und höre auf dem Video nur uns." Besorgt fragte Kamila Mika: „Was Pietro zu dem Video sagen würde. Er war noch nicht da gewesen, als wir auf den Tischen tanzten." Mika lachte und sagte: „Er wird nichts sagen. Schließlich hat jeder auf dem Tisch getanzt." Sie lachten, denn das stimmte.

Andere Art der Freundschaft

Die Gasteltern fuhren mit den Kindern für zwei Tage zum Camping und Kamila blieb alleine zu Hause. Abends fürchtete sie sich und hörte jedes noch so kleine Geräusch. Ihr Bett stand genau unter dem riesigen Fenster, das den Ausblick auf den zugewachsenen hinteren Garten hatte. Ein Baum verdeckte die Sicht. Wie es der Zufall wollte, war genau an dem Abend ein Gewitter und die verdammten Äste schlugen gegen das große Fenster. Es hörte sich an, als würde jemand an das Fenster klopfen. „Klopf, Klopf." Ihr verschlug es den Atem. Sie sperrte die Türe ab und konnte vor Angst nicht schlafen. Der Familienhund fing an zu bellen. „Ohh, Scheiße warum bellt der Hund?" Sie wollte nachschauen, was da los war, traute sich aber nicht. Unter Adrenalin hielt sie das Telefon in der Hand und war bereit, Hilfe zu holen, wenn sie noch etwas hören sollte. Die Nacht war lang und definitiv nicht erholsam. Die Familie wollte am nächsten Nachmittag erst wiederkommen. Kamila legte sich vormittags noch einmal hin, denn sie war von der Nacht erledigt. Sie schlief sehr unruhig und nach einer Stunde stand sie wieder auf und kochte sich einen Kaffee. Sie ging mit ihrer Tasse nach draußen auf die Terrasse und dachte über Janek nach, der sie einen Tag vorher wegen der Santa Barbara Reise angerufen hatte. In ihrer Englischklasse hatte sie ihn wiedergetroffen. Sie hatten sich gut angefreundet und lange über das Reisen philosophiert. Irgendwie wurden hier alle schnell Freunde. Vielleicht lag es daran, dass sie alleine und ohne Familien waren. Kamila dachte über das Telefonat mit Janek nach. Schon immer wollte sie Santa Barbara sehen und hatte deswegen auch sofort zugesagt, als er sie eingeladen hatte, mitzukommen. Sie hatte aber sichergestellt, dass sie nur als Freunde fahren würden und dass sie nicht an einer Beziehung mit ihm interessiert war. Sie stellte klar: „Janek, du weißt das ich mit Pietro zusammen bin. Wir fahren mit Freunden und nur als Freunde. „Während des Gesprächs hatte sie kaum darüber nachgedacht, was Pietro davon halten würde. Sie wollte nichts von Janek und dachte nicht, dass Pietro etwas dagegen haben würde. Eine Chance auf eine Reise wegen eines Mannes zu verpassen, wollte sie auch nicht. Sie hatte schon früher Freundschaften aufgegeben, weil Francesco darauf bestanden hatte. Aus dieser Erfahrung hatte sie aber schmerzhaft gelernt. Sie wollte das bei keinem Mann mehr wiederholen. Sie wollte, dass Pietro ihr vertraut. Punkt. Vielleicht wollte sie ihn auch testen, ob er ihr wirklich das Vertrauen entgegenbrachte.

Nachdem sie mit Janek alles abgemacht hatte, rief sie Pietro an: „Hi Schatz, was machst du? Ich muss dir was erzählen. Kennst du noch Janek von der Party? Er und seine Freunde planen, nach Santa Barbara zu fahren und haben mich eingeladen mitzukommen." Es war still am anderen Ende der Leitung, Pietro hörte nur zu. Sie fuhr fort: „Ich würde gerne mitfahren und Santa Barbara sehen. Ist das okay für dich?" Zu ihrer Überraschung sagte Pietro nur „OK". Sie fand es merkwürdig. Keine Szene, keine Vorwürfe, keine Fragen nur ein einfaches OK. Grübelnd dachte sie sich, dass er sie entweder so sehr liebte und ihr vertraute, oder abwarten wollte, ob sie wirklich mitfuhr und ihr danach eine Szene machen? Zögerlich entschloss sie sich, die Reise durchzuziehen. Sie wollte Amerika sehen. Janek war damit einverstanden, dass sie nur als Freunde zusammen reisen würden, trotzdem war sie gespannt, was er sich alles einfallen lassen würde, um sie zu verführen. Das schlechte Gewissen plagte sie, denn seit Pietro wusste, dass sie nach Santa Barbara fahren würde, bemühte er sich sehr, ihr alle Wünsche von den Augen abzulesen.

Als die Gastfamilie vom Camping zurückkam, betrat sie das Haus durch die Garage. Hayde fiel Kamila sofort in die Arme und Frank half Marti, das Auto auszupacken. „Na meine Süße, hattest du Spaß mit Mama und Papa beim Campen?" „Ja, ich habe im Zelt geschlafen!", erzählte Hayde stolz. „Das ist aber super aufregend. Du hast ja so viel erlebt kleine Maus." Sanft küsste sie sie auf die dicken Wangen und sprach mit Aby über ihren Ausflug. Sie bewunderte die Familie, dass sie so viel mit den Kindern unternahmen. Fürsorglich kümmerten sie sich um die Kinder und deren Entwicklung. Sie verwöhnten die Kinder nicht mit schicken materiellen Sachen. Dafür gingen sie oft zum Camping oder zum Wandern, raus in die Natur. Die Gasteltern waren beide gebildet und sehr bodenständig. Das gefiel Kamila sehr. Sie mussten sich nichts beweisen und gingen mit anderen Leuten großzügig und freundlich um. Das schätzte Kamila sehr an der Familie. Es störte sie nur, dass sie so chaotisch und unordentlich waren, aber sie hatte vom einem anderen Au-pair gehört, was für Monster Gasteltern auch sein konnten, weil sie ihre Au-pairs zum Beispiel wie Sklaven behandelten. Kamila mochte die Familie, aber sie hielt trotzdem einen gesunden Abstand. Sie aß nie zu Abend mit ihnen. Nicht nur auf ihre schlanke Linie achtete sie, sie wollte auch nicht zur Familie gehören. Oft hörte sie von anderen Au-pairs, dass dieses ‚zur Familie gehören' auch extra Arbeit bedeutete. Sie zog eine klare Linie und saß daher nie mit am Abendbrottisch. Stattdessen traf sie sich mit ihren Freunden und Pietro und war abends selten zu Hause. Ebenso war sie der Überzeugung, dass die Kinder ihre Eltern und eine Normalität benötigen und sie dabei eher als ein Störfaktor fungiere, wenn sie dabei wäre. Kamila half den Kindern beim Auspacken und ging am Abend zu einem Au-pair-Meeting, das monatlich von der Au-pair-Organisation veranstaltet wurde. Sie war froh dorthin zu gehen, denn sie hoffte, neue Freundinnen kennenzulernen. Von Marysia hatte sie bereits einiges über die Organisatorin des Au-pair-Meetings gehört. Leider nichts Gutes. Sie sollte ein Drachen in einer netten Schale sein. Marysia hatte sie gewarnt, sie solle sich vor ihr in Acht nehmen. Sie war zwar zuckrig, aber das war wohl alles nur Fassade. Sie stand bei Problemen hinter den Familien und nicht hinter den Mädchen. Marysia hatte ihr dringend abgeraten, sich je bei ihr zu beschweren, sonst dürfte sie gleich mit dem ersten Flug zurück nach Deutschland fliegen. Kamila ging am Abend mit gemischten Gefühlen zu dem Meeting. Marysia hatte nicht übertrieben. Die Frau war wirklich so zuckersüß, dass Kamila schon fast übel war. Sie tat nichts, außer kurz zu fragen, ob alles okay war und dann ging sie ihren eigenen Angelegenheiten nach. Die Au-pairs waren sich selbst überlassen. Kamila lernte ein paar Mädchen kennen, darunter Luciana. Kamila empfand Luciana als total aufdringlich. Manieren hatte sie keine und nahm sich alles, was sie wollte, als wenn es selbstverständlich war. Sie bediente sich am Büffet und breitete sich auf der Couch aus, als ob sie dort wohnen würde. Luciana war aus der Ukraine sprach aber perfekt Polnisch. Luciana nervte Kamila mit ihrer Trampel-Art. Luciana konnte Kamila auch nicht leiden. Es kam ihr so vor, als sei Kamila ein Prinzesschen, das immer alles bekam, was sie wollte. Vornehm und eigenwillig. Sie mochten sich nicht und gingen sich soweit wie möglich aus dem Weg. Ein paar Mädchen organisierten in den darauffolgenden Tagen ein Meeting im europäischen Café in der Stadt. Luciana und Kamila waren auch eingeladen.

Sieben ganze Wochen war Kamila schon in Amerika und hatte noch mehrere Monate vor sich. Immer noch vermisste sie Marius und ihre Eltern sehr und wollte sie am liebsten bei sich haben. Dennoch hatte sie das merkwürdige Gefühl, dass etwas in Kalifornien passieren würde. Etwas, das ihr Leben total verändern würde. Sie wusste nicht was, doch das Gefühl ließ sie nicht los und sie war neugierig was es ihr sagen wollte. Sie fühlte, dass sie am richtigen Platz war. Trotz der ständigen Sehnsucht nach ihrer Familie war sie noch nicht bereit, ihre Sachen zu packen und nach Hause zu gehen. Sie wollte das Jahr durchziehen, herausfinden und das erleben, was das Gefühl ihr versprach. Sie hatte zwar keine besondere Lust sich zu bemühen, doch sie musste neue Leute kennenlernen und deswegen ging sie zu dem Treffen im europäischen Café. Die Mädchen begrüßten sie herzlich: „Kamila ist da, komm setz dich zu uns. Schön das du gekommen bist." Sofort begannen sie über die Tagesgeschehnisse zu quatschen. Luciana kam auch dazu und setzte sich in Kamilas Nähe. Sie sprach mit ein paar Mädchen über ein belangloses Thema und dann kam es zum ersten Ausbruch. Wie es dazu kam, wusste keiner. Luciana fragte etwas und Kamila antwortete patzig zurück. Luciana fragte Kamila: „Was hast du denn, dass du so reagierst?" Kamila antwortete: „Ich mag deine aufdringliche Art nicht." Luciana konterte und sagte: „Ich mag dein

Prinzessinnen-Gehabe auch nicht." Nach der Kollision rissen sie sich aber zusammen und bei einer Zigarette sprachen sie sich aus. Die Fronten wurden geklärt. Luciana erzählte ihr dann: „Du ich habe Karten für ein Whitney Huston Konzert und da ein Mädchen abgesprungen ist, vielleicht möchtest du die Karte abkaufen und mitgehen?" Kamila war immer für solche Sachen zu haben und war einverstanden: „Klar, ich kaufe dir das Ticket ab, ich mag Whitney Huston. Danke für das Angebot." Mit dem Konzert lenkten sie sich voneinander ab und konzentrierten sich auf ihre gemeinsamen Interessen. Die beiden Mädchen hatten viele Gemeinsamkeiten, die sie aber noch nicht wahrnehmen wollten. Kamila dachte immer noch, dass Luciana eine doofe Zicke wäre, aber sie wollte sich das Konzert nicht entgehen lassen. Umgekehrt war das auch nicht anders, Luciana hielt Kamila schließlich für eine Prinzessin. Sie waren fern der Heimat und das brachte sie notgedrungen zusammen. Sie brauchten Freundinnen und so gaben sie sich gegenseitig eine Chance. Da sie wegen des Konzerts öfter in Verbindung waren, stellte Kamila Luciana auch ihren Freunden vor. Mika war eine besänftigende Person zwischen den beiden temperamentvollen Hühnern. Mika zügelte die beiden und brachte ihre guten Seiten hervor, speziell wenn sie sich wieder in den Haaren hatten. So langsam fingen sie an, mehr miteinander zu unternehmen und wurden sogar Freundinnen.

Eines Abends gingen Mika, Luciana, Pietro und Kamila mit den anderen Jungs in einen Club. Amerika hatte tolle Bars und es wäre eine Schande gewesen, das zu verpassen. Sie gingen zu Croggans und sangen Karaoke. Kamila kannte das von Deutschland nicht. In Deutschland standen die Leute entweder rum, hörten Live Musik oder tanzten in der Disco vor sich hin. Im Croggans sangen sie La Vida Loca von Ricky Martin auf einer kleinen Bühne. Kamila war froh, dass ihr Mikrofon versehentlich ausgeschaltet war, denn sie konnte nicht gut singen. Mika und Luciana waren darin hingegen echt klasse. Pietro und andere Jungs waren dabei und als Kamila von der Bühne kam, sagte Pietro: „Hasi, wir haben dich kaum gehört." Kamila lachte ihn an und antwortete: „Das war auch besser so." Er küsste sie und sagte: „Du spinnst." Nach der Arbeit und speziell an den Wochenenden verbrachten Pietro und sie viel Zeit miteinander. Ungewohnt für Kamila war, dass Pietro und sie oft und gerne mit ihren Freunden unterwegs waren. Sie waren beide beliebt und hatten auch gerne Freunde um sich herum. Sie konnte immer noch nicht begreifen, dass es mit Francesco, ihren ersten Freund, so anders gewesen war. Bei Francesco durfte sie kaum Freunde haben. Er wollte sie nur für sich allein. Pietro war da anders, er war ihr in so vielen Sachen ähnlich. Sie hatten den gleichen Humor und es gab keinen Tag, an dem sie nicht mit Pietro lachte.

Grenzen Testen

Am Abend vor der Santa Barbara Reise mit Janek war die Stimmung zwischen Pietro und Kamila getrübt. Pietro redete nicht darüber, er mied das Thema, als wenn nichts wäre. Kamila fühlte, dass er es ignorierte und seine Stille irritierte sie. Sie sprach es an und wollte noch vor der Reise wissen, was er darüber dachte. Sie bat: „Pietro, weiche nicht aus. Wenn du dagegen bist, sollst du jetzt reden. Danach will ich nie wieder etwas darüber hören." Er wiederholte leise aber bestimmt ihren Satz. „Du willst Santa Barbara und Amerika sehen und deswegen fährst du mit Janek mit." Sie antwortete: „Genauso ist es richtig und nicht anders." Der Abend war friedlich und schön. Leider traute sie der ganzen Stille nicht ganz.

Aus Erfahrung wusste sie, dass Stille gefährlich sein konnte. Sie aßen Fettuccine und tranken Wein. Kamila hatte vorher schon für Santa Barbara gepackt und deshalb brachte Pietro sie erst spät am Abend nach Hause. Vor der Tür küsste er sie zur guten Nacht und wünschte ihr viel Spaß. Als sie später im Bett lag, hatte sie wegen Pietro ein schlechtes Gewissen: ‚Mist ich will wirklich nur Santa Barbara sehen, ich will nichts von Janek. Ich werde nicht die Chance für Pietro aufgeben. Was ist, wenn ich ihm langweilig werde? Dann werde ich bereuen, dass ich nicht hingefahren bin. Nein, ich mache, was für mich das Beste ist. Wenn er mich liebt, dann bleibt er', dachte sie. Seinem Schweigen traute sie allerdings nicht.

Am nächsten Tag kam Janek sie abholen. „Bist du bereit?", fragte er und packte zügig ihre Sachen in den Kofferraum, so dass sie keine Zeit hatte es sich anders zu überlegen. Sie machten sich auf dem Weg zu seinen Freunden, um danach auf dem Highway 101 nach Santa Barbara zu fahren. Kamila war über seine Freunde unangenehm überrascht, denn es war eher ein Freund mit dessen Freundin. Sie fuhren als zwei Pärchen. Irgendwie fühlte sie sich hintergangen und fragte ihn: „Sind das die Freunde?" Er antwortete: „Ja." Doch Janek beruhigte sie und versicherte: „Du brauchst dir aber keine Sorgen machen, wir sind nur Freunde." Der Weg nach Santa Barbara führte an der Küste entlang mit wahnsinnig schönen Landschaften. Kamila konnte sich nicht sattsehen und man hörte nur die Knipsgeräusche ihres Fotoapparat. Überwältigt von Kalifornien bewunderte sie die Schönheit der Küste. Sie fuhren den Highway 101 runter bis Pismo Beach und hielten dort für eine Nacht an. Kamila ging alleine zum Strand runter und bekam kurzzeitig Angst, als die Wellen so mächtig auf das Land prallten. Der Wind schien die Wellen gegen das Land zu peitschen. Sie schlugen immer wieder gewaltig zu ihren Füßen auf. Kamila starrte zum schwarzen Horizont und flüsterte in die Ferne: „Ach Pietro, es wäre schön, wenn du bei mir jetzt wärst." Hinter sich hörte sie Janek ihren Namen rufen. „Kamila, wo bist du? Ich sehe dich nicht." Sie wollte nicht, dass er in ihre Nähe kam und alleine mit ihr weit entfernt von seinen Freunden war. Sie rief: „Ich komme schon, ich friere hier." Janek bemühte sich um sie, bereitete ihr Essen. Sie wollte das aber nicht und sagte: „Mach dir keine Mühe, ich nehme es schon selbst." Er freute sich auch über ihre Begeisterung für die Landschaft. Schnell war sie zufriedenzustellen. Man musste sie nur auf eine Reise mitnehmen. In Santa Barbara kam es, wie es kommen musste. Janek ließ keine Gelegenheit aus, um sie anzubaggern. Zwar empfand sie ihn als ein bisschen lästig, aber er war nicht aufdringlich. Er machte ihr ständig Komplimente, wie toll sie wäre. Höflich ignorierte sie ihn und schaute sich weiter die Landschaft an. Santa Barbara war schön. Durch das sonnige Wetter war alles so hell und die Palmen vermittelten einen entspannten Urlaubgefühl. Die vier gingen zum Strand und schauten sich die vielen kleinen Geschäfte an. Santa Barbara war klein und süß, aber es war nicht ihre Stadt. Ihre Stadt war San Francisco, dort fühlte sie Magie. Aber der weiche gelbe Sand und das warme Meer in Santa Barbara waren eine Reise wert. Das Pärchen, das mitgefahren war, zerstritt sich und Kamila war insgeheim froh darüber, denn jetzt waren Janek und sie damit beschäftigt, den Streit zu schlichten und Janek blieb ihr fern. Katja, das Mädchen, fragte sie: „Bist du eigentlich mit Janek zusammen?" Kamila erwiderte: „Nein." Sie lächelte und berichtete: „Das habe ich sofort gesehen, dass nichts zwischen euch läuft. Ich wunderte mich aber darüber, dass du mitgefahren bist." Kamila erklärte, dass sie gedacht habe, nur Freunde und nicht Pärchen fuhren mit. Katja nickte verständnisvoll und beschwerte sich, dass ihr Freund sie kaum ernst nahm, dass er sich nicht um ihre Beziehung bemühte und dass sie ihn satthatte und Abstand bräuchte. Kamila kam es gelegen und so zogen die Mädchen für eine Weile alleine los.

Am Strand ließ sich Kamila die Chance nicht entgehen, sich mit den Rettungsschwimmern fotografieren zu lassen. Sie trug einen roten Bikini und sie sah aus wie ein Baywatch Girl. Sie ging rüber und fragte, ob sie sich mit ihnen fotografieren lassen könnte und die Rettungsschwimmer mochten, was sie sahen. Auf ‚Los' nahmen sie sie quer auf die Arme. Die Jungs waren der Knaller. Muskulös, braun gebrannt und alle mit einem Sunnyboy Lächeln. Der eine hielt ihre Beine und der andere ihren Oberkörper. Sie war überrascht, als sie sie einfach so hoch auf die Arme nahmen. Als die beiden sie wieder runterließen, zwinkerte sie ihnen zu und sagte verschmitzt: „Dankeschön.". Sie sah, dass es den Jungs auch Spaß gemacht hatte, Stars zu spielen. Von Janek ließ sie sich auf dem Rettungsturm in ihrem roten Bikini abbilden. Sie wusste, ihre Freundinnen in Deutschland würden sie dafür bejubeln. Janek lachte und sagte, sie wäre einfach spitze und könnte locker bei Baywatch anfangen. Für das Kompliment dankte sie ihm, doch leider hörten sich seine Schmeicheleien wie eine schleimige Anmache an. Katja ging mit ihren Freund weg, um sich zu unterhalten und Janek und sie blieben auf dem Pier zurück. Sie standen da und schauten schweigend von der Promenade aus auf das Meer. Es war eine bedrückte Stille wegen unerwiderten Zuneigung. Das Pärchen kam dann zurück. Sie hatten den Krach nur auf Eis gelegt und nicht aus der Welt geschafft. Die Atmosphäre war nicht gut, sie gingen zurück in das Hotel und machten sich schick, um auszugehen. Danach gingen sie in einen Pub. Lässige und echt schöne Leute waren dort. Janek wollte doch mehr von Kamila, sie spürte es. So ging sie endlich auf das Thema ein und bekannte Farbe: „Janek, sei mir nicht böse, aber ich will echt nichts von dir, bitte suche dir lieber ein anderes Mädchen, denn zwischen uns beiden wird es nichts werden." Er wurde sauer und patzig und ging weg. Sie saß alleine auf dem Sofa in dem Pub, da setzte sich ein süßer Surfer zu ihr hin. Sie redeten miteinander und plötzlich wollte er sie küssen. So einfach ging es in den USA. Sie konnte es nicht glauben und zog gerade noch rechtzeitig ihren Kopf zu Seite. Er lachte sie frech an und lud sie zu einer Surf-Party am nächsten Tag am Strand ein. Es wunderte sie, wie gelassen hier jeder war. Die Jungs küssten Mädchen, Mädchen küssten Jungs und keiner machte sich einen Kopf. Sie war zwar geschmeichelt über die Anmache, speziell von den Sonnyboys in Kalifornien. Die sahen aus wie die Typen auf den Covern der Magazine, die sie früher gelesen hatte, und es waren so viele von ihnen auf einem Haufen. Es war unfair, dass Kalifornien so viele schöne Männer hatte und in Deutschland mussten sich viele Frauen mit dem Durchschnitt oder unterhalb des Durchschnitts zufriedengeben.

Kamila dachte an Pietro. Er war optisch nicht unbedingt ihr Typ, aber sie liebte ihn. Dafür galten wieder andere Regeln. Sie sehnte sich nach ihm und stellte sich vor, dass mit Pietro hier alles viel schöner sein würde. Seinen Humor und seine Art schloss sie ins Herz. Er wusste immer, wie er sie zum Lachen bringen konnte und die Chemie stimmte auch zwischen ihnen. Als die vier zurück in das Hotelzimmer gingen, musste sie mit Janek das Bett teilen. Unangenehm berührt über diese Tatsache, schlief sie an der Bettkante, weit weg von Janek. Das war so übertrieben, dass es schon fast kindisch war. Janek sagte: „Kamila, ich tue nichts, lass uns das Bett wie Freunde teilen." Ihr tat Janek leid. Er war nett zu ihr und bemühte sich um ihr Wohlergehen und dann kassierte er noch eine Abfuhr von ihr. Er bot an: „Ich kann auch auf dem Boden schlafen, damit du es dir bequem machen kannst." Sie lehnte ab und riss sich zusammen. „Nein passt, es ist genug Platz im Bett und wir können es gut teilen." Im Bett dachte sie nur an Pietro und wünschte sich, dass er da wäre. Die Nacht ging schnell vorüber, denn sie alle waren ziemlich erledigt. Am Morgen servierte Janek ihnen einen Sekt zum Frühstück, zwar nicht nach ihrem Geschmack, denn Kaffee wäre ihr lieber, doch sie beschwerte sich nicht. Danach fuhren sie zurück nach Hause. Kamila freute sich schon so sehr auf Pietro. Sofort rief sie ihn an: „Hasi, ich bin's und wieder zurück. Ich habe dich vermisst." Sie konnte nicht erwarten ihn zu sehen. Er kam auch sofort und sie fiel ihm um den Hals. Er küsste sie sehnsüchtig und hielt sie eine Weile fest an sich gedrückt. Man konnte ihm ansehen, dass er erleichtert war, dass sie wieder zurück war. Er fragte nicht wie Santa Barbara gewesen war. Er wollte kaum etwas darüber hören. Er ignorierte die Tatsache, dass sie mit Janek nach Santa Barbara gefahren war.

Erinnerungen & Zweifel

Als für Mika die Zeit kam und sie zurück nach Polen musste, fühlte sich Kamila wieder einsam. Sie trauerte um eine weitere Freundin. Zu allem Überfluss hatte sich Pietro entschlossen, für einen Monat nach Brasilien zu fliegen, um seine Familie zu besuchen. Das kam unerwartet. Sie organisierte die nächste Abschiedsparty, diesmal für Mika, aber es machte ihr keinen Spaß. Immer noch vermisste sie Marysia und jetzt musste Mika auch wegfahren. Nach Mika würde Klara abreisen und weitere neu gefundene Freunde. Diese Unbeständigkeit und das ständige Abschied nehmen machten ihr zu schaffen. Pietros Onkel und seine Familie fuhren in den Urlaub und Kamila hatte damit einen Platz, wo die Party steigen konnte. In dem Haus gab es einen Jacuzzi und eine Holzterrasse mit Grill um Barbecue zu machen. Es kamen viele Mädchen, mindestens acht und Pietro. Pietro, der Herr des Hauses, mixte richtig leckere Drinks und brachte die Mädels mit seinen Witzen zum Brüllen. Er und Kamila verstanden sich, ohne Worte zu benutzen. Sie war auch nie eifersüchtig auf Pietro oder fühlte sich bedroht. Ihres Platzes an Pietros Seite war sie sich sicher. Kamila und Pietro mochten es, mit ihren Freunden zusammen sein. Pietro öffnete den Jacuzzi und die Mädchen stiegen in ihrer Unterwäsche in das heiße Wasser. Keine von ihnen hatte Badesachen mit und sie wollten nicht nackt baden. Pietros Nachbar war so begeistert, als er mitkriegte, dass acht ausländische Mädchen in der Unterwäsche im Jacuzzi saßen, dass er Bier mitbrachte und sich dazugesellte. Meistens unterhielten sie sich auf Polnisch, da viele von ihnen Polinnen waren und lachten laut. Pietro stieg mit in den Jacuzzi und passte schön auf Kamila auf. Als sie in ihrer weißen Unterwäsche in den Jacuzzi eintauchte, wurde er eifersüchtig, denn der Nachbar starrte ihre durchsichtig werdende Wäsche an. Pietro befahl ihr fast: „Bitte bleib im Wasser." Sie lachte ihn an und beschloss: „Schatz, ich bin nicht die einzige Frau, bei denen man die Brustwarzen sehen kann. Er schaute sie intensiv an und sagte deutlich: „Deine Brustwarzen gehören aber mir und bitte tue mir den gefallen und tauche unter." Er küsste sie und bat sie, ein bisschen diskreter zu sein. Das Wasser im Jacuzzi war aber ziemlich warm und es fiel Kamila schwer, länger darin zu bleiben. Pietro sah, dass der Nachbar die Mädchen fest anstarrte und so drückte er Kamila einen Kuss auf die Nase und rief den Nachbar: „Hey Hendrik, komm hilf mir mit den Getränken." Geschickt lockte er ihn von den Mädchen weg. Als die beiden weg waren, fingen sie an zu lachen und sich über den Nachbar zu unterhalten. Luciana, wunderte sich empört: „Dass seine Frau nichts dagegen hat, wenn er sie hier bewunderte." Seine Frau und sein Kind ließ er einfach zu Hause sitzen. Der Nachbar war schon Anfang vierzig und gehörte für sie damit zum alten Eisen. Er war nett und lustig, aber bestimmt nicht als Mann interessant. Seine Frau kam auch irgendwann um die Ecke. Sie begrüßte alle nett mit einem „Hallo" und bat ihn mit-zukommen. Er verschwand dann doch im Haus. Pietro und Kamila waren gute Gastgeber und verbrachten gerne die Zeit mit ihren Freunden. Sie fühlten sich wohl und küssten sich oft. So oft, dass die Mädchen sich einig waren, es sei schon unmöglich, dass man sich so gernhaben könnte. Immerhin wären sie doch keine Teenager mehr. Beide fingen an, breit zu grinsen. Kamila giggelte wie ein kleines Mädchen und alle schüttelten lachend den Kopf.

Die Freundschaft mit Luciana war anders, als die Freundschaft mit Marysia oder Mika. Marysia, Mika und Kamila hatten sich auf Anhieb verstanden. Unbeschwert und freundlich gingen sie miteinander um und hatten sich ergänzt. Luciana und Kamila stachelten sich hingegen gerne an. Sie ließen sich nichts durchgehen. Sie sagten sich alles, so wie es war. Brutal ehrlich waren sie zueinander. Ihre Meinung teilten sie aus, konnten aber gleichzeitig die andere Meinung gut wegstecken. Sie hatten ein gemeinsames Ziel und nur ein Jahr in Amerika und so nahmen sie sich vor, alles auszukosten, was die Gegend an Erfahrungen zu bieten hatte. Die Mädchen buchten eine Heißluftballonfahrt, die über das Nappa Valley führte, kurz vor Mikas Abreise. Luciana und Mika holten Kamila ab und sie fuhren weiter zum Nappa Valley. Dort erwartete sie ein Champagnerfrühstück, das zu der Tour dazu gehörte. Wie Hollywood-Stars fühlten sie sich und genossen das leckere Essen, tranken Champagner und frischgepressten Orangensaft. Kamila wollte die Ballonfahrt beginnen. Sie drängte die Mädels dazu, endlich fertig zu essen, um zu dem Heißluftballon zu gehen. „Kommt lass uns losgehen", drängte sie. „Ich will nicht die Fahrt verpassen. Essen können wir auch später." In Amerika fühlte sich alles wie ein Erlebnis an. Der Brenner, der die Luft erhitzte, um den Ballon in der Luft zu halten, war ziemlich heiß. Die Mädchen hatten an Sweatshirts gedacht, denn sie erwarteten, dass es oben kühler sein würde, aber keine bis auf Luciana hatte eine Mütze dabei. Mika verbrannte sich leicht die Haut, da sie direkt unter dem heißen Gerät stand und ca. 1,80 cm groß war. Kamila stand ganz außen am Korb und kam ungeschoren davon. Luciana hatte auch leichte Beschwerden. Kamila streckte sich von der Mitte des Korbes weg und stand soweit wie möglich am Rand. Die Aussicht aus dem Ballon war sehr schön. Die Landschaft sah anders aus als aus einem Flugzeug. Kamila war jetzt öfter mit Pietro in den privaten Flugzeugen geflogen, doch das hier war ein ganz anderes Erlebnis. Es fühlte sich an, als wenn sie langsam über die Erde schwebten, was sie auch taten. Es war schön, doch nach ein paar Stunden wurde ihnen langweilig. Um sich zu beschäftigen, fingen sie an, sich mit komischen Gesichtern gegenseitig zu fotografieren und betrachteten die Landschaft nicht mehr. Nach Ende der Fahrt war Kamila froh, wieder zu landen und aus dem Korb aussteigen zu können. Sie beschloss: „Diese Tour mache ich wieder wenn ich 70 Jahre alt bin und viel Ruhe brauche." Die Mädchen stimmten zu. „Ja, es war definitiv zu lange", stimmte Mika zu. „Es ist viel aufregender gewesen, mit dem Fallschirm zu springen, als nur vor sich hin zu schweben", fügte Kamila. Die Mädels und sie waren sich einig: Es war schön, aber langweilig. Sie stiegen ins Auto und fuhren noch etwas durch das Nappa Valley. Kamila dachte an ihre Verwandten und Freunde, die diese wunderbare Natur nicht sehen konnten. So sehr wünschte sie sich, dass speziell ihre Mutter es sehen könnte. Sie nahm den Fotoapparat raus und fotografierte alles, was sie sah. Wenigstens so konnte sie mit anderen ihre Eindrücke teilen.

Bei der Arbeit mit den Kindern hatte sie nachmittags viel Zeit für sich, weil Hayde immer einen Mittagschlaf hielt. In der Zeit wusch sie ihre Wäsche und machte die Küche sauber. Sie dachte über Pietro nach, wie gerne er sie herausforderte. Er fragte sie oft: „Willst du hier studieren in Kalifornien?" Er sagte es so, als wenn das so einfach wäre. Sie hoffte, sie könnte ihrem alten Leben entfliehen und wollte studieren, aber ob in Amerika, das wusste sie nicht." Er ließ aber nicht locker und sie wurde sauer und blockte ab. Sie bat: „Lass mich in Ruhe, ich habe noch zehn Monate Zeit zu überlegen, was aus mir werden wird." Pietro gab nicht auf und bohrte weiter und sie bekam langsam wieder Panik. Viele Sachen änderten sich und sie war so instabil in ihren Zukunftsplänen, sie wusste nicht einmal, was sie überhaupt wollte. Keinesfalls wollte sie von ihren Eltern finanziell abhängig sein. Sie wusste, wie schwer sie arbeiteten. Wie eine Versagerin kam sie sich vor, doch Pietro ließ nicht locker und bei jeder Gelegenheit sprach er sie darauf an. Er glaubte an sie, obwohl sie nicht an sich glaubte. Er versuchte sie voranzutreiben und auch, wenn er es behutsam tat, wollte sie davon nichts hören. Wütend zischte sie ihn an und sagte: „Lass mich bitte in Ruhe." Er verstand ihre zickige Art nicht und gab es für eine Weile auf. Am Telefon erzählte ihre Mutter, dass sie einen Urlaub in Polen planten. Das war hart für sie, denn dann konnten sie nicht so oft telefonieren. Kamila dachte zwar, dass sie, außer um ihre Großeltern zu besuchen, nie sehr gerne nach Polen gefahren war, doch diesmal würde sie gerne mitfahren, nur um bei ihrer Familie zu sein. Verträumt stellte sie sich vor, wie es wohl wäre Pietro ihrer Familie vorzustellen und ihn zu heiraten. Sie überlegte: ‚Wie würde er mir den Antrag machen?' Doch auch wenn sie die Idee nett fand, konnte sie sich mit Pietro nie richtig verheiratet sehen. Auch ein merkwürdig wiederkehrender Traum nagte an ihr, denn sie träumte oft, dass sie im Hochzeitskleid vor dem Altar stand. Pietro war der Bräutigam und wartete auf sie, doch bevor sie das Ja-Wort geben konnte, lief sie immer weg. Sie konnte ihn nicht heiraten. Seltsam fand sie diesen Traum. Obwohl sie nicht weiter darüber nachdachte distanzierte sie sich merkwürdigerweise von Pietro. Nicht absichtlich, eher unbewusst. Es fiel ihr irgendwann schwer, zu ihm ‚Ich liebe dich‘ zu sagen. Die Worte verloren an Bedeutung und es fühlte sich an, als wenn sie ‚Hi, wie geht’s?‘ sagen würde. Pietro war da anders. Er liebte sie und er sagte und zeigte es ihr. Er bemühte sich um sie und war ihren Launen hilflos ausgeliefert. Zweifel kamen in ihr hoch, dass er jemand besseren verdiente. Jemanden, der ihn so liebte, wie er es verdient hatte, denn im Moment konnte sie es nicht. Sie konnte es nicht kontrollieren, denn immer wieder regte sie alles an ihm auf. Es war tatsächlich so, wenn man keinen Freund hatte, wollte man einen, wenn man einen hatte, wollte man keinen. Je mehr sie sich bemühte, nett zu Pietro zu sein, desto mehr wollte sie ihn nicht. Das Schlimme war, dass ihr ihre Freunde oftmals lieber waren als Pietro und das tat ihr leid. Sie empfand mehr Freiheit mit ihren Freundinnen als zusammen mit Pietro. Sie wollte ihre Freunde nicht für Pietro aufgeben, denn sie hatte Angst, dass es genauso sein würde wie bei Francesco. Diesmal stellte sie ihre Freunde an erster Stelle und unternahm viel mit ihnen und wenn Pietro mit ihr zusammen sein wollte, konnte er ja mitkommen. Er konnte nicht begreifen, warum sie nicht öfter etwas alleine machen konnten. Sie wollte Freunde haben und eine Beziehung, in genau der Reihenfolge. Pietro machte alles mit und sie liebte ihn dafür, auch wenn sie Gewissensbisse hatte und er sie gleichzeitig schlecht fühlen ließ, weil er so gut zu ihr war. Sie wäre lieber öfter ohne ihn mit ihren Freundinnen gewesen.

Pietro war standhaft, er kam sie immer nach der Arbeit abholen und dann gingen sie meistens zu Freunden. Diesmal hielten sie kurz bei Maxim an. Kamila hatte Maxim noch nie gesehen, sie war lediglich damals in seinem Apartment gewesen. Er war lange in Spanien im Urlaub gewesen. Maxim war ein Topmodel mit reichen Eltern und einer American Express Kreditkarte. Kamila fand ihn total scharf und Dreiviertel der Amerikaner auch. Sie sagte ihm auch: „Du weißt das du süß bist.“ Er lachte und verneinte: „Nein, bin ich nicht.“ Genau genommen fünfmal erwähnte Kamila das Wort „süß“, denn Pietro zählte mit. Wie konnte sie es Maxim auch nicht sagen. Er hatte kurze dunkle Haare. Dunkel funkelnde Augen. Einen trainierten Körper und ein Gesicht wie aus einem Modelmagazin. Pietro wurde sauer auf Kamila. Er brachte sie nach Hause und schrie sie auf dem Weg dorthin an. „Wie konntest du so mit meinem Freund neben mir reden?“ Kamila verstand ihn. Sie konnte ihm nicht erklären, warum sie sich so benommen hatte. Ja, Maxim war scharf, aber sie liebte Pietro. Auf dem Weg nach Hause dachte sie, dass Pietro jetzt der Geduldsfaden gerissen sei. Er war kurz davor, die Beziehung zu beenden und sie wurde unsicher. Kamila konnte es nicht erklären und war hin und her gerissen. Sie war mit und ohne ihn total glücklich und gleichzeitig total unglücklich. Es war immer dieses emotionale Chaos. Konnte sie nicht einfach nur glücklich sein, fragte sie sich oft. Sie wollte ihre Fragen beantwortet haben. Jemand sollte ihr erklären, warum dieses Gefühlschaos in ihr stattfinden musste. Sie gab Pietro bekannt, dass sie es nicht so gemeint hatte. Maxim war süß, aber das war es auch. Pietro schaute sie enttäuscht an und urteilte: „Mich hast du noch nie süß genannt." Was er sagte, stimmte und ihr Herz zog sich vor Schmerz zusammen. Sie wollte seinen Schmerz lindern, wusste aber, dass egal was sie jetzt sagte, es nicht besser machen würde. Bestimmt sah sie ihn an und sagte zu ihm: „Ich liebe dich und nicht Maxim. Also musst du mehr als nur süß sein." Sie küsste zärtlich seine Lippen und blickte unsicher in seine Augen. Obwohl sie sich wieder versöhnten, vergaß Pietro diesen Vorfall nicht.

Die darauffolgenden Tage verbrachten sie in San Francisco und erfreuten sich aneinander. Jana, eine tschechische Freundin, die auch als Au-pair arbeitete, rief Kamila unerwartet an und bat sie um Hilfe. „Kamila du glaubst nicht, was passiert ist. Meine Gastfamilie hat mich rausgeschmissen und ich weiß nicht wohin ich gehen sollte." Verblüfft, das sie sie angerufen hat, obwohl sie kaum dicke Freundinnen waren, reagierte sie beruhigend und sagte: „Komm erst einmal zu mir." Sie fragte ihre Gastfamilie, ob das für sie in Ordnung wäre, immerhin war das ihr Haus. Aby erlaubte es, bis sie ihre Sachen geklärt hatte. Jana blieb zuerst bei ihr und schlief mit ihr im gleichen Bett. Aufgebracht erzählte sie, dass ihre Gastfamilie sie nicht mochte und einen Grund gesucht hatte, um sie rauzuschmeißen. Kamila verstand nicht ganz, was wirklich vor sich gegangen war, aber das war auch nicht wichtig. Sie wusste das es immer zwei Seiten zu einer Story gab. Jana brauchte jetzt einen sicheren Platz um Nachzudenken und Kamila war die letzte, die ihr das nicht angeboten hätte. Jana beschloss, zuerst illegal in den USA zu bleiben. Kamila versuchte es ihr auszureden, da das für sie schwere Folgen haben könnte. Sie fragte sie: „Ist Amerika dir so viel Wert, deine Familie nicht mehr sehen zu können? Du kannst in Tschechien studieren, hier bist du dann immer eine Putzfrau und illegal. Ist das es dir Wert?" Sie empfahl Jana, dass sie mit ihrer Betreuerin reden und eine andere Familie finden sollte. Jana schaute sie traurig an und gestand, das wäre schon die zweite Familie gewesen und die Betreuerin würde sie jetzt nach Hause schicken, wenn sie mit ihr sprechen würde. Leider wusste Kamila, dass es tatsächlich so sein würde. Es zählte nur die Beurteilung der Familie und der Ehrlichkeit halber, war es schwer zu beurteilen, wer wirklich Schuld an dem Zwist trug, denn es war nicht leicht bei jemanden zu leben und zu arbeiten. Nicht alle Menschen waren wie Marti und Aby, respektvoll, und einfach menschlich. Kamila hatte es gut, denn sie verstand sich gut mit ihrer Gastfamilie. Ihr war dabei bewusst, dass es eher die Ausnahme unter den Gastfamilien war. Viele erzählten immer wieder Schreckliches über ihre Lebensbedingungen. Sie erzählten, dass sie nicht weggehen durften. Sie waren nichts weiter als Sklaven und wurden von den Gastvätern oft auch sexuell belästigt oder sogar misshandelt. Sie wusste, dass Jana nicht bei ihrer Familie bleiben konnte und dass sie tatsächlich auf sich gestellt war. Kamila bewunderte sie, als sie sich tatsächlich entschloss, das Jahr ohne die Agentur durchzuziehen und dann anschließend zurück nach Hause zu gehen.

Pietro wusste, dass Kamila kaum jemandem etwas antun könnte und nicht bösartig sein konnte. Er liebte sie gerade wegen ihrer sensiblen Art und bemühte sich immer um sie. Er warnte sie aber diesmal, und sagte: „Hasi, bitte mische dich hier nicht ein. Sie muss selbst ihren Weg gehen. Ich will nicht das du in etwas reingezogen wirst, das dir Schaden könnte." Nach den ganzen Auseinandersetzungen wollte er ihr auch eine Freude machen und mietete ein schönes Hotelzimmer, damit sie endlich einmal ihre Privatsphäre hatten. Er wollte sie auch von Jana wegbringen und da sie nirgendwo alleine sein konnten, war das eine nette Abwechslung. Bei Pietro waren sein Onkel und seine Familie. Bei Kamila die Gasteltern und die Kinder. Sie brauchten Zeit für sich und so verbrachten sie ihr dreimonatiges Jubiläum alleine in San Francisco. Ihr war klar, dass Pietro sich bemühte und sie verstand ihre Gefühle nicht. Mit der ‚Liebe auf Zeit' kam sie nicht zurecht, weil sie wusste, in einem Jahr müssen sie sich für immer verabschieden. Sie liebte ihn wegen der Art, wie er sie liebte. Er liebte sie so sehr, dass sie in seinen Augen kaum etwas falsch machen konnte. Ihre Sucht danach wuchs und sie fühlte sich schlecht deswegen. Die Gewissheit, ihn gehenlassen zu müssen, erdrückte schleichend ihre ganze Gefühlswelt.

Im Herbst wollte Kamila Pietro eine Überraschungsparty zum Geburtstag schmeißen. Er hatte es verdient, denn er tat so viel für sie. Sie sprach mit ihren Freunden und plante eine Feier für ihn. Sie wusste aber nicht, ob er an seinem Geburtstag arbeiten musste und rief deshalb im Restaurant an, um sich zu erkundigen. Eine Mitarbeiterin benahm sich komisch und gab keine näheren Auskünfte. Sie fragte auch nicht, warum Kamila es wissen wollte. Hilfreich war sie nicht, obwohl sie Kamila kannte. Sie machte Pietro sogar nach dem Anruf eine Szene, wie Kamila dazu kommen würde, sie danach zu fragen. Pietro war sauer auf Kamila und stritt sich mit ihr deswegen. Er sagte: „Bitte rufe nie wieder bei mir auf der Arbeit an." Kamila war wütend auf seine doofe Bekannte, sagte Pietro aber nicht, warum sie angerufen hatte, schließlich sollte es doch eine Überraschung für ihn sein. Sie fühlte sich ungerecht behandelt und war wütend auf sich selbst, dass sie sich das alles so zu Herzen nahm. Sie konnte seine Bekannte sowieso nicht ausstehen. Jedes Mal war sie unhöflich und arrogant zu jedem. Sie hätte Pietro so gerne überrascht, doch leider sollte es nicht sein, denn bis zu seinem Geburtstag stand nicht fest ob er freihaben würde. Die Pläne für die Party fielen ins Wasser. Alternativ kaufte sie Pietro ein Geschenk und lud ihn schick zum Essen ein. Sie wusste, dass er traurig war. Es war echt schwer, immer alleine ohne Familie zu sein. Er hatte zwar einen Teil der Familie in Amerika, aber seine Eltern und Geschwister fehlten ihm arg. Dieses Leid teilten sie, dabei waren sie noch so jung. Kurz nach seinem Geburtstag flog Pietro nach Brasilien. Kamila half ihm, seine Sachen zu packen und ging mit ihm zu seiner Tante ‚Schlange‘, die gerade bügelte. Tante Schlange mochte Kamila nicht und machte dumme Anspielungen. Sie stichelte: „Kamila, weißt du, dass brasilianische Freundinnen die Kleidung ihrer Freunde waschen und bügeln würden?“ Bissig antwortete Kamila: „Wirklich? Ich dachte, dass es nicht die Freundinnen, sondern die Ehefrauen machen würden?“ Daraufhin giftete die Tante zurück und sagte: „Das machen die Frauen, die mit dem Mann ins Bett gehen.“ Kamila kochte und wollte die Zicke am liebsten erwürgen. Angesäuert ging sie zu Pietro ins Zimmer und flüsterte ihm zu: „Jetzt weiß ich, warum sie so viel zu bügeln hatte.“ Pietro, grinste biss sich in die Faust vor Lachen und sah sie ungläubig mit einem Blick an, der sagte: „Nein, das sagst du ihr jetzt nicht.“ Kamila lag es auf der Zunge zurückzuschlagen. Doch sie wusste, dass Pietro dorthin zurückkehren würde und biss die Zähne zusammen. Pietro versuchte die angespannte Situation mit Witz zu überspielen, denn er war auf seine Tante angewiesen. Er wohnte leider dort, aber Kamila wollte nur noch weg.

Ereignisfroh war die Zeit für Pietro um seinen Geburtstag. Er bestand endlich die Prüfung und erhielt seine Piloten Privatlizenz. Das war für ihn das Größte. Wie ein kleines Kind freute er sich. Das bedeutete ihm viel. Kamila liebte Pietros Ambitionen und es gab kaum jemanden, der sich so für Flugzeuge und das Fliegen interessierte wie er. Sie gönnte ihm den Erfolg von Herzen und fragte ihn sogar vor der Prüfung ab. Er wirkte inspirierend mit seiner Flug Leidenschaft auf sie und sie sah zu ihm auf, dass er tat was er liebte. Obwohl, sie ihn begehrte standen die Gefühlen ihr im Weg und sie spielte inzwischen mit Gedanken ob sie vielleicht jetzt schon mit ihm Schluss machen sollte. Jetzt dachte sie, sie könnte die Kontrolle über ihre Gefühle wieder erlangen, wenn er nicht da wäre. Verzweifelt wollte sie sich vor ihrem Herzschmerz retten, nicht weil sie ihn nicht liebte, ganz im Gegenteil, weil sie verrückt nach ihm war. Sie vertröstete sich mit ihren Plänen und wollte die Zeit, in der Pietro in Brasilien sein würde, abwarten und sehen, ob er und sie anschließend noch genauso für einander fühlen würden. Sie wollte sehen, ob er schreiben und anrufen würde. Sie legte die Beziehung für sich auf Eis und versuchte, sich auf andere Gedanken zu bringen.

Ihre Mutter war krank, lag im Krankenhaus und musste operiert werden. Sie hatte einen gutartigen Tumor. Kamila betete jeden Tag zu Gott, dass alles gut über die Bühne gehen würde. Doch es war schwer für Kamila, nicht bei ihr sein zu können. Schuldig fühlte sie sich, dass sie so weit weg war. Ihre Freundinnen unterstützten sie in dieser schwierigen Situation. Mit guten Worten munterten sie auf. Hilflos fühlte sie sich, doch sie konnte auf ihre Ziele nicht verzichten. Sie würde ihrer Familie damit keinen Gefallen tun, denn wenn sie ihre Ziele verdrängen würde, würde sie innerlich verwelken. Vor Angst zitterte sie und wusste, sie würde es sich nie verzeihen, nicht dabei gewesen zu sein, wenn etwas Schlimmes passieren würde. Die Unwissenheit war unerträglich. Die Ferne raubte ihr jegliche Freiheit, ihren Gefühlen freien Lauf geben zu können. Sie hasste es, ihre Familie so weit weg zu haben. Warum konnte sie das, was sie in Amerika hatte, nicht in Deutschland haben? Immerhin, gab es genug Menschen die das was sie in Amerika fühlte auch in Deutschland hatten. Warum musste sie so weit weg sein, um sich persönlich entfalten zu können? Warum musste sie so weit weg gehen um sich lebendig zu fühlen? Ihr Bruder hatte das nicht, er war glücklich dort am Fleck mit seiner Freundin, Arbeit und Freunden. Sie nicht. Diese Ferne war für sie notwendig, um atmen zu können.

American Life

Viele Bekannte und Freunde, die ihr am nächsten standen, schienen gleichzeitig wegzufahren. Pietro flog nach Brasilien und Luciana fuhr für eine Woche mit ihrer Gastfamilie nach Washington D.C. Erst am Wochenende würde sie wieder zurückkommen. Es war schade, dass Luciana jetzt wegfuhr, denn sie unternahmen viel miteinander, seit Mika nach Polen zurückgegangen war. Kamila konnte ruhigen Gewissens behaupten, dass Luciana und sie die ehrlichste aller Freundschaften pflegten. Sie kritisierten sich bis ins kleinste Detail, aber sie nahmen sich das nie übel. Sie wussten, dass die andere es nicht böse meinte und dass vieles der Wahrheit entsprach. Sie änderten nie die Meinung übereinander. Kamila dachte immer, Luciana sei schroff, patzig und unverschämt und Lucina dachte, Kamila wäre eine behütete Prinzessin. Doch sie lernten, damit umzugehen und gegenseitig ihre Schwächen und Stärken zum Vorteil zu nutzen. Bevor Luciana nach Washington D.C. fuhr, planten sie, anschließend Halloween zusammen zu verbringen. Das würde für sie das erste Halloween in Amerika sein und sie wollten richtig mitwirken. ‚Gott sei Dank ging die Woche schnell vorbei‘, dachte sich Kamila. Sie war so beschäftigt, dass sie kaum bemerkte, dass Luciana je weg gewesen war. Als Luciana wieder da war, machten sie sich sofort auf die Suche nach dem richtigen Kostüm. Sie gingen in die riesigen Halloweengeschäfte, die extra für diese Gelegenheit aufgebaut worden waren. Es war unglaublich, denn es gab dort alles, was man sich nur erhoffen konnte. Jede Menge Kostüme und Requisiten. So etwas hatten sie noch nie gesehen. Sie überlegten auch nicht lange und fingen an, die verschiedenen Kostüme anzuprobieren. „Kamila!“, rief Luciana und zog eine rote Perücke an. Kamila lachte: „Naja, das ist eine echte Flammen Frisur.“ Luciana lachte und verkündete: „Das ist es. Ich werde eine Flammen Frau.“ Letztendlich entschied Kamila sich für das Kostüm der Elvira, Göttin der Finsternis. Genau genommen war es ein enges langes schwarzes Kleid mit einem tiefen Dekolleté und einem hohen Beinschlitz. Am Gürtel trug sie ein Messer mit einem Totenkopf. Als Kopfbedeckung wollte sie keine Perücke, sie hatte ja schon dunkle lange Haare. Stattdessen nahm sie sich einen Hexenhut dazu, um es aufzulockern und nicht zu sexy zu wirken. „Ich brauche noch einen Push-Up für dieses Kostüm.“ Luciana lachte: „Nein, das brauchst du nicht, die Dinger sind auch so sichtbar.“ Kamila lachte. Luciana sah ebenfalls klasse aus. Sie war die rote Flammenfrau. Sie trug ein heißes rotes Kleid mit einem langen Schlitz und einem Flammen-Gürtel. Ihre blonden Haare und die roten

Lippen rundeten das Kostüm ab. Sie fühlten sich großartig und sahen für Halloween passend gestylt und einfach sexy aus. Als sie fertig waren, holten sie ihre Freunde im Spain House ab. Bei ihrer Ankunft lachten sie, als sie das Haus betraten. Das ganze Haus war mit Spinnweben und Skeletten dekoriert. Sie kicherten laut und fast schon hysterisch, es war wirklich Halloween-typisch und gruselig. Nicht nur sie, sondern auch ihre ausländischen Freunde nahmen die amerikanische Sitte, Halloween zu feiern, ziemlich ernst. So ernst, dass die Jungs vorher noch Trick-or-treating von Haus zu Haus gegangen waren, um Süßigkeiten zu sammeln. Kamila, fragte: „Ich wäre auch mitgegangen. Warum habt ihr nichts gesagt?" Luciana lachte: „Ich wäre auch mitgegangen." Im Haus trafen sie die verkleideten Jungs. Jeder sah anders aus. Rudolfo hatte ein Scream Kostüm an, Frederic war Dracula, Jana Teufel und Eddy war als eine Kuh verkleidet, mit rosa Euter am Bauch. Jeder zeigte mit den Fingern auf sein Gegenüber und lachte sich schlapp wegen der Verkleidung. Die Stimmung passte. Bevor sie sich auf dem Weg zu der Halloween-Party machten, schossen sie gruselige Halloween-Fotos als Andenken. Sie würden nur dieses eine Jahr in Amerika Halloween feiern und sie wussten, dass alle auseinander gehen würden, um zurück in die Heimat zu fahren. Sie fuhren auf die Party, die Pietros Bekannter organisiert hatte. Die Party war riesig und alles passend zum Thema dekoriert. Luciana und Kamila warfen sich ins Getümmel. Zufällig begegnete Kamila Pietros Tante ‚Schlange'. Freundlich lächelte sie sie an, schließlich war sie Pietros Tante, und sagte höflich: „Hallo." Doch ‚Schlange' sagte nur: „Excuse me", und ging unzufrieden weiter. Kamila konnte die blöde Zicke nicht ertragen. Luciana rollte die Augen und fragte: „Willst du woanders hingehen?" Sie überlegten kurz, ob sie die Party wechseln sollten, um sich die Laune nicht zu verderben. Leider kannten sie sich nicht gut in San Francisco aus und so blieben sie gezwungenermaßen dort. Die Party war für Kamila aber gelaufen und sie konnte sich nicht mehr richtig amüsieren. Es waren viele von Pietros Freunden da und obwohl sie keine schlechten Absichten hegten, fühlte sie sich ständig beobachtet. Außerdem, waren nicht alle von Ihrer Beziehung begeistert, denn Pietro und sie polarisierten mit ihrer Liebe, dass Leute um sie einfach menschlich Eifersüchtig waren. Durch das blöde Geschwätz wurde Pietro auch ein bisschen eifersüchtig und sie wollte nicht zu sehr auffallen und provozieren. Letztendlich blieb sie Luciana zuliebe, die viel Spaß hatte und erduldete geduldig die ungemütliche Atmosphäre.

Als sie am nächsten Morgen aufwachte, staunte sie, als sie aus ihrem Zimmer kam. Die Gastfamilie war wunderlich gestimmt, denn sie putzten das Haus. Sie war überrascht, denn sie nahmen es normalerweise mit der Ordnung nicht so genau. Unbemerkt schlich sie an ihnen vorbei und ging in das Elternschlafzimmer, um ihre E-Mails zu checken. Pietro hatte sofort bei seiner Ankunft in Brasilien angerufen und schrieb ihr nun liebe E-Mails. Es war schön von ihm zu hören und sie vermisste ihn. Jedoch wusste sie nicht, ob sie ihn vermisste oder ob sie nur einfach hier nicht alleine sein wollte. Das fragte sie sich oft. Um sich abzulenken, traf sie sich mit ihren Freunden und ging sogar mit Frederic ins Kino. Sie schauten den Film ‚Bachelor' an. Es war eine nette Liebeskomödie über einen Mann, einen Junggesellen, der von vielen Bräuten gejagt worden war. Nach dem Film gingen Frederic und sie auf einen Drink in eine Bar und unterhielten sich über verschiedene Sachen, unter anderem auch über Pietro. Frederic gestand ihr: „Ich bin überrascht, dass du Pietro so sehr vermisst. Ich hatte den Eindruck, dass Pietro dich mehr liebt und dir richtig hinterherläuft!" Für Frederic hatte es bisher den Anschein gemacht, dass sie eigentlich nichts von Pietro wollte. Überrascht sah sie ihn an und überlegte laut: „Vielleicht seht ihr etwas, was wir selbst nicht sehen? Doch ja, es ist schwierig für mich, meine Gefühle zu zeigen, denn ich habe Angst davor, Pietro verabschieden zu müssen und ich kämpfe mit diesem Gefühlschaos." Vielleicht waren deswegen einige – so wie Pietros Tante – distanziert zu ihr, denn sie glaubten nicht, dass sie es ernst mit Pietro meinte. Vielleicht dachten sie, sie spiele nur mit Pietro. Ja, sie war sich oft nicht sicher, was ihre Gefühle anging, aber sie wusste nicht, dass ihre Unsicherheit ihrer Beziehung gegenüber so deutlich nach außen projizierte. Diese Chance nutzte sie und klärte mit Frederic noch einmal das damalige Missverständnis. Sie stellte klar: „Frederic, du hast mir mit deiner Anschuldigung Unrecht getan und Pietro verunsichert. Das tat mir weh." Er erwiderte: „Weißt du, ich mochte dich auch und es kam mir echt so vor, als wenn es auf Gegenseitigkeit beruhte." Sie wollte nicht näher auf das Thema eingehen, sie wollte nur noch einmal betonen, dass er ihr wehgetan hatte, denn deswegen hatten Pietro und sie sich gestritten. Frederic entschuldigte sich und sie sah, dass es ihm leidtat. Als die Kellnerin kam, bestellten sie Wodka mit Maracujasaft, den Drink, den sie so gerne in Deutschland getrunken hatte. Frederic probierte und es wurde einer seiner Lieblingsgetränke. Sie hatten einen schönen Abend und amüsiert über Frederics neu endeckten ‚favorite drink' fuhren sie nach Hause. Es war schön, einen Kumpel zu haben. Kamila war zu unschuldig um zu denken, dass er mehr als freundschaftliche Gefühle für sie hegte. Irgendwie hatte sie nie gesehen, wenn jemand sie mochte. Er musste es ihr schon wie Pietro klar machen. In Deutschland hatte sie mehrere Kumpel, aber sie konnte mit ihnen nicht so unbeschwert weggehen wie in Amerika. Gerüchte entstanden schnell und deshalb hielt sie sich von Jungs meistens fern.

Die Gastfamilie fragte sie, ob sie mit ihnen am Wochenende nach Sonora fahren wollte, um ‚Caverns and Caves' anzuschauen. Da Luciana sowieso jedes Wochenende bei ihr war oder sie bei ihr, wurde sie auch eingeladen. Kamila freute sich, dass die Gastfamilie an sie dachte und sagte: „Natürlich, sehr gerne fahren wir mit." Die Gastfamilie war nie berechnend. Das konnte Kamila auch nie genug wiederholen. Sehr gerne lobte sie gute Charaktere und dies waren welche, die sie immer wieder positiv überraschten. Sie waren sehr ehrlich und hießen jeden bei sich zu Hause willkommen. Also fuhren sie nach Sonora und schauten sich Kavernen und Höhlen, die aus Gesteinen gebildet waren, an. Die Natur mit ihrer vielseitigen Schönheit beeindruckte Kamila immer wieder aufs Neue. Die Gastfamilie nahm sie nicht nur mit, sie kauften auch die Tickets für sie für die Höhlenbesichtigung. Kamila fand es sehr großzügig von Marti und Aby. Sie bedankte sich und sagte dass es wirklich nicht nötig war, dass sie auch noch das Eintritt für sie zahlten. „Das müsst ihr nicht machen", sagte sie dankbar. Marti mochte Kamila, er wusste, dass sie es ehrlich mit ihrer Dankbarkeit meinte und er fühlte sich dadurch auch gewürdigt. Es war unheimlich, in die Tropfsteinhöhle runterzusteigen und die Touristenführer machten die Führung auch ziemlich spannend. Sie ließen sie runter gehen und dann machten kurz die Fackeln aus. Es war so dunkel, dass Kamila ihre eigene Hand nicht vor Augen sehen konnte. Sie fühlte sich beklemmt unter der Erde und war froh, als es wieder heller wurde. Erstaunt schauten sie sich um und waren beeindruckt von den unter der Erde gebildeten Stalagmiten und Stalaktiten. Die Gesteine sahen wie Eiszapfen aus. Ein Gestein sah sogar wie Angel Wings – Engelsflügel – aus. Weiter sah sogar ein ganzer Felsen wie die Flügel von einem Engel aus. Nach der Cave Tour fuhr die Gastfamilie mit den Kindern und den beiden Mädchen in den Columbia State Historic Park, wo früher Leute nach Gold gesucht hatten.

In der kleinen Stadt sah es aus, als wäre die Zeit stehengeblieben. Es war alles so, wie es zu Goldgräberzeiten ausgesehen hatte. Die Werkzeuge der Goldsucher und deren Geschichte waren gut erhalten. Die Häuser und die Umgebung sahen auch wahrheitsgemäß alt aus. Mitten vor der Hütte stand ein riesiges Becken mit einem innen angepassten Sieb. Dort trennten die Schatzsucher das Gold vom Dreck. Die Touristenführer gaben den Kindern, Luciana und Kamila einen Beutel mit Sand und Steinen und sie durften es im Wasser filtern und das Gold suchen. „Ich habe ein Goldstück gefunden!", schrie Frank. „Wo, zeig mal!", sagte Kamila. „Tatsächlich, wie cool ist das denn", lachte sie. Sie hatten Spaß mit den Kindern und hörten die Kinder schreien, als sie wieder etwas fanden.

Luciana lachte Kamila aus: „Du hast keine Goldstücke in deinem Beutel? Echt? Das gibt's nicht. Jeder hat welche!" Kamila öffnete den Beutel und sagte: „Schau, keiner drin." Kamila war enttäuscht. Die Kinder, kleine Schatzsucher, hatten auch viel Schadenfreude daran, dass Kamila leer ausgegangen ist. Kamila lachte, und warnte belustigt: „Passt auf eure Goldstücke auf, ich weiß wo eure Zimmer sind." Die Kinder lachten unglaubwürdig. Mit einer nachgestellten Hexenstimme warnte sie: „Ich finde sie." Die Kinder lachten: „Versuch mal!" Der Nachmittag in den Caves war schön und Luciana und Kamila freuten sich, dort gewesen zu sein. Kamila bedankte sich noch einmal herzlich bei ihrer Gastfamilie und sagte: „Marti und Aby, vielen Dank, dass Luciana und ich mitkommen durften. Das war unheimlich schön für uns und sehr großzügig von euch, sogar meine Freundin mitzunehmen!" Marti wurde verlegen und sagte: „Das ist doch selbstverständlich. Ihr gehört zur Familie." Luciana bedankte sich auch separat. Ihre Familie war zwar wohlhabender, aber sie lud nie Lucianas Freundinnen zu spannenden Ausflügen ein. Luciana selbst durfte auch nur mit, um auf die Kinder aufzupassen.

Pietro rief aus Brasilien an und teilte Kamila überraschend mit, dass er sich entschieden hatte, sieben anstatt nur vier Wochen in Brasilien zu bleiben. ‚Super', dachte sie sich, ‚so viel zu der großen Liebe.' Eigentlich wollte sie die Beziehung beenden, da sie sich immer noch nicht über ihre Gefühle im Klaren war, aber es fiel ihr schwer, einen Schlussstrich zu ziehen. Sie hoffte, er würde Schluss machen, denn dann hätte sie wenigstens kein schlechtes Gewissen haben müssen. Während der sieben Wochen in Brasilien meldete sich Pietro auch immer seltener. Er gab bekannt, dass er nicht gerne Briefe schrieb und in Englisch zu schreiben fiel ihm nicht leicht. Sie dachte, dass er sich nicht genug bemühen würde und kommentierte diesen Schwachsinn nicht. Um ihren Bedenken und Beziehungssorgen zu entkommen, unternahm sie mehr mit Luciana. Die anfangs so nervige und aufdringliche Alles-egal-Einstellung von Luciana begann ihr zu gefallen. Luciana machte und nahm sich, was sie wollte und Kamila fing an, es mutig und erfrischend zu finden. Kamila war zu höflich, eher abwartend und traute sich nie, so zu sein wie Luciana, denn sie wollte immer korrekt sein. Zu Hause bleiben und Pietro nachtrauern war aber keine Option. Sie zwang sich wegzugehen und zu amüsieren. Auf einer Party traf sie Maxim, Pietros Topmodel-Kumpel, der ihr erzählte, dass Jana, die sie in der Not bei ihrer Gastfamilie aufgenommen hatte, schlecht über sie redete und sie nicht mögen würde. Kamila verstand das nicht. Zunächst wollte sie das nicht glauben, wurde dann aber traurig. „Wenn das stimmt, dann ist sie echt eine falsche Schlange." Sie wusste, dass Jana sich mit Pietros Exfreundin Barbara angefreundet hatte und nun die gute Freundin spielte. Jana war hübsch. Zwar war sie jetzt nicht ‚wow', aber sie gehörte zu den Mädchen, die auffielen. Jedoch war sie sehr pessimistisch eingestellt. Sie sah immer das Schlechte in einer Situation und hatte oft sarkastisch gemeckert. Sie repräsentierte das Gegenteil zu Kamila, die in jeder Situation das Tolle sehen konnte

Kamila wusste, dass Barbara zu clever war, um Janas Freundin zu sein und sie nicht zu durchschauen. Barbara war zielstrebig und sie respektierte Kamila, obwohl sie Pietro an sie verloren hatte. Jana diente Barbara als Lakai. Sie erduldete das, weil sie über Barbara Zugang zu Milo hatte, in den sie verknallt war: Die Irrwege der Liebe. Was Menschen alles für ihre Gefühle tun. Kamila wollte Jana nicht verstehen, aber da sie keine Streitereien wollte, ging sie ihr einfach aus dem Weg. Insgeheim hoffte sie, dass Maxim etwas falsch verstanden hatte, oder warum hatte er ihr das sagen müssen? Oft flirtete er mit ihr und das fand Kamila auch nicht cool, schließlich war er Pietros bester Freund. An solchen Tagen sehnte sie sich so sehr nach Pietro und seiner Zuneigung und stellte sich oft die Frage, ob sie tatsächlich Pietro vermisste oder nur die Art und Weise, wie er sie liebte. Traurig war, dass sie tatsächlich die Art, wie er sie ansah, vermisste. Er als Person fehlte ihr nicht. Sie wusste, dass sie sich davon abhängig machte, doch sie liebte es, von ihm geliebt zu werden. Sie liebte es, wie er sie zum Lachen brachte und wie er sie mit Kleinigkeiten überraschte. Er schnitt Herz-Schnipsel und verstecke sie in ihrem Makeup Beutel. Er überraschte sie mit Abenteuerausflügen. Auch wenn sie Sachen an ihm auszusetzen hatte, fühlte sich in den Menschenmassen verloren und Pietros Liebe fühlte sich echt an. Sie verurteilte sich, dass sie nicht imstande war, ihn so zu lieben, wie Pietro es tat. In seinen Augen war sie vollkommen und sie liebte das Gefühl. Es war wie eine Droge. Irgendwie wollte sie mehr, doch sie fühlte sich unzulänglich, denn sie konnte ihm das nicht zurückgeben, was er gab. Sie wollte ihn so lieben, wie er sie liebte.

Unter der Woche setzte Kamila Frank in der Schule ab, nahm Hayde, packte ihre Sachen und fuhr zu Lucianas Haus. Luciana passte auf zwei kleine Kinder auf, mit denen sich Hayde gut verstand und gerne spielte. Es war immer einfach mit Hayde, denn sie war ein zugängliches und kontaktfreundliches dreijähriges Mädchen. Sie verstand sich mit jedem gut. Hayde war ein Kind, das auf dem Spielpatz zu einem anderen Kind lief und fragte: „Willst du heute meine Freundin sein?" Kamila liebte die Kleine und wünschte sich, auch mal so ein mutiges und kluges Mädchen zu haben. Sie konnten ihre Arbeit auch unter der Woche mit ihrer Freundschaft verbinden. Die Kinder spielten und schwammen im hauseigenen Pool. Kamila und Luciana wachten mit Adleraugen über ihre Schützlinge. Luciana bemängelte: „Kamila du bist nicht objektiv, wenn es um Hayde geht." Kamila behandelte Hayde, als ob sie ihr eigenes Kind wäre. Wenn sie weinte und zu ihr kam, stellte sie sich unwillkürlich immer auf Haydes Seite. Luciana bemängelte das oft bei ihr. Sie schimpfte: „Stelle Hayde nicht immer so in den Vordergrund." Kamila lachte und argumentierte: „Luciana, deine Kinder sind Geschwister, die sich logischerweise verbünden. Hayde dagegen ist hier alleine und sie braucht jemanden, der zu ihr hält." Luciana lachte und sagte: „Schau uns an, wir sind schon wie zwei Glucken und das sind nicht mal unsere Kinder." Sie nahmen ihre Arbeit ernst und es war wirklich sehr schwierig, sich die Kinder nicht zu sehr ans Herz wachsen zu lassen. Immerhin verbrachten sie mit den Kleinen jeden Tag.

Am Wochenende fuhr Kamila oft zu Luciana, speziell, wenn ihre Gastfamilie unterwegs war. Stundenlang saßen sie vor dem Fernseher und aßen verschiedene Leckereien. Bei Eis waren sie hemmungslos. Kamila empfand die Zeit als sehr schön, denn sie hatten immer etwas zu Lachen. Sie befürchteten, dass wenn sie weiter so schlemmen würden, sie irgendwann richtig fett werden würden. In dem zweistöckigen Haus tobten sie sich aus. Sie tranken Corona Bier, saßen im Jacuzzi, aßen immer wieder Unmengen an Eis und tanzten zu lauter Musik auf dem Tisch. Ihr Hauptthema war natürlich Pietro, von dem Luciana fast nichts mehr hören wollte. Genervt befahl sie: „Bitte, hör auf über ihn zu reden, du hast deinen Kopf an ihn verloren. Es geht immer wieder um Pietro und Pietro und Pietro." Kamila schubste Luciana und sagte ihr: „Sag mir sofort, was ich tun soll und meckere nicht." Sie lachte und meinte: „Ihr seid doch gut zusammen. Er läuft wie ein Dackel hinter dir her und tut alles für dich." ‚Das stimmt', dachte Kamila sich. Doch sie fuhr fort: „Meinst du, wir können zusammen bleiben? Ist das möglich?" Luciana schmiss resigniert ein Kissen nach Kamila und sagte: „Hör auf, dir Gedanken darüber zu machen. Es wird schon gut sein." Gegen zwei oder drei Uhr früh gingen sie schlafen. Kamila schlief bei Luciana im Bett, weil Kamila alleine im anderen Zimmer Angst hatte. Das Haus war riesig. Am Morgen wachten sie total erledigt auf. Kamila hatte einen sehr merkwürdigen Traum. Sie träumte, dass sie Pietro betrogen hatte. Er hatte sie im Traum auch erwischt und bitterlich geweint. Unter Tränen entschuldigte sie sich, doch er wollte nichts mehr von ihr wissen. Sie war fassungslos, dass er sie nicht mehr liebte und sie ihn nicht mehr haben konnte. Der Traum war so real. Luciana schüttelte den Kopf als sie es hörte: „Ohh mein Gott, nicht wieder Pietro." Kamila lachte.

Pietro sollte in einer Woche zurückkommen und sie hatte Angst, ihn wiederzusehen. Sie überlegte: ‚Werden wir uns genauso wie am Anfang unsere Beziehung verstehen? Sie grinste: „Naja, vielleicht eher so gut wie in der Mitte der Beziehung, denn am Anfang wollte ich ihn gar nicht.´ Sie schwelgte in den Momenten als sie neben ihm aufgewacht war. Er war oft vor ihr wach und beobachtete sie, wenn sie noch schlief. Wenn sie dann aufwachte, schaute sie ihn überrascht an und fragte: „Was machst du? Ist was passiert?" Er sagte dann immer verliebt: „Du siehst wunderschön aus, wie ein Engel", und küsste sie. Sie konnte es nicht glauben, dass er sie wirklich so sehr liebte, denn sie sah alles andere als wunderschön aus, wenn sie aufwachte. Seine Liebe war so tiefsinnig. Sie sehnte sich so sehr nach den Worten und der Zuneigung, die er ihr entgegenbrachte. Sie fühlte sich schuldig, denn sie war mit Pietro nicht ehrlich. Sie dachte nie: ‚Oh, wie sehr liebe und vermisse ich ihn.' Nein, sie sehnte sich nach seinen Worten, seiner Nähe, nach dem, was er ihr an Gefühl gab.

Sie fragte auch nach der Meinung anderer, weil sie zu feige war, ihre eigene Entscheidung zu treffen. Die Leute um sie herum hatten gesehen, wie sehr Pietro sie liebte und dass sie sich ihm gegenüber zumindest öffentlich eher kalt und distanziert verhielt. Vielleicht empfand sie deswegen, dass viele seiner Freunde und seine Familie unhöflich und sogar gemein zu ihr waren. Weiter dachte sie darüber nach: ‚Würde ich ihn mögen, wenn er kein angehender Pilot wäre?' Sein Ehrgeiz imponierte ihr. Doch das war es nicht, denn sie war süchtig nach seiner tiefsinnigen Liebe. Zugleich aber fühlte sie sich neben ihm bedeutungslos. Er machte alles mit einem Lächeln im Gesicht. Er war großzügig und nett. Erschreckend stellte sie fest, dass sie schon fast Deutsch war. Sie war oft misstrauisch und abwartend, fast schon nüchtern in ihren Gefühlen.

Sie liebte die Umgebung, die Menschen und Pietro und wollte von dieser Nettigkeit und Großzügigkeit so viel wie möglich aufnehmen. Sie wollte auch so sein wie er. Endlich hatte sie einen Mann gefunden, der sie liebte und sie fühlte sich nichtdestotrotz nicht vollkommen. Sie verehrte ihn so sehr, dass sie das Gefühl hatte, unsichtbar sein zu müssen, um so zu sein wie er. Nach dem Traum war sie total erschüttert. Es fühlte sich so real an. Luciana hatte genug von Pietro und schimpfte: „Zieh dich an, wir gehen in die Stadt." Kamila folgte brav und sagte nur: „Okay, okay."

Abys Eltern kamen zu Besuch und da Kamila oft nachmittags in Deutschland bei ihrer Mutter anrief, während Hayde schlief, überlegte sie, ob die Familie etwas dagegen hatte. Sie wollte nicht, dass sie denken könnten, sie wäre faul oder würde die Gastfamilie ausnutzen. Kamila vermisste ihre Familie so sehr und ihre Mutter kam jetzt aus dem Krankenhaus zurück. Alles schien soweit in Ordnung zu sein, denn ihr Bruder berichtete, doch sie machte sich Sorgen. Vielleicht wollte er sie nur beruhigen. Am liebsten wollte sie es von ihrer Mutter selbst hören. Sie liebte sie so wahnsinnig sehr und bat Gott, bei ihr zu sein und sie zu heilen, es ihr gut gehen zu lassen. Der Gedanke, dass sie sie nicht anrufen könnte, war schrecklich für sie. Ihren Rat oder ihre Stimme zu hören. Deswegen war sie auch ständig gereizt, denn Mama fehlte ihr so sehr. Langsam wurde sie launisch und versteckte ihre Traurigkeit hinter patzigen Antworten. Sie war erst einundzwanzig, alleine in einer fremden Welt und hatte schon ein paar neu gefundene Freundinnen verabschieden müssen. Pietro war im Urlaub und sie musste mit den ständigen Gedanken leben, dass sie ihm auch Lebewohl sagen müsse. Und jetzt war ihre Mutter im Krankenhaus und so weit weg von ihr. Oft lag sie traurig im Bett, starrte die Decke an und fragte sich: ‚Wann werde ich endlich Stabilität im Leben gewinnen?

Warum ist es so schwer, mehr zu wollen? Warum kann das alles nicht in Deutschland stattfinden?'

Verliebt

Die endlosen sieben Wochen sind endlich vergangen. Aufgeregt erwartete Kamila Pietros Rückkehr aus Brasilien. Sie hatten vereinbart, dass sie Pietro vom Flughafen in San Francisco abholen würde. Hayde müsste mit, da seine Maschine in ihrer Arbeitszeit landen würde. Leider kannte sie den Weg zum Flughafen nicht und hatte nur den Google Direction Ausdruck. Sie rief Jana an und fragte sie, wie sie am besten zum Flughafen fahren sollte, denn sie fuhr viel alleine nach San Francisco und kannte sich gut aus. Bevor Jana ihr die Route erklärte, hielt sie ihr eine Standpauke: „Weißt du Kamila, ich finde es doof, dass du dich so sehr von Pietro abhängig gemacht hast! Du bist schon verblödet, weil du nicht einmal den Weg zum San-Francisco-Flughafen kennst." Kamila sagte nichts, und war froh, als sie den Hörer aufhängte. Aber sie verstand Janas Argument. „Jana hat Recht, ich kann mich nicht immer auf Pietro verlassen", beschloss sie. „Seine liebe macht mich abhängig von ihm. Das ist nicht gut." Es war bequem für sie. Außerdem bat sie ihn um nichts, sie erwähnte nebenbei, dass sie etwas zu erledigen hatte und er nahm es ihr ab. Sie druckte die Routenplanung aus dem Internet aus und staffierte Hayde mit allem aus, was sie im Auto brauchen könnte – Spielzeug, Trinken und etwas zum Naschen. Ihren Lieblingshasen packte sie auch ein, falls sie sich entschied, ein Nickerchen zu halten. Sie fuhren los und sangen ein bisschen im Auto. Der Weg zum Flughafen kam ihr ewig lang vor, doch dank ihrer Karte und der Beschilderung in der Stadt kamen sie gut dort an. Leider verliefen sie sich auf dem Flughafen selbst total. Kamila war gestresst und gereizt. Sie wollte Pietro nicht verpassen und ihn dann mit Hayde suchen müssen. Hayde merkte, dass etwas nicht stimmte und schaute sie mit ihren großen braunen Augen fragend an. Kamila sagte daraufhin: „Weißt du Hayde, ich möchte Pietro nicht verpassen, und ich weiß jetzt gerade nicht wo ich bin, deswegen bin ich ein bisschen gereizt." Kamila nahm Hayde auf den Arm. Hayde schaute sie total ernst an und sprach beruhigend: „Sei nicht traurig Kamila, wir sind doch zusammen." Kamila schaute das kleine Gesicht an und lachte entspannt. „Du hast Recht, wir sind zusammen, Süße", sagte sie, küsste Hayde auf die dicken Wangen und drückte sie fest an sich. Wie clever die Kleine doch war und dabei war sie erst drei Jahre alt.

Sie gingen weiter und endlich fand sie das gesuchte Terminal und fiel Pietro in die Arme. Alles schien so zu sein wie früher. Pietro war auch glücklich sie zu sehen. Alles war super, bis auf ein komisches kleines

Gefühl, das sich wieder bei ihr einschlich. Sie gingen zum Auto und sie fuhr ihn erst einmal zu seinem Onkel nach Hause, um ihn dann abends nach der Arbeit wieder zu treffen. Zurück aus Brasilien, hatte Pietro die nervige Angewohnheit, sich immer zu verspäten. Dort war es cool, ‚stylish late‘ – stilvoll spät – zu sein. Das machte sie wahnsinnig, denn sie war in Deutschland aufgewachsen und funktionierte wie die Schweizer Taschenuhr. Die kulturellen Unterschiede machten sich nach dem Urlaub verstärkt bemerkbar. Sie verlangte von ihm die totale Pünktlichkeit und er fühlte sich deswegen kontrolliert. Eine Lösung musst her. Sie legte es so aus: „Du weißt meine Zeit nicht zu schätzen, wenn du sich verspätest und mich warten lässt." Er meinte dazu: „Was ist schon dabei? Dann bin ich spät. Die Welt geht davon nicht unter. Du meckerst nur die ganze Zeit." Nach der Standpunktanalyse einigten sie sich darauf, dass sie ihm fünfzehn Minuten Verspätung zugestand und wenn es sich wie sonst auf eine halbe Stunde ausdehnte, würde er nach fünfzehn Minuten Verspätung vorsorglich anrufen und ihr Bescheid geben. So rief Pietro also an, wenn er mehr als fünfzehn Minuten zu spät kam und die Welt war wieder in Ordnung zwischen ihnen. Es nagte an ihnen, dass sie Schwierigkeiten hatten, sich alleine zu treffen. Pietro überlegte, zu Maxim zu ziehen und nicht mehr bei seinem Onkel zu wohnen. Die Drachentante nervte sogar schon ihn. Eines Abends beim Fernsehschauen fragte Pietro Kamila: „Hasi, möchtest du mit mir zusammenziehen?" Sie war verdutzt, dass er sie das fragte. Sie liebte, wie er sie liebte und dass er verrückt nach ihr war. Er verstand, wie er mit ihr umgehen musste, zumindest mehr als jeder andere, den sie kannte. In diesem Augenblick dachte sie: ‚Vielleicht ist das der Sinn. Ich sollte in die USA gehen, damit ich Pietro kennenlerne.‘ Trotzdem, sie wusste nicht, was sie antworten sollte. Sie sagte: „Ich habe nie darüber nachgedacht." Auf der anderen Seite überlegte sie: ‚Würde ich tatsächlich ja sagen sollte er mich fragen, ob ich ihn heiraten wollte? Würde er soweit gehen und mich fragen? Würden ihn meine Eltern mögen und er sie?‘ Sie fuhr fort: „Ich weiß es nicht." Seit dem Tag sprach Pietro häufiger über das Zusammenziehen und sie erklärte: „Ich möchte keine Zweckgemeinschaft, ich ziehe nur mit meinem Ehemann zusammen nicht mit meinem Freund." Daraufhin entstand eine komische Situation. Er antwortete genervt: „Ich möchte noch nicht heiraten." Als er das sagte, fühlte sie sich, als ob sie ihm einen Antrag gemacht hätte und eine Abfuhr erhalten hätte, was nicht der Fall war. Niemanden würde sie einen Antrag machen! Dafür war sie zu traditionell. Sie wollte doch auch noch nicht heiraten, sie war sich noch nicht einmal sicher, ob sie ihn überhaupt liebte. Er formulierte: „Ich wünsche mir, dass du hier zu Schule gehst und wir zusammen wohnen." Genervt wiederholte sie sich: „Ich will keine Zweckgemeinschaft haben." Sie musste vieles mitmachen und viele Kompromisse eingehen. Zum Beispiel, ihre Familie verlassen, um eine andere Sprache zu erlernen und sich beruflich vielleicht bessere Chancen zu schaffen. Dies war ein Standpunkt, bei dem sie nicht nachzugeben bereit war. Sie wollte nicht zusammen wohnen mit Pietro, ohne ein gemeinsames Ziel, das war nicht in ihrem Sinn. Nur aus Liebe würde sie heiraten und sie würde nur mit ihrem Ehemann wohnen. Für einige Zeit legten sie das Thema auf Eis und planten eine gemeinsame Reise über das Wochenende.

Sie planten zusammen mit Maxim und Luciana eine Campingtour zum Yosemite National Park. Kamila hatte über den Yosemite National Park tolle Sachen gehört. Dort sollten unglaublich große und alte Mammutbäume zu sehen sein. Doch als Pietro vorschlug, dort Camping zu machen, wollte sie nicht mehr hin. Sie war nicht unbedingt ein Glamour Girl, aber sie war bequem und eine Dusche am Morgen sollte schon drin sein. Als Luciana ihren Kommentar über die Dusche hörte, verdrehte sie die Augen: „Ich sagte doch, sie ist ein Prinzesschen." Kamila nahm Lucianas Bemerkung mit Humor und lachte. Pietro beruhigte Kamila: „Hasi, sei gewiss, dass es dort Duschen und Toiletten gibt und dass es dir gefallen wird." Sie schaute ihn erstaunt an und sagte: „Es gibt keine Duschen beim Camping." Er lachte nur und versprach: „Ich werde persönlich dafür sorgen, dass du deine Dusche kriegst." Sie lächelte, obwohl sie nicht recht wusste, was sie im Yosemite National Park erwarten sollte. Sie war so sehr auf Städte und deren Architektur konzentriert, dass sie mit dem Yosemite National Park nicht viel anfangen konnte. Bäume liebte sie, sie hatte fast schon ein Faible dafür. Sie war fasziniert von Bäumen. Viele lachten über ihre Vorliebe und die Faszination für die Natur. Allerdings, Camping? Camping war nicht ihre Welt. Luciana war aus dem Häuschen, sie wollte schon immer zum Yosemite National Park. So kam es ihr gelegen, dass Pietro dahin wollte. Maxim, Pietros Kumpel, fuhr auch mit. Luciana kannte ihn noch nicht und so beschrieb Kamila ihn. Sie sagte: „Maxim sieht einfach ‚wow' aus. Er ist 1,90 cm groß, hat schwarze dichte Haare. Er hat wunderschöne dunkle Augen, ein Lachen wie ein Model und wenn ich nicht mit Pietro zusammen wäre und Maxim nicht Pietros Freund wäre, würde ich ihn in die Büsche schleppen." Luciana lachte und versicherte: „Okay, ich schaue ihn mir genauer an und vielleicht schleppe ich ihn für dich in die Büsche." Kamila gab ihr ihren Segen und wünschte: „Viel Glück." Sie lachten und überlegten, was sie alles mitnehmen sollten. Schlafsack, Zelt, Essen etc.

Die Reise fing gut an. Pietro holte zuerst Kamila ab und packte ihre Sachen ins Auto. Danach holten sie Maxim von zu Hause und Luciana von der Bart Station (Zugstation) ab. Sie lebte außerhalb und nahm deshalb die öffentlichen Verkehrsmittel bis zu ihrem Treffpunkt. Als Luciana auf Maxim traf, verstanden sie sich gleich gut. Im Auto sprachen sie wie gewohnt in zwei verschiedenen Sprachen. Luciana und Kamila sprachen polnisch, Maxim und Pietro half spanisch, half portugiesisch. Luciana sagte: „Naja, er sieht wie so ein hübscher Bubi aus, nicht wie ein richtiger Mann, aber ich schaue, wie es sich zwischen uns entwickelt." Kamila rollte die Augen und sagte: „Gib' es zu, er gefällt dir." Luciana zögerte, gab aber zu, dass Maxim „wow" war. Kamila lachte: „Hab' ich doch gesagt." Das Auto war vollgepackt und Luciana brachte noch eine ganze Zeltausrüstung mit. Für ihren Schlafsack gab es kaum Platz und so musste sie das extra Gepäckstück hinten auf der Rückbank verstauen. Sie legte den Schlafsack zuerst zwischen sich und Maxim. Während der Fahrt fragte Maxim vorsichtig: „Möchtest du nicht vielleicht den Schlafsack auf den Boden legen?" Sie schienen miteinander gut auszukommen und so entfernten sie die Barriere. Als Pietro und Kamila das hörten, sahen sie sich ohne Worte an und lächelten. Da hinten bahnte sich etwas an. Der Park war 300 km weit weg und die Fahrt dauerte circa dreieinhalb Stunden. Die Sonne ging schon langsam unter, weil sie ziemlich spät losgefahren waren. Jeder hatte ja noch arbeiten müssen. Es wurde spät und sie hatten nicht daran gedacht, einen Campingplatz zu reservieren. Sie waren spontan gefahren und wollten in dem Park drei Tage bleiben. Kamila hatte ein bisschen Bauchschmerzen, denn sie hatte sich dummerweise zwei Tage vorher ein Bauchnabelpiercing stechen lassen und es tat immer noch weh. Pietro war wie immer besorgt um sie und kümmerte sich rührend. Er tupfte die wunde Stelle mit sauberem Wasser ab, damit es sich nicht infizierte. Pietro und Kamila gingen sehr liebevoll miteinander um. Sie turtelten, lachten und küssten sich ständig. Das war ansteckend, so dass auch Maxim und Luciana zusammenfanden.

Bei Sonnenuntergang kamen sie im Nationalpark an. Der Sonnenuntergang malte unbeschreiblich schöne Bilder. Die Berge färbten sich durch die Sonne gelb-orange und sie waren von dunkelgrünen Bäumen umgeben. An der Parkeinfahrt standen kleine Häuschen von den Parkwächtern. Die Parkwächter kassierten sie ab und gaben ihnen eine Mappe mit Informationen über den Nationalpark und Tipps, wo sie Campen könnten. Sie warnten: „Bitte lasst das Essen nicht rumliegen, das könnte die Bären anlocken." Als Kamila die Bären-Warnung hörte, war sie ziemlich nervös und zugleich überrascht, wie groß der Park war. Sie fragte nervös: „Gibt es echte Bären hier? Das ist doch ein Scherz." Der Park schien ewig groß zu sein. Das Glück war auf ihrer Seite, denn sie fanden sofort einen freien Platz in der fast schon angebrochenen Nacht und das sogar ohne Reservierung. Sie waren unsicher, ob jemand den Platz reserviert hatte und sie dort wirklich bleiben durften. Pietro schlug vor: „Komm, die eine Nacht schlafen wir hier und morgen suchen wir uns einen andern Platz." Sie stellten ihre Zelte auf, öffneten Wein und redeten die Nacht durch. Am Morgen bekam Kamila ihre versprochene Dusche. Die

Campinganlage hatte tatsächlich eine volle sanitäre Ausstattung. Begeistert und euphorisch verkündete sie: „Ich liebe Camping in Amerika." Die anderen konnten nicht anders als den Kopf zu schütteln und zu lachen. Luciana sagte sarkastisch: „Du bist echt ein Stadtmensch." Kamila war das egal, sie fand Camping in Amerika großartig. Man konnte die Natur bewusst erleben, ohne auf die zivilisierte Hygiene verzichten zu müssen. Auf dem Campingplatz stand ein Metallschrank, in dem man Essen und Getränke verstauen konnte, damit es Bären nicht fanden. „Bären?", fragte Kamila nochmal. Irgendwie hoffte sie, dass der Parkwächter nur gescherzt hatte. Pietro grinste, stellte sich gerade hin und verkündete: „Ich werde dich beschützen!", und zuckte mit seinen Muskeln. Kamila brüllte vor entzücken. Luciana fügte mit ihrer charmanten Art hinzu: „Mensch, stell' dich nicht so an Kamila, es wird schon gut sein." Kamila vergrub ihre Nase in Pietros Nacken und flüsterte: „Du bist mein Held."

Gleich nach dem Duschen und dem Frühstück liefen sie los und erkundeten den Park. Zuerst gingen sie an den Wasserfällen vorbei. Es war zwar schön, haute sie aber nicht von den Socken, weil die Wasserfälle gerade renoviert wurden. So gingen sie weiter zu den Mammutbäumen und Kamila erstarrte vor diesem gewaltigen Naturwunder. Es war unglaublich, solche gewaltigen Bäume hautnah zu sehen. Durch einen Baum führte sogar ein Tunnel. Die Umgebung hatte eine mystische Atmosphäre. Es war meditativ und ruhig. Kamila fühlte sich von den Bäumen behütet und von der Schönheit der Natur geheimnisvoll angezogen. Ihre Kamera kam nicht zur Ruhe, denn sie fotografierte alle Bäume und wollte jeden Augenblick festhalten. Einer der Bäume war gefallen und lag samt Wurzeln mitten auf dem Weg. Pietro, Luciana, Maxim und Kamila stellten sich für ein Foto abwechselnd darauf. Sie erschienen so winzig auf dem Bild. Der Baum war einfach prächtig anzuschauen mit den riesigen Wurzeln. Sie starrten um sich. Kamila saugte die Eindrücke auf wie ein Schwamm. Zuvor war sie mit Daphne, Abys Schwester, im Redwood Park gewesen und dort hatte sie schon die höchsten Bäume bewundert. Der Redwood Park beeindruckte sie, aber der Yosemite National Park erschlug sie fast mit der Mächtigkeit der Natur. Pietro sah ihre großen Augen und es fütterte sein Ego, dass er seiner Geliebten wieder so viel Freude bereitete. Er liebte es, ihr Sachen zu zeigen und sie liebte es, alles zu sehen. Im Park gingen sie weiter zum Yosemite Museum, wo sie eingeborene Indianer und deren frühere Lebensweise kennen lernten. Sie sahen die kleinen Zelte, in denen die Indianer früher gelebt hatten. Die Zelte waren komplett aus Holzstücken zusammengebaut. Die Indianerzelte fügten sich in die Natur ein. Alles passte harmonisch in die Umgebung. Nach der Wanderung gingen sie zufrieden zu ihrem Zeltlager zurück. Es stellte sich heraus, dass andere Leute den Platz zwar bestellt hatten, aber nicht gekommen waren. Pietro jubelte: „Wir haben ein riesiges Glück und dürfen hier die weiteren zwei Nächte bleiben. Das ist gut, dann müssen wir nicht wieder abbauen und aufbauen." Erleichtert machten sie sich Feuer und die Jungs grillten Fleisch. Kamila hatte immer noch Probleme mit ihrem Bauchnabelpiercing, dass sie immer desinfizieren musste. Trotz der genauen Hygiene drohte sich die Piercingstelle zu entzünden. Es schmerzte und sie lag wehleidig auf der Bank und Pietro kam wie immer, um sie zu trösten und zu küssen. „Komm lass mich dir helfen", tröstete er sie. Dann nahm er das Desinfektionsmittel und tupfte vorsichtig den Nabel ab. Er küsste sie erneut und sagte: „Alles wird gut sein, mach dir keine Sorgen." Sie lächelte ihn an, küsste ihn zurück und wurde wieder munter. Sie brauchte nicht viel, nur ein bisschen Trost und Aufmunterung und sie riss sich wieder zusammen. In der Nacht waren sie nicht lange auf, denn nicht nur die Nacht war kühl und es war zu kalt, draußen zu sitzen. Außerdem waren sie auch ziemlich erledigt von der Wanderung. Sie verzogen sich in ihre Zelte. Maxim schlief schon die zweite Nacht mit Luciana im Zelt und es schien dort was zu passieren. Kamila war so kalt, dass sie schon fast in Pietros Körper reinschlüpfen wollte, um sich zu wärmen. Er umarmte sie und wollte etwas sagen, als sie Geräusche und Stöhnen aus dem Zelt nebenan hörten. Sie schauten sich an und sagten feixend: „Ne, das tun sie jetzt nicht." Kamila rief amüsiert Luciana auf Polnisch zu und fragte: „Luciana, Lebst du noch?" Sie fing an laut zu lachen und berichtete: „Er ist gar nicht so schlecht." Sie prustete und übersetzte es leise Pietro. Sie lachten. Kamila schaute ihn verfroren an und fragte: „Hast du auch Lust?" Sie meinte die nächtliche Aktivität. Er schaute sie an und fragte: „Willst du?" Wieder begann sie zu lachen und sagte: „Schatz, es ist viel zu kalt, um daran zu denken, sich zu entkleiden." Er stimmte ihr zu und fragte: „Wie machen sie das im Zelt nebenan? Es ist fast um den Gefrierpunkt." In der Kälte war es schwer, einzuschlafen, doch irgendwann siegte die Müdigkeit. Am Morgen gingen Luciana und Kamila zu einem kleinen Bach in der Nähe und Luciana erzählte, wie es zu dem Techtelmechtel gekommen war. Sie erzählte, dass sie über belanglose Themen gesprochen, viel Wein getrunken und dann angefangen hatten, sich zu küssen. Alles andere war Geschichte. Es schien, dass Maxim beim Küssen nur reinster Durchschnitt und ziemlich lernbedürftig war. Während diesem Frauengespräch kicherten die beiden Mädchen belustigt.

Sie gingen zurück zu den Zelten und fingen an, ihre Sachen wieder zusammenzupacken. Pietro kam zu Kamila und hatte vor Lachen Tränen in den Augen. Er lachte so herzlich, dass sie bei seinem Anblick automatisch mitlachte. Sie fragte lachend: „Was ist passiert?" Er musste sich erst einigermaßen fangen und erzählte stark lachend, dass bei Luciana und Maxim nächtlichem Spiel ein Unfall passierte wäre und Maxim jetzt einen Kaugummi in den Haaren kleben hatte. Die Haare standen auf der einen

Seite ab. Pietro lachte beim Erzählen so sehr, dass er sich hinsetzen musste. Bei Pietros Anblick konnte sie nicht mehr ernst bleiben und wollte ‚den Unfall‘ unbedingt mit eigenen Augen sehen. Sie ging zum Auto, wo Maxim stand und sich schon lautstark mit Luciana auseinandersetzte. Sie sah ihn an und dann Pietro und sie fingen so sehr an zu lachen, dass sie vor Lachen weinten. Die andern zwei schauten sie an und lachten mit, weil beide sich nicht mehr einkriegen konnten und die Tränen die Wangen herunter liefen. Luciana wiegelte ab, Maxim würde übertreiben. Sie hätte halt vergessen, dass sie ihren Kaugummi in der Nacht aus dem Mund genommen und um den Finger gewickelt hatte. Sie hatte es dann vergessen, als es zur Sache ging. Maxim war stinksauer. Seine dichte schwarze Haarpracht war auf einer Seite total mit Kaugummi verklebt. Sie packten weiter ihre Sachen und Pietro und Kamila bemühten sich, weder Maxim noch sich selbst anzusehen, sonst würden sie wieder die Beherrschung verlieren. Auf dem Rückweg saß Luciana mit Maxim hinten und diesmal nahm Maxim den Schlafsack und stopfte ihn zusammen mit einem Kissen zwischen die beiden. Er bildete fast eine Mauer. Luciana kommentierte: „Du bist kindisch und übertreibst jetzt.“ Maxim brummte zurück: „Ich will nicht darüber reden.“ Pietro und Kamila saßen vorne im Auto und lachten so heftig, dass sie wieder anfingen zu weinen. Vielleicht, weil Kamila und Pietro so lustig waren, kochte die Situation nicht auf. Für sie war es eine lustige Fahrt nach Hause und sie nahmen die außergewöhnlichen Erlebnisse und Eindrücke vom Yosemite National Park mit nach Hause.

Zuhause ging Maxim zu Friseur und es stellte sich heraus, dass er ziemlich viel von seiner tollen Haarpracht dort lassen musste. Die Freundschaft zwischen Maxim und Luciana war seit dem Vorfall nie mehr so wie vorher. Es blieb auf einer bescheidenen Sparflamme und alles, was sie sich dann noch sagten, war Hallo. Das Thema wurde nie wieder erwähnt, aber von Pietro und Kamila auch nie vergessen. Kamila nannte es ‚das Highlight der Yosemite-Fahrt‘ und lachte immer wieder genauso ausgiebig darüber, wenn sie von diesem Vorfall erzählte.

Nationalismus

Routine prägte den Alltag nach dem langen dreitägigen Wochenende. Es hieß, die Kinder zu verpflegen und zu versorgen, die Au-pair-Meetings zu besuchen und zur Schule zu gehen. Kamila besuchte weiterhin die Au-pair-Meetings und die Schule und traf dort neue Freundinnen. Sie mochte es, Leute kennenzulernen. Denn alleine ohne Familie und Freunde war es einsam in einem fremden Land. Es fiel ihr leicht neue Leute kennenzulernen, da sie sehr kontaktfreudig war. Luciana hat sie auch beim vorletzten monatlichen Meeting kennengelernt und diesmal Ane. Luciana fand Ane auch nett und so tauschten sie die Telefonnummern, um sich zu verabreden.

Es erschien Kamila merkwürdig, dass sie sich besser mit den polnischen Mädchen als mit den deutschen Mädchen verstand. Viele der deutschen Mädchen waren eingebildet und dachten, sie wären was Besonderes, weil sie Au-pairs waren. Sie hasste es, diese Vorurteile zu haben, aber leider bestätigten sie sich immer wieder. Zwar fühlte sie sich nicht wie eine richtige Polin, denn sie war eine halb Amerikanerin – aber das erwähnte sie nie. Außerdem, wie eine Deutsche fühlte sie sich auch nicht. Immerhin hatte sie die gleiche Anzahl von Jahren in beiden Ländern verbracht und hatte in beiden Sprachen einen leichten Akzent. Oft fragten sich die Leute, woher sie kam und sie antwortete aus Deutschland. Es stimmte auch, sie wohnte dort und war dort aufgewachsen. Inzwischen sah sie Deutschland als ihr Zuhause. Ihren polnischen Freunden gefiel diese Antwort gar nicht. Sie stellten sie zur Rede und fragten: „Kamila, nimm es nicht falsch auf, aber schämst du dich, eine Polin zu sein? Du bist doch keine Deutsche!" Sie verstand nicht, was sie meinten. Sie antwortete: „Ja, es stimmt doch, ich komme aus Deutschland, weil ich dort aufgewachsen bin." Eine riesige Diskussion entwickelte sich daraus. Um den ganzen Thema aus dem Weg zu gehen versprach sie den Mädchen: „Okay, wenn jemand mich je fragt, werde ich sagen: ich bin in Polen geboren und in Deutschland aufgewachsen!" Damit gab sich jeder zufrieden. Sie wollte nicht auf ihre amerikanische Vater Seite aufmerksam machen, das war ihr zu kompliziert. Immerhin waren alle Amerikaner Immigranten für sie.

In Gedanken schweifte sie zurück in ihrer Kindheit, derartige Konversationen hatte sie schon mal mit einer Freundin ihrer Mutter geführt. Die Freundin hatte sie gefragt, wer sie war. Sie antwortete damals, dass sie Kamila war. Sie hatte weitergefragt und Kamila hatte ihr immer wieder die gleiche Antwort gegeben. Die Freundin hatte dann gesagt, dass es nicht stimmte, denn sie war eine Polin, weil ihre Mutter eine Polin war. Kamila begründete: „Ja, aber ich fühle mich weder wie eine Polin, noch wie eine Amerikanerin oder eine Deutsche." Die Freundin hatte sie komisch angesehen und gesagt, sie verstehe nicht, wie sie so etwas sagen könnte. Kamila fand die Freundin ihrer Mutter anmaßend. Sie dachte: ‚Woher nahm sie sich das Recht, mir oder überhaupt jemanden vorzuschreiben, dass ich mich für eins oder das andere entscheiden soll. Beide Länder hatten ihre Stärken und Schwächen.' Kamila war die Immigranten-Generation und ihr war es egal, wo sie lebte. Hauptsache, sie fühlte sich dort wohl und behütet. Am liebsten hätte sie die Pässe und Ländergrenzen abgeschafft, doch die verschiedenen Kulturen und Sprachen beibehalten. Die machten das Leben bunt und wertvoll. Zwar liebte sie die deutsche Präzision und Ordnung, aber sie identifizierte sich auch mit der Gastfreundlichkeit und Freundschaft die unter den Mädchen in Polen herrschte. Amerika war ihr so fern, das sie die gar nicht in Betrachtung zog.

Sie fand es befremdlich, dass sie nun wieder mit dem Thema konfrontiert wurde. Warum war das den Leuten so wichtig, dass sie sich für eine Nationalität entscheidet? Wollten sie vielleicht einfach, dass sie eine von ihnen war? Konnte sie nicht einfach dazu gehören und eine von ihnen sein und keiner Nationalität angehören? Das Thema ließ sie nicht zur Ruhe kommen.

Ein paar Wochen nach Maxims Haar-Desaster entschieden sie sich Pietro und Kamila, mit Maxim und Jana nach Monterey Carmel zu fahren, um die 17-Mile Drive Scenic Tour bei Pebble Beach zu sehen. Diesmal war es kein Campingausflug und Pietro bemühte sich wie immer, dass seine Angebetete, also Kamila, alles bekam, was ihr Herz verlangte. Maxim wollte mit, doch diesmal war Luciana leider von der Fahrt ausgeschlossen, denn die beiden verstanden sich nicht mehr. Kamila verstand Pietro als er sie bat eine andere Freundin einzuladen. Verunsichert sagte sie: „Pietro ich fühlte mich schlecht wegen Luciana, das ist nicht fair. Maxim übertreibt, es war ein Unfall. Klar, verstehe ich, dass er sauer war, aber das ging jetzt zu weit." Pietro antwortete: „Kamila, wir wollen Spaß haben und mit Luciana und Maxim wird das nichts. Er hat die Reise vorgeschlagen und ich denke Luciana wird das verstehen." Kamila zuckte entwaffnet mit den Schultern. Sie war ehrlich zu Luciana und erzählte ihr von der Reise, dass sie nach Monterey fahren würden. Als Luciana hörte, dass Maxim mitfuhr, wollte sie von sich aus nicht mehr dahin. Luciana blubberte drauf los: „Maxim, der Selbstverliebte fährt auch hin, nein ich fahre nicht mit." Kamila war erleichtert, dass sie nicht für sie entscheiden und sie von der Reise nicht ausschließen musste. Sie fragte die pessimistische Jana und sie wollte auf jeden Fall mit. Kamila kam mit Jana klar, auch wenn sie wusste, dass sie über sie nicht immer gut redete. Sie hätte zwar Luciana bevorzugt, aber sie wollte nicht, dass Maxim und sie sich zerfleischten. Maxim und Jana hatten sich schon öfter im Spain House getroffen und Jana war scharf auf Maxim, wie jedes andere Mädchen auch. Er war tatsächlich sehr gutaussehend. Kamila kannte Maxim und seine Playboy-Geschichten zu gut. Er war sehr angenehm anzusehen gewesen, aber für sie nie in Frage gekommen. Auf dem Weg nach Monterey, Carmel, war die Atmosphäre im Auto jedenfalls super. Es war egal, mit wem sie Ausflüge machten, sie hatten immer Spaß dabei. Maxim und Jana brauchten keine Aufwärmphase, sie verstanden sich auf Anhieb. Maxim fragte zuvorkommend: „Stört es dich, wenn ich das Fenster öffne?" Sie lächelte mit ganzem Gebiss und sagte: „Nein, das stört mich nicht. Danke fürs Fragen." Kamila lächelte Pietro verschmitzt zu. Er spitzte seine Lippen und machte eine vornehme Mimik." Sie lachte. Die Fahrt nach Monterey dauerte circa zwei Stunden und ging entlang des atemberaubend schönen Highway 101. Kamila stöhnte fast vor Begeisterung über die Schönheit der Landschaft. Sie sagte zu Pietro: „Hasi, schau das Meer, umschlungen von den Klippen, und diese wahnsinnige Weite. Die Landschaft ist so unberührt wild und kraftvoll." Er nickte zustimmend. Sie wahren spät dran, da sie erst um sechzehn Uhr mit den Kindern fertig war und die Gasteltern erst um diese Zeit zu Hause waren. Deswegen kamen sie erst am Abend in ihrem Hotel an. Pietro buchte mit Maxim zwei Zimmer. In den Zimmern angekommen, ließen sie ihre Sachen zurück und gingen in den hoteleigenen Jacuzzi. Pietro mixte zuvor noch Drinks. Leider saßen noch weitere Leute drin, also mussten sie sich benehmen und durften nicht zu laut reden. Zu ihrer Erlösung blieben die Leute nicht lange und sie hatten den Jacuzzi für sich alleine. Durch Pietros starke Drinks waren sie schon fast alle angeheitert und erzählen Witze und lachten über den Vorfall mit Maxims Haaren. Kamila flossen fast wieder Tränen vor Lachen in die Augen. Sie lachte und fühlte etwas Komisches im Wasser. Etwas strich ihr Bein entlang. Sie dachte, sie hätte vielleicht etwas zu viel getrunken. Maxim und Jana saßen ihr gegenüber. Sie sah verwundert in das Wasser. Als Jana das heiße Wasser verließ, um sich abzukühlen, und Pietro kurz zur Seite ging, um ihre Drinks aufzufüllen, spürte sie plötzlich wieder ein Bein auf ihrem. Berührungen kamen im Jacuzzi öfter vor, aber dieses Beinspiel war anders. Erschrocken sah sie Maxim an und bewegte sich nicht. Zwar schaute sie ihn drohend an, doch er hörte nicht auf. Pietro kam zurück, setzte sich neben sie und küsste sie zärtlich wie immer. Sie saß wie erstarrt da und versuchte dann, sich anders zu platzieren, damit er aufhörte. Sie war fassungslos, dass Maxim so dreist war, und sogar neben seinem Kumpel sitzend mit ihr flirtete und sie heimlich im Wasser berührte. Sie erwähnte nichts. Ihre Vorahnung würde sich bestätigen, dass Pietro sich aufregen und aus gutem Grund noch eifersüchtiger werden würde. Sie ließ es durchgehen. Als Pietro kurz auf das Zimmer gehen wollte, um neue

Drinks zu holen, wollte sie unbedingt mitgehen. Sie bestand darauf und log: „Ich komme mit und helfe dir." Er sah sie an und sagte: „Ich komme gleich wieder, du muss nicht mit kommen." Zärtlich lachte sie ihn an und bestand: „Lassen wir die beiden alleine." Nach zehn Minuten kamen sie zurück und fanden einen fremden Mann im Jacuzzi. Jana und Maxim waren weg, bei näherem Hinsehen konnte man die beiden im Pool sehen. Jana ohne Oberteil. Kamila lachte Pietro an: „Mist die werden noch verhaftet hier." In Amerika war oben ohne nämlich verboten. Sie setzten sich zu dem Mann im Jacuzzi. Er war Kanadier und sie sprachen über Reisen und lenkten ihn vom Poolgeschehen ab. Nach einer kurzen Weile stießen die zwei wieder zu ihnen und sie verdrückten sich auch gleich in ihr Zimmer. Am Morgen hatte Kamila wie immer einen frischen Kaffee und ein Frühstück bereitstehen als sie aus der Dusche kam. Pietro war ein sehr aufmerksamer Freund und er kümmerte sich um alle seine Freunde und speziell um Kamila. Das war genau das, was sie an ihm so liebte und wonach sie fast süchtig war. Sie musste nichts sagen, nichts äußern, er wusste instinktiv, was sie glücklich machte. Er kannte sie durch und durch und das verunsicherte sie immer. Sie wusste, dass er sie am glücklichsten machen konnte oder ihr Herz richtig zerschmettern, wenn sie ihn zurücklassen musste. Oft wehrte sie sich gegen die starke Zuneigung. Sie hatte Angst, sie würde kaputt gehen, wenn sie ihn nicht wiedersehen könnte und immer noch solche Gefühle zu ihm hegte. Sie war vernarrt in ihn.

Sie fuhren durch die kleine Stadt von Monterey und gingen lecker Sandwich essen. Monterey war eine gemütliche Küstenstadt. Viel war da auch nicht zu sehen und sie fuhren weiter nach Carmel, um den berühmten 17 Mile Drive zu sehen, der durch Wälder und die Küste entlangführte. Auf dem Weg sah man die atemberaubendsten Küstenaussichten, tolle Wälder und das Meer. Sie kamen erst spät in Carmel an und aßen fast schon romantisch am Strand zu Abend. Anschließend gingen sie in dem feinen Sand an der Küste spazieren. Die Dynamik zwischen den Vieren war gut. Es gab keine solchen humorvollen Höhepunkte wie in Yosemite, aber es war gemütlich und man merkte, dass Maxim und Jana Gefallen aneinander fanden, zu Kamilas Glück. Es blieb aber auch nur bei Gefallen, denn eigentlich hatte Jana einen Freund in Amerika, mit dem sie zurzeit aber auf Kriegsfuß stand. Sie sagte, es wäre nie etwas mit Maxim passiert, er lachte darüber und schwieg. Das fand Kamila gut. Ein Mann sollte schweigen, wenn er schon genießen darf. Pietro und Kamila war es egal. Das ging sie nichts an. Sie hatten eine gute Zeit und waren glücklich miteinander. Das zählte.

Wochen vergingen wie im Flug. Weihnachten kam näher und Kamila freute sich, dass ihre Eltern sie besuchen kamen. Ohne Familie war schon ihr Geburtstag die Hölle gewesen. Katastrophaler wäre jetzt auch noch Weihnachten und der Jahreswechsel ohne ihre Lieben. Tatsächlich war schon einige Zeit in Amerika vergangen. Kamila war in zwischen sechs Monate in Kalifornien und sie konnte sich nicht mehr vorstellen, dieses Land, das ihr so viel Freude bereitete, je wieder zu verlassen. Sie überlegte, ob es vielleicht eine Möglichkeit geben könnte, dort zu Studieren. Doch sie traute sich nie, sich Einzelheiten auszumalen. Die Enttäuschung, wenn es nicht klappen würde, wäre zu groß. Stattdessen konzentrierte sie sich gespannt darauf, ob ihre Eltern Pietro mögen würden. Es lag ihr am Herzen, dass sie ihn nett fanden. Sie plante eine Reise für sich und ihre Familie. Sie wollte weiterhin Amerika entdecken und mit ihren Eltern die schönen Sehenswürdigkeiten teilen. Die Reise sollte nach Los Angeles und Anaheim, Disneyland, gehen. Diesmal freute sie sich, dass es vollkommen sein würde. Sie würde mit Pietro und ihren Eltern zusammen ihr Traumland erleben.

Lauren, die Tochter ihrer Nachbarn, kam oft nach der Schule zu Kamila, um sich über ihre Eltern zu beklagen oder Kamila bei ihrer englischen Aussprache zu helfen. „Ohh, hallo Lauren. Wie war Schule?", fragte Kamila als Lauren erledigt durch den Garten kam. Schnaufend verdrehte sie die Augen. Kamila lachte und versuchte sie aufzumuntern. „Komm, gleich geht's dir gut. Ich habe eine Aufgabe für dich." Lauren liebte Kamilas europäischen Akzent und lachte als sie Kamila beim Sprechen zuhörte. „Machst du dich über mich lustig?", fragte Kamila. Lauren lachte und antwortete: „Du bist zu süß." Sie war erst fünfzehn. Kamila sah Lauren als ihre kleine Schwester an. Ab und zu hatte Kamila sie mit ins Spain House genommen. Sie hatte ihr keine Vorschriften erteilt, denn sie war ein sehr vernünftiges Mädchen und hatte Spaß daran gehabt, ihnen beim Feiern zuzusehen. Jetzt brauchte Kamila ihre Hilfe bei der Planung der Silvesterparty. Kamila sprach: „Süße, ich brauche deine Hilfe. Im Gegensatz zu mir sprichst du fließend Englisch. Tust du mir den gefallen und holst du mir Angebote aus verschiedenen Restaurants ein? Es ist die Millennium-Party und ich möchte das beste Restaurant für meine Eltern finden, damit wir eine wunderschöne Zeit zusammen haben können." Lauren stimmte zu: „Klar an was hast du gedacht?" Kamila erklärte: „An etwas spannendes, amerikanisches, großes und was ich noch nie hatte. Lauren lachte: „Okay ich rufe an und sehe was sie so im Angebot haben." Kamila kniff ihr zärtlich in die Backe: „Ich wusste, du bist die Beste." Die Vorbereitungen gingen voran. Lauren telefonierte eine lange Liste von Vorschlägen ab und endlich fand sie das perfekte Restaurant. Sie sagte: „Es findet eine exklusive Silvesterparty statt. Mit sieben Gängen Menü, open Bar, Wahrsagerin und Jazz Musik." Kamila bekam große Augen. „Genauso wollte ich es, prima." Pietro merkte, dass Kamila sich sehr bemühte alles perfekt für ihre Eltern zu machen und beruhigte sie sanft: „Mach dir keine Sorgen, alles wird gut sein. Ich helfe dir, dass deine Eltern eine schöne Zeit in Kalifornien verbringen." Erleichtert schmiegte sie ihren Kopf an seinen Nacken und flüsterte: „Ich weiß."

Als ihre Eltern endlich kamen, holte sie diese vom Flughafen ab. Doch als sie in das Haus der Gastfamilie kamen, wollten sie gleich wieder umkehren. Sie fanden es sehr ungepflegt und schmutzig. Kamila lachte: „Ich habe genauso reagiert, als ich das erste Mal hier angekommen bin und Marysia lachte mich aus. Ich hatte damals nicht gewusst, wie ich den Tag überstehen sollte, geschweige denn ein ganzes Jahr. Doch ich habe und es gefällt mir hier. Komm ich zeige euch mein Zimmer." Sie gingen in ihr Zimmer, in dem ihre Eltern für die nächsten zwei Wochen schlafen würden. Kamila sollte eigentlich im Zimmer nebenan schlafen, aber dort kroch zuletzt irgendwelches Vieh, also schlief sie neben ihrer Mutter und Papa. Ihr Bett war auch riesig, es passten noch locker zwei weitere Leute rein. Noch am selben Tag kam Pietro vorbei. Er hatte sich so schick wie möglich gemacht. Hemd, beige Hose und er roch gut. Kamila konnte es auch nicht erwarten, ihn ihren Eltern vorzustellen. Sie öffnete die Türe. Küsste ihn sanft und beruhigte lächelnd: „Mach dir bloß keinen Kopf, sie werden dich lieben." Er war sehr nervös als er das Haus der Gastfamilie betrat und als ihre Mutter Pietro sah, schaute sie ihn an, als wäre er ein Insekt. So in der Art: „Meine Tochter mit einem solchen Typen?" Kamila sah den Blick ihrer Mutter und sie packte der reine Zorn, denn Pietro tat ihr leid und außerdem, was dachte ihre Mutter, wer sie war, die Prinzessin von Monaco? Was erwartete sie von ihm? Pietro liebte sie und war sehr gut zu ihr. Kamila zischte ihre Mutter wütend an und bat sie: „Urteile nicht bevor du ihn kennengelernt hast." Ihre Mutter gab sich einen Ruck und sagte höflich: „Hallo, du bist also Pietro. Freut mich dich kennenzulernen." Pietro bemühte sich sehr, es allen recht zu machen. Er half ihr, ihre Pläne für ihre Eltern zu verwirklichen. Zuerst nahmen sie sie mit nach San Francisco und zeigten ihnen die Sehenswürdigkeiten - die Golden Gate Bridge und den Golden Gate Park. Sie nahmen sie mit nach Sausalito, einem kleinen Hafenstädtchen auf der anderen Seite der Golden Gate Bridge, dort speisten Sie lecker mit Meeres Aussicht. Pietro organisierte einen Flug und zeigte ihnen San Francisco von oben. Papa durfte sogar das Flugzeug kurz selbst fliegen. Danach liehen sie sich einen Wagen und fuhren zwei Tage später alle zusammen nach Los Angeles und nach Anaheim zum Disneyland.

Los Angeles war groß. Sie sahen Hollywood und den Hollywood Boulevard mit den verschiedenen Goldsternen der Hollywoodgrößen. Sie fuhren zu den Universal Studios und da Weihnachten anstand, sahen sie überall in Los Angeles die aufgestellten Krippen entlang den Straßen. Die Krippen waren in der Größe von kleinen Bushaltestellen und waren opulent dekoriert und beleuchtet. Das Highlight war aber Disneyland in Anaheim. Ob man es wollte oder nicht, man fühlte sich wie ein kleines Kind im Disneyland. Zusammen mit ihrer Mutter fuhren sie im Tassen-Karussell und jauchzten, als sie sich in den bunten Tassen im Kreis drehten. Kamila liebte das mit ihrer Mutter zu erleben, sie fühlte sich ihr so nah und dort so glücklich. Disneyland war ein Märchenland. Die großen weihnachtlich geschmückten Weihnachtsbäume waren einfach bezaubernd. Die bunten Märchenhäuser und die Märchenfiguren waren zu interessant, um an ihnen vorbei gehen zu können. Sie staunten über riesige Schiffe und einen lebensgroßen Moby Dick Wal. Pietro führte sie durch die Anlage, als wenn er dort zu Hause wäre. Immerzu rief er ihren Namen und sagte: „Hasi, schau her zu mir." Kamilas Mutter lachte, denn sie sah, wie sehr sie sich mochten. Sie kommentierte. „Es ist schon bemerkenswert, wie gern ihr euch habt." Kamila schmunzelte: „Ja, er macht mich glücklich." Pietro und Kamila, beide suchten die ganze Zeit die gegenseitige Nähe. Es gab keinen ohne den anderen. Es war schön für sie, ihre Familie bei sich zu haben, doch sie merkte, wie sehr sie sich verändert hatten oder wie sehr sie sich inzwischen auch verändert hatte. Sie kam mit ihrer Mutter nicht, wie sonst, auf einen Nenner und sie stritten sich die ganze Zeit. Es ging um belanglose Sachen. Die Kulturunterschiede waren groß. Kamila liebte die USA und das Lebensgefühl in Kalifornien, doch nicht jeder teilte ihren Eindruck. Wenn sie sich mit ihrer Mutter stritt, traf sie das richtig hart und sie rannte oft zu Pietro, um sich bei ihm auszuheulen. Sie fühlte sich hilflos, sie beschwerte sich: „Ich versuche tatsächlich alles und es klappt kaum etwas." Pietro beruhigte sie und erklärte: „Gib ihnen ein wenig Zeit, ihr habt euch eine lange Zeit nicht gesehen und ihr müsst euch wieder aneinander gewöhnen. Auch müssen sie sich an die fremde Umgebung und Eindrücke gewöhnen." Kamila war enttäuscht. Sie wollte alles mit ihren Eltern teilen, ihnen alles zeigen, was sie gesehen und was sie erlebt hatte. Wie schön Amerika war und wie glücklich sie dort war. Auf ihre Eltern wirkte sie übereifrig und das Tempo war ihnen zu hoch. Ihre Mutter verstand ihre schnelle Gewöhnung an die amerikanische Lebensweise nicht. Sie war für sie nicht mehr so gepflegt wie in Deutschland und nicht mehr so ordentlich. Mutter urteilte: „Du bist so durch den Wind hier, so hektisch, hier und da." Kamila verstand nicht, was ihre Mutter auszusetzen hatte, denn sie war ja glücklich. Ihre Mutter konnte ihr das vielleicht auch nicht gut mitteilen, aber sie war verdutzt, wie arg Kamila sich mit dem Land identifizierte. Sie hatte Angst, dass sie Schwierigkeiten haben würde, wenn sie zurück nach Deutschland käme. Irgendwann erwärmte sich ihre Mutter für Pietro und ab diesen Tag konnte sie nichts mehr umstimmen, er war wie adoptiert. Das passierte nach der Los Angeles Reise. Pietro lud ihre Eltern und Kamila zu sich in Maxims Apartment ein. Maxim war über die Feiertage bei seiner Familie in Spanien und Pietro übernahm die Wohnung solange. Pietro hatte viele brasilianische Leckereien und er liebte das Kochen. Das tat er auch und versuchte damit, ihren Eltern die brasilianische Kultur näher zu bringen. Er öffnete alle Schränke und wollte, dass ihre Eltern die brasilianischen Speisen probieren. Er war herzlich und ein besonderer Gastgeber. Kamilas Mutter, wie jeder andere auch, war davon begeistert, wie ehrlich und großzügig er war. Sie kannte das nicht von fremden Menschen und schloss ihn wegen seiner Herzlichkeit in ihr Herz. Endlich sah auch ihre Mutter das, was Kamila an Pietro sah, sein endlos großes Herz. Es bedeutete ihr viel, dass Pietro akzeptiert wurde. Es bedeutete ihr viel, dass ihre Eltern ihn mochten, sie wollte inzwischen so sehr, dass es einen Sinn zwischen ihm und ihr hatte, denn sie liebte Pietro sehr. Pietro wusste, dass ihre Familie für sie alles war. Er wusste, dass Kamila nie damit fertig werden könnte, sich zwischen ihnen entscheiden zu müssen. Er erleichterte ihr das alles und zeigte sich von seiner besten Seite und alle sahen, was sie in ihm sah.

Das Tempo war zu schnell für Kamilas Eltern. Kaum sahen sie San Francisco und waren wieder zurück aus Los Angeles und Disneyland, war Silvester-Entertainment angesagt. Kamila hatte sich alle Mühe gegeben, etwas Besonderes für die beiden zu planen. Gerade weil es Millennium war und jeder mit einer Katastrophe rechnete. Sie hatte viel Zeit und Kraft in die Vorbereitung gesteckt und die Feier für vier Personen kostete auch eine gute Stange Geld. Außerdem hatte sie Tickets in einem erstklassigen Restaurant besorgt, nur das Beste für ihre Eltern.

Am Millenniumabend kleideten sich alle sehr schick. Die Männer hatten Anzüge an und Kamila und ihre Mutter elegante Kleider. Ihre Mutter sah bezaubernd in einem langen silbernen Kleid und Kamila trug ein langes schwarzes Kleid mit einer offenen Rückenpartie. Im Restaurant angekommen, wurden sie sofort mit Champagner begrüßt und zu ihrem Tisch gebeten. Sie bekamen Hüte für die Herren und silberne Kronen für die Damen mit der Jahreszahl 2000 drauf. Das Moonrise Restaurant in Walnut Creek war exquisit. Innen war alles sehr schön organisiert und dekoriert. Die Beleuchtung war festlich, eine Band spielte Jazzmusik und die Gäste bekamen Silvester-Spielzeug, um sich zu amüsieren. Luftschlangenpfeifen und kleine Trompeten hörte man an jedem Tisch. Die Speisekarte beinhaltete Lobster, Trüffel, Entenbrust, Champagnersorbet und dazu verschiedene passende Qualitätswein-Kombinationen. Die Bar war offen und es gab dort viele andere erlesene alkoholische Getränke. Man konnte sich nach Geschmack frei bedienen. Pietro brachte eine Runde Whiskey für ihre Eltern und tanzte mit Kamila auf der kleinen Tanzfläche zur Livemusik. Kamila schaute ihre Eltern zufrieden und zugleich traurig an. Sie sagte: „Mama ich bin so froh, dass ihr da seid. Ich bin so froh diesen Tag mit euch zu feiern. Es ist perfekt. Jetzt ist mir egal, wenn es das Ende der Welt sein soll. Ich sterbe glücklich." Mama küsste sie auf die Wange und sagte: „Ich liebe dich mein Schatz und ich bin sehr stolz auf dich." Sie war glücklich über den gelungenen und spektakulären Abend. Sie zählten die Sekunden runter und jubelten über den Beginn eines neuen Jahrtausends. Pietro, riss Kamila an sich und küsste sie innig und schrie ihr ins Ohr: „Ich liebe dich, Haaaaaasi." Sie kicherte, riss sich los und wünschte ihren Eltern alles Gute. Sie lachten, dann verbrachten sie noch eine Weile mit Tanzen und tranken leckere Drinks, bevor sie sich auf den Weg nach Hause machten. Für jedes Pärchen gab es beim Rausgehen vom Restaurantteam noch eine riesige Flasche Sekt als Dankeschön. Mama lachte: „Das ist aber nett." Kamilas Eltern schliefen in ihrem Zimmer und Kamila verbrachte den Rest der Nacht mit Pietro in Maxims Apartment. Angekommen waren sie zu erledigt und zu betrunken, um sich der Leidenschaft zu widmen. Pietro legte sich aufs Bett. Sie zupfte noch an ihrem Kleid um sich daraus zu befreien und legte sich halb nackt neben ihm. Er zog sie fordernd an sich und fiel erschöpft in den Schlaf. Eng umschlungen lagen sie nebeneinander. Kamila konnte noch nicht sofort schlafen, denn ihr Kopf drehte sich. Sie schaute Pietro an, der neben ihr selig schlummerte und dachte wehmütig an die restlichen sechs Monate. ‚Noch sechs Monate, bevor ich wegfahren werde und dich zurück lassen muss', flüsterte sie traurig in die Nacht. Betrunken schlief sie irgendwann auch ein. Kaum waren ihre Eltern angekommen, mussten sie wieder zurück nach Deutschland. So fühlte es sich jedenfalls an. Die zwei Wochen gingen sehr schnell vorbei. Traurig brachte sie ihre Eltern zum Flughafen und heulte auf dem ganzen Heimweg. Sie liebte ihre Familie sehr, auch wenn sie es nicht so hatte zeigen können, wie sie es gerne gewollt hätte. Kamila hasste die Abschiede. Ihr Trost war, dass Pietro immer einen Weg fand, um sie wieder zum Lachen zu bringen.

Anderer Einfluss

Pietro beschwerte sich selten, aber er fühlte sich bei seinem Onkel und seiner Tante ‚Schlange' Tia ziemlich unterdrückt. Aus dem nichts entschied er sich und zog zu Maxim und wohnte dort für eine Weile, während Maxim in Spanien war. Kamila erfreute sich an ihrer neuen Privatsphäre und verbrachte oft die Abende mit Pietro zusammen, erfuhr aber nie was wirklich passiert war. Sie verstanden sich wie immer ohne Worte, bis eines Abends die erschütternde Realität zuschlug. Sie bekam einen extra Schlüssel für das Apartment, falls sie sich zurückziehen wollte oder Pietro später von der Arbeit kam, der Pietro ihr aufdrückte. Sie war überrascht über den Schlüssel, aber Pietro bestand drauf das sie einen hatte. Pietro rief an und fragte: „Magst du heute vorbeikommen?" „Ich bin so müde. Ich denke, ich gehe früh ins Bett", sagte sie. „Schade, ich vermisse dich. Dann eine gute Nacht Hasi." In Wirklichkeit wollte sie Pietro überraschen und fuhr später ohne weitere Ankündigung zu ihm. Aufgeregt fühlte sie sich wie ein Dieb als sie so rumschlich. Es sollte eine Überraschung sein. Sie schloss die Tür so leise, wie sie nur konnte auf und wollte ‚Boooo' schreien, doch sie fand eine merkwürdige Stimmung vor. Schweigend, ging sie vorsichtig weiter ins Schlafzimmer und erwischte Pietro, der sich gerade Pornos ansah und sich selbst befriedigte. Sie war entsetzt. Er auch. Er fühlte sich erwischt und beschämt und verschwand sofort unter einer kalten Dusche. ‚Scheiße', dachte sie sich, ‚was war denn gerade hier passiert?' Er war wütend auf sie, dass sie sich reingeschlichen hatte und schnauzte sie an. „Was machst du hier, ich dachte du wolltest schlafen gehen?" Sie war aufgebracht, dass er auf sie wütend war, sie hatte ihn ohne jegliche Hintergedanken überraschen wollen. Schließlich hatte er selbst ihr den dummen Schlüssel gegeben. Sie war empört und sagte: „Ich weiß nicht ganz, wie ich das verstehen soll. Ich dachte, wir hatten ein gutes Liebesverhältnis miteinander? Stimmt das nicht? Ist unser Sex Leben dir nicht genug?" Kamila war schockiert. Sie war erst einundzwanzig und wusste zwar, dass Pornos existierten, doch ihr Pietro schaute so etwas doch nicht an. Das hatte sie jedenfalls bisher gedacht. Sie fragte: „Was hat das zu bedeuten?" Pietro rief vorwurfsvoll aus dem Bad: „Ich habe dich doch angerufen und gefragt ob du vorbei kommen magst." Jetzt war sie erst recht sauer und sagte: „Was, also bin ich nur gut, um Sex zu haben?" Sie wusste nicht, wie sie damit umgehen sollte. War das ein Kompliment oder eine Beleidigung? Tausend Sachen schossen ihr durch den Kopf und sie wollte gehen. Sie ging Richtung Tür und sagte: „Das ist mir jetzt gerade zu viel."

Er hielt sie zurück und flehte um Verzeihung. Angewidert schaute sie ihn an. Das machte ihn wütend und er schnauzte sie an: „Schau' mich nicht so an." Nachdem der erste Schock abgeklungen war, saßen sie nebeneinander auf der Couch und schwiegen. Sie wollte wissen: „Stimmt zwischen uns etwas nicht? Bin ich dir nicht genug?" Er antwortete: „Das hat nichts mit dir und uns zu tun." Sie sah ihn genauer an. Es ging für sie gar nicht darum, dass er Pornos anschaute. Da war etwas, das er ihr nicht sagen wollte und sie wurde misstrauisch. Sie ahnte, dass er noch mehr vor ihr verheimlichte. Es störte sie, dass er Geheimnisse vor ihr hatte. Eigentlich dachte sie, dass ihre Beziehung anders wäre, offen und ehrlich – egal wie schlimm die Wahrheit sei.

Am darauffolgenden Wochenende entschied sie sich, getrennt und nur mit ihren eigenen Freunden die Zeit zu verbringen. Sie genoss es ein bisschen, von ihm fern zu sein und feierte prächtig im Kreis ihrer Freundinnen. Sie flirtete, was das Zeug hielt und spielte mit dem Gedanken, mit Pietro Schluss zu machen. Nicht, weil sie ihn nicht liebte – jetzt hatte sie auch einen Grund, sie vertraute ihm nicht ganz. Sie war auf eine Art abhängig von seiner Zuneigung geworden und sie hasste sich dafür, dass sie die Kontrolle verloren hatte. Sie liebte ihn, doch er machte sie nicht nur sehr glücklich, sondern gleichzeitig auch sehr unglücklich. Es war immer ein auf und ab und sie wollte sich endlich davon befreien. Mit Luciana feierte sie und erzählte ihr von dem Vorfall. Sie erzählte Luciana: „Weißt du, ich fühlte mich, als wenn ich versagt hätte. Mein Freund schaut sich Pornos an!" Für sie war eins klar, entweder war er krank, weil sie bisher wirklich rege zusammen waren, oder sie war für ihn unattraktiv geworden. Luciana beruhigte sie und sagte: „Du, das ist anscheinend für Männer normal, sich den Scheiß anzuschauen." Kamila sah sie an und sagte: „Für mich nicht. Weißt du, es störte mich nicht unbedingt, dass er die Pornos anschaut. Es stört mich, dass er es mir nicht gesagt hat. Er vertraut mir nicht. Ich war immer offen mit ihm gewesen, er aber nicht mit mir. So ein Depp." Sie konnte es sich nicht verzeihen, dass sie dachte, alles über ihn zu wissen und ihm blind vertraut hatte. Sie fuhr fort: „Außerdem, woher will er es wissen? Vielleicht hätte ich auch Spaß daran? Jetzt wird er es nie erfahren."

Seit dem Porno-Vorfall war Kamila misstrauisch. Das war sie vorher nie gewesen. Er hätte alles machen können, ohne dass sie es je hinterfragt hätte. Das änderte sich. Sie traute ihm nicht mehr. Nach dem Wochenende kehrte wieder ein bisschen Ruhe ein. Pietro bemühte sich wieder, Normalität zu erzeugen, doch selbst er merkte, dass sie anders war. Er wollte sie milder stimmen und überraschte sie mit einem Wochenendausflug nach Sacramento. Er kam fröhlich zu ihr, während sie auf die kleine Hayde aufpasste. Er sagte: „Kamila ich habe eine Überraschung für dich." Ungeduldig wie sie war, wollte sie gleich wissen, was es war. Sie bohrte so lange nach, bis er sagte: „Kamila, wenn du noch einmal fragst, überlege ich mir anders. Lass es einfach auf dich zukommen!" Sie gab ungeduldig Ruhe. Er sagte: „Bitte pack' Kleidung für eine Nacht, wir werden woanders übernachten." Es war nicht ungewöhnlich, dass er sie mit Ausflügen überraschte. Er hatte sogar schon einmal ein Flugzeug gebucht und war mit ihr zu einer alten Goldgräberstadt geflogen, um dort die historischen Goldminen zu besichtigen. Sie hatten dort zu Mittag gegessen und waren noch am gleichen Tag zurückgeflogen. Diesmal aber machte er ein riesiges Thema daraus und deswegen wurde sie neugieriger als sonst. Er holte sie am Samstag ziemlich früh ab und sie fuhren zusammen nach Sacramento. Kamila hatte ihn schon vor einer Ewigkeit deswegen genervt, dass sie Kaliforniens Hauptstadt sehen wollte, aber er hatte immer abgewunken und gesagt, dass er sie damit überraschen würde, sobald sie Ruhe gäbe. Das war jetzt so lange her, dass sie Sacramento total vergessen hatte. Auf dem Weg nach Sacramento lachte sie und beglückwünschte ihn: „Du hast es nicht vergessen!" Er sah sie ernst an: „Ich vergesse nie etwas, das du dir wünscht." Sie schmunzelte geschmeichelt. Eine gemütliche Fahrt nach Sacramento hatten sie und Pietro bemühte sich, ihr den neuen und den alten Stadtteil zu zeigen. Sacramento war nicht die interessanteste Stadt, verglichen mit den anderen amerikanischen Städten, die sie bisher zusammen besucht hatten. Speziell nicht Sacramentos neuer Stadtteil. Es war schön dort, aber es war eben nur Inland und bot keine tollen Küstenaussichten. Ihre Begeisterung hielt sich dementsprechend im Rahmen. Als sie aber in der Altstadt Old Sacramento ankamen, wurde ihr Interesse an den alten Häusern und den vielen Zügen wieder geweckt. Es war interessant, die alten Bahnhöfe zu sehen und die Züge, die dort waren. Amerikaner machten alles im großen Stil und man konnte es an den Bauten sehen. In der alten Stadt hatte man das Gefühl, die Zeit liefe langsamer. Ein Polizist ritt noch auf einem Pferd und schaute nach dem Rechten. Pietro sah eine Kutsche stehen und zog sie kurz entschlossen an der Hand. „Komm, wir fahren eine Runde." Sie folgte: „Es sieht wirklich aus wie eine Aschenputtel Kutsche." Die Kutsche war in einem kolonialen Stil gebaut. Sie war in Weiß gehalten, mit roten Sitzen und einem weißen Dach. Die Zwei fuhren die Pferdekutsche durch die Altstadt, um die Gegend auf sich wirken zu lassen. Das war sehr romantisch und der Stress der letzten Wochen schien für eine Weile vergessen zu sein. Das Pärchen ging in den kleinen Geschäften bummeln und erfreuten sich über die kitschigen Magnete, die sich viele Touristen gerne kauften und an den Kühlschrank hängten. Die Kontraste von Sacramento waren unglaublich stark. Es herrschten verschiedene Welten in ein und derselben Stadt. Die neue Stadt stand für den Fortschritt, für das Jetzt. Die alte Stadt erinnerte die Leute daran, dass es zwar damals mühsam gewesen war, doch die Stadt vermittelte auch, dass man alles in Ruhe machen konnte. Die Ergebnisse waren jedenfalls erstaunlich, man konnte es an der Eisenbahn sehen. Auch wenn Pietro und Kamila eine schöne Zeit in Sacramento hatten, spürten sie, dass ihre Beziehung ihren eigenen Lauf nahm, den sie kaum beeinflussen konnten. Zusammen sahen und unternahmen sie viel, und auch wenn es spannend war, genau das zerrte an ihnen. Die Zeit lief ihnen davon. Es waren schon sechs Monate, seit sie in Kalifornien war und es waren auch schon sechs Monate, die sie zusammen waren. Sie hatten sich sehr aneinander gewöhnt, doch Realität und Zeit erinnerten sie immer wieder daran, dass sie sich bald würden trennen müssen. Innerlich hörten sie nur: „tick, tick, tick." Kamila musste in sechs Monaten zurück nach Deutschland. Was aus ihnen werden würde, wussten sie beide nicht. Sie kämpfte sehr dagegen an und redete sich ein, dass sie nicht in ihn verliebt wäre. Sie versuchte sich mental darauf einzustellen, dass sie keine Probleme damit haben würde, ihn zu verlassen, wenn die Zeit käme. Pietro merkte die Spannung auch. Er hatte sich auch an sie gewöhnt und ihre Liebe stand ebenfalls seinen Zielen im Weg. Ihnen war nicht bewusst, wie sehr sie sich liebten, sie wussten nur, dass ihre Liebe eine Gefahr für ihre verschiedenen Zukunftspläne darstellte. Auch wenn sie sich bemühten, lustig zu sein, waren sie sehr nachdenklich. Die Reise zurück war in der gleichen Stimmung gefärbt. Es war ruhig im Auto. Das war eher ungewöhnlich für sie, sonst sangen sie zusammen und brachten sich gegenseitig ihre jeweilige Muttersprache bei.

Den Nachmittag nach der Rückreise verbrachte Kamila bei Pietro in Maxims Apartment. Leider brauchte sie ihre Sachen von zu Hause, weil sie noch weggehen wollten. Maxim war aus Spanien zurückgekommen und Pietro wollte Zeit mit ihm verbringen. Pietro drängte, sie solle sein Auto nehmen und schnell ihre Sachen holen. Irgendwie hatte sie ein komisches Gefühl und wollte sein Auto nicht fahren und widersprach. Sie befürchtete, dass es Probleme geben würde, wenn ein Unfall passieren sollte. Pietro bestand darauf: „Du fährst jeden Tag die Strecke, rede kein Blödsinn nimm das Auto pack die Sachen und komm zurück." Sie diskutierte und währte ab. „Nein, ich will dein Auto nicht fahren. Wo ist das Problem? Fahre mich kurz und alles ist gut." Pietro gab nicht auf. Die Diskussion ging noch eine Weile. Zuletzt gab sie auf, mit der Bemerkung, sie wäre aber nicht schuld daran, wenn etwas passieren würde. Sie ging aus der Türe und fuhr nach Hause. Alles ging gut, Kamila packte ihre Tasche und machte sich auf den Rückweg. Dann passierte es. Die Sonne blendete, die Ampeln standen so dicht hintereinander. Sie übersah die rote Ampel und fuhr in die Kreuzung. Zwei Autos von zwei Seiten rammten sie. Unter Schock stieg sie aus dem Auto. Die anderen Fahrer stiegen auch aus rannten auf sie zu und fragten: „Sind sie in Ordnung?" Geschockt sagte sie: „Ja." Die Polizei kam ungewöhnlich schnell und sie rief Pietro an. Zuerst dachte er, es wäre ein

Scherz, doch als er begriff, dass sie ihn nicht verarschen wollte, sondern tatsächlich seine Hilfe brauchte, war er sofort da. Er kam zu ihr und fragte besorgt zuerst: „Bist du in Ordnung? Geht's dir gut?" Verzweifelt weinte sie: „Ich wollte das nicht, tut mir leid." Er brachte sie für eine Untersuchung ins Krankenhaus und erst danach schaute er sich sein Auto an. Kotflügel und Motorhaube waren arg eingebeult. Gott sei Dank waren weder sie noch die anderen Fahrer verletzt und sie wurden nach Hause entlassen. Kamila zitterte und machte sich Vorwürfe wegen des Schadens. Pietro beruhigte sie: „Mach dir keinen Kopf, ich kümmere mich um das Auto." Sie bestand darauf, den Schaden zu bezahlen. Er fuhr sie zuerst nach Hause und unter Schock schlief sie sehr schlecht. Am nächsten Tag nahm sie den Wagen ihrer Gastfamilie und wollte zu einem Shopping-Center in der Nähe. Der Schreck steckte ihr noch vom Tag zuvor in den Knochen und sie fuhr sehr vorsichtig und hielt sicherheitshalber schon bei Gelb an.

Jetzt wo Pietro bei Maxim lebte, stand er unter Maxims Einfluss. Pietro wusste nichts von dem Vorfall mit dem Beinspiel im Jacuzzi und traute seinem Freund, der aber keinen guten Einfluss auf Pietro hatte. Genau zwei Wochen nach dem Unfall kam Pietro zu Kamila und wollte wie aus dem Nichts Schluss machen. „Ich habe mir Gedanken gemacht und ich kann dir nicht mehr vertrauen, du hast mich mit Janek in Santa Barbara betrogen", warf er ihr vor. Als er das sagte, blieb ihr die Spucke im Hals stecken. Sie dachte, er scherzte, aber er wiederholte, dass er das tatsächlich denken würde. Entkräftet starrte sie ihn an: „Pietro, was ist jetzt auf einmal los mit dir?" In diesem Moment dachte sie nur, es wäre besser, sie hätte echt was getan, dann wäre sie jetzt wenigstens zurecht beschuldigt worden. Sie verstand ihn nicht und fragte: „Warum hast du nicht früher was gesagt oder darüber gesprochen. Warum jetzt?" Er verkündete: „Meine Freunde sind auch der Meinung, dass du mich betrogen hast." ‚Ah', dachte sie, ‚daher weht der Wind.' Entsetzt schaute sie ihn an und fragte: „Welche Freunde meinst du?" Sie wusste, dass Maxim mit ein paar seiner Kumpel aus Spanien gekommen war. Pietro wiederholte: „Ich bin mir sicher, dass du mich betrogen hast!" Sie fragte ihn: „Warum tust du das?" Er wusste, dass Luciana und sie eine einwöchige Reise nach Hawaii geplant hatten. Sie fragte ihn: „Ist das wegen der Hawaii-Reise?" Er wiederholte immer nur: „Ich vertraue dir nicht mehr." Er kam mit seinem Misstrauen und den Vorwürfen genau eine Woche, bevor Luciana und sie nach Hawaii fliegen wollten. ‚Was für ein Schwachsinn.' Es war nichts zu machen, er wollte nichts hören. Sie trennten sich. Leider, immer wenn er loslassen wollte, konnte sie es nicht. Sie wollte, dass er sie liebte. ‚Ich bin unschuldig und du ein Idiot', dachte sie sich. Santa Barbara war fünf Monate her und er warf ihr das jetzt vor. Erschöpft fragte sie Luciana, wie er überhaupt auf das

Thema kam. Sie hatte so viele Fragen. Luciana wusste nichts von Santa Barbara und Kamila erzählte ihr die Story. Luciana war überrascht: „Hat er dich echt gehen lassen und kein Wort darüber verloren?" Luciana wusste, wie sehr sie sich liebten. Sie verstand nicht und sagte: „Er ist dumm, dass er auf seine ,Freunde' hört. Tolle Freunde, gerade der, der dich so dreist in Monterey angemacht hat. Warum sagst du ihm nichts von Maxim und dem Jacuzzi?" Kamila schwieg: „Damit würde ich seine Freundschaft zerstören. Das ist sein einziger Freund hier. Ich will ihm das nicht wegnehmen." Sie machte nichts. Wut stieg in ihr auf und sie wünschte, sie hätte tatsächlich was mit Janek oder dem geilen Surfer in dem Club gehabt. Es fühlte sich furchtbar an, unschuldig zu sein und so mies beschuldigt zu werden. Luciana war stinksauer auf die Situation. Sie sah, wie sehr Kamila darunter litt und sagte: „Dein idiotischer Pietro ruiniert unseren Urlaub in Hawaii. Der dumme Maxim verdirbt mir immer wieder etwas. Warum musste er das jetzt vor unser Hawaii-Tour machen?" Die Reise war gebucht und Kamila packte erschöpft ihre Sachen. Sie trafen sich am Flughafen. Kamila war traurig und Luciana munterte sie auf, indem sie sagte: „Scheiß drauf, wir werden eine tolle Zeit haben und wenn wir zurück kommen, wird es schon alles wieder gut mit Pietro und dir." Kamila war während des Fluges nach Oahu, Hawaii, sehr ruhig. Sie wollte am liebsten heulen, aber sie gab sich nicht die Blöße. Luciana sah sie an und zischte: „Komm, reiß' dich zusammen! Ich lasse nicht zu, dass Pietro und Maxim uns den Urlaub verderben. Wir haben so lange dafür gespart und darauf gewartet." In ihren Augen war sein Verhalten absolut daneben.

In Oahu angekommen, konnte Kamila sich kaum für die Schönheit der Insel begeistern. Sie wollte nur ins Hotel und heulen. Am Abend in der Hotellobby gab es eine Vorstellung des angebotenen Ausflugsprogramms für die Touristen und Luciana wollte dorthin. Kamila winkte ab. „Gehe bitte alleine dahin. Ich kann jetzt nicht." Luciana wurde wütend und warf ihr vor: „Du bist so doof, dir von Pietro den Urlaub verderben zu lassen. Das ist genau, was er erzielen wollte." Sie ging zur Tür und schimpfte: „Wenn ich zurück bin, möchte ich dich in besserer Verfassung sehen." Kamila wusste, dass sie sich Luciana gegenüber schlecht verhalten hatte und dass sie sich zusammenreißen musste. Sie weinte laut und bitter auf dem Bett als Luciana weg war. Wie konnte Pietro ihr vorwerfen, dass sie ihn mit Janek betrogen hatte. Wütend ging sie unter die Dusche. Luciana kam zurück und Kamila war geduscht und fertig. Luciana ging nicht auf Pietro ein, sondern erzählte gleich, dass gute Touren im Angebot waren. Kamila hörte sich die Vorschläge an und konzentrierte sich auf den Urlaub, auch wenn es ihr schwerfiel.

Am Morgen gingen sie zuerst zum Strand, doch Kopfschmerzen plagten sie. Als sie die Kopfschmerzen in der Lobby erwähnten, sagte ein einheimischer Hotelangestellter, dass es vielen Touristen so erginge. Es war eine Vulkaninsel und der Vulkanstaub lag in der Luft. Bevor sie etwas unternehmen konnten, mussten sie sich erst Kopfschmerztabletten zulegen. Ohne die Tabletten wäre es unerträglich gewesen.

Noch an dem Abend spazierten sie am Strand entlang und saßen auf ihrem Hotelbalkon, tranken Wein, rauchten Zigaretten und sprachen über Pietro. Luciana munterte Kamila soweit wie möglich auf und fragte sie: „Willst du ihn vielleicht anrufen?“ Sie wollte das von Luciana hören, aber sie wusste, dass es noch zu früh war, um mit Pietro zu reden. Er war sich sicher, dass sie ihn betrogen hatte. Sie schüttelte den Kopf traurig und sagte: „Nein.“

Gleich am nächsten Morgen gingen sie in die Lobby und planten ihre Inselausflüge. Sie buchten eine Pearl Harbor Tour, eine Polynesien Culture Center Tour, die Film Tour, Jet-Ski und Snorkeling Hawaii. Die Woche war total ausgebucht. Es gab kaum Zeit am Nachmittag, um über Pietro nachzudenken. Sie fingen den Urlaub mit der Pearl Harbor Tour an. Das war eine Besichtigungsbootfahrt mit Whale Watching. Das Schiff war groß und geräumig, mit einem großen Speisesaal für Touristen. Sie fuhren durch die Bucht von Pearl Harbor und schauten sich die riesigen Schiffe an. Sie staunten, dass in dieser Idylle ein Krieg geherrscht hatte und so viele Menschen ihr Leben gelassen hatten. Alles sah so bilderbuchmäßig perfekt aus. Die Landschaft war anders als alles zuvor. Es war tropisch und sehr exotisch. Kalifornien hatte auch einen Touch Exotik, aber Hawaii war in die Kategorie träumerisch-exotisch einzuordnen. Es war ruhig, entspannend und fantasievoll. Es gab viele Palmen, Unmengen an Tropenblumen und das Meer war schön warm. Kamila war erstaunt, wie viele Asiaten in Hawaii waren. Luciana und sie fanden es merkwürdig in Anbetracht der Geschichte von Pearl Harbor, aber es störte sie auch nicht. Sie sahen sich auf dem großen Schiff um und gingen auf die Kapitänskabine zu. Draußen stand ein sehr gutaussehender Kapitän in seiner Uniform. Sie tauschten ihr Gefallen durch Blicke aus und sagten freundlich Hallo. Lange mussten sie nicht darauf warten, bis der Kapitän fragte, ob sie den Kapitänsbereich sehen wollten. Luciana lächelte und sagte: „Ich wollte schon immer die Schiffsgeräte sehen.“ Kamila lachte, folgte und schüttelte den Kopf lachend. In der Kajüte waren zwei Kapitäne. Sie sahen wie Opa und Enkel aus. Der ältere Kapitän sah in ihnen Beute und wollte den jüngeren verkuppeln. Die Mädchen flirteten mit den Kapitänen, schossen ein paar Fotos und gingen auf die andere Seite des Bootes, um die Wale zu sehen. Schließlich machten sie diese Fahrt nur wegen der Wale. Zu ihrer Enttäuschung sahen sie während der Tour nicht einen einzigen. Erst kurz vor Ende der Tour sahen sie doch eine Walflosse. Der Wal musste gigantisch sein, war aber leider viel zu weit weg. Kamila erzählte entspannt:

„Ich hatte mir einen Blick in das Auge des Wals erhofft." Luciana lachte: „Ich wollte an seiner Flosse im Wasser entlang gezogen werden." Kamila prustete vor Lachen. „Das hätte ich gerne gesehen." Zurück an Land gingen sie zum Strand. Der Sand war wie ein flauschiger Teppich, weich und warm. Sie verbrachten den restlichen Tag damit, im warmen Meer zu schwimmen und am Strand ihre Luxuskörper zu sonnen. Natürlich quatschte Kamila Luciana wegen Pietro voll und Luciana sagte: „Pietro ist doof und er beruhigt sich schon wieder!" Dass Schluss sein sollte, war schwer für sie zu ertragen und kaum zu glauben. Es schien so endgültig zu sein und sie litt unter der Trennung. Auf dem Weg zum Hotel schlug Luciana vor: „Komm wir fotografieren uns unter den Palmen." Kamila sah sie entgeistert an: „Die gibt es auch in Kalifornien." Luciana lachte: „Nein, die hier sind anders." Kamila nickt ungläubig: „Na, wenn das so ist dann stell dich dahin." Sie lachte und posierte vor den Palmen.

Am nächsten Tag fuhren sie zur Kualoa Ranch, um eine Film Set Tour mitzumachen. Sie besuchten die Drehorte von Godzilla, Jurassic Park und Elvis Filmen. Die Landschaften waren in natura noch viel beeindruckender als in den Filmen. Kamila erfreute sich an den neuen Eindrücken, fuhr mit offenem Mund durch den Park und wunderte sich, dass sie keine Fliegen aufsammelte. Die Natur war wunderschön, speziell die Landschaften von Godzilla und Jurassic Park waren atemberaubend. Die Kontraste der Farben, man konnte sie bei bestem Willen nicht beschreiben. Sie kannte die Saftigkeit der Allgäuer Natur, doch die exotische Landschaft war einfach anders. Die Farben erschienen neon-leuchtend. Sie hatten nicht diese tiefe dunkle saftige natürliche Farbe. Es erschien fast künstlich, aber es war tatsächlich real. Gegen Ende der Tour gingen sie mit der Ausflugsgruppe von ungefähr zehn bis zwölf Leuten zu einem Geheimtipp, einem Strand, der den Touristen kaum bekannt war. Dort standen naturgetreue alte Hawaiiboote, in die alle Gruppenmitglieder reinpassten und mit denen sie in das glasklare blaue Meer paddeln konnten. Sie fuhren hinaus und fanden nicht weit vom Ufer entfernt, mitten im Meer, eine Sandinsel. Hier ging ihnen das Wasser nur noch bis zur Hüfte und sie konnten ruhigen Gewissens darauf laufen. Sie hüpften aus den Booten und jubelten ihre Begeisterung auf Polnisch. Ein Animateur hörte die fremde Sprache und fragte sie: „Hey, woher kommt ihr?" Luciana schrie: „Aus Ukraine und Polen." Er schaute sie erstaunt an und fragte: „Seid ihr reich?" Sie schauten ihn überrascht an und fragten: „Warum?" Er sagte, dass er noch nie Touristen aus Ukraine und Polen hatte. Luciana lachte und sagte, sie sei die Tochter von der rechten Hand des Präsidenten. Kamila lachte darüber und sagte: „Ich bin die Tochter von der rechten Hand der rechten Hand des Präsidenten." Er merkte, dass sie ihn auf den Arm nahmen und fragte sie nochmals, ob es stimmte. Sie lachten und erzählten ihm, dass sie für ein Jahr in Amerika als Au-pair arbeiteten und ein gutes Angebot für die Reise nach Hawaii gefunden hatten. Luciana hatte ein gutes Händchen und sie hatten für Flug und Hotel nur fünfhundert Dollar pro Person bezahlt. Er staunte und hieß sie, die polnischen Touristinnen, besonders willkommen. Er machte ihnen nette Komplimente und wünsche sich, dass mehr hübsche Ukrainerinnen und Polinnen Hawaii besuchen würden. Sie bedankten sich und freuten sich, dort zu sein. Sie kletterten wieder in das Boot zurück und paddelten zurück zum Ufer.

Kamila legte sich in eine Hängematte, die zwischen den Bäumen hing. Mit einem Handtuch deckte sie sich zu, weil eine kühle Brise in dem Schatten wehte und genoss die wunderschöne Natur. Die idyllische Ruhe war durch ihre Gedanken an Pietro getrübt. Die Wut auf Pietro spürte sie, denn er hatte ihren Urlaub zerstört. Sie konnte sich nicht unbeschwert amüsieren und musste ständig traurig an ihn denken. Sie war weit weg und konnte die Angelegenheit mit ihm nicht klären. Es hätte so viel schöner sein können, wenn er nicht so ein Idiot wäre. Sie dachte viel an ihn und grübelte, warum sie es überhaupt zuließ, dass er ihre Stimmung so sehr kontrollierte.

Kamila und Luciana kosteten weiterhin alle Feinheiten der Insel aus. Sie gingen Schnorcheln und fuhren Jet-Ski. Kamila liebte zwar die Höhen der Natur, doch vor den Tiefen des Meeres hatte sie Respekt. Luciana konnte Kamila aber irgendwie dazu überreden, es auszuprobieren. Danach fuhren sie zu einem schönen Strand, um Schnorcheln zu gehen. Kamila versuchte es und kriegte Panik, als sie mit der Maske ins Wasser tauchte. Sie machte alles falsch, bekam Wasser in den Mund, hyperventilierte und schloss die Augen, so dass sie auch nichts sah. Der arme Tour Guide bemühte sich sehr, damit sie es auf die Reihe kriegte, aber sie konnte es nicht und weigerte sich, einen weiteren Versuch zu unternehmen. Er bedauerte es und sagte: „Tut mir echt leid, aber du musst jetzt mit der Gruppe gehen und am Strand verweilen.“ Sie sagte: „Es ist nicht deine Schuld, ich setze mich brav am Strand und sonne mich.“ Sie scherzte und sagte: „Im früheren Leben war ich bestimmt ertränkt worden, weil ich es unter Wasser nicht spannend find.“ Die Gruppe ging ins Wasser und nicht lange danach tauchte Luciana auf und versuchte noch einmal, Kamila zu überzeugen. „Kamila, komm versuch nochmal. Es ist so schön und ich habe einen kleinen Hai entdeckt, der in einer Höhle schläft.“ Kamila schaute sie entgeistert an und sagte: „Nein danke, ich lasse lieber die Haie in Ruhe.“ Luciana lachte und nannte sie „Schisshase.“ Kamila nickte und sagte: „Lieber Schisshase als Haifutter.“ Luciana lachte und ging wieder tauchen. Kamila fuhr hinterher lieber Jet-Ski. Sie tobte sich auch richtig auf dem Meer aus und fuhr so schnell, dass die Leute auf einem Boot ihr winkten. Sie winkte freundlich zurück und fuhr schön weiter, bis der Tour Guide sie einholte und ihr sagte, dass sie auf der abgegrenzten Seite bleiben sollte, weil dort drüben Leute schnorcheln würden. Luciana lachte sich kaputt und winkte zu ihr, um sie zu necken. Kamila lachte verschüchtert und sagte: „Ich dachte, die Leute wollten nett sein, als sie mir winken. Ich wusste nicht, dass ich langsamer fahren sollte." Luciana lachte: „Ja, sie bangten um ihr Leben." Als nächstes versuchten sie sich beim Boogie Board und ritten die Wellen. Das war aufregend und die Wetterbedingungen waren traumhaft für diese Art des Sports. Am Abend wollten sie noch weg, doch sie verlegten es auf den nächsten Abend, denn sie waren zu erledigt, um noch irgendetwas zu machen und hatten für den folgenden Tag eine Wanderung gebucht, die sie sonst nicht überleben würden.

Auf der Wandertour sahen sie die wilden Landschaften von Hawaii, die Wasserfälle und die Bambuspflanzen sowie eigenartige chinesische Bäume, die aussahen, wie ein reines Wurzel-Wirrwarr. ‚Mystisch, wie die Natur funktionierte und wie wild die Pflanzen wuchsen,' dachte Kamila. Den Abend verbrachten sie im Polynesien Cultural Center, wo viele verschiedene Eingeborenenstämme ihre Kultur und die früheren Kostüme vorstellten. Die Veranstaltung fand auf Brettbooten statt, die das Ufer entlang schwammen. Darauf tanzten die Polynesier verschiedene Stammestänze. Das war ein einmaliges Erlebnis und sie waren glücklich, es gesehen zu haben. Am meisten beeindruckten Kamila die Kultur der Maori und deren Stammestanz. Es lagen so viel Kraft und Ausdruck darin. Sie sagte Luciana: „Neuseeland besuchen steht auf jeden Fall auch auf meiner Wunschliste." Luciana stimmte ihr zu. Sie sahen sich alle Shows an und bewunderten später einen Mann, der barfuß die Kokospalme hochkletterte. Er machte es so mühelos, dass man annehmen konnte, er sei ein Affe. Sie schauten staunend und lachend zu und sprachen zufällig später mit genau demselben Mann, der sie in sein Zelt auf ein Glas Kokosnusswasser einlud. Kamila schaute sich seine Füße und Hände an und wunderte sich, dass es ihm gelang, ohne Hilfsmittel eine Palme hochzuklettern. Er erzählte: „Ich habe das schon als Kind gemacht, daher ist das nichts Besonderes." Die Anlage des Polynesien Culture Centers war im hawaiianischen Stil belassen, genauso wie sie vor hunderten von Jahren gebaut worden war. Sie schlenderten durch die verschiedenen Häuschen und schauten sich alles genau an. Sie sahen, dass die verschiedenen Leute unterschiedliche Stammestrachten anhatten. Die Trachten waren präzise ausgearbeitet und die Menschen trugen sie mit einem unglaublichen Stolz und Ehre. Am späten Abend gingen sie dann endlich in die Disco. Sie putzten sich heraus. Kamila zickte zwischendurch und hatte wenig Lust wegzugehen. Sie vermisste Pietro und dachte nur an ihn. Luciana drohte: „Ich werde nie wieder mit dir reden, wenn du jetzt nicht mit mir weggehst!" Kamila gehorchte widerwillig und ging mit Luciana aus. Es war viel los draußen. Viele Leute waren auf den Straßen. Um Luciana nicht traurig zu sehen versprach sie, auch nicht von Pietro zu reden. Luciana schaute sie unzufrieden an und sagte: „Du wirst es doch tun." Kamila lachte und sagte: „Wahrscheinlich." Den letzten Tag verbrachten sie am Strand und sahen sich das letzte Mal den Sonnenuntergang an. Auf diese Weise verabschiedeten sie sich von Hawaii und flogen gleich am Morgen zurück nach San Francisco.

Pläne & Krisen

Als sie zurück aus Hawaii waren, rief Kamila zuhause bei ihrer Mutter an. Sie erfuhr, dass es ihr besser ging. Sie wunderte sich: „Warum? Ging es dir schlecht?" Kamila hatte nichts von der Operation gewusst. Ihre Mutter hatte das vor Kamila und ihrem Bruder geheim gehalten, damit sie sich keine Sorgen machten. Sie hatte einen Tumor entfernt bekommen. Kamila wollte zu ihr, sie aufmuntern und ihr Kraft geben. „Warum hast du mir nichts gesagt?", schimpfte sie mit ihrer Mutter. „Ich wollte nicht, dass du dich aufregst und deinen Urlaub nicht genießt." Beleidigt schimpfte Kamila weiter: „Das ist nicht fair, was ist wenn dir was passiert wäre. Das wäre das Schlimmste für mich." Beschämt dachte sie: ‚Schlimm ist, dass ich jetzt selbst die Kraft meiner Mutter brauche, weil ich mich wegen Pietro unbeholfen fühle. Ich will sie aber nicht belasten.' Sie war traurig darüber, dass ihre Mutter krank war. ‚War das nicht der Job der Mutter, gesund zu sein und ihren Kindern mit Rat und Tat zur Seite zu stehen? Die Kinder tadeln und lieben' dachte sie enttäuscht. Kamila war verzweifelt und wütend auf die Krankheit. Sie liebte sie so sehr und brauchte ihre Zuneigung und Hilfe und sie war einfach krank geworden. Aus der Ferne war ihr gar nicht bewusst, wie schlecht es um sie stand. Ihre Mutter beruhigte Kamila immer und sagte: „Schatz, genieße das Leben, habe Spaß. Alles ist in Ordnung." Sie fühlte zwar, dass sie ihr nicht ganz die Wahrheit sagte, verdrängte aber die Zweifel. Jedes Mal, wenn sie hartnäckiger nachfragte, bezeugte ihre Mutter beharrlich: „Es geht mir gut, glaube mir doch." Irgendwann fing sie an, ihr zu glauben. Kamila konnte den Gedanken nicht ertragen, ihre Mutter zu verlieren. Allein bei dem Gedanken daran, schossen Tränen in ihre Augen und Schrecken durchzog ihren Körper bis ins innerste ihrer Knochen. Sie war noch nicht bereit, loszulassen. Sie brauchte sie gesund. Nachdem Sie die Stimme ihrer Mutter endlich wieder hörte, fühlte sie sich beruhigt. Nach dem Telefonat konnte sie auch wieder der Routine mit den Kindern nachgehen. Sie brachte weiterhin Frank in die Schule und passte brav auf Hayde auf. Jeden Tag rief sie bei Mama zu Hause an und sprach mit ihr mindestens eine Stunde. Danach fühlte sie sich wieder geborgen und ihr Tag war gerettet. Pietro war da sturer. Er rief seit Hawaii nicht an und sie fühlte sich von ihm hintergangen. Er glaubte seinen Freunden mehr als ihr. Sie liebte und hasste ihn gleichzeitig für sein Misstrauen. Hin und her gerissen, kämpfte sie verzweifelt gegen ihre Sehnsucht.

Luciana rief an und erzählte enthusiastisch über ihren genialen Einfall. Die Idee war, in Amerika zu studieren. Kamila versuchte vergebens, sie davon zu überzeugen, dass sie das nicht könnte. Doch Luciana bestand darauf, dass sie es wenigstens versuchen solle. Pietro hatte sie auch schon eine Weile vor ihrer Trennung damit genervt. Sie dachte sich, ‚ok, was habe ich zu verlieren?‘, und ließ sich von Luciana überreden. Sie wollte es mit der Anmeldung zumindest versuchen. Sie rief zuhause an und fragte ihre Familie was sie davon hielten. Mama lachte und sagte: „Naja, ich würde dich zwar gerne zuhause haben, aber versuche es und wenn es klappt dann überlegen wir weiter." Kamila warnte, dass es so teuer wäre. Doch ihre Mutter wollte erstmal nicht darüber nachdenken. Sie sollte erstmal versuchen. Kamila ließ ihre Zeugnisse übersetzen und meldete sich am College an. Zu ihrer Überraschung ging es extrem schnell und sie wurde auch sofort angenommen, was sie total in Euphorie versetzte. Sie dachte ans Schicksal und überlegte, ob das der Grund gewesen sein könnte, warum sie nach Amerika hatte kommen müssen. Das kleine merkwürdige Gefühl in ihr, das ihr immer gesagt hatte, sie würde hier etwas Einmaliges erleben, bekam plötzlich einen Sinn. Sie wusste zwar noch nicht genau was, aber sie war ihrem Ziel näher. Sie wurde auf dem College akzeptiert. Nach der super Nachricht rief sie erst zu Hause an. Mama jubelte: „Ich freue mich für dich Schatz, du wirst es schaffen das weiß ich." Zuvor musste sie allerdings zurück nach Deutschland fliegen, um den restlichen Papierkram zu erledigen. Luciana wurde auch angenommen, was für Luciana keine große Überraschung war.

Pietro rief nach einer Weile doch an. Sie hörte seine brüchige Stimme am Ende der Leitung: „Hallo Kamila, ich vermisse dich so sehr." Sie schwieg eine Weile. Er sprach weiter: „Bist du noch da." „Mhh", stimmte sie zu. „Darf ich dich zum Essen einladen? Ich möchte dich sprechen", bat er. Sie brach ihre Stille und sagte vorwurfsvoll: „Du hast mir weh getan. Was hast du dir damit gedacht? Deine Freunde sind doch Idioten und du auch. Warum jetzt? Nach zwei Wochen? Ich will nicht mehr. Lass mich in Ruhe! Seine Stimme zitterte: „Bitte verzeih mir. Ich liebe dich. Ich will nicht ohne dich sein. Bitte nur ein Treffen. Lass mich dich abholen, wir reden und wenn du mich danach nicht sehen willst, werde ich es akzeptieren." Sie kämpfte innerlich: ‚Lass die Finger davon, er wird sich nicht ändern.‘ Doch ihre Sehnsucht nach seiner Zuneigung ließ sie einwilligen: „Okay, ein Treffen." Er ließ nicht lange auf sich warten. Zwei Stunden später kam er sie abholen. Sie sahen sich und es war klar, sie würden wieder zusammen sein. Luciana hatte Recht und sie beide kamen wieder zusammen. Man merkte, dass er sie genauso sehr vermisst hatte wie sie ihn. Er fuhr mit ihr zu einem Sushi Restaurant in San Francisco in Marina. Sie sah ihn misstrauisch an. Er hatte Tränen in den Augen als er nach ihrer Hand griff und sie zärtlich drückte. „Ich liebe dich. Es tut mir leid. Ich weiß nicht warum ich so blöd war. Ich habe Angst dich zu verlieren. Jetzt wo du bald zurück gehst, fällt es mir immer schwerer damit fertig zu werden." Sie ahnte nicht, dass Pietro ebenfalls Schwierigkeiten damit hatte, sich damit zu arrangieren, dass sie weggehen würde. Er versuchte sich irgendwie damit abzufinden, dass sie nicht mehr zurückkommen würde. Er liebte sie und hatte genauso viel Angst vor seinen Gefühlen und vor der Enttäuschung, sie nicht wiederzusehen, wie sie es hatte. Er kämpfte genauso gegen seine Gefühle für sie, wie sie es tat. Sie wollte ihn nicht lieben, doch die Zuneigung siegte. Sie erzählte ihm: „Luciana und ich, wir haben uns am College beworben und wurden angenommen. Meine Eltern haben mir ihren Segen gegeben und werden mich bedingungslos unterstützen." Pietro lächelte erleichtert: „Das heißt du kommst zurück?" Sie nickte. Er bekräftigte sie in ihrem Entschluss, doch sie hatte ihre Probleme damit. Sie liebte ihn und wollte mit ihm zusammen sein. Trotzdem wollte sie nicht, dass genau diese Liebe ihren Plänen und Zielen im Wege stand. Er lebte auch seinen Traum und machte seinen Pilotenschein weiter. Er brauchte nicht mehr lange und dann durfte er endlich die großen kommerziellen Jets fliegen. Sie stand noch am Anfang ihrer Karrierefindung. Was würde aus ihnen werden, was war für sie das Beste? Die Unsicherheiten plagten sie. Kamila wollte nicht als Hausfrau enden und von einem Mann abhängig sein. Sie hatte Angst, mit nichts dazustehen, falls Pietro oder ein anderer Mann sie nicht mehr lieben würde. Sie wollte unabhängig sein und informierte sich ausführlich über ihre Möglichkeiten. Die Collegeberater erklärten ihr, dass sie zuerst das College besuchen müsste und anschließend auf die Universität wechseln könnte, wenn sie es wollte. Sie ließ keine Möglichkeit aus und hörte sich ihre Alternativlösungen an. Von ihrer Mutter erfuhr sie sogar, dass ein entfernter Verwandter, Paul, in Lafayette in Indiana, lebte und sie sogar bei ihm wohnen könnte, wenn sie auf die dortige Universität gehen wollte. Auch eine andere Bekannte lebte in Kalifornien, nicht so weit weg von San Francisco. Irgendwie, aus dem Nichts eröffneten sich ihr alle Wege. Kamila freute sich darüber und wollte sich auch die Schule in Indiana anschauen. Anscheinend war dort eine sehr gute Universität, die Purdue Universität. Kamila rief den fernen Verwandten an und sie unterhielten sich. Er lud sie zu sich ein und sagte: „Ich würde mich sehr freuen, wenn du zu mir ziehen würdest. Komm erstmal, ich zeige dir alles." Total gespannt darauf, was sie erwarten würde, plante Kamila ihre Reise nach Indiana, um die Purdue Universität in Augenschein zu nehmen.

Monate der Routine und sogar Harmonie mit Pietro vergingen und sie machte Nägel mit Köpfen und flog zu ihrem fernen Verwandten Paul nach Indiana, um sich dort alles anzuschauen. Sie merkte nicht, dass ihre

Pläne und Ziele Pietro total verunsicherten. Zielstrebig plante sie das Studium und ihre Zukunft, doch leider plante sie es alleine und ohne ihn. Sie war sogar bereit, nach Indiana zu ziehen, nur um sich selbst und ihre Karriere voranzubringen. Ihre Erinnerungen aus der Kindheit prägten ihre Unabhängigkeit. Sie wusste, wie schwer alleinerziehende Frauen und Mütter es hatten, wenn sie auf sich allein gestellt waren. Ihr amerikanischer Vater starb früh und ihre Mutter kämpfte sich alleine mit zwei Kindern. Kamila sprach nie über ihren Vater, vielleicht weil sie ihren Stiefvater als ihren eigenen akzeptierte. Sie war aber dankbar das ihre Mutter gebildet und erfolgreich in ihrem Beruf war. Wäre sie es nicht, hätte sie Armut unterliegen müssen. Das Leben war nicht berechenbar und es war es nicht Wert das Leben in jemandes Hand zu legen. Kamila wollte selbständig sein und die Herrin über ihr Leben sein. Ein Mann sollte ein Partner sein, der seine eigene Unabhängigkeit auch schätzte. Sie schätzte Pietro, weil sie seine Ambitionen respektierte. Pietro schaute alles an und unterstützte sie wortlos. Er wusste nicht ganz, was sie vorhatte und wie es mit ihnen weitergehen sollte. Er wusste nur eins, dass es ihr Traum war und er der Letzte sein würde, der sie von ihren Zielen abbringen wollte. Liebe hin oder her. Außerdem ahnte er, dass er ihr einen Grund geben würde, die Beziehung zu beenden, würde er sich ihr querstellen. Sie hatte viele Pläne, speziell jetzt, da das Ende des Au-pair Jahres abzusehen war. Sie war fleißig und inzwischen sehr gut in Englisch. Sie ging neben dem Job fleißig in die Highschool, erlernte die Sprache und holte Lernstoff, den sie brauchte, auch nach. Ihre Eltern versprachen, sie noch einmal besuchen zu kommen und ihren Urlaub mit ihr in Amerika zu verbringen. Aber bevor alles soweit war, plante sie eine Reise nach Indiana, um sich die Universität anzuschauen. Sie plante ihre Zukunft, die Schule und die Wohnmöglichkeit für die Zeit, wenn sie wiederkommen würde. Sie fand trotz ihrer intensiven Planung Zeit für Pietro und ihre Freunde und konzentrierte sich auf die Arbeit am Vormittag mit den Kindern. In der Zeit hatte sie kaum Schlafprobleme, denn sie war abends meistens so erledigt das sie ins Bett fiel und durchschlief.

Aufgeregt war sie, als es Zeit war nach Indiana zu fliegen. Da sie in Chicago landen sollte, kontaktierte sie ihre Au-pair-Freundin, Calla, die sie ganz am Anfang auf Long Island kennengelernt hatte und mit der sie immer noch in Kontakt stand. Calla und sie hatten damals Adressen ausgetauscht. Sie rief Calla an, als sie sicher war sie wird definitiv nach Chicago fliegen. Calla freute sich auch. Sie sollte sich melden, wenn sie Zeit hätte, sie zu sehen. Kamila war gespannt, Calla wiederzusehen. Calla kam aus der Tschechei. Sie war schlank, groß und hatte dunkles krauses Haar. Sie hatte eine markante Nase und ein ovales Gesicht und war eine interessante Person, auch wenn Kamila sie nicht zu den Schönsten zählte, mochte

Kamila sie wegen ihren aufgedrehten Charakters. Sie erinnerte Kamila vom Aussehen her an Anne Frank. Schließlich hatten alle ihre Freundinnen ein gemeinsames Merkmal, egal, wie sie sich gaben oder wie sie ausschauten. Sie waren clever und wild mit einer eigenen Individualität. Vor allem waren sie alle lebensfroh und hatten ein gesundes Ziel für ihr Leben. In Indiana wollte Kamila herausfinden, ob sie dort vielleicht besser aufgehoben wäre, als in Kalifornien. Mit Pietro war sie sich immer noch nicht ganz sicher. Für sie erschien er gleichgültig, weil er sie nicht einmal bat, bei ihm in Kalifornien zu bleiben. So viel selbstlose Liebe traute sie ihm doch nicht zu. Die Tage vergingen und die Reise nach Chicago rückte näher und näher, bis es endlich soweit war. Pietro brachte sie zum Flughafen, küsste sie und verabschiedete sich. Bestärkt ging Kamila durch die Passkontrolle. Immer schaute sie zurück, als sie wegflog und Wehmut breitete sich in ihr aus, aber sie flog tapfer nach Chicago. ‚Ich werde dich vermissen‘, dachte sie, als sie Pietro gehen sah. Dort angekommen, holte Paul sie vom Flughafen ab. Irgendwie kam Calla was dazwischen und sie fuhr eine Weile von Chicago nach Lafayette in Indiana. Auf dem Weg zu Paul Haus sah Kamila sich die flache Landschaft und die vielen Felder an. Sie fragte Paul: „Was sind das für Felder?“ Paul sagte: „Das ist Mais.“ Es ging ewig so weiter, man sah nichts anderes als Mais. Schon im Auto vermisste sie Kalifornien auf Anhieb; die bunten Landschaften und das schöne Wetter. Trotzdem wollte sie Purdue eine Chance geben und sich die Universität genau ansehen. Ihr Ziel war es, eine Top Ausbildung zu kriegen, die ihr helfen würde, erfolgreich zu werden. In Amerika hatte sie ziemliches Glück mit den Leuten. Paul war sehr nett zu ihr. Er wohnte alleine in einem großen Haus und bemühte sich sehr, dass sie sich dort wohlfühlte. Er zeigte ihr die Gegend und seine Arbeitsstelle. Außerdem war er selbständig und hatte ein Bauunternehmen. Am nächsten Tag fuhren sie zur Universität. Der Campus entsprach fast der ganzen Stadt. Er war nicht nur groß, es war auch sehr ruhig dort, denn es waren Frühlingsferien. Man konnte sich gut vorstellen, wie es sein musste, wenn etwas los war, aber jetzt war die Stadt wie ausgestorben. Es waren nur vereinzelt Leute da, die nicht in den Ferien waren. Die Stadt war wie tot. Indiana hatte vier Jahreszeiten und da es erst April war, waren die Bäume noch kahl. Es sah alles sehr nüchtern und kalt aus. Es war auch ziemlich kühl, verglichen mit Kalifornien. Sie schaute sich die Universität an. Die Gebäude bestanden aus roten Ziegeln und es gab dort sogar einen eigenen Flughafen für angehende Piloten. Kamila dachte sofort an Pietro, und dass er vielleicht mit ihr hierher gehen könnte, wenn sie tatsächlich angenommen werden würde. Sie schmiedete Pläne, fühlte aber, dass sie es dort auch nicht zusammen mit Pietro aushalten könnte. Sie liebte San Francisco und die Bay Area und im Vergleich zu Indiana war Kalifornien ein prachtvolles Wohnzimmer und Lafayette ein dunkler Keller. Die Stadt war erschreckend ruhig. Sie war froh, dass sie in der ruhigen Zeit gekommen war und die trostlose Stimmung sah. Sie konnte wirklich gut erkennen, dass die Stadt ohne die Studenten kaum lebte und blieb noch ein paar weitere Tage bei Paul. Obwohl er nett und fürsorglich war, hatte sie Angst, alleine mit ihm in dem großen Haus zu sein. Er erzählte ihr, dass er sich einsam fühlte, und dass es schön wäre, eine reizende Person wie sie im Haus zu haben. Ab dem Moment traute sie ihm nicht. Zwar stellte er ihr ein paar Studenten vor, doch er hätte es auch gleich lassen können. Ihre Entscheidung stand fest, Indiana war nicht San Francisco und sie konnte es kaum erwarten, wieder zurückzufliegen. Sogar die Passatwinde in San Francisco vermisste sie. Sie fand tausend Sachen, die sie an Indiana auszusetzen hatte. Sie fand sich undankbar und wusste, es war nicht fair, dass sie der Landschaft und der Uni keine Chance gab. Aber dort war nicht ihr Platz. Das Gefühl in ihr drängte sie zurück nach San Francisco zu gehen. Bevor sie zurück nach San Francisco flog, besuchte sie noch ihre Freundin Calla, die seit fast einem Jahr in Chicago wohnte. Sie wohnte alleine, sehr bescheiden, doch Kamila war dort sehr willkommen und das schätzte sie sehr. Paul brachte sie einen Tag vor ihrem Abflug nach Chicago. Sie bedankte sich bei ihm und wünschte ihm alles Gute. Sie wusste, das würde wahrscheinlich das letzte Mal sein, dass sie den entfernten Verwandten sah, doch sie folgte dem komischen Gefühl in ihr und er führte sie zurück nach San Francisco.

Calla holte Kamila wie versprochen mit einer Freundin ab. Sie verstanden sich super, genau wie damals in New York und tauschten gleich ihre Erfahrungen über das Au-pair Leben aus. Calla hatte ihre Gastfamilie früher verlassen, da sie sich nicht verstanden hatten, was nicht unüblich war. Kamila schätzte immer ihr Glück und hörte erneut von anderen die Horrorgeschichten, vom vergewaltigten Au-Pairs, die der Polizei nichts sagen konnten, weil sie fürchteten, sofort ausgewiesen zu werden, aber ihren armen Verhältnissen in ihrem Land entfliehen wollten. Diese missbrauchten Mädchen kamen meistens aus den armen Ländern. Sie hatten nicht das Leben wie Kamila und ihre Freunde. Sie waren auf sich gestellt und sparten jeden Cent, um das Geld ihren Familien zu schicken. Sie wurden bis auf die Knochen ausgenutzt. Diese Geschichten waren für Kamila schlecht nachvollziehbar, denn sie hatte eine ganz andere Seite Amerikas kennengelernt. Die Leute waren nett und sie bekam die Gelegenheit, zu reisen. Sie lernte die Seite Amerikas kennen, die sie jedem nur wünschen konnte. Sie hatte keine Ausgangsperre, viele der Mädchen mussten wie Kinder um 22 Uhr zu Hause sein. Manche Gastfamilien verboten den Mädchen, ihre Freunde zu treffen oder sogar einen Freund zu haben. Das war alles wie ein schlechter Film, aber eine Tatsache. Calla lebte bescheiden und war glücklich. Sie war eine aufmerksame Gastgeberin und nahm gleich eine Flasche Wodka raus, Orangensaft und die Stimmung lockerte sich beim Reden. Am nächsten Tag hatte Kamila noch ein bisschen Zeit, Chicago zu sehen. Calla war davon überzeugt, dass das die beste Stadt Amerikas war. Kamila schmunzelte und verstand, wovon sie sprach. Sie fühlte für Chicago wie Kamila für San Francisco.

Calla erzählte ihr: „Die Stadt wird die ‚Windige Stadt‘ genannt, aber nicht wegen der Winde, die hier tatsächlich so stark wehen, dass man die Autotür kaum schließen kann, sondern wegen der wechselhaften Politik.“ Sie erzählte noch über weitere interessante Merkmale der Stadt, doch Kamila hörte ihr leider kaum zu. In ihren Gedanken war sie schon in San Francisco. Im Flugzeug sitzend, konnte sie kaum erwarten, endlich zu starten und in Richtung der Stadt zu fliegen, die ihr etwas Geheimes versprach.

Zurück in Kalifornien, schmiedete Pietro Pläne, eine eigene Wohnung zu mieten, da er immer noch in Maxims Apartment wohnte. Zu seinem Onkel wollte er nicht zurück. Er erwähnte nie, warum. Die finanzielle Situation war schwierig für ihn, denn seine Familie machte Druck, damit er zurück nach Brasilien käme. Er hatte nur ein bedingtes Budget von seinen Eltern zur Verfügung gestellt bekommen und musste seine Flugstunden oft selbst finanzieren. Dazu kamen noch die Miete und die Nebenkosten. Er arbeitete viel, indem er Pizza ausfuhr und arbeitete auf Baustellen. Kamila konnte das nicht nachvollziehen, denn seine Familie war anscheinend sehr wohlhabend. Ihr war unerklärlich, warum Pietro so viel schuften musste. Sie sprach es an, aber Pietro blockte ab. Er wollte nicht darüber reden und als Kamila sah, dass das Thema ihm wehtat, ließ sie es fallen. Er drängte und wollte unbedingt mit ihr zusammenziehen, jetzt wo er wusste das Purdue Universität nicht für sie infrage kam, doch sie hatte es gut bei ihrer Gastfamilie und eine Familienbekannte wohnte in der Nähe, deswegen musste Kamila sich nur auf das Studium konzentrieren. Nicht unbedingt wollte sie ausziehen und schuften bis zum Umfallen, damit die Wohnung bezahlt werden konnte. Außerdem regelten das ihre Eltern für sie.

Jetzt, wo sie im College aufgenommen wurde, wollte sie es entschlossen durchziehen, so wie sie es bereits in Deutschland beabsichtigt hatte. Sie war sich noch nicht sicher, ob alles problemlos funktionieren würde, denn es war der reinste Papierkrieg, der in Deutschland beantragt werden musste. Doch sie befolgte fleißig die Regeln, die ihr auferlegt wurden. Pietro wurde wütend darüber, dass sie keine gemeinsame Wohnung wollte. „Ich will mit dir zusammen sein“, wiederholte er bestimmt. Sie wiederholte freundlich doch klar: „Es gibt nur einen Grund. Ich werde nur dann mit einem Mann zusammenziehen, wenn ich ihn geheiratet habe.“ Er war noch nicht dazu bereit und sie wollte keine

Kompromisse eingehen. Sie ließ ihn machen und dachte viel mehr darüber nach, was sie in Deutschland erwarten würde. Sie überlegte, ob vielleicht doch dort ihr Leben war. Was würde aus ihr und Pietro werden? Würde sie ihn schnell vergessen? Was sollte aus ihr werden? Sie hatte sich an Amerika gewöhnt und nun, wo das Jahr fast vorbei war, musste sie wieder zurück nach Deutschland. Die Bürokratie machte sie wütend. Sie begriff nicht, warum Bürokraten andere Leute nicht leben lassen konnten, wie sie es wollen. Sie wusste, dass es Grenzen geben musste, doch sie wollte es nicht verstehen.

Jetzt, da Luciana einen neuen Freund hatte und ab und zu Zeit mit ihm am Wochenende verbrachte, begleitete Kamila Pietro öfter zu seiner Arbeit, blieb im Auto sitzen, wenn er Pizza auslieferte und lernte für die Schule. Sie hatte alle Vorbereitungskurse für Englisch und Mathematik auf dem College genommen und erfreute sich an den unbekannten Straßen der Stadt und deren schönen Häusern und verliebte sich immer wieder aufs Neue in San Francisco. So konnten Pietro und sie auch an den Wochenenden zusammen sein, denn unter der Woche arbeitete sie und hatte kaum Zeit für ihn. Manchmal saß sie im Auto und hing gemischten Gefühlen nach, hatte Angst vor dem Erwachsenwerden. Sie fühlte, dass die Verantwortung groß war. Sie hatte einen Freund, hatte jetzt auch ein Sexualleben. Alleine war sie in einem fremden Land ohne Familie. Oft dachte sie verträumt über Deutschland und das Leben dort nach. Sie malte es sich schöner aus, als es tatsächlich war. Aber das machte Fernweh mit den Menschen. Die Auswanderer wurden nostalgisch und waren selten objektiv. Sie erinnerte sich sehr gerne an ihre Jugend, denn die Ferne ließ sie vieles Vergangenes vergessen. Sie vermisste ihre Familie immer mehr und sie fühlte sich entwurzelt und wusste nicht, wo sie hingehörte. Die Güte und Obhut ihrer Mutter vermisste sie sehr, den Witz ihren Bruders und die Rücksichtnahme ihres Stiefvaters. Sie vermisste es, mit ihrer Mutter auf der Terrasse zu sitzen und lange Gespräche zu führen. Sie stellte sich immer wieder die gleichen Fragen. Würde sie mit Pietro zusammenbleiben, würde sie in Amerika leben, würde sie überhaupt studieren? Ihr war klar, dass Amerika sie verändert hatte und noch mehr verändern würde und sie wurde dort erwachsen. Ob sie es wollte oder nicht, das Leben in Amerika hatte sie geformt, aber sie liebte Amerika und alles was es für sie repräsentierte. Die Änderung ihrer Persönlichkeit war eher natürlich.

Die letzten paar Monate vor ihrer Abreise nach Deutschland waren stressig. Schockierende Überraschungen erwarteten sie. Sie erfuhr, dass Pietro ab und zu Marihuana rauchte. Sie stand auf Kriegsfuß mit Drogen, also bohrte sie nach, um herauszufinden, warum er das tat. Sie erfuhr, dass er eine schwere Kindheit hatte und er sich deshalb fürchtete, zwischenmenschliche Beziehungen einzugehen. Geschockt wusste sie nicht, was sie mit dieser Information anfangen sollte. Er war für sie total normal. Sie war eher diejenige die Probleme hatte, sich zu binden. Sie liebte ihn und wollte ihm helfen, doch sie wurde mit Sachen konfrontiert, die ihre Welt ins Wanken brachten. Sie wollte ein anders Leben. Pietro entsprach langsam nicht mehr dem Bild, das sie von ihm sah. Sie misstraute ihm und hatte diesmal auch einen Grund dazu. Er war von Anfang an nicht ehrlich mit ihr gewesen. Und er hatte gewusst, dass sie Drogen ablehnte. Er hielt sein Wort nicht, zukünftig damit aufzuhören. Sie lamentierte und hörte nicht auf, ihm Vorwürfe zu machen. Als sie eines Tages im Auto saßen und stritten, gab er Gas und raste die Straße runter, obwohl er wusste, dass sie nach dem Autounfall Angst vor schnellem Fahren hatte. Sie saß im Auto und hielt sich die Augen zu und schrie: „Halt an. Bitte ich flehe dich an halte an!" Sie geriet so in Panik, dass sie wie ein kleines Kind weinte. Er hielt an, nahm sie in den Arm und entschuldigte sich wortreich: „Verzeih mir, ich weiß nicht was mit mir los ist. Bitte vergebe mir", sagte er selbst erschrocken. Er war derjenige, der ihr so viel Leid zufügte und zugleich war er der Einzige, von dem sie getröstet werden wollte. Sie schluchzte und fragte: „Warum tust du das? Ich kenne dich nicht mehr. Was war los mit dir?" Tränen liefen ihm über die Wangen als er sagte: „Verzeih mir, ich weiß nicht, was mit mir los ist." Sie fuhren nach Haus und redeten lange, er offenbarte: „Ich weiß, dass ich ein Problem habe. Ich kann nicht damit umgehen, dass unsere Beziehung so eng ist." Er schluchzte: „Ich habe Angst vor diesen Gefühlen." Sie wusste genau, wovon er sprach. Sie hatte schon von Anfang an Angst gehabt. Die Unbeständigkeit, diese Ungewissheit, eventuell nicht zusammen sein zu können, war nicht zu ertragen und sie wusste auch, dass es mit ihnen schwierig war und sie wollte am liebsten mit ihm Schluss machen, aber sie war machtlos, weil sie ihn liebte. Er leider auch. Er vergötterte sie.

Kamila füllte brav Anträge aus, unter anderem auch die Unterlagen für eine Social Security Card. Parallel machte sie den kalifornischen Führerschein und erledigte alle Papiere für die Schule. Sie wollte alles fertig haben, bevor ihre Eltern wieder zu Besuch kamen. Ihre Aufregung stieg, denn ihre Eltern und Pietros Eltern kamen in Sommer zur gleichen Zeit zu Besuch. Sie konnte es kaum glauben, dass es solche Zufälle gab. Aber sie glaubte mehr an das Schicksal, als an den Zufall. Diesmal wollte sie mit ihren Eltern nach Las Vegas fahren.

Sie freute sich auf ihre Eltern und hoffte, dass es diesmal schöner sein würde als das letzte Mal. Sie fürchtete um die Beziehung mit Pietro, denn die stand kurz vor dem Abgrund. Er rauchte ab und zu Gras und er log sie deswegen an. Als sie ihn zur Rede stellte, schlug er die Türe hinter sich zu und lief weg. „Lass mich in Ruhe. Musst du immer Fragen stellen?", schimpfte er. Als sie verzweifelt auf seine Vernunft plädierte, entschuldigte er sich und sagte: „Ich liebe dich, wie ich noch nie jemanden geliebt habe, bitte verzeihe mir." Das war aber nicht alles, er sah Pornos an und sie fühlte sich, als wenn sie versagt hätte. Obwohl sie wollte, konnte sie ihn nicht verlassen. Er kam oft zu spät, auch wenn er jetzt anrief, um Bescheid zu sagen. Sie wurde sauer auf ihn, er schrie sie dann an und fragte: „Kamila, was mache ich jetzt wieder Falsch?" Sie schwieg. Es war ein Teufelskreis, alles geriet ins Schwanken.

Endlich fand Pietro eine eigene Wohnung, die er sich so sehr gewünscht hatte. Er wollte nicht mehr bei Maxim auf der Couch schlafen. Außerdem hatte Maxim keinen guten Einfluss auf ihn. Er drehte fast durch, seit er dort wohnte. In der neuen Wohnung bildete er eine Wohngemeinschaft mit seinem Fluglehrer. Pietro wurde ein bisschen relaxter, aber genau die Freiheit, die er in seiner Wohnung hatte, brachte ihn auf dumme Gedanken. Kamila wünschte sich heimlich, er wäre lieber bei Tante ‚Schlange‘ geblieben. Die hatte wenigstens einen guten Einfluss auf ihn gehabt. Pietro geriet außer Kontrolle. Kamila besuchte Pietro oft in der Mittagszeit. Er hatte einen Pool in der Wohnanlage und Hayde konnte dort unbeschwert in dem kleinen Becken plantschen. So oft wollte sie nicht unbedingt bei Pietro sein, aber sie fühlte, sie müsste ihn im Auge behalten, denn er war außer Rand und Band. Er sprach nicht darüber, aber seine Familie setzte ihn unter Druck, seine Lizenz fertig zu machen und zurück nach Brasilien zu kommen. Es erschien ihr, als hätte er kaum Mitspracherecht, aber sicher war sie sich nie, was da wirklich vor sich ging. Er blockte ab.

Hayde war ein unbeschwertes liebes Kind und spielte in dem kleinen Pool. Sie brachte Kamila auch ab und zu ihre neu gefundenen Sachen. Diesmal brachte sie ihr einen kleinen Eimer mit etwas Wasser und einem Wurm. Hayde nahm den Wurm raus und ging weiterspielen. Pietro lag mit seinem Kopf auf Kamilas Schoß und fragte: „Was ist da im Eimer?" Sie kippte vorsichtig den Eimer, um ihm den Inhalt zu zeigen, aus Versehen lief das Wasser raus und direkt in seinen Mund. Er flippte aus, stand auf und spuckte ihr das Wasser ins Gesicht. Sie erstarrte, es war der Instinkt eines Menschen, der nicht wusste, was in dieser Situation zu sagen oder zu machen war. Sie sagte nichts. Sie stand auf, nahm das kleine Kind an die Hand und sagte ihm leise und verhalten: „Ich gehe jetzt nach Hause und überlege mir ob ich dich je wiedersehen werde!" Sie war froh, dass Hayde nichts mitgekriegt hatte, denn sie wollte nicht, dass die Kleine Fragen stellte oder sogar ihren Eltern davon erzählte. Pietro geriet in Panik, als er sie packen sah. Er entschuldigte sich erschrocken, ihm war plötzlich klar geworden, was er getan hatte. Doch sie schaute ihn nicht an. Sie packte innerlich erstarrt Haydes Spielzeug und ging mit ihr weg. Mühevoll unterdrückte sie die Tränen. Zu Hause angekommen, rief Pietro sie zweimal an, doch sie nahm den Telefonhörer nicht ab. Sie wollte nicht mit ihm reden oder ihn hören, geschweige denn sehen. Sie war erschrocken, wie sehr ihre Beziehung außer Kontrolle geraten war. Sie dachte: ‚Warum lasse ich sowas zu? Diese Beziehung wird ab jetzt nur noch bergab gehen! Ohh mein Gott, er hat den Respekt vor mir verloren. Es ist hoffnungslos!‘ Sie war froh, als die Familie früher kam und sie sich in ihr Zimmer verziehen konnte und verschwand unter der Dusche. Unter dem rauschenden Wasser konnte sie ungestört heulen, keiner konnte sie dort hören. Sie setzte sich hin und ließ das warme Wasser über sich laufen und schluchzte verzweifelt. ‚Warum‘, fragte sie Gott, ‚warum muss das mir passieren?‘ Sie liebte Pietro. Sie wollte ihm helfen und sie wusste nun, sie konnte ihm nicht helfen. Sie bat Gott um die Kraft, sich von ihm befreien zu können. Sie hasste die scheiß Gefühle, die sie so bremsten. Pietro rief wieder an und bettelte um Verzeihung, doch sie wollte ihm nicht vergeben. Ihr Verstand sagte ‚renn‘ weg‘, doch ihr Herz zerriss sich nach ihm.

Nach ewigem Hin und Her und seinem leidvollen Betteln gab sie schlussendlich wieder nach. Traurig fragte sie sich: „Gebe ich nach, weil ich ihn so sehr liebe oder weil ich einfach Angst habe, alleine in den USA zu sein?“ Sie hatte dort niemanden und er war immer für sie da. Inzwischen waren alle ihre Freundinnen wieder zurück in ihre Länder geflogen. Er war sehr hilfsbereit und lieb. Ihr Sex war hervorragend und er stand ihr immer mit Rat und Tat zur Seite. Dennoch, die gleiche Person log sie wegen Drogen und Pornos an und kam immer zu spät. Verzweifelt wollte sie sich von ihm befreien. Befreien war das richtige Wort, denn inzwischen wurde er zu einem Suchtmittel für sie. Er war ihre Droge und sie tatsächlich abhängig von ihm.

Um die Stimmung zu entschärfen, plante Pietro eine Reise nach San Diego. Dieses Mal nur für sie zwei, ohne Freunde. Pietro wusste, dass Kamila auf Reisen relaxter war und dass sie vielleicht dort manches klären konnten. Kamila freute sich auf die Reise, aber sie hasste sich dafür, dass sie so leicht zufriedenzustellen war. Pietro war, wie er eben war, aber er erfüllte auch ihre Träume und unternahm viel mit ihr und so duldete sie ihre Zweifel weiter. Vielleicht wartete sie ja darauf, dass er die Beziehung beendete oder vielleicht wartete sie auf ein Wunder. Die Reise sollte erst zwei Wochen später losgehen und da Pietros Auto immer noch den Schaden von ihrem Unfall hatte, rief sie in einer Autowerkstatt an, um sich wegen der Reparaturkosten zu erkundigen. Ein Mechaniker machte Kamila ein gutes Angebot. Sie fuhr mit dem Auto dorthin und traf den Automechaniker. Der Mann war Türke, sprach aber ein sehr gutes Deutsch, weil er in Deutschland gelebt hatte. Er hatte nun seine eigene Werkstatt in Amerika und Kamila bemühte sich, einen guten Preis für die Reparatur rauszuschlagen, damit der Schaden an Pietros Auto behoben werden konnte. Es half, ein gutaussehendes Mädchen zu sein. Und Kamila nutzte es auch aus besonders charmant zu sein. Der Mechaniker war sehr nett zu ihr. Er machte ihr einen anständigen Preis. Zusätzlich fand er Gefallen an ihr und unterbreitete ihr eine Businessidee. Er erzählte, dass er oft Waren in der Türkei einkaufen und im Internet verkaufen würde. Er bot die Ware auf einer Versteigerungsseite Namens EBAY an. EBAY war Ende 90er Jahren noch nicht sehr bekannt und für Kamila klang die Sache interessant. Sie fragte ihn, welche Rolle sie genau dabei spielen sollte. Er sagte, er bräuchte jemanden, der die Artikel für ihn ins Internet stellte und sie dann nach dem Kauf verschickte. Er sagte: „Wenn du Interesse hast, kannst du dir die Sachen bei mir zuhause anschauen." Sie war interessiert. Das klang anständig. Sie traf ihn eines Nachmittags bei ihm zu Hause. Er hatte ein tolles Haus. Er selbst war etwa Ende dreißig und sah äußerst gepflegt aus. Sie verstanden sich gut und er war sehr zuvorkommend. Er bot ihr etwas zu trinken an und zeigte ihr sein Haus und die Ware, die er im Internet anbot. Meistens verkaufte er Kleider aus der Türkei. Es waren schöne Sachen und Kamila gefiel sogar ein Kleid sehr gut. Er schlug vor, sie darin zu fotografieren, damit er das Kleid besser zeigen konnte. Sie schaute ihn an, bedankte sich und sagte: „Nein, ich bin daran nicht interessiert." Ein bisschen ärgerte sie sich, denn er dachte wohl, sie wäre blöd. Lüstling!

Sie dachte sich nichts weiter dabei und erzählte Pietro die Geschichte, während sie zusammen Pizza ausfuhren. Sie ließ die Sache mit dem Kleid aus, denn als Pietro hörte, dass sie alleine bei dem Mann daheim gewesen war, flippte er total aus. Er war sauer auf sie und machte ihr Vorwürfe: „Du bist doch naiv! Das war doch von vornherein klar gewesen, dass der Typ dich anmachen würde!" Kamila war traurig. Sie wusste ja, dass Pietro Recht hatte, doch musste er sie doch nicht auf diese Weise zusammenschnauzen. Lediglich hatte sie versucht, neue Perspektiven aufzunehmen, die Businessidee war genial. Sie wollte in einem fremden Land neues lernen und die Idee mit dem Internetgeschäft hatte sich echt gut angehört. Pietro nutzte es aus, wenn er sauer auf sie war und raste wieder wie verrückt mit seinem Auto. Er wusste, dass sie Angst hatte. Fast streifte er ein parkendes Auto und sie hielt sich nur ängstlich die Augen zu und sagte nichts. Kamila stieg schweigend aus dem Auto aus und setzte sich im Restaurant an einen Tisch. Sie wollte nach Hause. Wütend und verletzt machte sie sich Vorwürfe, dass sie selbst schuld daran war, so behandelt zu werden, weil sie immer noch mit ihm zusammen war. Pietro kam zu ihr, brachte ihr etwas zu Essen und entschuldigte sich für sein Benehmen. Sie fragte ihn: „Pietro, das wird immer so sein, nicht wahr? Du änderst dich nicht! Ist dein Benehmen verzeihbar?" Er flüsterte: „Verzeih mir."

Noch in der gleichen Nacht sagte sie ihm: „Pietro, ich liebe dich, aber ich gehe kaputt mit dir. Ich kann nicht mehr mit dir zusammen sein.

Ich kann so nicht leben, dass du immer sauer und gereizt auf mich bist. Du bist eifersüchtig auf einen alten Kerl, den Automechaniker, der mich ‚Schätzle' auf Deutsch nennt? Du bist auch inzwischen eifersüchtig und böse auf mich, wenn ich in der Disco von anderen Typen angemacht werde! Was kann ich dafür? Es ist noch okay seinen Ärger zu äußern, aber es ist nicht okay, mein Leben durch die Raserei in Gefahr zu bringen!"

Er weinte, als er ihre Worte hörte. Er wusste, dass sie Recht hatte, konnte das Ganze nicht mehr ertragen und lief verstört aus seiner Wohnung raus. Sie wusste nicht, was sie tun sollte und was er nun wieder Dummes anstellen würde, also blieb sie da und wartete auf ihn. Nichts anders blieb ihr übrig. Verzweifelt überlegte sie: ‚Scheiße, rede ich zu viel? Mutter werde ich mit dieser Scheiße nicht belasten. Ohh Gott, ich schäme mich, dass ich ihm wieder verzeihe! Das habe ich schon so oft getan!' Sie dachte über die Pärchen nach, die auf der Straße einen glücklichen und hübschen Eindruck machten. Sie wollte auch so sein, aber sie fühlte sich überarbeitet. Sie wollte weggehen und nicht immer jedes Wochenende mit Pietro arbeiten. Schon die ganze Woche arbeitete sie und fragte sich, ob ihr Leben ewig so sein würde, dass ihr immer etwas in die Quere kommen musste? Konnte Pietro nicht so sein wie zu Anfang? Einfach perfekt? Sie wollte tiefsinnige Gespräche führen, wieder lachen, wie ganz am Anfang. Sie setzte sich auf den Balkon und schaute in die einfallende Nacht hinein. Sie zündete eine Zigarette und lehnte sich zurück und starrte in die Ferne. An der kalifornischen Schönheit erfreute sie sich. Man sah noch ein paar Sonnenstrahlen, als es schon dunkel wurde. Sie fühlte, wie die Strahlen ihr ins Gesicht lachten und sah die seltsamen und doch wunderschönen Bäume, die wie Riesen-Bonsais aussahen. Sie waren tatsächlich groß und die Krone war in viele Kugeln geschnitten. Sie beobachtete die Häuser in der Gegend, bewunderte die Architektur und wünschte sich auch so ein Häuschen für sich. Dann schweiften ihre Gedanken zur San Diego-Reise mit Pietro. Diese Tour würde jetzt ins Wasser fallen. Schade, sie würde gerne San Diego sehen.

Pietro kam irgendwann in der Nacht zurück, reumütig wie immer. Er kam nicht sofort auf sie zu. Er nahm ein Weinglas und füllte es mit rotem Porto. Dann stellte er das Glas wortlos in die Nähe ihrer Hand auf dem Balkon, wo sie saß. Er ging weg und schaute aus der Ferne, ob sie es nahm. Sie sah es und dachte sich: ‚So ein Arsch.' Doch die Aktion war wieder so überraschend, dass es sie schon amüsierte. Sie wollte ihm die Genugtuung nicht geben, aber sie war durstig, deshalb nahm sie das Glas in die Hand. Er blieb fern, ließ sie trinken, beobachtete das Glas aus der sicheren Ferne und als er entdeckte, dass sie es fast leerte, kam er mit der ganzen Flasche und füllte das Glas nach. Er sah sie verheult an und sagte: „Ich war unten am See, habe dort ein Bier getrunken und über unsere Beziehung nachgedacht." Er gab zu: „Ich weiß, dass es so nicht weitergehen kann." Er beteuerte: „Du hast Recht, ich muss mich ändern, aber ich stehe so unter Druck – meine Eltern kommen bald." Seine Stimme brach. „Ich fühle mich nicht gut genug. Du bist so perfekt und ich liebe dich so sehr und weiß selbst nicht was mit mir los ist." Sie sagte nichts, nippte am Wein und hörte zu. Er fuhr fort: „Dann wirst du jetzt wieder nach Deutschland fahren und alles ist so ungewiss." Er umarmte sie, wie jemand der nach einer Katastrophe ein lebendes Wesen in seinen Arm hielt. Er klammerte sich so fast an sie und schluchzte. Sie sah ihn an und fühlte mit ihm. Er tat ihr wie immer leid und sie umarmte ihn und schmiegte sich zärtlich an ihn, doch sie hasste sich dafür das sie so schwach war.

Die Reise nach San Diego fand statt, irgendwie wollte sie Pietro glauben, dass er sich bessern könnte. In San Diego spazierten sie durch die Altstadt, die sehr stark von der mexikanischen Kultur geprägt war. Es gab dort viele Zigarrenläden und die Architektur der Häuser war vom spanischen Stil geprägt. Pietro rief sie zu sich, um ihr etwas zu zeigen. Er lachte und zeigte ihr einen rosa Schlafanzug im Stil des 18. Jahrhunderts, der auf einer Wäscheleine hing. Die Leute trugen früher durchgehende ganze Schlafanzüge und dieser hier sah schon ziemlich benutzt aus. Pietro scherzte: „Kamila, häng es ab, ich möchte es heute Nacht zum Schlafen anziehen." Sie schaute den großen ausgelaugten Stofffetzen an und alleine schon die Vorstellung, ihn darin zu sehen, brachte sie zum Lachen. Auch wenn sie es sehr versuchten, sie konnte die Anspannung der letzten Wochen nicht abschütteln. Die Reise hatte nicht mehr den ausgelassenen Ton wie zuvor. Sie bemühten sich und behandelten sich vorsichtig wie rohe Eier. Es brodelte etwas Unterschwelliges und etwas Unausgesprochenes zwischen ihnen.

Sie fühlten, dass etwas nicht passte, sprachen aber nicht darüber. Beide versuchten so zu sein wie früher, ausgelassen, aber es gelang ihnen nur zum Teil. Pietro scherzte weiter, machte sich zum Clown und brachte sie oft zum Lachen. Er rannte durch den alten Schießplatz in San Diego und drückte eine alte Kanone, als wenn er am Schießen wär. Er setzte sich in einen alten Grubenwagen mit dem Aufdruck ‚Aus dem Weg, Gefahr!' und tat so, als würde er damit durch die Gruben rasen. Er machte immer solche verrückten Sachen und sie fand es lustig. Trotz der Anspannung konnte man ihnen ansehen, dass sie Spaß miteinander hatten.

Sie fand San Diego, die Stadt, klasse, aber was konnte man dort auch nicht mögen? Die Leute waren relaxed, alles war von Wasser umgeben. Man konnte schnell nach Mexiko, Tijuana, auf ein billiges Bier fahren und die Altstadt war kulturreich und romantisch. Es war ein unverschämt tolles Wetter. San Diego entsprach der, ‚Hey, nimm ein Bier und setz dich zu mir'-Stimmung. Es war ganz anders als San Francisco. San Francisco war zwar auch entspannend, verlangte zugleich einen gewissen Grad an Verstand und nicht nur Spaß. Die Angrenzung an Mexiko machte die Leute flexibler. Sie mussten mit fremden Kulturen auskommen und man merkte, dass sie eine lange historische Erfahrung damit hatten. San Diego war sehr von der mexikanischen Kultur geprägt. Das viele Essen, die liebenswürdigen Leute und das Aussehen der Menschen. Kamila mochte Lateinamerikanische Kulturen und deren Einfluss und sie fühlte sich dort gut aufgehoben. Die Menschen waren gastfreundlich und sie wussten, wie sie das Leben genießen konnten. Sie waren bunt, fröhlich, herzlicher und familienorientierter als die Kulturen der westlichen Welt, die für Kamila oft verklemmt und streng erschienen. In den westlichen Kulturen waren die Regeln steif und mehr nach außen, zum Scheinhalten, gerichtet. In der Latino-Kultur, so kam es Kamila vor, tat man alles zum Wohle der Familie. Sie spazierten weiter durch den alten Stadtteil und ließen die vielen Eindrücke auf sich wirken. Die mexikanischen Mariachis waren einmalig mit den kleinen Gitarren und den riesigen Hüten. Die Musik war klangvoll und lud zum Feiern ein. Die Geschäfte waren mit indianischen Waren gefüllt. Touristen fanden in den vielen Geschäften viele Souvenirs von verschiedenen Indianerstämmen. Man konnte aus Holz geschnitzte Indianer oder indianische Ketten kaufen. Sie hielt nicht viel von dem Schnickschnack und nannte es ‚Staubfänger'. Für sie hatten nur ihre Fotos Bedeutung, denn sie hielten ihre glücklichen Momente im Bild fest und sie allein konnte bestimmen, welchen Teil sie für sich als wertvoll empfand.

Nach dem Spaziergang wollte Pietro unbedingt in den San Diego Zoo gehen. Sie fand es nicht unbedingt spannend in einen Zoo zu gehen und wollte zuerst nicht. Aber Pietro setzte sich durch und versprach, er wäre besonders. Sie lachte und widersprach: „Es ist ein Gefängnis für Tiere, was ist daran Besonderes?" Er bestand darauf: „Es ist mir egal, wir gehen dahin." Sie gab nach und sie gingen dahin. Es war wie Kamila es vorhersagte, einfach ein Zoo. Es war zwar gepflegt und schön, mit vielen verschiedenen Tierarten, aber es war nun mal ein Zoo. Sie fand darin nichts Aufregendes, denn sie konnte kaum etwas lernen. Eine Safari wäre eine Überraschung gewesen, oder etwas Neues, das ein anders, glücklicheres Bild der Tiere zeigt. Für sie sahen die armen Viecher traurig aus. Sie fühlte mit ihnen, es musste schlimm sein, immer in Gefangenschaft zu sein. Sie hatten ihren Platz, aber was war das schon für ein Platz im Vergleich zur Wildnis. Sie unterhielt sich mit Pietro nicht über ihre Einstellung, weil sie fürchtete, er würde sagen, dass sie meckerte. Das sagte er oft, wenn sie nicht an dem Gefallen fand, was er mochte. Also verkniff sie sich einen negativen Kommentar und sagte: „Ja es war interessant." Somit schwindelte sie wenigstens nicht. Sie fuhren zum Hafen, saßen dort am Steg und schauten in die Ferne. Es war schön am Hafen, die leichte Seebriese frischte die warme Luft auf. Das viele Wasser erzeugte im Menschen eine Demut gegenüber der Natur. Sie war so mächtig. Kamila und Pietro saßen eng umschlungen auf einer Bank und bestaunten die massigen Schiffkolosse, die in den Hafen einliefen. Der Hafen hatte kaum etwas von der Unberührtheit der alten Stadt. Er stand für Fortschritt und für das Vorwärtsgehen Richtung Zukunft

Am Abend gingen sie in eine Disco. Sie tanzten. Trotz des ganzen vergangenen Stresses rauften sie sich in San Diego zusammen und hatten letztendlich sich viel zu erzählen. Es war sehr schön, plötzlich war die Zeit wie stehengeblieben und alles war einfach perfekt. Sie war wieder sie selbst und er verstand sie. Er war ausgelassen und von keinem beeinflusst. Man konnte ihnen das Glück ansehen, denn sie grinsten immer. Man konnte fast neidisch auf sie sein. Es brauchte nicht viel, um Kamila zum Lachen zu bringen. Er sah sie nur an, grinste und sie freute sich. Sie fuhren zurück nach Hause und gingen davon aus, dass nun alles einigermaßen geflickt wäre, zwischen ihnen. Leider, so wie die kurzen Wochenendreisen sie zusammenbrachten, brachte sie die tägliche Routine auseinander.

Pietro wurde immer unzufriedener wegen seiner Arbeit. Er wollte Flugzeuge fliegen und keine Pizza ausfahren. Jetzt arbeitete er sogar auf dem Bau und half seinem Kumpel beim Straßenlegen. Es erfüllte ihn nicht und laugte ihn aus. Kamila selbst war auch oft gereizt nach dem Tag mit den Kindern und sie wollte immer etwas unternehmen, um der Routine zu entfliehen. Sie hatte viel angestaute Energie und brauchte Vergnügen. Nach dem langen Tag am Bau war Pietro erledigt und hatte kaum Lust rauszugehen. Ihm war es genug, daheim vor dem Fernseher zu sitzen und sich einen Joint reinzuziehen. Er verschwieg ihr, wie stark sein Heimweh war und wie sehr ihn die Situation und die monatlichen Mietverpflichtungen belasteten. Dadurch, dass er ihr nichts von seinen Sorgen erzählte, entstanden Missverständnisse, die zum Streit führten. Sie fand, er war oft schlecht gelaunt und er hielt sie für unsensibel.

Die Streitereien nahmen kein Ende. Eines Abends, als sie Pietro in seiner Wohnung besuchte, war er schon merkwürdig gereizt. Sie packte langsam ihre Sachen aus und nahm die Wasserflasche aus ihrer Tasche, die sie immer mithatte, weil es draußen so heiß war. Sie warf die Wasserflasche auf das Bett. Als die Flasche auf dem Bett aufprallte, ging der Verschluss auf und das Wasser lief aus. Pietro flippte aus. Er fing an zu schreien, riss das Bettlaken runter und schmiss es auf den Boden. Er nahm die Matratze und trug sie auf den Balkon. Sie verstummte, wie immer, wenn er schrie. Sie schämte sich, dass sie sich wieder stritten, denn sein Kumpel aus Spanien war da und bekam das alles mit. Sie verstand Pietros Gefühlsschwankungen nicht und sie wusste nicht, ob er Drogen genommen hatte oder welcher Teufel ihn ritt. Er war anders, wenn seine Freunde dabei waren.

Generell mochte sie seine Kumpel, traute ihnen aber nicht ganz. Jungs waren Jungs und sie wollten alleine für sich sein. Kamila überlegte, ob sie ihnen einfach im Weg war. Sie machte solche Szenen nicht, wenn er mit ihr bei ihren Freundinnen war. Im Gegensatz war sie nett und zuvorkommend und wenn etwas war, nahm sie ihn zur Seite und bat ihn bestimmte Sachen nicht zu machen, speziell dann, wenn es sie ärgerte. Er war einfach ein Arschloch und schrie sie an. Anstatt sich zu wehren, verstummte sie und konnte sich nicht wehren. Nachdem er die Matratze in der Sonne platziert hatte und ins Zimmer zurückkam, zischte sie ihn wütend an und sagte ihm: „Du bist doch total bescheuert." Er versuchte, ihr die Schuld in die Schuhe zu schieben, aber egal, was er sagte, es kam ihr nur lächerlich vor. Sein Kumpel, sah sie erschrocken an. Er wollte sich nicht einmischen, doch er sagte Pietro irgendetwas auf Portugiesisch. Es musste gefruchtet haben denn, Pietro entschuldigte sich wie üblich.

Das Schlimme war, dass je mehr Szenen dieser Art er machte, desto mehr verlor sie die Wertschätzung sich selbst gegenüber. Sie konnte sich nicht verstehen, dass sie das erduldete. Sie wusste es doch besser! Schließlich fragte sie sich: ‚Bin ich so dumm?'

Familie und Zugehörigkeit

Das Au-pair-Jahr ging zu Ende und Kamila zog Bilanz: Sie sprach inzwischen hervorragend Englisch, hatte Amerika bereist und sie hatte sich unglücklich in Pietro verliebt. Alles war super, naja, bis auf das blöde Gefühlsleben. Mit ihren Eltern wollte sie das Jahr ausklingeln lassen, bevor sie zurück nach Deutschland gehen würde. Sie war froh, dass ihre Eltern nur mit sehr leichtem Gepäck kommen würden, denn sie hatte in dem Jahr viele Bücher, Alben, Andenken und vor allem Klamotten angesammelt. Das Gewicht des Reisegepäcks war auf 63 Kilo pro Person begrenzt und ihre Eltern mussten ihren Kram trotzdem bei sich noch einpacken. Wie immer freute sie sich sehr auf die Ankunft ihrer Eltern. Geplant war ein weiterer Reise Monat in Amerika, um einfach noch ein wenig zu reisen. Diesmal war Las Vegas das geplante Reiseziel in Nevada. Marti und Aby, inzwischen Familienfreunde, waren so freundlich, ihr das Haus und ihr Auto zu überlassen, während sie nach New York flogen; praktisch das ganze Hab und Gut. Kamila freute sich über das Vertrauen ihrer Gastfamilie. Das gab's nirgends! Leider wurde ihre Freude durch den Beziehungszustand mit Pietro betrübt, denn sie ging langsam, aber sicher in die Brüche. Vor Pietros Launen fürchtete sie sich, die zurzeit einfach unerträglich und außer Rand und Band wurden. Kamila versuchte die Beziehung noch zu retten, doch es schien, als ob das Schicksal etwas anderes mit ihnen vorhatte. Sie befürchtete, dass sich ihre Beziehungsprobleme auf die Reiseplanung auswirken könnten und so versuchte sie, Pietro bei Laune zu halten. Doch je mehr sie es versuchte, desto gereizter wurde er. Es war ihr einfach peinlich, wie oft die Fetzen zwischen ihnen flogen. Pietros Eltern sollten zum gleichen Zeitpunkt ankommen, wie Kamilas Eltern. Doch anstatt sich zu freuen, wurde er noch mürrischer. Er sagte nicht viel und sie fragte nicht. Er war sensibel und bemühte sich, für seine Familie alles richtig zu machen, doch dunkle Gewitterwolken lagen über seinem Kopf. Das zuvor so harmonische Paar glich inzwischen einem Fass mit hochexplosivem Inhalt. Und die Lunte glomm. Ob die gereizte Stimmung wegen ihrer Rückkehr nach Deutschland herrschte oder wegen der Anreise ihrer Eltern, wusste Kamila nicht. Sie sprachen kaum darüber und reagierten nur auf die Launen des anderen. Trotz der dicken Luft schafften sie es aber immer wieder, sich auch zu versöhnen, doch die immer wiederkehrenden Streitereien zerrten immense an ihrer Beziehung.

Zum Ende des Au-Pair-Jahres hatte Kamila auch Zukunftsängste. Denn obwohl sie sich beim College eingeschrieben hatte und angenommen worden war, konnte sie nicht sicher sein, ob alles gutgehen würde. Sie wusste einfach nicht, ob sie und Pietro weiterhin zusammen sein konnten. Für Kamila war es viel zu viel, um ihre Liebe in dieser Situation aufrechtzuerhalten. Es war unmöglich, die Gefühle weiterhin zu parken. Sie liebten sich, doch weder Pietro noch Kamila ließen ihren Gefühlen wirklich freien Lauf, denn beide versuchten, sich vor dem Leid zu schützen, falls sie sich nicht wiedersehen könnten. Sie taten das, was so wie viele Menschen in dieser Situation tun: den Menschen, den man liebt, von sich wegstoßen. Diese andauernden Streitereien waren ein krankhafter Beweis dafür, dass ihre Liebe doch nicht sein sollte. Die Unbeständigkeit der Beziehung war kaum auszuhalten. Es war eine emotionale Achterbahn und Kamila fragte sich, wird mir jemals Beziehungsglück gewährt werden?' So viele komplexe Situationen standen ihnen und ihrer Liebe im Weg. Sie trennte erschöpft den Gedankenfaden und setzte sich an den Computer, um im Internet mehr über Las Vegas und die Fahrt dorthin zu erfahren.

Bei der Ankunft ihrer Eltern aus Deutschland waren Pietro und Kamila immer noch zusammen. Sie zerrten aneinander und hatten kaum Kraft, zusammenzubleiben, doch sich zu trennen, hätte sie beide zerstört. Die Reise nach Las Vegas ging auch gleich zwei Tage nach ihrer Eltern Ankunft los. Die Fahrt von San Francisco nach Las Vegas war zwar lang, aber mit fröhlichen Gesprächen und guter Laune ging sie schnell vorüber. Da Kamilas Eltern mit ihnen fuhren, stand Pietros und ihre Beziehung ausnahmsweise nicht im Mittelpunkt und so verstanden sie sich, ohne aneinander herumzunörgeln, wieder gut. Am späten Nachmittag fuhren sie in Las Vegas ein. Die Enttäuschung stand Kamila und ihren Eltern ins Gesicht geschrieben. Sie betrachteten die Gegend und fragten: „Ist das Las Vegas? Ist das schon alles?" Unbeeindruckt antwortete Pietro: „Ja". Kamila fügte überrascht hinzu: „Im Fernsehen sah es aber anders aus! ist das echt alles?" Sie wussten nicht, dass sie gerade den alten Teil von Las Vegas durchfuhren, und da sah es tatsächlich nicht so aus, wie sie es aus dem Fernsehen kannten. Pietro hatte Spaß daran, sie auf dem Arm zu nehmen und sagte: „Ihr wisst doch, das im Fernsehen ist doch alles nur Show!" Er fuhr weiter und Kamila merkte, dass er sie gefoppt hatte. Kamila lachte und gab zu: „Du bist unmöglich, ich bin gerade echt enttäuscht gewesen!" Der alte Las Vegas Teil wirkte abgenutzt und symbolisierte nicht die Pracht und den Reichtum wie es der neue Teil tat. Als sie dann in den neuen Teil von Las Vegas kamen, wurden sie fast erschlagen von dem ganzen Luxus und Prunk der Hotels. Kamila kannte bereits einen kleinen Teil der USA und war schon daran gewöhnt, dass dort alles groß und breit ist, doch Las Vegas hatte eigene Dimensionen, die sie total aus der Fassung brachten. Die

Hotelfassaden waren aufwendig verziert und es steckte so viel Detailverliebtheit in der Architektur. Man musste sich zuerst zurechtfinden und konnte sich kaum entscheiden, wo man zuerst hinschauen sollte. Alles war enorm aufwendig und interessant. Sie überlegten, wo sie übernachten wollten. Da sie wenig Zeit im Hotel verbringen wollten und dort sowieso nur schlafen würden, entschieden sie sich für ein preiswertes Motel. Sie wollten ihr Geld besser woanders anlegen. Außerdem, wer wollte schon in Las Vegas schlafen? Diese Stadt fing erst am Abend an zu atmen. Somit buchten sie also zwei Zimmer in einem nahegelegenen Motel, stellten die Koffer und Taschen ab und machten sich auf den Weg, die Gegend zu erkunden. Am Nachmittag sah Las Vegas schön aus, doch bei Weitem nicht so beeindruckend wie in der Nacht. Pietro war zuvor bereits ein oder zwei Mal in Las Vegas gewesen und führte sie durch die Stadt. Er hätte Touristenführer werden können, denn er hatte ein angeborenes Navigationssystem im Kopf und fand sich überall sofort zurecht. Zusammen gingen sie in eines der vielen Hotels und Kasinos, ins Cesar Palace Hotel, und probierten ihr Glück an den Münzautomaten. Kamila schmiss einige Münzen ein und hatte Anfängerglück. Immer, wenn sie eine Münze einwarf, fielen mehrere Münzen raus. Sie ging von Münzmaschine zu Münzmaschine und benutzte jede nicht öfter als einmal. Ihre Eltern und Pietro lachten über sie.

Die Tage in Las Vegas waren wie Magie. Man musste dort einfach eine gute Laune haben. Das war ein Spielplatz für Erwachsene und jeder schien gut gelaunt zu sein. Pietro kam rüber, küsste sie am Nacken und sagte: „Komm mit, ich möchte dir etwas schenken." Sie lächelte und fragte neugierig: „Ohh das ist ja süß von dir. Was möchtest du mir geben?" „Es ist nichts großes, eine Las-Vegas-Münze. Bitte spiele diese Münze nicht, sondern bewahre sie als Andenken für diesen großartigen Tag und an uns." Verliebt lächelte sie ihn an und tat so, als ob sie die Münze in ein Automat schmeißen würde. Dann drehte sie sich um, fiel ihm um den Hals und sagte: „Ich liebe dich! Und ich werde sie in Ehren halten." Wie so viele Spieler in Las Vegas hatten Kamila und ihre Eltern leider nur anfangs viel Glück an den Spielautomaten. Kamila hatte viel Spaß und spielte immer weiter, bis sie am Ende ihren Einsatz plus Gewinn verzockt hatte. Das gehörte dazu und sie lachten darüber. Schließlich wurde die prunkvolle Spielerstadt Las Vegas nicht von den Gewinnern erhalten, sondern von den glücklosen Verlierern. Da Pietro bereits mehrfach in Las Vegas gewesen war, hielt sich seine Begeisterung in Grenzen. Kamila und ihren Eltern gefiel es sehr. Alles war bunt und luxuriös. Man konnte in den Kasinos hocken, zocken und die Zeit komplett vergessen. Außerdem gab es keine Uhren in den Kasinos und man wurde nicht erinnert, dass es schon spät war. Sie spielten ein wenig und zogen von Kasino zu Kasino. Die Hotels hatten alle ein bestimmtes Thema. In Las Vegas war Kamila mit ihrer Bewunderung für die Architektur keine Ausnahme, denn auch Leute, die mit Architektur überhaupt nichts am Hut hatten, standen mit offenem Mund da und staunten. Langsam wurde es Nacht und die Lichter gingen an. Die Besichtigung wurde fortgesetzt und Pietro führte sie zum Mirage, MGM Grand Hotel, Treasure Island, Venetian, Hilton, Flamingo, Caesars Palace und weiteren Kasinos. Ihre Eltern waren vom Venetian Hotel sehr angetan. Der italienische Stil und die vielen kleinen Brücken im Hotel waren einfach zu bezaubernd. Sie fühlten sich wie in Italien. Die Decke war wie ein schöner weißblauer Wolkenhimmel gestaltet. Andere Räume waren mit prunkvollen Gemälden verziert. Außerdem konnte man mit Gondeln durch einen künstlichen Canal Grande fahren. Kamila empfand diese Liebe zum Detail als unglaublich schön. Sie wusste tatsächlich nicht, wo sie zuerst hinsehen sollte und alle vier ließen sich von der angenehmen Umgebung und Stimmung mitreißen. Ihr Lieblingshotel wurde aber Caesars Palace. Die aufwendigen Statuen und die goldenen Pferde, die die Kutsche vor dem Hotel zu ziehen schienen, beeindruckten sie sehr. Doch das Highlight kam, als sie zu Treasure Island gingen und sich draußen vor dem Hotel die Piraten-Show anschauten. Die Piraten-Show hatte zwei große realitätsgetreu nachgebaute Piratenschiffe, auf denen sich die Piraten gegenseitig bekämpften und ein Schiff am Ende versenkten. Die Piratenanführer kletterten auf den Schiffmast, feuerten Kanonenkugeln ab und schienen das Geschehen sehr ernst zu nehmen. Kamila konnte kaum glauben, dass es etwas derart Aufwendiges überhaupt gab. Einfach so vor dem Hotel und ohne Eintritt. Vor dem Mirage Hotel fand ein Wasser-Lichtspiel statt. Die Wasserfontäne wurde mit Licht in einen richtigen Vulkan verwandelt. Wenn es anfing zu spritzen, sahen die Wassertropfen aus wie Vulkanlava, die aus einem brutzelnden Vulkan lief.

Las Vegas war eine einzige große Show. Das genaue Gegenteil dazu waren der Hoover Dam und der Grand Canyon, die sie als nächstes Ziel ansteuern würden. Wie geplant trafen auch Pietros Eltern in Las Vegas ein. Sie übernachteten mit Freunden im Mirage Hotel. Jedes Jahr reisten sie nach Las Vegas und so mochten sie es luxuriös haben. Sie luden Pietro und Kamila zum Frühstück ein. Dass die beiden sich mit ihnen treffen würden, stand schon in Kalifornien fest. Kamila war aber stark abgeneigt, die Familien zusammenzubringen. Sie sagte zu Pietro: „Sei mir nicht böse, aber das ist keine Verlobung, wozu dann das Ganze? Ich sehe keinen Sinn darin, dass unsere Eltern sich kennenlernen.“ Er verstand sie nicht und fand nichts Schlimmes daran. „Ich verstehe dein Problem damit nicht Kamila“, sagte er. Kamila wusste, dass er recht hatte, aber sie empfand es als unpassend. Für sie war es erst dann an der Zeit, die Familien einander vorzustellen, wenn sie beiden sich verloben wollten. Außerdem war ihre gemeinsame Zukunft so ungewiss und hing nur an einem seidenen Faden. Vielleicht wollte sie sich auch nicht mehr Hoffnungen machen, so kurz vor ihrer Abreise. Sie wusste noch nicht ob sie zurück nach Amerika kehren würde. Außerdem wollte sie auch Pietro unbewusst bestrafen, denn er war derjenige der nicht heiraten wollte. Das Treffen in Las Vegas war für sie Druck. Sie war stolz auf ihre Eltern und war gerne mit ihnen zusammen, aber es war nicht die richtige Zeit dafür. Schon in Kalifornien hatte sie sich viele Gedanken über Pietros Eltern gemacht. Es war schwierig für sie, jetzt keine voreingenommene Meinung zu haben. Sie hatte gehört, dass seine Eltern unglaublich wohlhabend waren und verstand nicht, dass Pietro so hart für seinen Unterhalt schuften musste. Ihre eigenen Eltern waren nicht dermaßen wohlhabend, aber sie unterstützten Kamila bedingungslos, damit sie in Amerika studieren konnte. Sie wusste, wenn ihre Familie wohlhabender gewesen wäre, hätte sie in Saus und Braus gelebt. Am Abend vor dem Treffen war sie sehr nervös und fragte ihre Mutter: „Was denkst du? Was soll ich anziehen? Ich will nicht zu aufgetakelt sein, doch auch nicht zu leger." Bei diesem Treffen wollte sie sich von ihrer besten Seite zeigen. Ihre Mutter sagte: „Zieh etwas an, worin du dich wohlfühlst, dann wird es gut sein. Vielleicht ein Rock? Wo hast du den kurzen weißen?" Sie entschied sich für eine weinrote Bluse und den weißen Rock, den ihre Mutter vorgeschlagen hatte. Es war so heiß draußen, dass man leicht ein Ei auf der Straße hätte braten können. Auf dem Weg ins Mirage Hotel wäre sie vor Nervosität am liebsten umgekehrt. Wenngleich ging sie gefasst rein und als Pietros Stiefvater auf sie zukam, wurde sie lockerer. Er war sehr höflich, begrüßte sie herzlich und führte sie durch die Lobby in den Speisesaal. Dort saß Pietros Mutter mit ihren Freunden. Mit einer unergründlichen Miene sah sie Kamila an. Sie strahlte kaum Herzlichkeit aus, war kühl und verhalten. Zwar begrüßte sie Pietro, doch die Wiedersehensfreude hielt sich spürbar in Grenzen. Kamila war total verblüfft über die Distanziertheit. Ihre eigene Familie war viel herzlicher und leidenschaftlicher, sie drückten und freuten sich immer beim Wiedersehen. Woher Pietro diese warmherzige Art hatte, war ihr ein Rätsel. Von seiner Mutter bestimmt nicht. Sie war ein Eisblock und unterhielt sich mit Pietro meistens in Portugiesisch, nicht weil sie kein Englisch konnte, sie tat es einfach, weil sie Lust darauf hatte. Das störte Kamila aber nicht, denn vielleicht war das einfacher für sie, denn sie tat es mit ihrer Mutter auch so. Was sie nicht mochte, war die Art, wie sie Kamila ansah. Kamila fühlte, dass seine Mutter sie nicht mochte.

Pietros Mutter war eine sehr hübsche und gepflegte Frau. Sie legte sehr viel Wert drauf, wer wieviel Geld hatte, wie Menschen aussahen, welche Marken sie trugen und war sehr materialistisch eingestellt. Kamila lächelte freundlich und war zurückhaltend, aber höflich. Vor Aufregung war ihr der Hunger vergangen, trotzdem aß sie eine Kleinigkeit, weil es sich so gehörte. Kamila und Pietro blieben nicht länger als eine Stunde und gingen dann zurück zu Kamilas Eltern. Als sie sich höflich verabschiedeten, merkte Kamila, dass Pietro seine Familie vermisste. Das sah sie an seiner Art, wie er seine Eltern verabschiedete. Er sehnte sich nach deren Geborgenheit. Die gleiche Sehnsucht sah sie aber nicht in seinen Eltern. Kamila spürte, dass er sie um die Innigkeit beneidete, die sie mit ihrer Familie hatte. Zwar stritt sie sich ab und zu mit ihrer Familie und war mit ihrer Mutter nicht immer einer Meinung, aber sie liebten sich und das war offensichtlich. Außerdem hatte sie auch eher ein freundschaftliches Verhältnis mit ihren Eltern. Ihre Mutter war Kamilas beste Freundin, die über alle ihre Geheimnisse Bescheid wusste und sie nie dafür verurteilt hatte. Nachdem sie das Restaurant verlassen hatten, sagte Kamila zu Pietro: „Deine Eltern sind sehr nett." Es lag ihr auf der Zunge, ‚spießig und kalt‘ hinzuzufügen, aber sie verkniff sich die Aussage. Sie wusste, dass das niemand über seine Eltern hören wollte. Pietro sagte: „Schade, dass wir nicht länger bleiben konnten." Kamila nickte, obwohl sie froh war, da weg zu sein. Während des Essens hatten seine Eltern nach ihren Eltern gefragt und vorgeschlagen, dass sie sich alle noch einmal treffen könnten. Kamila nickte zustimmend und sagte: „Wir haben so ein festes Programm geplant, aber hoffentlich lässt sich da was machen." In Wahrheit wollte sie es nicht und Pietro wusste es. Er schwieg. Zurück bei ihren Eltern berichtete sie über seine Familie. Es war einfach, ausgelassen zu berichten, denn Pietro verstand polnisch nicht und sie konnte unbeschwert reden.

Kamilas Mutter stimmte Pietro zu und verstand auch nicht, warum Kamila nicht wollte, dass sich die Familien auf ein Abendessen treffen. Selbst sie war neugierig, Pietros Familie kennenzulernen. Kamila beharrte: „Nein, ich will es nicht." Ihr war klar, dass Pietro das als Abweisung interpretierte und sie wollte auch, dass er es so sah. Sie hatten noch ein paar Tage zuvor heftig gestritten und fast Schluss gemacht und jetzt sollten sie auf ‚Friede, Freude, Eierkuchen‘ machen? Das alles war ihr zu unbeständig und außerdem hatte er ihr klipp und klar gesagt, dass er noch nicht heiraten wollte, wozu also dann die Familien da reinziehen? Sie wollte auch nicht mehr darüber reden und sagte: „Ich habe es euch so oft erklärt. Es ist keine Verlobung. Seine Eltern kennen mich, ihr kennt Pietro. Somit die Formalien sind erfüllt. Wenn wir jemals heiraten sollten, dann werdet ihr euch kennenlernen." Sie ging ins Bad, um sich umzuziehen, da jeder schon ausgehbreit war und sie im Kasino shoppen gehen wollten.

Die Geschäfte waren nicht nur mit extravaganten Sachen überladen, sie waren auch sündhaft teuer. Kamila schlenderte Hand in Hand mit Pietro und ihren Eltern durch die Einkaufspassage im Venetian Hotel, als sie zufällig auf Pietros Eltern stießen. Das war ein eher merkwürdiger Moment. Keiner von ihnen wusste, was sie tun sollten. Pietro und Kamila sahen seine Eltern sofort, aber ihre Eltern schauten sich unbefangen weiter die Auslagen an. Sie wussten ja nicht, wie seine Eltern aussahen. Pietro sah Kamila erschrocken zu, sagte kurz „Mist", ging auf seine Eltern zu und begrüßte sie. Auch Kamila ging hin, da sie an Pietros Hand hing. Ihre Eltern wurden aufmerksam und kamen neugierig auf sie zu. Es entstand eine eigenartige Stille. Es war natürlich zum Teil Kamilas Schuld, dass es zu dieser befangenen Situation kam. Sie hatte sich vehement dagegen gewehrt, dass sich ihre Familien kennenlernten. Alle schauten sich nur stumm an. Schließlich brach Kamila die stille und stellte ihre Eltern gegenseitig vor. Sie sagte: „Mama, Papa das sind die Eltern von Pietro… Das ist…" Sie reichten sich freundlich die Hand. Ihre Mütter begutachteten sich und man sah, dass sich beide von ihrer besten Seite zeigen wollten. Aber keine fühlte sich der anderen überlegen. Wie es bei den Frauen so ist, schauten sie eher darauf, wie die andere aussah. Die Väter waren einfacher. Sie begegneten sich viel unkomplizierter. Nach der Begrüßung führten Pietro und Kamila noch ein kurzes Gespräch mit seinen Eltern und dann gingen sie mit ihren Eltern weiter.

Pietro war gereizt und sagte: „Kamila, das war vielleicht jetzt doof. Ich wusste nicht, was ich sagen sollte, so wie du dich dagegen gesträubt hast. Die Situation war einfach bescheuert!" Er warf ihr vor: „Das ist nur deine Schuld gewesen! Du hast so sehr darauf bestanden, unsere Eltern einander nicht vorzustellen!" Sie stimmte ihm zu: „Ja, du hast Recht, es ist meine Schuld. Aber wer konnte schon ahnen, dass sie uns hier über den Weg laufen? Die Chancen sind so groß wie in der Lotterie zu gewinnen." Enttäuscht sah er sie an und sie gingen weiter. Sie ließen es dabei bewenden und sprachen nicht mehr darüber. Kamilas Mutter versuchte noch, die Situation zu besänftigen, und sagte: „Kamila, das war doch nicht so schlimm. Sollen wir nicht…" Sie konnte den Satz nicht beenden, denn Kamila blockte sofort ab. „Bitte Mama, lass es sein. Ich möchte es nicht." Sie war sich nicht einmal sicher, ob Pietro und sie zusammenbleiben konnten. Es nervte sie, dass keiner merkte, dass sie sich eigentlich nur selbst vor einer bitteren Enttäuschung beschützen wollte. Für sie war das eine wichtige Entscheidung, was für die anderen eine normale Zusammenkunft war.

Am nächsten Morgen fuhren sie in Richtung Grand Canyon. Auf dem Weg dorthin sahen sie den Hoover Dam. Der war für sie nur deswegen interessant, weil er die Grenze von Arizona und Nevada bildete, ansonsten war er zwar groß, aber eben nur ein Wasserwerk. Man musste schon eine Schwäche für Wasserwerke haben, um daran Gefallen zu finden. Es war ein einfacher Grenzübergang. Nicht wie in Europa in den 80er Jahren mit Grenzwächtern und Passkontrollen. Ein weißer Strich wurde auf der Straße gezogen und auf der einen Seite stand Arizona und auf der anderen Nevada. Das war die Grenze. Faszinierend fand es jeder klasse. Sie konnte es nicht erklären, aber die USA konnte jeden noch so ungläubigen Reisemuffel für irgendetwas begeistern. Es lag einfach in der Luft. Auf dem Weg zum Grand Canyon gab es viel Aufregung. Es fing mit einer Autopanne an. Pietro, der in allem Begabte, ersetzte das Reifen schnell durch den Ersatzreifen. Die Hitze war fast unerträglich und sie sahen auf der Route 66 viele verbrannte Reifenfetzen herumliegen. In der Hitze fuhren sie weiter Richtung Grand Canyon, doch nach ein paar Stunden platzte ihnen der nächste Reifen. Kamila und ihre Eltern waren erschrocken. Kamila fragte ungläubig: „Dass die Reifen die Hitze hier nicht aushielten? Immerhin wurden die Reifen, die in Deutschland verkauft wurden, in Arizona getestet, und in Deutschland gab es eine solche Hitze nicht." An diesem Auto hielten die Reifen kaum den Temperaturen stand. Das konnten sie nicht glauben. Glücklicherweise fanden sie einen Reifenhändler und ersetzten auch den zweiten Reifen. Es war nicht mehr weit, nur noch ungefähr fünfzig weitere Meilen bis zum Grand Canyon, als ein Unwetter aufzog. Man sah kleine Sandwirbelstürme am Auto vorbeiziehen. Darauf waren sie nicht vorbereitet. Es fing an zu regnen, doch es war kein gewöhnlicher Gewitterregen, es war ein ungeheurer Sturmregen. Es kam so viel Wasser vom Himmel herunter, dass sie den Weg nicht mehr sehen konnten. Alles sprach dagegen, den Grand Canyon zu sehen und auch wenn sie ziemlich resistent waren, mussten sie umkehren. Weiterzufahren wäre lebensgefährlich gewesen. So fiel die Grand-Canyon-Tour aus und sie fuhren, von dem Gewitter geschockt, zurück nach Kalifornien.

Zurück in Bay Area hatten sie noch ein wenig Zeit, auszuspannen und die Sachen zu packen, die Kamila nicht mehr benötigte. Kamila kam aus der Dusche und sprach mit ihrer Mutter über die Wohnmöglichkeit bei Aby. „Ja, es ist echt nett von Aby, dass sie mich hier wohnen lässt und ich das Zimmer mieten kann. Das ist aber nicht die Lösung." Es war auch nur als vorübergehende Lösung geplant, da auch ein neues Au-Pair-Mädchen kommen sollte. Ihre Mutter sagte überraschend: „Komm, gib mir das Telefon. Wir rufen Clarissa an, meine alte Schulfreundin. Die wohnt hier in Kalifornien." „Wo wohnt sie denn?", fragte Kamila. „Mutter schmunzelte: „Das werden wir gleich herausfinden." Clarissa war überrascht von ihrer alten Schulfreundin zu hören, denn es war immerhin viel Zeit vergangen. Sie lachten und quatschten eine Weile über ihr jetziges Leben. Mama erzählte ihr von Kamila und von den Plänen in Amerika zu studieren. Clarissa war eine alleinerziehende Mutter und erfolgreiche Karrierefrau. Tatsächlich suchte sie inzwischen Hilfe, da ihr Babysitter heiratete und sie verließ. Für Kamila war Clarissa wie von Gott gesandt. Clarissa war sehr nett und hatte eine Tochter namens Elsa. Sie brauchte nur jemanden, der die Kleine morgens zur Schule fuhr, da sie schon früh bei der Arbeit sein musste. Es war ganz einfach. Kamila könnte dort wohnen und sich auf ihr Studium konzentrieren. Das finanzielle hatte Clarissa mit Mama geklärt, sodass Kamila sich um nichts sorgen machen musste. Das war einfach die perfekte Gelegenheit. Clarissa und Kamila verstanden sich auf Anhieb. Clarissa wusste, dass Kamila kurzzeitig zurück nach Deutschland musste, um Angelegenheiten zu klären. Somit einigten sie sich darauf, dass sie ihre Sachen bei ihr in der Garage lagern würde, während sie in Deutschland war. Wenn sie zurück aus Deutschland käme, würde sie dort wohnen. Clarissa gab ihr schon einen Schlüssel und alles schien toll zu laufen. Kamilas Mutter war beruhigt, denn sie wusste, dass Kamila bei Clarissa gut aufgehoben sein würde. Mama vertraute ihrer alten Schulfreundin, die auch Kamilas Vater kannte.

Clarissa wohnte in einem wunderschönen Haus mit einem Pool. Es war anders als bei ihrer Au-pair-Familie. Das Haus war sehr gepflegt und modern. Es stand in einer reichen Gegend. Kamila lernte auch das Mädchen kennen, das zuvor bei Clarissa gelebt hatte. Sie war eine Chinesin, hatte sich verliebt und war schwanger geworden. Nun wollte sie ihren Schwarm heiraten und zog zu ihm. Sie hatte mit Clarissa schon vier Jahre zusammengewohnt und erzählte nur das Beste über Clarissa und Elsa. Man sah den beiden auch an, dass sie kein Angestelltenverhältnis hatten, sondern Freunde waren. Kamila freute sich, dass alles so gut klappte. Beim Rausgehen stupste sie ihre Mutter an und sagte: „Komisch, wie jetzt alles zusammenpasst, praktisch in der letzten Minute, ein paar Tage vor dem Abflug!" Ihre Mutter fand es nur schade, dass sie an Clarissa nicht schon vor einem Jahr gedacht hatte. Kamila hatte das Gefühl, ein Engel würde über sie wachen, denn die positiven Zufälle nahmen stetig zu. Es musste einfach so sein. Zurück im Haus rief sie ihre Au Pair Gastfamilie, die immer noch in New York waren, an und berichtete, dass sie doch ausziehen würde. Das unglaubliche war, dass die Gastfamilie ihr zusicherte, sie würde bei ihnen immer ein Zuhause haben, falls sie irgendwann eines bräuchte. Das berührte Kamila zutiefst. Sie war sprachlos und als sie danke sagte, brach ihre Stimme kurzweilig. Sie waren fremde Leute, aber inzwischen gehörten für sie zur Familie und kümmerten sich rührend um sie. Herzlich bedankte sie sich für alles und versprach, sie würde sie besuchen kommen. Das ist etwas, das sie nicht in Worte fassen und auch niemandem erklären konnte. Amerika war ihr Zuhause, sie fühlte es von Anfang an und die Leute und Geschehnisse bestätigten es. Sogar ihre Familie war ergriffen von der Herzlichkeit der Leute, die sie ihrer Tochter entgegenbrachten. Mama schmunzelte und sagte „Dein Vater wacht über dich." Kamila lächelte und ging nicht weiter darauf ein. Irgendwie, war es schwierig für Sie über jemanden nachzudenken, den sie nicht kannte. Außerdem, war sie mit Ihrem Stiefvater zu verwurzelt um sich in ihrer Geschichte zu vernetzten. Ihr amerikanischer Vater, war ein Einzelkind und in einem Autounfall ums Leben gekommen als Kamila ein Baby war. Ihre amerikanischen Großeltern waren inzwischen auch gestorben, somit war Amerika als Land die Repräsentation ihrer anderen Hälfte. Die sie schnell zu lieben begann.

Pietros Eltern waren nun auch aus Las Vegas zurück und blieben in Pietros Apartment. Sie veranstalteten ein Barbecue und luden Kamila mit ihren Eltern erneut ein. Kamila wollte nicht dorthin und schon gar nicht die Familien offiziell vorstellen. Sie plante, nur kurz anstandshalber vorbeizuschauen und ihre Eltern damit zu entschuldigen, dass sie mit Packen beschäftigt waren. Ihre Mutter sagte vorsichtig: „Du weißt, dass sich das nicht so gehört. Aber es ist deine Entscheidung", fuhr sie fort: „Ich verstehe, warum du das tust, doch muss ich es nicht gutheißen." Kamila hatte ihrer Mutter zuvor erklärt, warum sie sie nicht mitnehmen wollte, denn sie war sich nicht sicher, wie es mit Pietro und ihr weitergehen sollte. Ja, es schien, dass sie sich zurzeit wieder gut verstehen würden, aber das war vor einigen Wochen noch nicht so gewesen. Sie selbst wollte nicht zum Barbecue gehen, musste aber, weil Pietro es ihr nie verziehen hätte. Pietro war total wütend auf sie, denn er wusste, dass sie das Treffen ablehnte, weil sie traditionell war. Aber er wusste nicht, dass sie es ihm auch unbewusst heimzahlen wollte, weil er nicht bereit war, sie zu heiraten. Sie verstand nicht, warum er zickte, schließlich war er doch zu etwas Ernstem nicht bereit. Wozu dann das ganze dumme Spiel?

Sie gingen also ohne Kamilas Eltern zum Barbecue. Dort war wieder die ‚Schlange' Tante und jetzt auch noch Pietros Mutter, die Kamila von oben bis unten begutachtete. Sie schien nicht viel von Kamila zu halten, bis sie hörte, dass Kamila „Investmentbanking" studieren würde. Kamila fühlte sich unbehaglich und wäre am liebsten weggegangen, als das Thema zur Sprache kam. Seine Mutter kam überrascht auf sie zu und fragte: „Du möchtest Investmentbanking studieren?" „Ja, warum?", fragte Kamila. „Bist du dir sicher, dass das etwas für dich ist?", fragte seine Mutter ungläubig. Kamila lächelte und sagte bestimmt: „Ja." und entzog sich der Situation, als zum Glück eine andere Tante von Pietro reinkam. Sie war lustig und nett, bei anderen eher unbeliebt, da sie bei Feiern gerne viel trank. Kamila fühlte sich wohl bei ihr, denn sie musste ihr nichts vormachen und konnte ungezwungen sein. Sie verzog sich mit der Tante auf die Terrasse, um aus der Schussweite zu gelangen. Nach dem Essen wollte Kamila zurück zu ihren Eltern. Sie waren alleine und Kamila machte sich Sorgen um sie. Pietro wurde wütend. Er wollte bei seiner Familie bleiben. Zwar sah sie ein, dass er mit seiner Familie zusammen sein wollte, aber sie würden noch ein paar Wochen bleiben. Es war doof, dass sie mit einem Auto gekommen sind, denn jetzt musste er sie zurück fahren. Auch wenn das nur fünfzehn Minuten war, hat er nicht daran gedacht, sich wieder seiner Familie anzuschließen. Für Kamila war es klar, sie und ihre Eltern würden in drei Tagen für eine unbestimmte Zeit abreisen. Er musste sich entscheiden. Wieder gerieten sie heftig aneinander. Für viele Außenstehende war das bestimmt kindisch, sich über solche Kleinigkeiten zu streiten, doch sie wussten auch nicht, was die Ferne und Heimweh mit Leuten machte. Pietro und sie liebten sich, doch sie brauchten auch die Nähe ihrer Familien. Diese Zugehörigkeit, die sie im Ausland nicht hatten, war wichtig, denn dort lagen nicht ihre Wurzeln. Kamila nahm an, dass sie sich gegenseitig verstehen würden, doch sie sprachen ihre Sorgen und Ängste nicht aus. Sie schützten sich vor Heimweh und benutzten diese Ängste gegenseitig als Angriffsziel.

Umgekehrte Welt

Kamila wusste nicht, dass Pietro die Hoffnung aufgegeben hatte, sie je wiederzusehen. Er brachte sie und ihre Eltern zum Flughafen und blieb ungewöhnlich distanziert und verhalten. Er war nicht mehr fürsorglich wie zuvor. Das empfand sie als Ablehnung und fragte sich: ‚Warum will er überhaupt, dass ich zurückkehre?' Er machte noch einen halbherzigen Versuch, sie zum Lachen zu bringen, aber als sie durch die Passkontrolle ging, verschwand er. Was sie nicht wusste war, dass er sich selbst vor seinen Gefühlen schützte. Sie dachte sich nur, sie müsste sich jetzt auf ein neues Spiel einstellen und flexibel bleiben, denn jetzt würde sie sich wieder an Deutschland gewöhnen müssen.

Die Heim Rückkehr fühlte sich merkwürdig an. Obwohl sie sich immer wieder mit Pietro stritt und gegen die Beziehung wehrte, vermisste sie ihn jetzt furchtbar. Die Gefühle übermannten sie. Vielleicht war sie so sehr damit beschäftigt gewesen, die Liebe zu Pietro zu zügeln, dass sie vergessen hatte, wie es war, einfach frei zu lieben. Während des Fluges versuchte sie mit aller Kraft, ihre Tränen zu unterdrücken. Die ständige Gefühlskontrolle wurde durch die Realität, dass sie ihn vielleicht nie wiedersehen würde, unerträglich.

Pietro blieb standhaft und rief sie in Deutschland jeden zweiten Tag an. Doch Kamila kämpfte mit einer unerwarteten Situation. Obwohl sie sich so sehr nach ihrem Zuhause sehnte, entdeckte sie erschrocken, dass sie sich jetzt nirgends wo mehr zu Hause fühlte. Sich an die Routine ihrer Eltern zu gewöhnen war schwierig. Ihre Eltern waren pedantisch sauber und obwohl sie das so sehr bei ihrer Gastfamilie bemängelte, störte dieser Gegensatz sie an ihren Eltern jetzt. Die Zeit in Amerika war nicht spurlos an ihr vorbeigegangen. Mit ihrem Bruder hatte sie keinen Gesprächsstoff mehr, es war nicht mehr das gleiche wie vorher. Er hatte keine Lust, von Amerika zu hören und wie toll es dort sei. Er dachte: ‚Meine Güte gibt sie an, mit Amerika hier und Amerika da. ‚Leider dachten vieler seiner Freunde auch, dass sie mit ihren Geschichten und Reisen angeben würde und sich jetzt für etwas Besseres hielt. Diese allgemeine Ablehnung verstand sie nicht. Das war jetzt ein Jahr ihres Lebens und niemand wollte etwas davon hören. Das war niederschmetternd für sie, denn sie hat nur versucht, das Erlebte mitzuteilen. Ihr Enthusiasmus kam nicht gut an, es polarisierte eher. Ihr Bruder konnte es irgendwann nicht mehr hören und bat sie: „Bitte kannst du dich ein bisschen mit deinen Amerika Zeug zurückhalten." Sie fühlte sich abgewürgt und verletzt und ging ihm aus dem Weg. Sie litt darunter, denn sie brauchte ihren Bruder und die frühere gewohnte Nähe. Kamila wusste nicht, wie sie mit der Situation umgehen sollte, denn sie fühlte nicht, dass sie sich verändert hatte. Sie hatte nur mehr gesehen, sonst war sie immer noch die Gleiche. Der ganze Stress und die ständigen Umstellungen machten ihr schwer zu schaffen. Sie dachte, dass das Jahr in Amerika sie erfolgreicher machen würde und nicht, dass sich die Leute gegen sie auflehnen würden.

Kamila traf sich mit ihrer Freundin Carolin, die vor einem Jahr, wie Kamila, auch keinen Platz an der Uni bekommen hatte. Sie ging mit ihr und zwei früheren Mitschülern chinesisch Essen. Carolin war inzwischen mit einem ihrer ehemaligen Klassenkameraden zusammen. Titus war sehr nett, groß und sehr dünn. Er war clever und der Technologie und Informatik verfallen. Ihre Freunde waren überrascht, wie Kamila sich weiter entwickelt hatte und wie sehr sie für ihr Fortkommen kämpfte. Sie dachten, sie hatte das große Los gezogen und wäre dem kalten Deutschland nach Kalifornien entflohen und hätte dort jeden Tag faul in der Sonne gelegen. Kamila brachte ihre Fotos mit, um ihre Reisen mit den Jugendlichen zu teilen. Sie dachte sich nichts dabei und berichtete natürlich nur über die besten Seiten ihrer einjährigen Au-Pair-Zeit. Was sie zeigte, waren Wochenendausflüge, die sie an unglaublich schöne Orte geführt hatten. In den Alben war keine Spur von Heimweh, täglicher Routine, Herzschmerz, Zerrissenheit oder Problemen zu sehen. Es waren die glücklichsten Momente ihres Jahres.

Die Freunde und Mitschüler sahen sie an und ein menschlicher Neid überzog sie. Carolin war es nicht so gut ergangen wie Kamila. Ihre Eltern unterstützen ihr Vorhaben wenig und daher hatte sie eine Arbeit in einer Fabrik angenommen. Sie bemühte sich, Geld für ihr Studium zu sparen. Kamila hörte ihr zu und schämte sich fast schon für ihr Glück. Es tat ihr weh, dass ihre Freundin es schwer hatte. Es war aber auch nicht so, dass sie es leicht gehabt hatte. Sie war weit weg von allen Menschen, die sie liebte. Inzwischen bezahlte sie damit, dass sogar ihr eigener Bruder sich ihr entfremdet hatte. Zwar hatte sie Pietro und Freunde gefunden, aber sie musste jeden Tag damit rechnen, einen ihrer Freunde zu verabschieden. Die Karten wurden von Monat zu Monat neu gemischt. Selbst jetzt wusste sie nicht, ob sie zurückkehren konnte und ob sie Pietro je wiedersehen würde. Es war nicht alles rosig. Gegenüber den anderen sprach sie nicht über Kummer, denn wer wollte sich so zur Schau stellen. Freunde, die mit ihr in den USA waren, verstanden sie, denn sie lebten die gleiche Unbeständigkeit, der jeder mit großem Los ausgesetzt war.

Während des Essens schaute sie ihre Freundin an und sah, wie schön schlank sie war. Carolin hatte eine Traum-Modelfigur. Sie war so schlank und geschmeidig. Kamila dachte: ‚Ich war auch mal so schlank gewesen, doch in Amerika hatte ich mich ein bisschen von Pietro zum Essen verführen lassen.‘ Dort nahm es mit der Figur aber auch keiner so genau wie in Deutschland. Sie verbrachte nicht viel Zeit bei ihren Freunden. Nach dem Essen gingen sie zusammen noch ein bisschen bummeln und dann fuhr sie zurück nach Hause. Kamila entwickelte eine innere Unruhe und fühlte sich inzwischen nirgends mehr richtig wohl. Zwar mochte sie ihre Freundinnen in Deutschland, aber es war anders als in Amerika. Das Leben in Deutschland war wie in der Antarktis, eiskalt und man musste sich vor allem in Acht nehmen. Amerikas Lifestyle hingegen glich Mauritius, wo man die Schuhe auszog und barfuß am Strand lief.

In der Innenstadt traf sie auf Ebru, eine weitere Freundin aus der Schulzeit, und ging mit ihr ins Schwimmbad. Dort trafen sie auch Sidika die früher in die Parallelklasse ging. Kamila hat mit beiden Mädchen viel Zeit früher verbracht. Die Mädchen führten inzwischen ein ganz anders Leben als sie. Das war ein Schock, denn es waren doch nur dreizehn Monate vergangen. Ihre Freundinnen hatten inzwischen beide geheiratet, während sie sich überlegte, wie sie ihr Studium absolvieren könnte. Die Realität der Umgebung erschreckte sie. Gedanken der Unsicherheit plagten sie: ‚Bin ich denn tatsächlich so anders? Passe ich hier nicht mehr dazu? Passe ich nur noch in die USA?‘ Im Freibad sprach sie mit ihren Freundinnen über ihre früheren Träume. Sie fragte Ebru: „Du wolltest doch Flugbegleiterin werden und du Sidika, eine selbständige Kosmetikerin. Was ist passiert? Keine von euch macht das, was sie wollte?“ Sidika fing sich an fast schon zu rechtfertigen, dass sie jetzt verheiratet ist und die Ausbildung zur Kosmetikerin würde zu viel kosten. Außerdem möchte sie auch bald Kinder haben. Ebru fügte hinzu: „Weißt du Kamila, wenn du dich verliebst wirst du auch anders denken.“ Kamila sah sie nachdenklich an und innerlich dachte sie: ‚Nein, ich werde nie so sein.‘ Sie war die Einzige von ihnen, die etwas aus ihrem Leben zu machen versuchte. Sie wollte ein besseres Leben, eine Karriere und sie ging zielgerichtet darauf zu. Die anderen Mädchen in ihrem Alter gründeten Familien und von ihren ehrgeizigen Plänen war nichts übriggeblieben. Das erschrak sie: „Gott bin ich nicht normal, weil ich noch keine Kinder möchte?“

Kamila hinterfragte ihre Kultur sowie ihre frühere Umgebung und fing an, sich fehl am Platze zu fühlen. Sie vermisste ihre Freunde in Amerika und sie wollte das freie Leben dort leben. In Amerika war es ehrlicher, aufrichtiger und lustiger, auch wenn viele Europäer es als oberflächlich sahen. Die Leute dort nahmen das Leben leichter, sprachen kaum über Probleme und spornten sich gegenseitig an. Dort war man nicht neidisch oder konkurrierte so direkt miteinander. Zusammen hatten sie

Spaß und sogar ein Wettkampf wurde zu einer Party. Kamila bekam diesmal Heimweh aber nach San Francisco – ihrer Stadt.

Azze hatte inzwischen auch einen Freund. Zusammen mit ihm kam sie Kamila zu Hause besuchen. Kamila freute sich für Azze, die mit Antonio glücklich zu sein schien. Azze sprach übers Heiraten und als sie Azze sprechen hörte, dachte sie nur: ‚Sie ist doch erst einundzwanzig‘. Beim Anblick der ganzen Pärchen dachte sie an Pietro und wie sehr sie sich nach ihm sehnte, obwohl sie so viele Probleme miteinander hatten. Diesmal war sie ihm sogar dankbar, dass er noch nicht heiraten wollte. Panik überfiel sie, dass sie sich diesem Leben in Deutschland vielleicht fügen müsste. Kamila wollte nicht Frau von einem Mann sein. Sie konnte sich nicht vorstellen, jemandem zu gehören und wollte eine eigene Karriere und Leben haben. Sie wollte reisen und sich weiterentwickeln. In der Umgebung in der Sie in Deutschland aufwuchs, sah sie sich nicht mehr und das machte sie traurig, schließlich war das ihr Zuhause! Das war der Ort, wo ihre Familie war. Wie konnte sie allen begreiflich machen, dass sie jetzt ihr Leben in Amerika sah? Sie wollte zurück, denn Amerika bedeutete für sie eine freie Entfaltung. Kamila fühlte sich wie ein Fisch, der an Land gespült worden war und zurück ins Wasser wollte.

Während sie in Europa auf restliche Übersetzungen wartete, fuhr Kamila mit ihren Eltern nach Polen, um ihre Großeltern zu besuchen. In Amerika hatte sie sich nach ihrer Familie gesehnt und fühlte sich nun sehr glücklich, ihre Großeltern zu sehen und ihre Wurzeln zu besuchen. Die Fahrt nach Polen war lustig. Sie verstand sich klasse mit ihren Eltern und fühlte sich geborgen. Marius und Fiona fuhren mit einem anderen Auto hinterher und sie trafen sich erst an der Grenze nach Polen. Leider war der Aufenthalt bei ihrer Familie in Polen alles andere als spaßig. Sie wurde oft angegriffen. Kamilas Oma fragte sie: „Warum hast du eigentlich so viel zugenommen in Amerika? Du hast letztes Jahr so toll ausgesehen!“ Sie hatte nun Hosengröße 38, nicht mehr 34 und galt jetzt schon in den Augen aller als üpig. Niemand konnte sich mit ihr freuen und sie fühlte sich wie eine Außenseiterin. Kamila zog sich für den restlichen Aufenthalt in sich zurück und weigerte sich über ihre Zeit in Amerika zu sprechen. Dies wiederum ließ sie arrogant erscheinen. Hierbei konnte sie einfach nicht gewinnen. Dabei brauchte sie die Zuneigung ihrer Familie so sehr. Alle hielten sie für zu unkonventionell, weil Kamila nicht daran dachte, wie die anderen eine Familie zu gründen, sondern nur über das Reisen sprach. Irgendwann war sie nur froh, als sie endlich zurück nach Deutschland fuhren. Kamila betete inbrünstig zu Gott: „Bitte lieber Gott, erlöse mich von dem hier. Lass mich bitte zurück nach Amerika gehen. Ich liebe meine Familie, aber ich will leben, ich will atmen und hier werde ich verwelken. Ich passe hier nicht mehr dazu.“

Luciana, die sich ebenfalls um ihre Unterlagen für Amerika bemüht hatte, rief Kamila aus der Ukraine an und sagte, dass sie nicht nach Amerika zurück gehen könnte. Ihre Eltern hatten nicht die finanziellen Mittel und würden sie nicht unterstützen können. Kamila war geschockt. Luciana hatte darauf vertraut und ihre ganzen Sachen in Amerika gelassen. Nach dem Anruf wusste Kamila, dass sie ihre Freundin nicht so schnell wiedersehen würde. Der Traum, zusammen in den USA zu studieren, war geplatzt. Alle ihre engsten Freunde waren jetzt über Europa verteilt. Alle Leute, die sie verstanden, die so waren wie sie. Der Einzige, der noch in den USA auf sie wartete, war Pietro und mit ihm ihr Ziel, das Studium anzutreten. Kamila bat Gott jeden Tag um Erlösung. Sie musste einfach zurück nach Amerika und ihr Studium dort machen, denn sie war wie die Leute dort: offen, freundlich, unbefangen und unkonventionell. Sie hätte es auch in Deutschland machen können, aber dieses Gefühl, dahin gehen zu müssen, war unerklärlich. In Amerika war sie frei und sie passte zu der Kultur und zur Umgebung. Die Leute dort verstanden ihr Sinn für Humor und liebten ihre Art und Weise. Sie wollte zurück.

Ihre Gebete wurden erhört und das Glück schien auf ihrer Seite zu sein, denn ihre harte Arbeit und das viele Lernen hatten sich gelohnt, ihre Unterlagen waren einwandfrei. Sie konnte zurück. Ihre Mutter verstand Kamila und unterstütze sie bedingungslos. Kamila wusste, dass es nicht selbstverständlich war, dass sie in USA studierte. Es war Luxus und teuer. Sie hätte das Gleiche auch in Deutschland tun können, aber ihre Mutter verstand sie. Selbst eine Immigrantin, wusste sie das Kamila in Deutschland unglücklich sein würde. Ihre Mutter wusste es schon als sie das erste Mal Kamila in USA besuchen kam. Sie war dort anders und das machte ihrer Mutter damals Sorgen, denn sie passte nicht mehr in ihre alte Umgebung. Kamila war völlig aus dem Häuschen als ihre Eltern ihr das Rückkehr Ticket nach USA kauften. Das war in ihren Augen das nicht anders zu bezeichnende Freiheitsticket. Die Zeit in Deutschland ging schneller vorbei, als sie geahnt hatte. Leider hatte sie sie kaum mit ihrer Mutter genießen können und ebenso wurde ihr klar, dass sie auch in Amerika viel Zeit damit verbracht hatte, Probleme zu wälzen und vieles nicht entspannt hatte genießen können. Aber in diesem Lebensausschnitt hatte sie nie das Gefühl, Kontrolle über ihren eigenen Weg zu haben. Sie war immer auf einem Wartemodus und hatte sich durchgehend Sorgen gemacht, ob sie studieren könnte, ob sie ihre Freunde jemals wiedersehe und ob sie Pietro wiedersehen würde. Ihr waren die Menschen wichtig, mit denen sie zusammen war, aber ihre Ziele waren genauso wichtig. Kamila wusste, sie musste sich bemühen, vorwärtszukommen. Sie wollte ihre Familie stolz machen und sie war ihrer Mutter so dankbar, dass sie ihren Drang, sich ‚lebendig' zu fühlen, unterstützte.

Ihre Mutter achtete darauf, dass Kamila gut aussah. Sie sagte zu ihr: „Komm, wir gehen jetzt einkaufen und polieren dich ein bisschen auf." Schon jetzt vermisste sie Kamila und wollte sie nicht unbedingt wieder gehen lassen, aber sie spürte, dass es das Beste für sie war, denn ihre Tochter war hier verloren. Kamila grinste und sagte: „Das müssen wir nicht." „Doch, müssen wir", lachte ihre Mutter.

Vor ihrer Abreise traf sich Kamila nicht mehr mit ihren alten Freunden, denn viele hatten jetzt einen Freund oder sogar ein Eheleben und waren mit dem Alltag beschäftigt. Sie verabschiedete sich telefonisch. Marius kam jedoch mit Fiona, um tschüss zu sagen. Auch wenn sie unbedingt nach Amerika wollte, fiel Kamila die Familientrennung schwer. Sie hoffte, dass sie, wenn sie mit dem Studium fertig wäre, ein anders Leben hier führen würde und dann würden sie die Leute, die sie lieb hatte, vielleicht wieder verstehen. Dann würde sie endlich frei sein und so leben können, wie sie wollte, denn Kamila glaubte, dass Akademiker es einfacher hatten. Bis dahin würde sie eben Opfer bringen müssen. Für sie das größte Opfer war ihre Mutter, Freundin und Verbündete zurück lassen zu müssen. Ihre Eltern brachten sie zum Flughafen. Sowohl in Amerika wie auch in Deutschland war der Abschied von ihren Eltern auf eine unbestimmte Zeit schwer. Der Abschied hieß, nicht an Geburtstagen, Feiertagen oder bei schönen oder schweren Anlässen zusammen zu sein. Das Wissen um diesen Verlust betäubte die Gefühle in ihr. Kamila hasste ihr Leben und die Tatsache, dass sie sich in ihrer Heimat nicht zugehörig fühlte. Fakt war, dass sie nirgendwo dazugehörte und ihr inneres Gefühl drang sie, wegzugehen. Ihre Mutter versuchte sich zu beherrschen, um es Kamila leichter zu machen und auch ihr Vater hielt sich wacker. Kamila ging wie immer hoch erhobenen Hauptes durch die Passkontrolle. Sie stieg in das Flugzeug und flog nach Amerika mit einem genauen Ziel vor Augen: Sie würde dort studieren und ohne den Abschluss nicht wieder zurückkommen.

Kurz vor dem Boarding saß Kamila in einem Sessel im Terminal und schluchzte traurig vor sich hin. Sie versuchte, die Tränen und ihren Schmerz zu unterdrücken und obwohl sie mittlerweile geübt darin war, schaffte sie es diesmal nicht. Die Gefühle nahmen ungehindert ihren Lauf. Nun war sie volljährig, hatte ihre Papiere und kam ihrem Ziel näher. Und sie wäre überall hingegangen, um ihr Ziel zu erreichen, sogar nach Afrika, wenn sie dorthin passen würde und es sein musste. Kamila war eine Meisterin im Gefühle parken und dieses Mal musste sie ihr verlangen nach Familiennähe zurückstecken, um ihrem Erfolgsdrang freie Fahrt zu geben. Im Flugzeug fühlte sie sich wie betäubt und war so von ihren Gefühlen gelähmt, dass ihr alles wie in einer Zeitlupe vorkam. Sie bestellte Sekt, wollte einschlafen und den Heimwehschmerz vergessen. Es funktionierte und sie schlief eine Weile. Der Flug kam ihr unendlich lang vor. In Amerika

angekommen, stieg sie aus dem Flugzeug und ging gleichgültig an die
Gepäckkontrolle.

Die Zeichen

Pietro holte Kamila vom Flughafen ab. Zuerst war es irgendwie ungewohnt, ihn nach sechs Wochen wiederzusehen. Er aber war aus dem Häuschen und konnte sie nicht eng genug an sich drücken und starrte sie pausenlos an. Kamila war überrascht von seiner Leidenschaft. Er starrte sie an und sagte: „Ich liebe dich, ich habe dich so sehr vermisst." Im Auto knutschten sie dann so intensiv, dass die Leute hinter ihnen zu hupen begannen. Kamila lachte und sagte: „Wir werden noch verhaftet." Er lachte und drückte ihre Hand ganz fest. Was als nächstes passierte erschreckte sie. Er fing wie aus dem nichts voller Gefühl an zu schluchzen. Sie schaute ihn überrascht an und fragte erschrocken: „Was ist los, warum weinst du?" Er antwortete schluchzend: „Ich bin so froh, dich wieder zu haben! Ich habe gedacht, ich würde dich nie wiedersehen." Sie war so gerührt, dass sie anfing mit ihm schluchzten. Er fuhr zur Seite und hielt kurz an und sie küsste vorsichtig seine Tränen vom Gesicht. Sie ahnte nicht, wie sehr auch ihn diese Trennung belastet hatte, denn sie dachte immer, sie wäre die Einzige, die ihre Gefühle kontrollierte, weil sie Angst hatte, ihn aufgeben zu müssen. Doch ihm war es auch so ergangen. Beide wussten, was dieses Glück mit sich brachte. Das Dumme war, dass sie nicht anders konnten, obwohl beide ehrgeizig ihre Ziele verfolgten, liebten sie sich. Pietro wusste, was es bedeutete ein Weltbürger zu sein. Jeder, der in einem anderen Land als seinem Mutterland lebte, spürte diesen Zwiespalt in sich. Man fühlte sich nirgendwo richtig daheim. Seit sie in den USA lebte, waren Kamilas Freunde überall in der Welt verstreut. Ihr Freund war ein Ausländer und ihre Eltern im Ausland. Die Welt erschien anders: Sie war nicht mehr groß, sie war nur kompliziert.

Das Haus sah einladend aus, als sie bei Clarissa, der Freundin der Familie, angekommen sind. Clarissa war bei der Arbeit und so war Kamila mit Pietro alleine. Sie hatten nicht viel Zeit, sich wieder aneinander zu gewöhnen, doch das hielt sie nicht davon ab, fast schon wie ausgehungerte Tiere übereinander herzufallen. Danach holten sie lachend ihre Sachen aus der Garage und brachten sie in ihr neues Zimmer. Kamila fühlte sich bei Pietro geborgen und nach sechs Wochen Pause schien ihre Beziehung wie am Anfang zu sein. Doch sie hatten nicht viel Zeit. Pietro musste am nächsten Tag zur Arbeit und Kamila brauchte ein Auto um zur Uni zu fahren. Sie stöberten die online Auto Anzeigen und fanden einen gebrauchten Kleinwagen. Genau im von Kamilas Eltern vorgegebenen

Budget. Am Wochenende angekommen fragte Kamila skeptisch: „Können wir heute das Auto besichtigen? Es ist doch Sonntag!" Pietro lachte und sagte: „Wir sind in Amerika Hasi, wir können alles." Auch sie lachte. In Amerika war alles anders als in Deutschland. Das Leben pulsierte 24/7, ein Sonntag war wie ein Montag, alle Geschäfte waren geöffnet. Pietro und Kamila kauften Zeitungen und studierten Internetanzeigen. Kurze Zeit später hatten sie ein Auto gefunden. Es war ein roter Geo Metro; süß und klein. Genau richtig für Kamila, um Elsa zur Schule zu bringen und selbst zur Schule zu fahren. Pietro war sehr fürsorglich und lieb zu ihr und diese Beständigkeit schweißte sie erneut zusammen. Kamila genoss es, wieder jemanden zu haben, der Verständnis für ihre Ziele hatte. Vorwürfe und Unverständnis waren ihr von ihren Freunden in Deutschland und von der Familie in Polen entgegengeschlagen und sie war froh, mit Pietro die alte Seelenverwandtschaft zu spüren. Von ihren Erlebnissen in Europa erzählte sie Pietro nichts, denn sie wollte es vergessen. Außerdem war sie sehr dankbar, ihn bei sich zu haben und ihre Zweisamkeit zu genießen. Sie hatte ihn vermisst. Jetzt waren sie in Amerika auch fast alleine, da die meisten ihrer Freunde in ihre Heimatländer zurückgekehrt waren. Nur Maxim und Jana waren geblieben. Das war jetzt nicht direkt ein Gewinn an Freundschaft, aber wenigstens waren sie nicht komplett alleine.

Kamilas Freundinnen waren auch nicht mehr da. Luciana konnte nicht zurück und die anderen Au-Pairs mussten zurück in ihr altes Leben. Obwohl sie das Jahr zuvor ständig Goodbye hatte sagen müssen und von Neuem anfangen, könnte man meinen, sie hätte sich daran gewöhnt, doch das Gegenteil war der Fall. Sie wollte sich nicht binden, der Schmerz des Loslassens war schlimm. Deswegen klammerte sie sich umso mehr an Pietro, denn sie wollte ihn auch nicht verlieren. Inzwischen war er alles für sie geworden, alle waren weg. Er war Vater, Mutter, Freund, Geliebter und Vertrauter. Er war ihr Leben. Ab und zu war es schwierig für sie zu begreifen, dass er auch mal alleine sein wollte, denn sie fühlte sich so einsam, dass sie ihm diese wenige Zeit kaum zugestehen wollte. Sie begann sich dafür schuldig zu fühlen und machte sich ständig selbst Vorwürfe, dass sie noch keine neuen Freundinnen hatte.

Als Kamila mit der Uni anfing, begann auch gleich der Alltag. Schnell gewöhnte sie sich ans Uni-Leben und die tägliche Routine, die mit dem Lernen kam. Sie war verwundert, dass es ihr so einfach fiel, in ihrer dritten Sprache zu lernen. Obwohl, erbarmungslos die Versagensangst an ihr nagte. Auf der Uni war das Knüpfen neuer Freundschaften ein bisschen schwieriger. Die Studenten hatten ein ganz anderes Leben. Dahingegen hatten die Au-pairs viel gemeinsam und waren alleine in einem fremden Land, das brachte sie oft zusammen. Themen wie die Gasteltern und deren Kinder waren ständig präsent. Die Sehnsucht nach Familie und Heimat machte die Au-Pairs als Freundinnen zugänglicher. Im Gegensatz dazu hatten viele Amerikaner ihre Familien und Freunde vor Ort. Sie waren nett und Kamila verstand sich gut mit ihren Kommilitonen, aber außerhalb der Schule hatte jeder sein eigenes Leben. Sie überlegte kurz, wie es wohl wäre wenn ihr Leiblicher Vater nicht in einem Autounfall gestorben wäre. Wären Sie jetzt alle in USA gewesen?

Kamila hatte unter der Woche auch kaum Zeit. Alles war bis ins letzte Detail geplant. Ihre Wochenenden aber waren frei und ihr fiel es schwerer alleine sie zu ertragen. Freitagabends und samstags hatte sie Zeit. Der Sonntag war immer für das Lernen eingeplant. Sie brauchte die Zuwendung und Liebe von Pietro, denn Freunde ersetzten die Familie, die nicht da war. Mit dem Ende des Au-pair-Jahres war auch der Spaß vorbei. Alltag kehrte ein und der sah genauso aus wie in anderen Ländern auch, trotz des guten Wetters. Der Tag bestand aus Schule, Arbeit und Lernen. Kamila vermisste ihre Freundinnen und die damit verbundene Ungezwungenheit. Dadurch, dass sie noch kein neues Sozialleben aufgebaut hatte, fühlte sie sich von Pietro total abhängig und fing an, ihn und sich dafür zu hassen, denn er spiegelte ihre Unzulänglichkeit.

Langsam begann sie, ihm die Schuld für ihre Schwäche zu geben, weil er alles für sie tat und sie sich so hilflos neben ihm fühlte. Er wusch sogar ihr Auto, ohne dass sie ihn darum gebeten hatte. Irgendwann ertappte sie sich dabei, die Uhr zu beobachten, wenn Pietro arbeiten musste und darauf wartete, dass er kam. Neben ihm fühlte sie sich armselig, bedeutungslos und hasste sich dafür, dabei wollte sie doch selbstständig sein. Am meisten aber vermisste sie ihre Eltern, den Bruder und ihre Freunde. Interessant dabei war, dass sie die Zeit in Deutschland, in der sie die Stunden gezählt und sich gewünscht hatte, dort wegzugehen, einfach vergaß. Kamila wünschte sich Beständigkeit und fragte sich: ‚Warum habe ich so einen schweren Weg gewählt?‘ Die Leute um sie herum waren sehr nett zu ihr. Jeder in Amerika war gedrillt, höflich zu sein. Man sprach nicht über Traurigkeit und Negativität, Kamila auch nicht. Wenn jemand fragte, wie es ihr ginge, reagierte sie wie jeder andere und sagte: „Super, und dir?“ Dieses aufgesetzte Lachen saß, sie sah fröhlich und gesund aus. Doch unter der Maske fühlte sie sich isoliert und verlassen in einer fremden Welt. Sie wusste aber inzwischen auch nicht mehr, welche Welt überhaupt ihre war. Wo gehörte sie hin? In Deutschland sahen die Leute sie inzwischen als Amerikanerin an. ‚Wie ironisch‘, dachte sie sich oft. In Polen sahen die Menschen sie als Deutsch an. Vielleicht war sie tatsächlich Amerikanerin geworden, eine der Immigranten. Sie fühlte sich mit den Menschen hier verbunden. Alle waren Ausländer und verstanden auch das aufgesetzte Benehmen. Es war leichter, über Gutes als über Schlechtes zu reden. Wozu darüber reden? Es existierte zwar, wurde aber nicht besser, wenn man darüber sprach. Im Gegenteil, man fühlte sich schlechter. Wenigstens wurde die Laune besser wenn man über gute Dinge sprach. Ihr war bewusst, dass sie zurück konnte. Aber zurück wohin? Sie passte nicht mehr in ihr altes Leben.

Clarissa, mit der Kamila jetzt eine Weile zusammenlebte, wurde nicht nur zur Familie, sie wurde auch eine sehr gute Freundin und Verbündete. Fast schon eine zweite Mutter. Clarissa bewunderte und respektierte Kamila, vor allem, weil sie so jung war und sich in der fremden Welt so gut zurechtfand. Clarissa hatte sich selbst ihr Studium durch den Verkauf von Hamburgern finanziert und ermöglicht. Sie wusste, wie schwer der Weg war, um von unten nach oben zu kommen. Inzwischen war sie erfolgreich, wohnte mit ihrer Tochter in einer wohlhabenden Gegend in einem wunderschönen eigenen Haus und konnte sich alles leisten, wozu sie Lust hatte. Clarissa sah, dass Kamila College und Arbeit ernst nahm. Sie kannte auch Pietro und er war immer in ihrem Haus willkommen. Wenn Kamila etwas schwerfiel, bemerkte Clarissa das oft und munterte sie immer mit einem guten Wort auf. Sie half Kamila sogar bei ihren Englisch Aufsätzen, korrigierte ihre englische Aussprache und erklärte ihr die grammatischen Fehler. Clarissa war wirklich fantastisch zu ihr. Doch so lieb Clarissa war, so bissig war Elsa mit ihren Launen. Clarissa wusste, dass Elsa einen eigensinnigen Kopf hatte, aber sie hatte Mitleid mit dem Kind. Clarissa fühlte sich dafür verantwortlich, weil sie sich von ihrem Mann hatte scheiden lassen. Der Vater des Mädchens war ein Fall für sich und hatte ziemlich grenzwertige Charakterzüge. Kamila verstand Clarissa und bemühte sich, geduldig mit Elsa zu sein. Clarissa und Kamila erzählten sich Geschichten, philosophierten und Clarissa erwähnte einmal belustigt: „Kamila du wirst nicht glauben, was mir heute passiert ist." Neugierig kam Kamila runter die Treppe und sagte: „Erzähl!" „Ich war heute bei einer Wahrsagerin, nur so zum Spaß. Vielleicht rede ich es mir ein, aber sie hat mir wirklich den richtigen Weg gewiesen." Kamila lachte und sagte: „Cool, glaubst du, sie kann mir auch die Zukunft orakeln?" Clarissa antwortete verschmitzt: „Vielleicht. Ich gebe dir die Nummer. Sie ist aber echt ausgebucht, also sei nicht enttäuscht, wenn es schon mit dem Termin ein bisschen länger dauert." Kamila wollte endlich Licht in ihre unbeständige Zukunft bringen und wollte wissen, worauf sie sich einstellen sollte. Also rief sie bei Kelly, der Wahrsagerin, an, stellte sich als Bekannte von Clarissa vor und bekam einen Termin in der darauffolgenden Woche. Kamila freute sich darauf zu erfahren, ob sie vielleicht endlich ihre durchgeknallte Gefühlswelt in Ordnung bringen würde. Es war spannend, zu Kelly zu fahren. Kamila wusste zuerst gar nicht, worauf sie sich einließ. Das Haus, in dem die Wahrsagerin wohnte, war nichts besonders; keine schwarzen Katzen vor der Türe und keine Kerzen. Kelly war super freundlich, hatte lange dunkle Haare, die zu einem Zopf gebunden waren, und war ziemlich übergewichtig. Jedoch erzeugte sie sofort ein Gefühl der Vertrautheit. Kamila setzte sich auf einen Stuhl, den Kelly ihr zuwies. Kelly fragte sie: „Was führt dich zu mir? Was möchtest du denn wissen? Kamila antwortete: „Naja, meine Zukunft mit meinem Freund und generell meine Karriere würde mich interessieren." Die Wahrsagerin legte Karten und hatte astrologische Berechnungen. Sie sagte ihr folgendes: „Du bist ein Mensch, der immer vom Glück begleitet sein wird." Kamila sah sie ungläubig an und dachte: ‚Ja, ich habe Glück, doch ich musste auch dafür kämpfen.' Kelly weissagte ihr: „Du solltest in den nächsten vier Jahren nicht heiraten, da du dich sehr verändern wirst." Kamila dachte: ‚Vier Jahre? Ok, so lange dauert mindestens die Uni, aber was ist dann mit Pietro?' Die Wahrsagerin sprach weiter: „Du wirst in der Zukunft ein kleines Mädchen gebären, das sehr berühmt werden wird, sollte sie in Amerika aufwachsen. In Deutschland dagegen würde sie sehr erfolgreich werden. Du selbst wirst auch sehr erfolgreich sein und viel Geld haben. Doch in deinen Sechzigern darfst du kein Auto fahren. Das könnte für dich zum Verhängnis werden." Kamila lachte und sagte ironisch: „Naja, wenn ich so reich werde, kann ich mir dann jeden Tag ein Taxi leisten." Kelly antwortete ernst: „Ja, dafür wirst du das Geld haben." Kamila war enttäuscht. Sie dachte: „Vom Glück begleitet und nun sechzig Dollar leichter." Und sie wusste immer noch nicht, ob es jemals besser werden würde. Die Wahrsagerin orakelte auch, dass Kamila in der Zukunft nicht mit Pietro zusammen sein würde, wich dem Thema aber arg aus. Das bedrückte Kamila nur noch mehr. Sie wollte zwar selbstständig sein, aber Pietro wollte sie auch nicht aufgeben und fragte sich: ‚Warum wollte sie so ausdrücklich nicht das Thema Pietro angehen?' Kelly sagte: „Du wirst in Deutschland jemand anderen kennenlernen und nicht mehr an Pietro zurückdenken. Genaugenommen werden es zwei Männer sein, einer, der viel älterer ist als du und ein jüngerer." Kamila fragte: „Wer wird besser für mich sein?" Kelly sagte, dass beide gut wären, doch der Jüngere würde sie einfach glücklich machen. Nachdenklich verließ Kamila Kellys Haus. Sie wollte ihr nicht glauben, denn sie wollte, dass es mit Pietro klappt.

Obwohl Kamila sehr mit dem College beschäftigt war und die Monate schnell vorüber gingen, dachte sie oft an ihre Familie und dass ihr Bruder gerade ohne sie Geburtstag feierte. Es war inzwischen Ende des Sommers und sie konnte wieder nicht dabei sein. Das belastete sie. Es gab ihr das Gefühl, von ihrer Familie abgeschnitten zu sein und machte sie traurig. Wie konnte sie sich daran gewöhnen, wenn ihr Herz sich danach sehnte eine Familie zu haben? Kamila hatte ihrem Bruder Marius schon vor Tagen eine schöne Geburtstagskarte geschickt und rief ihn daheim an. Sie gratulierte ihm fröhlich, obwohl ihr innerlich das Herz brach. Nachdem sie den Hörer aufgelegt hatte, weinte sie bitterlich, wischte sich jedoch, wie immer verärgert über ihre Gefühle, die Tränen aus dem Gesicht und fing an zu lernen. Kurz darauf rief Pietro an und während sie telefonierten, fiel ihr auf, dass er mehrmals davon sprach, schon im Dezember für immer nach Brazilien zurückzukehren. Er sagte: „Weißt du Hasi, ich fühle mich in Amerika nicht mehr wohl und könnte ein besseres Leben in Brazilien führen." Kamila war enttäuscht, dass er so dachte. Was würde denn aus ihrer Beziehung? Sollte das jetzt gewesen sein?

Am nächsten Tag saß sie in ihrer Englischvorlesung und konnte sich nicht auf die kommende Stunde konzentrieren. Das Telefonat ging ihr nicht aus dem Kopf und sie dachte darüber nach, was Pietro gesagt hatte. Sie erinnerte sich plötzlich daran, dass sie letztes Jahr befürchtet hatte, schwanger zu sein. Schon damals hatten sie über die Zukunft gesprochen und sie hatte Pietro gefragt: „Was würdest du tun, wenn ich schwanger wäre?" Er sagte: „Ich wäre überglücklich, eine kleine Kamila zu haben." Das war süß, doch sie schwieg und er fragte sie: „Was würdest du tun?" Sie antwortete spontan: „In der jetzigen Lage würde ich das Kind wahrscheinlich abtreiben." Er schaute sie erschrocken an und es berührte in so sehr, dass ihm Tränen in die Augen schossen. Sie schaute ihn verwundert an und verstand seine Reaktion nicht. Er fuhr sie an: „Wie kannst du so etwas sagen? Du würdest unser Kind umbringen! Mein Kind?" Sie sah ihn verstört an: „Sicherlich würde es mir auch das Herz brechen, aber was würden wir jetzt mit einem Baby machen? Wie würden wir dafür sorgen? Außerdem treffen wir Vorkehrungen. Warum müssen wir jetzt davon sprechen?", gab sie genervt hinzu. Kamila hatte seinen Gefühlsausbruch nicht verstanden. Sie fuhr in ihren Gedanken fort: ‚Wie stellte er sich das alles vor? Sie könnte das Kind nicht alleine aufziehen und gleichzeitig studieren! Er könnte nicht fliegen.' Er sagte: „Wie könntest du mein Kind umbringen?" Genervt hatte sie den Kopf geschüttelt und nichts mehr gesagt. Er war aber wütend auf sie wie noch nie zuvor.

Ihre Gedanken schweiften weiter zu einem anderen Telefongespräch mit Pietro, als er ihr gestand: „Ich hätte Angst, je mit dir ein Kind zu haben, denn ich habe im Leben viel Scheiß genommen (er meinte Drogen) und ich weiß, wenn unser Kind nicht gesund wäre, dass du mir das nie verzeihen könntest und ich könnte damit nicht leben, dass du mich hasst." Sie war wütend über die Situation mit der Rückkehr nach Spanien und wollte es nicht wahrhaben. Kamila überlegte, ob sie jetzt für die paar glücklichen Momente mit Pietro mit einem gebrochenen Herz bezahlen müsste. ‚Ist das Glück? Was ist Glück?', fragte sie sich. ‚Was ist Glücklichsein?' Die Professorin kam rein und Kamila war froh, dass sie nicht weiter über Pietro und sich nachdenken musste, sondern auf die Vorlesung konzentrieren musste.

Routine trieb die Zeit voran. Kamila ging zum College und schaute mittags ab und zu bei Pietro vorbei. Er kochte gerne und fütterte sie noch lieber als er kochte. Sie lebten inniger, denn sie wussten, die Zeit würde kommen und er gehen. Eigentlich wollte sie Pietro aufhalten und bei sich behalten, aber sie konnte ihn nicht darum bitten. Kamila wollte, dass er es von sich aus entschied und wenn er es nicht täte, würde sie ihn gehen lassen. Sie liebte ihn so sehr, dass sie ihm nicht einfach seine Freiheit rauben konnte, und wusste auch, dass es umgekehrt genauso war. Doch sie verzehrte sich nach ihm und wollte, dass er bei ihr blieb.

Nach einigen Monaten freundete sich Kamila an der Uni mit Nora aus Schweden an. Sie war blond, hatte graue Augen, war extrem groß und war super beliebt beim anderen Geschlecht. Sie war das genaue Gegenteil von Kamila, ziemlich ruhig und zurückhaltend. Die beiden sprachen ab und zu in der Vorlesung, trafen sich aber kaum außerhalb der Uni. Nora hatte einen amerikanischen Freund; einen Feuerwehrmann. Ab und zu plauderten sie über ihre Beziehungen und tauschten Neuigkeiten über ihre Pläne fürs Wochenende aus. Sie hatten viele Gemeinsamkeiten, wohnten in der gleichen Gegend und hatten das gleiche Hauptfach im College – Business. Zwischen den Vorlesungen lernten sie sich besser kennen. Kamila erwähnte, dass Pietro bald seinen kommerziellen Pilotenschein bekommen würde und nun nach Brazilien zurückgehen wollte. Darüber war Kamila sehr traurig, aber sie versuchte nie, Pietro vor ein Ultimatum zu stellen. Sie liebte ihn so sehr, dass sie von ihm nicht etwas verlangen wollte, was sie selbst nicht geben konnte: ihre Ziele aufgeben. Nora verstand Kamila sehr gut. Sie lebte selbst fern von ihrer Familie, hatte einen ‚Ausländer‘ zum Freund und wusste, welche Sorgen und Nöte Kamila beschäftigten.

Im Dezember feierten Kamila und Pietro ihr anderthalbjähriges Beziehungsjubiläum. Es fing nicht ganz so gut an, denn Pietro rauchte wieder Gras. Kamila schaute kurz vor ihrer Vorlesung bei ihm vorbei und sah ihn mit seinen Kumpeln. Die Situation war seltsam, denn als die Jungs sie sahen, verzogen sie sich automatisch. Sie sagten nur: „Wir haben was zu erledigen. Bis später, Pietro.“ Kamila wunderte sich, denn sie hatte nur Hallo gesagt. Sie verzog nicht mal das Gesicht, denn sie wusste nicht, was los war. Doch alle standen auf wie beim Militär und mussten auf einmal weg. Als die Jungs alle rausgegangen waren, ahnte sie schon, dass etwas im Busch war. Sie sah Pietro benebelt auf dem Sofa sitzen, wurde wütend und sagte abwertend: „Was tust du? Du solltest lernen und dein Lizenz-Examen fertigmachen und dir nicht die wenigen, noch übriggebliebenen guten Gehirn-Synapsen abtöten!“ Jetzt wurde auch er wütend auf sie und zischte: „Du bist nicht meine Mutter!“ Sie antwortete spöttisch: „Gott sei Dank! Werde endlich erwachsen!“ Er entschuldigte sich und sagte: „Egal, wie böse du auf mich bist, ich bin verrückt nach dir!“ Er wimmerte: „Haaasiiii.“ Da konnte sie ihm nicht mehr widerstehen und lange böse mit ihm sein. Sie lachte und sagte: „Du bist doch bescheuert." Er wusste, wenn sie einmal lachte, war alles wieder ok. „Hörzu ich muss wieder zur Uni. Tue mir den Gefallen und reiße dich zusammen", küsste sie ihn und fuhr. Er musste sich schuldig gefühlt haben, denn er überraschte sie. Irgendwie fand er ihr Auto zwischen den hunderten von Autos auf dem Uni Parkplatz und da er den Ersatzschlüssel hatte, legte er ihr eine rote Rose und Pralinen auf den Sitz. Er schrieb noch eine Notiz: „Hasi liebt Hasi." Als sie aus der Vorlesung gegen 22:00 Uhr kam und Pietros Überraschung vorfand, musste sie lächeln. Wie konnte sie ihm nur böse sein? Er war wie ein großes Kind und egal wie sehr sie versuchte, böse auf ihn zu sein, sie musste ihn einfach lieben.

Erledigt legte Kamila sich mittags für ein Nickerchen schlafen. Sie hatte die ganzen Wochen Prüfungen. Pietro arbeitete an diesem Tag nicht zu lange, kam früher und brachte ihr zwölf rosa Rosen und Fettuccine mit Muscheln mit, ihr absolutes Lieblingsgericht. Er lachte, als er ihr die Blumen gab und sagte: „Sie sind nicht gelb." Sie lachte auch und freute sich, dass er es nicht vergessen hatte. Gemeinsam verbrachten sie zwar einen tollen Abend, doch der Haussegen hing schon am nächsten Morgen wieder schief. Diesmal sagte Pietro ihr: „Was passt dir wieder nicht? Du hast diesen komischen Gesichtsausdruck." Sie hatten zuvor darüber gesprochen, dass Pietro zu der Hochzeit seines Cousins nach Brazilien fliegen wollte und obwohl sie ihm die Feier gönnte, vermisste sie ihn jetzt schon. Sie wollte nicht, dass er geht. Pietro sah sie an und sah nur ihren unzufriedenen Gesichtsausdruck und schon flogen die Fetzen. Er sagte: „Ich kann dir nie etwas recht machen." Sie wusste nicht, worüber er sprach. Sie fühlte sich erschöpft, sich immer wieder bei ihm rechtfertigen zu müssen, und sagte: „Was willst du eigentlich von mir?" In einem Moment des Zorns sagte er dann: „Weißt du was? Ich werde für immer zurück nach Brazilien gehen." Dann später ruderte er wieder zurück und sagte, dass er in Amerika bliebe. Kamila wusste nie, wie sie ihre Gefühle sortieren sollte. Ihr einziges Problem mit Pietro war, dass sie ihn liebte und er ihr nicht gleichgültig war. Sie wünschte sich, dass sie sich von ihm befreien könnte, aber sie wusste, sie könnte es nur tun, wenn er von sich aus Schluss machte.

Der Sinn

Die Uni gab ihr den Sinn, für den es sich lohne, weg von ihrer Familie zu sein und die Schwierigkeiten durchzustehen. Sie fühlte sich gut in der Schule, lernte fleißig und bestand ihre Vorlesungen mit Bravour. Bei den Professoren und Schülern war sie ebenfalls anerkannt und respektiert. Ab und zu half sie den Nachbarn und passte auf deren zwei Jungs auf. Bei den Kindern wusste sie immer woran sie war. Die Kinder waren direkt, ehrlich und beobachteten jeden ihrer Schritte. Auch wenn sie es nie versuchte, konnte sie die Kinder nicht in die Irre führen, dafür aber ab und zu austricksen. Tim war acht und Greg elf. Tim war ein lustiger und frecher Junge. Er war recht mutig, aber zugleich sehr sensibel. Im Gegensatz dazu war Greg der typische ältere Bruder: zurückhaltend, nachdenklich und ernst. Greg übernahm viel Verantwortung und war Kamila als Kind ähnlich. Er schaute zuerst, ob die Personen es Wert waren, bevor er ihnen vertraute. Er war empfindsamer und wechselte seine Meinung nicht schnell. Wenn er jemanden gern hatte, dann war es so. Tim mochte Leute so lange, wie er etwas von ihnen wollte. Er konnte schleimen wie ein Weltmeister, Greg nicht. Kamila mochte beide Jungs. Sie machte mit ihnen Hausaufgaben und brachte sie zum Schwimmunterricht oder zu ihren Freunden. Es war eine entspannte Aufgabe. Sie verstand sich sehr gut mit den Eltern der Jungs, die sie respektierten und sie immer sehr gut behandelten. Die Jungs waren nett, wohlerzogen und die Familie war sehr bodenständig und Kamila fühlte sich dort sicher. Sie bemühte sich auch den Kindern beizubringen, den Eltern mehr unter die Arme zu greifen. Eines Herbsttages, als im Garten die Blätter von den Bäumen fielen, veranstaltete sie ein Wettrennen zwischen den Jungs. Sie teilte den Garten in zwei Hälften auf und gab je einem Jungen einen eigenen Teil. Dann sagte sie den Jungs: „Derjenige, der am schnellsten alle Blätter auf einem Haufen gesammelt hat, kriegt eine Kugel Eis mehr." Die Jungs lachten und da sie immer noch Kinder waren, war das Konkurrenzspiel in ihrem Sinne. Sie machten sich auf die Socken und sammelten alle Herbstblätter, die in dem ganzen Garten verteilt waren, auf einem Haufen. Es ging schnell und Greg gewann. Er war cleverer und erarbeitete sich eine Technik. Tim lief drauf los und sammelte mit verschieden Werkzeugen. Er spickte sich von seinem großen Bruder ein paar Tricks ab und lag gar nicht so weit hinten. Kamila belohnte die Jungs und sie durften wie immer Freunde einladen. Sie tobten mit ihren Freunden und Kamila blieb im Hintergrund und störte die Jungs kaum. Währenddessen lernte sie für die Schule und war abrufbereit, wenn sie etwas wollten. Fred, der Vater, kam oft früher von der Arbeit und ließ sie dann auch früher gehen. Die Familie war immer sehr fair und Kamila half gerne aus, wenn die Schule es erlaubte.

Dieser Teil in ihrem Leben verlief harmonisch. Das Gegenteil dazu war die Beziehung mit Pietro, in der immer ein ständiges Auf und Ab herrschte. Mal waren die Tage idyllisch und er kam sie bei der Arbeit besuchen und brachte ihr liebevoll Essen mit, er wusste, dass sie nach der Schule keine Zeit für eine Mittagspause hatte, sondern sofort weiterraste. Mal waren die Tage anders und sie stritten sich nur noch. Viele sagten, dass das Heimweh vorbeigehen würde, aber das stimmte nicht. Kamila vermisste mit der Zeit ihre Familie immer mehr und mehr. Die Ferne hatte die doofe Angewohnheit, Schmerz und Kummer in der Vergangenheit vergessen zu lassen und die Vergangenheit zu idealisieren. Während des ersten Semesters lernte sie endlich neue Leute kennen. Kamila brauchte Freundinnen und war froh, dass sie eine weitere Freundin namens Agata aus Polen traf und dass sie die Freundschaft mit Nora vertiefen konnte. Im Ausland war es noch wichtiger, Freunde und Bekannte zu haben, als zu Hause in Deutschland. Es gab keine Familie, mit der man sich stritt und wieder versöhnte – und trotzdem auf die ein oder andere Weise aufeinander zählen konnte. Im Ausland wurden die Freunde zu Familienmitgliedern. Kamilas Freunde verspürten die gleiche Zugehörigkeit wie sie. Durch dick und dünn gingen sie und respektierten sich. Sie halfen sich und gemeinsam erweiterten sie ihr Freundesnetzwerk, indem sie anderen ihre Freunde vorstellten. Kamila konnte das besonders gut. Oft brachte sie verschiedene Leute zusammen und verspürte nie Eifersucht, wenn ihre Freunde untereinander Freundschaft schlossen. Sie mochte es, wenn sich alle gut verstanden fühlten und viel miteinander unternahmen.

Agata und Kamila hatten einen ‚Mutterland-Bonus‘. Sie sprachen die gleiche Sprache und hatten die gleichen Traditionen. Agata hatte rote Haare, eine sehr helle Haut und ihre Figur war eher unproportioniert. Kamila fand generell rothaarige Frauen hübsch, doch Agata gehörte leider nicht dazu. Allerdings hatte sie ein Herz aus Gold, war sehr ehrlich und hatte selbst Beziehungsprobleme. Sie war wie geschaffen für Kamilas Gefühlswelt. Agata hatte sich in einen Mann verliebt, der sie aber kaum schätzte und liebte, von dem sie auch unerwartet schwanger geworden war. Sie opferte sich für ihn auf. Ab und zu besuchte Kamila sie am Abend und Agata stand in der Küche, schwanger, und kochte für ihn und wartete mit dem warmen Essen, bis ihr Angebeteter nach Hause kam. Kamila konnte es nicht nachvollziehen, sich wegen eines Mannes zum Hausmütterchen zu machen. Das erschreckte die Männer und schweißte kaum an sich. Für Kamila war Agata wie eine tote Beute. Sie überlegte: ‚Im Tierreich aß der Löwe nur schon erlegte Beute, weil er nichts anderes fand und nicht weil er

Freude hatte, dass er sie gejagt hat. Im realen Leben war das nicht anderes. Agatas Freund kam oft nicht zur verabredeten Zeit und behandelte sie auch nicht Rücksichtsvoll. Sie ließ es sich gefallen, weil sie dachte das er irgendwann merken würde wie gut er es hat. Kamila überlegte während sie ihr zuhörte: ‚Ja, er hat es gut und wird es kaum besser haben, doch das will er nicht. Er will dich nicht.‘ Sie sprach es aber nicht aus. Niemand wollte die grausame Wahrheit hören. Selbstaufgabe war nie die Lösung. Es war nur eine Verzögerung des Schmerzen.

Die neugefundenen Freundinnen sprachen oft über Beziehungen. Kamila war eine Meisterin im Geben von Ratschlägen. Das Befolgen ihrer genialen Einfälle fiel ihr selbst aber schwer. Das eine, was sie immer wusste, war, dass sie alles kontrollieren konnte, nur nicht das, was sie empfand. Wenn sie es gekonnt hätte, hätte sie ihr Heimweh und die Liebe zu Pietro sofort abgestellt. Ihre Reaktionen zu zügeln war das einzige, was sie kontrollieren konnte, aber sie konnte den inneren Schmerz und die Sehnsucht nach etwas nicht abstellen. Kamila wusste, dass es Agata ähnlich erging und versuchte, ihrer Freundin Mut zu geben, aber ihre Freundin musste da alleine durch. So wie sie auch. Kamilas Leitspruch war: „Bist du verliebt? Dann ist dir jede Dummheit verziehen.“ Oder sie wünschte einfach „herzliches Beileid.“ Sie wusste: In der Liebe und in der Krankheit sind Gefühlsausbrüche erlaubt.

Die Zeit hatte Füße. Ihr erstes Semester war schon vorbei und das nächste stand vor der Tür. Sie musste Kurse auswählen, Bücher kaufen und lernen. Das alles machte sie gerne, denn sie war beharrlich und sicher, ihrem Ziel näherzukommen. Hätte sie ihr Leben nur in der Schule verbringen können, wäre sie bestimmt ausgeglichener gewesen. Die Feiertage waren immer wieder eine Prüfung für sie. Als die Stadt sich auf Weihnachten vorbereitete und die Weihnachtsdekoration herausgeholt wurde, hasste sie den Anblick. Es erinnerte sie ständig daran, dass es ein Familienfest war, sie aber nicht bei ihrer Familie war. Zusätzlich war es das allererste Weihnachtsfest, das Pietro und Kamila alleine und weg von ihren Familien verbringen würden. Alleine der Gedanke an Weihnachten füllte ihre Augen mit Tränen, sie versuchte sich abzulenken und an etwas anderes zu denken. Das war nicht einfach. Pietro plante, das Fest bei seinen Verwandten zu verbringen. Kamila war mit eingeladen, doch wollte nicht dahin gehen. Am liebsten wollte sie sich zu Hause einschließen und die Feiertage durchschlafen. Pietros Familie veranstaltete ein riesiges Familienfest. Alle seine Cousins, Tanten und Onkel kamen. Pietro fühlte sich genauso wie Kamila, alleine und verlassen. Sie kauften Blumen und gaben Geld für das Essen, da alle zusammenlegten. Auf dem Weg zum Haus des Onkels brachen beide zusammen und weinten. Der Druck war groß. Sie waren erst einundzwanzig und immer auf sich alleine gestellt. Das war während der Feiertage unerträglich. Beide fühlten sich wie Kinder und wollten mit ihren Eltern Weihnachten feiern. Sie küssten sich gegenseitig verständnisvoll, wischten sich die Tränen ab und heiterten sich soweit es ging auf, damit sie auf dem Fest nicht weiter auffielen. Auf dem Fest redeten und alberten Kamila und Pietro angeregt mit den Leuten, aber in Momenten der Stille waren sie in Gedanken woanders; bei sich zu Hause. Kamila versuchte so gut wie möglich, nicht an die vergangene Jahren zurückzudenken, denn immer, wenn sie es tat, füllten sich ihre Augen mit Tränen. Sie war wütend auf sich, dass sie das nicht unter Kontrolle halten konnte und verzog sich oft ins Bad, bis sie sich wieder zusammengerissen hatte. Pietro erging es ähnlich. Die Familienfeier war für ihn zwar ein wenig leichter, da er mit seiner Verwandtschaft feierte, aber er hatte selbst mit seinen Gefühlen zu kämpfen. Nach einer Weile wollte Kamila weg, nicht weil seine Verwandten nicht nett waren, sondern weil sie nicht daran erinnert werden wollte, dass sie nicht daheim war. Pietro verstand sie nicht ganz. Er hatte jetzt Spaß und wollte noch ein bisschen bleiben, aber sie drängte ihn, nach Hause zu gehen. Leider waren sie nur mit einem Auto gekommen, deshalb konnte Kamila nicht einfach alleine verschwinden. Sie war nur froh, als beide die Gesellschaft endlich verließen. Kamila fühlte sich freier, weg von den Leuten zu sein, die jetzt glücklich mit ihrer Familie Weihnachten feierten.

Silvester verbrachte sie mit Pietro zu Hause. Sie hatten Kamilas neue Studienfreundin Agata und ihren Freund eingeladen. Agata kam zuerst, denn ihr Freund arbeitete bei einem Limousinen-Service und hatte Kunden. Agata benahm sich komisch. Es schien, als wenn sie nicht recht wusste, ob ihr Freund überhaupt kommen würde. Pietro tat sie leid, er verzog sich in der Küche und zauberte ein schönes Festmahl. Er kochte leidenschaftlich gerne und hatte bemerkt, dass Agata Kamilas alleinige Aufmerksamkeit brauchte. Also sorgte er dafür, dass sie genug zu trinken hatten und gut gefüttert waren. Irgendwann tanzte der verspätete Freund an. Agata war außer sich vor Freude und er eher gleichgültig. Für Außenseiter war das traurig mitanzusehen. Man merkte ihm an, dass er die Beziehung nicht toll fand. Sie saßen zusammen, stießen um Mitternacht an und wünschten sich ein frohes neues Jahr. Pietro drückte und knutschte Kamila, bis sie vor Lachen keine Luft mehr bekam. Sie zügelte Pietros Aufmerksamkeiten, weil Agata ihr leid tat. Immer wenn Pietro in ihrer Nähe war, musste er sie küssen, umarmen oder irgendwie berühren. Das war für Kamila selbstverständlich. Neben Agata fühlte sie sich allerdings unbehaglich, als ob sie damit angeben würde, dass ihre Beziehung – auch wenn sie stürmisch war – doch um vieles besser war als Agatas. Agata schmachtete ihren Freund sehnsüchtig an und zwang ihn praktisch, ihr auch einen Kuss zu geben. Das war unangenehm. Der Typ war ihnen nicht geheuer und Agata bemitleidenswert. Gegen ein Uhr früh wollte Kamila den Abend so schnell wie möglich beenden und betonte, dass sie müde wäre und am nächsten Morgen früh aufstehen müsste. Sie wollte, dass die beiden gingen. Leider verstanden sie ihre Andeutungen nicht und fühlten sich so wohl, dass sie länger blieben. Agatas Freund hätte am liebsten bei ihnen übernachtet und wollte gar nicht heimgehen. Diesen Eindruck vermittelte er jedenfalls. Pietro begann dann auch anzudeuten, dass er müde wäre und schlafen gehen wollte. Es dauerte noch eine Weile bis Agata ihren Angebeteten anwies, ihre Jacken zu holen. Pietro und Kamila waren am Ende mit ihren Nerven und froh, als die beiden endlich gingen, denn sie hatten sich den ganzen Abend wegen unwichtiger Kleinigkeiten gestritten. Kamila und Pietro hatten sich die ganze Zeit erschrocken angeschaut und gedacht: ‚Ok, wir streiten uns auch, aber das zwischen den beiden hier ist schon fast zu viel.‘ Zwischen den beiden flogen richtig die Fetzen. Nachdem sie weg waren, ging Kamila in die Küche und machte sich über den Abwasch her. Pietro kam ihr nach, nahm ihr die Teller aus der Hand, füllte das Waschbecken mit Wasser und zerrte sie ins Bett. Sie lachte und schrie: „Lass mich Hasi! Ich spüle nur das Wichtigste, ich brauche nur eine Minute." Doch er küsste ihren Nacken, fing an, sie auszuziehen und zog sie vom Geschirr weg. Sie giggelte vergnügt und gab nach.

Nach den Feiertagen kam ein kleiner emotionaler Ausgleich. Elsa machte sich zur Schule fertig und Kamila stellte sicher, dass sie zeitig fertig wurde. Leider gehörte Elsa nicht zu den organisierten und disziplinierten Kindern. Sie zickte oft am Morgen, war schlecht gelaunt und hasste die Schule. Kamila versuchte ihr so gut wie möglich aus dem Weg zu gehen, denn sie wusste, dass Elsa stur war. Elsa hatte ein eigenes, undefinierbares Innenleben und Kamila bemühte sich ihr es so zugestehen, wie sie es auch gerne gehabt hätte. Sie unterschätzte aber nicht die Gefahr, denn wenn man Elsa nahekam, fühlte man sich wie auf einem Minengelände. Kamila konnte nie wissen, wann etwas passieren würde. Sie war erleichtert, wenn der Schulweg geschafft war und Elsa sicher in der Schule saß. Auch wenn sie mit den Kindern gut zurecht kam, überforderten die Kinder sie manchmal. Vielleicht hatte sie deswegen Angst, von Pietro schwanger zu werden. Kinder brauchten so viel Aufmerksamkeit und Zeit, dass sie ihr Leben total hätte zurückstellen müssen. Sie hatte Angst, schwanger zu werden und wenn sich ihre Periode auch nur um einen Tag verspätete, lief Kamila schon ins Geschäft, um einen Schwangerschaftstest zu kaufen. Pietro fand ihre Paranoia schlimm und riet ihr: „Schließ doch einfach ein Abo für die Schwangerschaftstests ab." Sie fand es nicht lustig, obwohl sie wusste, dass er Recht hatte. Sie dachte nur: ‚Was soll ich jetzt mit einem Kind anfangen? Was würde dann aus mir?‘

Kamila fühlte, obwohl sie den Gedanken verdrängte, dass der Tag bald kommen würde, an dem sie beide sich trennen müssten. Sie hatte den Tag, an dem Pietro seine Lizenzen bestehen würde, gefürchtet und gleichzeitig herbeigesehnt. Die Zeit raste. Er hatte seine Multi-Engine-License und gleich danach sein Instrumental-Pilot-Exam gemacht, damit er auch blind und nur unter Gebrauch der Instrumente in Wolken fliegen konnte. Kamila war stolz auf ihn und freute sich mit ihm. Das bedeutete ihm viel und sie feierte ausgiebig mit ihm. In ihrer Euphorie kamen sie zu dem Entschluss, dass wenn Pietro mit seinem Pilotenschein fertig wäre, er als Fluglehrer arbeiten würde, bis er die Erfahrung und die vorgeschriebenen Pilotenstunden hatte, um die großen Jets fliegen zu dürfen. Während er Flugstunden gab, würde sie ihr Studium abschließen. Der Plan stand fest. Sie würden zusammenbleiben und dann entscheiden ob sie in den USA, Deutschland oder Brasilien leben würden. Leider wusste Kamila zu dem Zeitpunkt nicht, wie sehr sich Pietro nach seiner Heimat Brasilien und dem dortigen Luxusleben sehnte. Auch wenn er halb-Amerikaner war, er liebte das Land Brasilien und die Annehmlichkeiten, die seine Familie hatte. Kamila dagegen war es egal, wo sie lebte, solange sie glücklich war. Sie würde sich nie von Luxus blenden lassen und sich selbst untreu sein. Sie war nicht mit Geld zu ködern.

Unter der Woche war ihr Terminplan so durchgetaktet, dass es zwischendurch keinen Platz zum Atmen gab. Jeder, der Kamila kannte, wusste, dass sie in Deutschland aufgewachsen war. Diese Präzision zum Organisieren hatte sie nur in Deutschland lernen können. Wenn man sie darauf ansprach, lächelte sie nur und sagte immer: „Mein Herz ist polnisch, meine Arbeitsweise deutsch und meine Vergnügungsader amerikanisch." Viele nickten dann zustimmend und lachten. Das war sie, einfach Kamila.

Das Wochenende war ebenfalls voll verplant. Am Freitagabend und Samstag war Pietros Zeit und Sonntag war fürs Lernen und die Uni-vorbereitungen vergeben. Eines Tages verspätete sie sich um ganze fünfzehn Minuten, als sie unerwartet die Nachbarsjungen von der Schule abholen musste. Kamila durchlebte Horrorgedanken, was ihnen alles zustoßen könnte. Sie war so sauer auf sich, dass sie die Zeit nicht besser beachtet hatte. Als sie die Kinder vor der Schule spielend fand, war sie erleichtert, denn sie waren nicht die einzigen Kinder, die dort spielten. Erleichtert aber Unverantwortlich fühlte sie sich. Nachdem die Woche schon so eigenartig angefangen hatte, ging es genauso weiter. Elsas Vater kam vorbei, um Elsa abzuholen. Das war nichts Ungewöhnliches, er tat es einmal die Woche. Kamila plauderte freundlich mit ihm, bis er ein komisches Thema anschnitt. Sie war sich im Nachhinein nicht sicher, wie es dazu überhaupt gekommen war. Er sprach belanglos: „Weißt du, ich hätte gerne noch weitere Kinder und da ich schon vierzig Jahre alt bin und meine

Freundin fünfzig, suchen wir inzwischen eine Leihmutter." Kamila schaute ihn fassungslos an und dachte, sie hörte nicht richtig. Sie hoffte, dass er nicht sie im Plan dafür hatte. Doch dann kam der Hammer, denn er fragte tatsächlich: „Du wärst an sowas nicht vielleicht interessiert?" Schockiert, aber gefasst sagte sie: „Sowas käme für mich nie in Frage." Sie war erleichtert, als er ging und fühlte sich beschämt. Empört dachte sie: ‚Wie kommt er dazu, mich so etwas zu fragen? Wie konnte er annehmen, ich würde ein Kind für irgendjemanden austragen? Wie wollte er es zeugen? Nein, er wollte doch wohl nicht mit mir schlafen?' Ekel erfüllte sie und sie versuchte, die Gedanken abzuschalten, denn sie machten sie krank.

Kamila rief ihre Mutter in Deutschland an, erzählte ihr die Geschichte und sagte: „Der Typ ist doch nicht ganz dicht? Ich fühlte mich so beschmutzt, dass ich am liebsten sofort duschen würde." Was dachte sich der Typ? Bloß, weil sie eine Polin im Ausland war, würde sie jetzt alles tun? Völlig außer sich erzählte sie: „Der Depp hat nicht verstanden, dass ich nicht in Amerika sein muss. Ich habe mich frei dazu entschlossen, hier zu sein. Alle anderen behandelten mich mit Respekt und wissen, dass ich ehrgeizig meine Ziele verfolge!" Dieser Arsch, der Elsa, seiner zehnjährigen Tochter, mal sagte sie müsste abnehmen, weil sie wie eine Ente läuft, hatte nicht das Recht, von ihr als einem Menschen zweiter oder dritter Klasse zu denken. Sie konnte den Tag ihres Universitätsabschlusses kaum erwarten. Dann würde sie endlich frei sein zu wählen, welchen Beruf sie ergreifen wollte. Sie wäre dann endlich eine Businessfrau und müsste nicht mehr die Launen fremder Menschen ertragen, so dachte sie zumindest. Sie hatte nicht viel Zeit, mit ihrer Mutter zu reden, denn sie musste weg. Doch ihre Mutter beruhigte Kamila und sagte: „Vergiss, was er gesagt hat. Weißt du, manche Menschen sagen Sachen, die sie nicht immer durchdacht haben. Sie denken nicht darüber nach, wie sie andere damit belasten. Es gibt viele solche Menschen auch mit Universitätsabschluss. Denke nicht Schatz, dass es im Beruf anders ist. Es gibt immer einen doofen Kollegen, einen Ego besessenen Chef oder einen neidischen Freund. Du muss lernen, darüber hinweg zu sehen und vor allem dir selbst treu zu bleiben." Kamila schwieg nachdenklich, verabschiedete sich und fuhr zur Uni.

Wurzelsuche

Pietro sprach immer öfter über seine Heimat und fragte Kamila eines Abends zärtlich: „Hasi, magst du mit mir kommen?" Sie fragte: „Wohin? Was meinst du?", und er antwortete: „Mit mir nach Brasilien reisen?" Sie war interessiert, woher er kam, wie seine Kultur ist und was er dort so sehr vermisste. Sie wusste aber noch nicht, wie sie es mit ihrem Terminkalender anstellen sollte und ob ihre Eltern ihr Geld dafür geben würden. Ihr Studium und das Leben dort war schon so teuer genug. Außerdem wollte sie Clarissa nicht alleine lassen. Elsa musste ja morgens in die Schule. Doch sie hatte Glück, denn inzwischen verstand sie sich gut mit Nora und fragte sie: „Nora, kannst du mir helfen und dich in meiner Abwesenheit um Elsa kümmern? Sie für Schule fertig machen?" Nora war zu nett, um jemandem irgendetwas abzuschlagen und sagte: „Zwei Wochen sind schwierig, aber eine Woche könnte ich übernehmen." Die zweite Woche wäre Elsa bei ihrem Vater und so klappte es, dass sie mit Pietro nach Brasilien reisen konnte. Ihre Mutter freute sich auch für Kamila. Sie wollte, dass sie ihr Leben lebte, solange sie noch jung und frei war. Pietro und Kamila waren schon sehr aufgeregt und schmiedeten Pläne, seine Familie zu besuchen und Brasilien zu bereisen. Kamila war aber eher auf Brasilien das Land neugierig. Seine Familie war ihr nicht unbedingt das Wichtigste. Leider gehörten sie aber auch dazu. Pietro hegte andere Pläne, die sie nicht kannte. Er wollte sehen, wie sie zu seiner Umgebung passte. Pietro sollte ein paar Wochen vor ihr dorthin fliegen und sie wollte nachkommen. Maxim, Pietros Freund, sollte sie zum Flughafen bringen. Kamila war aufgeregt und hoffte, dass Maxim sein Wort auch halten würde, denn sie hatte ihn schon eine Weile nicht mehr gesehen.

Zufällig begegnete sie Maxim auf dem Uni-Gelände. Er war ein angehender Produzent oder sowas. Sie interessierte sich kaum dafür, als er davon erzählte. Wie immer sah er wie ein Topmodel aus und als er sie auf dem Uni-Gelände sah, kam er auf sie zu, biss ihr unerwartet zur Begrüßung frech in die Wange und sagte verführerisch: „Du siehst umwerfend aus." Und bevor sie irgendetwas sagen konnte, ging er einfach zu seiner Vorlesung weiter und ließ sie stehen. Sie war irritiert von seinem Benehmen. Die anderen Mädchen pinkelten sich vor Aufregung fast in die Hose, denn er sah wirklich gut aus. Kamila runzelte die Stirn und schüttelte den Kopf, als er sich umdrehte und ihr frech aus der Ferne zulachte. Pietro erzählte sie das nie. Sie wusste, wenn sie das täte, würde sie einen riesigen Keil in ihre Freundschaft stoßen.

Als es soweit war und Maxim sie von zu Hause abholte, um sie zum Flughafen zu fahren, kam er mit seinen Flip-Flops lässig in seinem schwarzen Chevrolet Camaro angefahren. Er sah so gut aus, dass sie dachte: ‚Mensch, der wäre schon eine Sünde wert‘, doch sie war zu loyal und zu verliebt in Pietro, um mit egal wem etwas anzufangen. Sie verstand aber die Mädchen, die ihm ihre Unterhosen zuwarfen. Sie wusste aber auch, dass Maxim sie wahrscheinlich nur deswegen mochte, weil er sie nie haben konnte. Sie war ziemlich nervös vor der Abreise nach Brasilien. Maxim war ganz locker und beruhigte sie. „Mach dir keinen Kopf, es wird alles gut.“ Sie sah verunsichert aus. „Sehe ich so gut aus?“ Er fand sie entzückend, speziell wie nervös sie war. „Du siehst gut aus, entspann dich.“ Er griff ihren Koffer, packte ihn in sein Auto und sie fuhren Richtung Flughafen. Er hatte noch einen Kumpel dabei und während der Fahrt neckte er sie frech: „Komm Kamila, sag mir, dass du mich liebst!“ Sie sagte verstört: „Wovon redest du? Das stimmt nicht! Und konzentriere dich bitte auf die Straße, anstatt so einen Blödsinn zu reden.“ Doch Maxim blieb hartnäckig und bestand darauf: „Gestehe, dass du mich liebst.“ Sie erwiderte erneut: „Rede keinen Unsinn. Und nein, ich tue das nicht und werde es auch nie tun.“ Maxim mochte die Antwort nicht und drohte: „Wenn du mir nicht sofort sagst, dass du mich liebst, werde ich das Auto jetzt mitten auf dem Highway anhalten.“ Sie erwiderte: „Du bist wahnsinnig, das wäre Selbstmord.“ Doch dem verwöhnten Maxim war kein Risiko zu groß, um zu kriegen was er wollte und so bremste er das Auto ab. Kamila bekam einen Schrecken und schrie ihn an: „Ja, verdammt, ich liebe dich und jetzt fahr weiter!“ Er lachte sie mit seinen perlweißen Zähnen an und sagte: „Siehst du, ich wusste es.“ Sie lächelte verstört und sagte: „Du bist ein Idiot!“

Pietro verriet sie nichts von diesem Vorfall. Er hatte in Amerika nicht viele Freunde und sie wollte ihm diese Freundschaft nicht vermiesen. In der Hauptstadt Brasilia angekommen, fühlte sich Kamila irgendwie fremd. Sie hatte nicht dieses heimische Gefühl wie in San Francisco. Pietro holte sie ab. Sie fühlte instinktiv, dass dies sein Terrain war und sie war bemüht, sich von ihrer besten Seite zu zeigen. Es fiel ihr aber sehr schwer, locker zu bleiben. Auf dem Weg zu ihm nach Hause sagte er: „Hasi, weißt du, ich wohne hier etwas anderes als in Amerika.“ Kamila kannte Brasilien nur aus dem Fernsehen und betonte: „Pietro, mir ist es egal, wie deine Eltern wohnen. Ich bin nur deinetwegen hier.“ Als sie bei ihm zu Hause ankamen, fiel sie aus allen Wolken. Das Haus war wunderschön, wie im Paradies. Die Böden waren aus Marmor. Es gab zwei Dienstmädchen, einen Chauffeur und eine Köchin. Kamila fühlte sich total eingeschüchtert und wusste nicht, wie sie sich benehmen sollte. Sie fühlte sich wie in der brasilianischen Telenovela ‚die Sklavin Isaura‘. Pietros Mutter quartierte Kamila in ein eigenes Zimmer ein, getrennt von Pietro. Kamila fühlte sich total schäbig, als ob die Mutter nicht wüsste, dass sie Sex hatten. Kamila schlief im Gästezimmer, das neben dem Schlafzimmer der Eltern lag. Das war total lächerlich und Kamila fühlte sich dort einfach unwohl.

In Brasilien waren sie ständig unter irgendwelchen Familienangehörigen und Leuten. Sie hatten fast keine Zeit für sich. Kamila fehlte ihre Zweisamkeit und als sie Pietro darauf ansprach, gerieten sie in Streit. Sie drängte Pietro und bat: „Schatz, können wir auch mal alleine weggehen?“ Er schnauzte sie patzig an und sagte: „Halt die Klappe.“ Sie saßen gerade im Auto. Als sie bei seinem Haus angekommen waren, wollte sie nicht aussteigen und er zerrte sie wütend aus dem Auto. Für ihn benahm sie sich völlig unverantwortlich, denn es war gefährlich, einfach so im Auto sitzen-zubleiben. Man wusste nie, wann man eine Pistole an die Schläfe gehalten bekommen würde. Kamila verstand die Kultur nicht, war wegen seines Benehmens am Boden zerstört und wollte dort nur weg. Sie wollte am nächsten Tag abreisen und sagte: „Du bist doch irre, es reicht mir.“ Sie ging hoch, packte ihre Sachen und sagte zu Pietro: „Fahr mich zum Flughafen. Es ist mir egal, ich werde dort schlafen, bis der nächste Flug in die USA geht.“ Pietro flehte sie an und bat sie inständig zu bleiben. Entmutigt setzte sie sich hin und seufzte: „Ich verstehe nicht. was mit dir los ist. Du bist hier so anderes! Dein Benehmen macht mir Angst.“ Er versprach, sich zu bessern und sie blieb. Danach versuchte er, ihr die Stadt Brasilia von der besten Seite zu zeigen. Obwohl sie die Umgebung schön fand, verurteilte sie sich selbst dafür, dass sie ihm immer wieder verzieh.

Die Stadt war interessant. Im Vergleich zu anderen Städten war sie nicht sehr alt und in der Struktur einem Flugzeug nachempfunden. Alles war gut organisiert, die Stadt war in spezielle Stadtteile, Stadtsektoren genannt, aufgeteilt. Das heißt, es gab in einem Stadtsektor nur Schulen, in einem anderen Sektor nur Konsulate. Vergnügen und Unterhaltung war in einem eigenen Sektor untergebracht und die Wohnsiedlungen wieder in einem anderen. Das kannte Kamila so nicht. Speziell in Europa war alles ziemlich gemischt und man musste schon wissen, wo etwas ist, um bestimmte Dienstleistungen zu finden. Brasilia war sehr flach und Pietro fuhr mit ihr zu einem Kloster, von dem man den künstlich angelegten See sehen konnte. Der See war richtig groß und es verblüffte Kamila, als Pietro erzählte: „Hasi, das was du hier siehst wurde von Menschen gemacht, nicht von der Natur. „Wie? Der ganze See? Das ist doch Wahnsinn!“ Pietro brachte sie auch zu einem Tempel von Alziro Zarur, der ein Programm des sogenannten ‚Guten Willens‘ gegründet hatte, das das Ziel verfolgte, Bildung, Kultur und Spiritualität für alle Menschen auf diesem Planeten zu verbreiten, egal aus welchen sozialen Schichten sie kamen. Diese Organisation half speziell den armen und nicht-privilegierten Menschen, die Sicherheit, Gesundheit, Arbeit und vor allem Essen sicherzustellen. In der Mitte der dreieckigen Decke des Tempels war ein riesiger Kristall platziert. Ungewöhnlich für Kamila war, dass sie im Tempel bedeckt sein musste. Sie hatte ihre neu gekaufte brasilianische Hüftjeans an und ein rotes Oberteil und man sah ein bisschen von ihrem Bauch. Das war tabu in diesem Tempel und sie erhielt eine Weste, die sie bedeckte. Auf dem Tempelboden war ein schneckenhausartiger Weg, auf dem man gegen den Uhrzeigersinn laufen konnte. Man sollte auf dem schwarzen Streifen anfangen und zur Mitte hinlaufen und wenn man dort angelangt war, sah man oben in der pyramidenförmigen Decke einen der größten und reinsten Kristalle der Welt. Er war ungefähr achtzig Tonnen schwer. Man ging dann auf einem weißen Marmorstreifen zurück. Das sollte Licht und Segnung des Lebens darstellen und man endete vor einem Altar, der unbeschreiblich schön war. Pietro erzählte ihr, dass der Tempel ein außergewöhnlicher Ort war und man sich nach dem Besuch besser fühlen würde, denn der Kristall und das Gebäude selber hätten eine erstaunliche Wirkung. Das war tatsächlich so. Es war mühselig, auf diesem schwarzen Streifen gegen den Uhrzeigersinn im Kreis zu laufen. Doch als Kamila dann in der Mitte war, fühlte sie sich unglaublich frei. Sie wäre beinahe zurück gehüpft, denn sie fühlte sich erleichtert. Es war eine ungewöhnliche spirituelle Atmosphäre dort. Als sie aus dem Tempel rauskamen, fühlten sie sich fröhlich und geborgen.

Entspannt gingen sie weiter, um Pietros Freunde zu treffen. Es fand eine Barbecue-Party am Pool statt. Kamila fühlte sich sehr wohl inmitten dieser Leute. Alle waren sehr fröhlich und höflich. Sie sprach mit ein paar Jungs, die perfekt Englisch sprachen und Pietro und sie lachten endlich mal ausgelassen. Pietro bewachte sie fast schon wie ein Hund, als sie irgendwann von Jungs umzingelt stand und lachte. Der Abend war zwar schön, doch es brodelte eine ungewöhnliche Zerrissenheit zwischen ihnen. Sie spürten es, versuchten allerdings es zu ignorieren. Pietro merkte, dass Kamila nicht in seine Welt dort passte. Seine Welt bestand aus seiner Familie und deren Plänen für Ihn. Irgendwie sah er nicht, dass Kamila ihn bedingungslos liebte. Doch er fühlte sich seiner Familie zugehörig und seinen Traditionen verbunden. Obwohl er verrückt nach Kamila war, sah er, das die eingetrichterten Strukturen für sein Leben wichtig waren. Er wusste, das er sie nicht gefügig machen könnte. Sie würde ihn dafür irgendwann hassen. Außerdem liebte er sie dafür zu sehr.

Am nächsten Tag brachte Pietro Kamila zur Catedral Metropolitana, die ihr schon vom weitem aufgefallen war. Diese Kathedrale war betenden Händen nachempfunden. Kamila fand, dass es eher wie eine Königskrone aussah. Die Fenster in der Kathedrale waren wunderschön.

Sie waren wie ein Gemälde in grünblau gemalt und man fühlte sich durch die Lichterspiele des Fensters schon fast wie im Himmel. Kamila war überwältigt von den schönen Bauwerken in Brasilien. Sie wunderte sich, warum sie darüber nie etwas im Fernsehen gehört hatte. Sie hatte immer gedacht, Brasilien wäre ein sehr armes Land. Pietro lachte über ihre Entzückung und erzählte ihr: „Weißt du, es gibt hier auch eine andere Seite, die nicht so schön und bunt ist wie die, die ich dir jetzt zeige." Natürlich wollte sie auch die andere Seite Brasiliens sehen und Pietro schlug vor, auf einem einfachen Markt einkaufen zu gehen. Er sagte ihr aber von vornhinein: „Hörzu, wenn du etwas haben möchtest, bitte spreche nicht Englisch, sonst wird der Preis um mindestens zweihundert Prozent steigen. Zeige mir einfach das Teil, und wenn ich den Preis weiß, dann darfst du wieder reden." Sie fand das spannend und sie machten sich auf den Weg zum Wochenmarkt. Die Parkplätze und die Seitenstraßen waren mit Autos vollgeparkt. Pietro kannte sich dort sehr gut aus und fand auch schnell einen Parkplatz. Ein Mann kam auf Pietro zu und sagte: „Hey Bruder, ich pass auf dein Auto auf." Pietro nahm Geld aus der Tasche und bezahlte ihn dafür. Der Mann holte hinter den Büschen seinen Stuhl raus und setzte sich vor das Auto. Kamila schaute dem Ereignis gespannt zu und fragte Pietro: „Was macht der Mann da?" Pietro antwortete gelassen: „Er passt auf das Auto auf." Sie lachte und fragte nach dem Grund. Pietro begründete: „Es ist mir lieber, ich gebe ihm Geld, bevor wir zurückkommen und der gleiche Kerl hätte uns zwischenzeitlich die Reifen aufgeschlitzt." Kamila lachte und sagte: „Sowas habe ich noch nie gesehen. Das ist auf jeden Fall eine sehr innovative Idee, sich einen Job zu sichern. Sie lachte: „Ich werde jetzt auch ein Business starten, wir suchen gleich einen komfortablen Klappstuhl für mich." Er schubste sie sanft und sagte: „Komm wir gehen."

Der Markt war mit allen Köstlichkeiten überfüllt. Acarajé war eine der vielen brasilianischen Spezialitäten zum Essen und Pietro bestand darauf, dass sie es probierte. Sie probierte es gerne und fand es ok. Acarajé ist eine Teigtasche aus gemahlenen Bohnen und Gewürzen, gefüllt mit Krabben. Leider wurden die Schrimps komplett mit der Schale serviert und es störte sie, denn dadurch war das Essen eine schmutzige Angelegenheit. Sie kommentierte angeekelt: „Das wäre sicherlich mein Lieblingsgericht, müsste ich die Schale nicht runter pöbeln." Pietro lachte: „Du hast es doof erwischt, normal ist es anders." Sie musste die ganze Zeit die Schalen von den Schrimps entfernen und hatte anschließend ganz fettige Hände. Pietro brachte sie dazu, ein Getränk namens Guaraná zu probieren. Das war ihr leider viel zu süß, so dass sie es ihm sofort zurückgab. An Pietro liebte sie sehr, dass er so stolz auf seine Kultur war und dass er ihr alles mit Leidenschaft zeigen wollte. Pietro war in Brasilien anders als in Amerika. Sie fühlte diesmal sehr stark, dass sich etwas verändert hatte. Er war seltsam distanziert. Er befand sich in einem Zwiespalt, denn er merkte dort das erste Mal, dass Kamila in seine dortige Welt nicht hineinpasste. Für sie war es Urlaub und sie war dort eine Touristin. Sie fühlte sich mit Brasilien nicht so verbunden wie mit San Francisco, wo sie sich sofort heimisch gefühlt hatte. Kamila wollte sich dort auch nicht sehen. Das war nicht ihr Land, egal wie schön es zu sein schien. Zum ersten Mal waren die beiden mit der wirklichen Realität konfrontiert, nur wusste Kamila nicht, dass für Pietro diese Reise eher eine Bestätigung für ihre Beziehung war. Sie wusste nicht, dass es für ihn die Reise war, in der er sie testete, ob sie in seine Welt passte. Was ihm das erste Mal bewusst wurde war, dass sie weder in seine Welt passen wollte, noch ihn für ihre Welt passend machen wollte. Sie wollte ihre eigene Welt erschaffen und dafür war er nicht bereit.

Am nächsten Morgen musste Pietro zum Zahnarzt. Kamila blieb im Haus seiner Eltern und verzog sich zum Nachdenken auf die Terrasse. Umgeben von Palmen saß sie auf einem Strohsofa, vor ihr war der hellblau schimmernde Pool mit einem Wasserfall. Neben ihr saß ein Yorkshire Terrier, der dort ihr einziger Freund zu sein schien. Brasilien als Land war unglaublich schön. Die Vögel sangen, der Himmel war blau und das Klima war einfach perfekt warm. Sie dachte an ihre Mutter und daran, dass sie sich hier wohlfühlen würde. Dieses Luxusleben und das ganze drum herum wäre ihrer Mutters Welt, nicht ihre. Sie dachte: ‚Hmm, mit meiner Familie hätte ich hier wahrscheinlich mehr Spaß gehabt als mit Pietro. Er ist anderes hier. Irgendwie so stoisch und ernst.‘ Sie war nach Brasilien gekommen, um zu entspannen und um etwas zu sehen, aber leider war Pietro oft mit seinen Routineaufgaben beschäftigt. Er war eben daheim. Zusätzlich musste sie sich alle seine Launen gefallen lassen und ertragen und hatte kaum einen Rückzugsort, umgeben von seiner Familie. Sie kraulte den kleinen Haushund und beobachtete gespannt die Umgebung. Pietros vierzehnjährige Schwester hatte für sich eine Masseurin bestellt und ließ sich gleichzeitig ihre Nägel pflegen. Kamila fühlte sich nicht ganz wohl mit dieser Lebensweise. Sie kannte diesen Wohlstand nicht und wusste noch nicht ganz, wie sie mit diesen für alle so selbstverständlichen Annehmlichkeiten umgehen sollte. Die Bediensteten taten ihr irgendwie leid. Nicht, dass sie schlecht behandelt wurden oder sowas. Eher fand sie es so demütigend für sie, so ein Leben zu haben. Die Welt erschien ihr ungerecht. Die einen waren reich, die anderen arm, obwohl alle gleich nackig zu Welt kamen. Auch wenn alle sehr nett waren, fühlte sie sich in Pietros Familie nicht willkommen.

Am Abend trafen sie sich wieder mit Pietros Freunden und Kamila versuchte, die portugiesische Sprache zu lernen. Es war unterhaltsam, denn Pietros Kumpel Luis konnte nicht richtig Englisch und sie nicht Portugiesisch. Es war ein bisschen mühsam, doch sie hatten Spaß daran und versuchten, sich mit Händen und Füßen zu verständigen. Pietro hörte frustriert zu und verbesserte sie die ganze Zeit. Irgendwann hatte Kamila genug davon und sagte Pietro: „Bitte lass uns in Ruhe. Wir lernen so besser und irgendwie verstehen wir uns schon." Pietro schien etwas eifersüchtig zu sein, doch das entging ihr, denn sie war zu beschäftigt darüber nachzudenken, was Luis auf Portugiesisch erzählte. Es entging ihr immer, wenn jemand sich für sie zu interessieren schien. Irgendwie war sie nicht so voll von sich überzeugt und dachte nicht, dass jeder, mit dem sie sprach, gleich auf sie stand. Ansonsten war es einfach, sich in Brasilien verständlich zu machen, denn Pietros Freunde, außer Luis, sprachen Englisch. Sie kamen aus wohlhabenden Familien. Es beeindruckte sie sehr, denn sie hatte so viel mit seinen Freunden zu bereden. Sie waren ihr ähnlich, reisten gerne und an Gesprächsstoff mangelte es nicht. Pietro schien aber unzufrieden zu sein und hatte etwas an ihrem Auftreten auszusetzen. Er war oft unzufrieden mit ihr und kritisierte ihr Verhalten. Er warf ihr vor, dass sie unzufrieden wäre, doch es schien andersherum zu sein. Die Lage zwischen ihnen entspannte sich etwas, als sie für eine Woche nach Caldas Novas fuhren. Sie waren weg von seiner Familie und alleine.

Caldas Novas war ein Ressort mit Wasserfällen und heißen Wasserquellen. Dort hatten sie einen kleinen Bungalow für sich und sie schienen endlich ein bisschen zur Ruhe zu kommen. Sie schwammen zusammen im Pool und sonnten sich in den Liegestühlen, lagen in den 38 Grad heißen Wasserquellen und tanzten am Abend zu einer Liveband. Sie aßen gut und liebten sich. In einem großen Pool fuhren sie in einem großen Schwan Tretboot und schwammen mit Schwimmreifen, die aussahen wie Riesendonuts. Eigentlich passten sie so gut zusammen, wenn nur keine familiären Einflüsse auf sie fielen. Leider verflog die Woche viel zu schnell und auf dem Rückweg fuhren sie beide einen roten Schotterweg entlang und hielten bei Pietros Oma an, um sie zu besuchen. Pietros Oma war glücklich über Pietros Besuch und wollte, dass sie dort übernachteten. Das hatte Pietro auch im Vorfeld mit ihr vereinbart. Kamila wusste nichts davon und weigerte sich. Sie fühlte sich fremd, fehl am Platz und irgendwie gehemmt und überrumpelt. Sie hatte eine unerklärliche Angst dort empfunden und wollte nur weg. Pietro wurde wütend, dass sie immer abblockte, wenn er etwas gerne machen wollte. Er machte ihr Vorwürfe: „Du hast immer etwas auszusetzen und bist nie zufrieden." Sie schämte sich dafür, denn sie wusste, sie hätte über ihren Schatten springen können, doch sie tat es nicht. Irgendwie konnte sie nicht mit seiner Familie, weil sie spürte, dass sie sie nicht mochten. Kamila konnte es nicht erklären, es war dieses komische Gefühl, dort verschwinden zu müssen. Es war das gleiche Gefühl, wie das Gefühl, in San Francisco richtig zu sein. Sie verabschiedeten sich von Pietros Oma und fuhren nach Brasilia. Danach kriselte es wieder zwischen ihnen. Pietro kochte, sagte aber nichts. Zurück in Brasilia ließen sie erst das Auto reinigen, denn es war total rot von dem Sandstaub, innen wie auch außen. Als sie zu Pietro nach Hause fuhren, stritten sie sich heftig. Kamila war erschöpft von der ganzen Situation, nahm ihre Koffer wieder heraus und sagte erneut: „Pietro fahr' mich zum Flughafen, ich buche ein früheres Ticket nach Kalifornien! Ich kann nicht mehr, bitte erlöse mich davon." Er änderte sich schlagartig wieder, als er sie ihre Sachen entmachtet packen sah und entschuldigte sich für seine Launen. Diesmal brach sie auf dem Bett zusammen und weinte bitterlich. Verzweifelt fragte sie ihn: „Es wird sich nicht ändern! Du wirst dich nicht ändern. Du bist so anders hier, so gereizt! Ich kenne dich so nicht. Sie lehnte sich zurück, sah ihn traurig an und sagte: „Ich passe auch nicht hierhin, ich weiß es. Deine Familie mag mich auch nicht, ich fühle es." Er kniete vor ihr hin, weinte mit ihr, umarmte sie und sagte: „Bitte bleib."

Die übrige Zeit in Brasilia verbrachten sie meistens mit Weggehen und mit weiteren Familienbesuchen. Sie gingen zu Pietros anderen Großeltern und Pietros Großvater bot ihr höflich einen Alkoholdrink aus Kiwi an. Sie probierte ihn, aber er schmeckte scheußlich und ziemlich bitter und sie konnte ihn nicht trinken. Sie bat Pietro: „Ich kann das nicht trinken, bitte hilf mir." Er sah sie an und sagte: „Lass es stehen, mach dir keinen Kopf." Doch der Großvater nahm es persönlich und seit dem Tag war sie bei Pietros Opa unten durch. Der Großvater mochte sie nicht und sie war sauer auf Pietro, dass er ihr nicht geholfen hatte den Mist zu trinken oder im Waschbecken verschwinden lassen. Die Familienbesuche brachten ihnen weiterhin nichts als Ärger und sie sträubte sich intensiver dagegen, mitzugehen. Sie hatte andere Pläne. Pietros Schwerpunkt lag auf seiner Familie, aber sie war nach Brasilien gekommen, um das Land zu sehen. Irgendwie spürte sie, dass sie Pietro nicht heiraten durfte.

Irgendwann waren sie sehr erschöpft vom ständigen Streiten. Doch wie geplant flogen sie weiter nach Rio de Janeiro und warteten am Flughafen, bis Pietros Schwester sie abholte. In Rio spitzte sich die Lage immer weiter zu. Als seine Schwester sich endlose zwei Stunden verspätete, wurde Kamila total sauer und fragte ihn: „Was ist passiert, dass sie ganze zwei Stunden nicht kommt? Können wir nicht ein Taxi nehmen?" Er fing an zu toben: „Warum bist du so ungeduldig und unzufrieden?" Sie starrte ihn entgeistert an, als wäre er verrückt geworden und konnte nicht glauben, dass er sie deswegen anschrie, weil sie sich über die zweistündige Wartezeit wunderte. Sie sagte schnippisch: „Du bist ein Arsch", und ging zur Seite. Am Flughafen in Rio kamen sie zu dem Entschluss, dass es besser wäre, nicht mehr zusammen zu sein. Sie waren sich beide einig. Das konnte nicht so weitergehen. Pietro gab auch zu, dass er gemerkt hatte, dass sie nicht in seine Welt hier in Brasilien passte und so entschlossen sie sich zu einer Trennung, wenn sie wieder in den USA waren.

Die Bestürzung über diesen Entschluss wurde von Glücksmomenten in Rio gemildert. Es war unglaublich den Corcovado zu sehen, den Berg, auf dem eine große Statue von Jesus Christus mit ausgestreckten Händen steht. Unbeschreiblich war es auch, den Zuckerhut genannten Felsen zu besichtigen, der ein Granitfelsen ist und auf der Halbinsel Urca mitten im Wasser steht. Und die Stimmung am vier Kilometer langen Copacabana-Strand war einfach fantastisch. Dort kam auch der Höhepunkt der Reise nach Rio: der geräucherte Fisch am Strand war wohl das Beste, das Kamila je probiert hatte. Sie wusste nicht, wie der Mann diesen Fisch auf seinem einfachen Grill hinter einer Strandbude vorbereitet hatte. Als Fischliebhaber hatte sie schon einiges probiert, aber sie hatte noch nie im Leben einen so fantastischen Fisch gekostet. Während der gesamten restlichen Reise schwärmte sie von diesem Fisch am Strand in Rio.

Kamila hatte in Rio das Gefühl, dass die Landschaft höchstpersönlich von Gott erschaffen worden war. Sie war so sehr von dem Land begeistert, dass sogar Pietro sich wieder in sie und ihre Begeisterung verliebte und seine Maßstäbe vom Passen und Nicht-passen in seine Welt zur Seite schob. Er umarmte sie und sie küssten sich wieder. Leider kam es aber immer wieder zu Auseinandersetzungen, wenn Pietros Verwandte in der Nähe waren. Fakt war, dass er sie vorführen wollte und sie wollte nur Spaß haben. Kamila wollte nicht vorgeführt werden und nahm die Besuche nicht so ernst wie Pietro. Er war sehr enttäuscht von ihr und distanzierte sich deswegen immer mehr. Insgeheim war sie froh, als die Reise zu Ende ging und sie wieder nach San Francisco flog. Pietro wollte noch länger bleiben, daher nahm sie wie geplant einen früheren Flug zurück. In San Francisco hoffte sie, dass Pietro sich wieder fangen würde und sie wieder glücklich werden könnten, doch diesmal war sie nicht mehr sicher, ob ihre Beziehung noch zu flicken war. Er war zu sehr beeinflusst von dem Leben, das andere für ihn geplant hatten. Kamila hatte das Glück, dass ihre Mutter ihr keine Traditionen auferlegte, wie zum Beispiel ihre Oma es gemacht hätte, wenn sie in Polen aufwachsen wäre. Ihre Mutter war wie eine Sauerstoff-Station für Kamila. Nach jeder Hyperventilation in ihrem Leben konnte sie wieder atmen. Sie konnte sie selbst sein, wurde unterstützt und nicht mit voreingenommenem Denken belastet.

Pietro folgte Kamila eine Woche später. Sie merkte, dass sie ihn nicht sehr vermisst hatte, denn sie war mit den Vorlesungen und ihren Verbindlichkeiten beschäftigt gewesen. Doch sie fühlte sich alleine, hegte aber die Furcht, sich aus Einsamkeit und Machtlosigkeit Pietros Launen wieder unterzuordnen. Als Pietro wieder in den USA war, sprachen sie fast schon diplomatisch miteinander und entschieden sich, diesmal für immer auseinanderzugehen. Pietro war immer noch sauer und verstand nicht: „Ich bin enttäuscht, dass du die Reise nicht dazu genutzt hattest, mein Lebensumfeld und vor allem meine Familie besser kennenzulernen, sondern nur reisen wolltest." Er konnte nicht nachfühlen, dass die vielen Eindrücke einfach zu viel für sie gewesen waren. Sie brauchte Zeit, das alles zu verarbeiten. Und diese Zeit hatte er ihr nicht gegeben. Kamila antwortete enttäuscht: „Was würde auf mich für ein Leben in Brasilien warten? Deine Sexgefährtin zu sein? Die Mutter deiner Kinder? Du würdest den Respekt, wie jetzt schon so oft, vor mir verlieren. Du würdest mich nicht mehr lieben können, denn du würdest mich nicht mehr sehen können, wenn ich das bekäme was du willst und nicht was ich für mich möchte. Das ist nicht fair mich zu verurteilen, Pietro. Du willst die Beziehung nicht! Du lässt dich von deinen Freunden beeinflussen und jetzt auch noch von deiner Familie! Was ist es was du willst? Weiß du das überhaupt? Wenn du denkst, dass dein Leben ohne mich besser ist, dann lebe es! Ich werde dich davon nicht abhalten! Aber du kannst nicht erwarten, dass ich mich aufgebe, um deiner Familie und Freunden gerecht zu werden!" Sie konnte nicht ihr Studium, Karriere und ihre Träume für ihn aufgeben. Dafür war sie nicht bereit, nicht für ihn und für niemanden sonst. Was wäre sie dann noch? Bestimmt nicht glücklich!

Kamila ging jetzt öfter mit ihren neuen Freundinnen aus, da mit Pietro Schluss war. Sie nutzte die Zeit, engere Freundschaften aufzubauen, da es seit Lucianas Abreise eine Weile gedauert hatte, bis sie neue Freundschaften gefunden hatte. Sie fühlte sich endlich wieder gut damit, Freundinnen zu haben, denn sie unterstützten sie und hörten sich die ewig langen Stories über Pietro an. Agata war die schmerzresistenteste von allen und deswegen erhielt sie immer die höhere Dosis an Pietro-Stories. Da Agata selbst Stress mit ihrem Freund hatte, wusste sie Kamilas verletztes Herz zu trösten. Leider lauteten die Ermunterungen von Agata eher so: „Mach dir keinen Kopf, Kamila. Er kommt zurück, er ist doch verrückt nach dir." Kamila wusste, dass es nicht gut war das zu hören, doch vielleicht wollte sie daran glauben, dass Wunder geschahen und es fühlte sich in der Zeit gut an Agatas Zuspruch zu hören. Leider konnten sie nicht voneinander lassen, auch als sie auseinander waren. Sie trafen sich weiterhin und liebten sich innig. Dann weinten sie eng umschlungen, weil sie beide nicht miteinander und nicht ohneeinander sein konnten. Ihre Gefühle füreinander waren suchtähnlich. Sie waren wie füreinander geschaffen, wenn die Familie und kulturelle Zerrissenheit nicht wären. Um sich abzulenken, stürzte Kamila sich in ihre Studien und verbrachte den ganzen Sommer mit Sommerklassen. Schnell vorankommen wollte sie und nahm nach Genehmigung von ihrem Berater mehr Kurse als sie eigentlich durfte.

Es war gerade so tragbar. Zwei Sommerklassen glichen vier normalen Semesterkursen, denn alles wurde in einer viel kürzeren Zeit abgewickelt. Da sie sehr strebsam war und sich nach vorne bewegen wollte, hatte sie bis auf das Wintersemester, welches sie in Deutschland bei ihrer Familie verbrachte, immer ein volles Pensum. Im Sommer hatten ihre Tage immer den gleichen Ablauf. Morgens fuhr sie Elsa zur Sommerschule. Dann holte sie Tim und Greg von der Sommerschule ab und brachte sie zum Pool zum Schwimmen. Die Jungs hatten Schwimmunterricht und sie sah ihnen beim Üben zu. Dabei saß sie auf dem Liegestuhl und beobachtete auch oft die Mütter, die ihre Kinder dorthin brachten. Sie saßen mit den jüngeren Kindern unter den Sonnenschirmen, wenn die großen Kinder am Schwimmunterricht teilnahmen. Fast alle Mütter sahen wirklich super gepflegt und richtig durchtrainiert aus. Kamila schweifte mit den Gedanken zu ihrer Mutter und überlegte, wie sie es geschafft hatte, alleine aus Polen nach Deutschland auszuwandern. Nur ihretwegen hatte sie diese Mühen auf sich genommen. Ihre Mutter hatte so viel für ihren Bruder und Kamila getan, damit sie ein besseres Dasein bekämen. Sie war in Polen auch wie die Mütter hier gewesen. Kamila erinnerte sich, wie stolz sie immer schon als Kind auf ihre hübsche Mutter gewesen war. Sie war von allen ihren Lehrern respektiert und ernst genommen worden, wenn sie zu ihr in die Schule kam, denn sie hatte damals eine gute geschäftliche Leitposition. Kamila sah sich um und ihr wurde klar, wie viel ihre Mutter tatsächlich für sie aufgegeben hatte, als sie nach Deutschland ausgewandert war. Sie war nicht mehr die leitende und geschätzte Chefin. Sie war eine Polin, die in Deutschland nicht gerade beliebt waren. Kamila wurde klar, dass sie auch so ein Leben haben wollte, wie die Mütter hier. Sie wollte auch imstande sein, sich um ihr Kind zu kümmern, es zum Schwimmunterricht zu begleiten oder mit ihm den Sommer zu verbringen. Auf Karriere wollte sie aber nicht verzichten, das stand fest. Leider konnten es sich viele Familien finanziell nicht leisten, dass die Mutter zu Hause blieb. Kamila befand sich in einem Zwiespalt, denn sie wollte beides. Sie wollte erfolgreich sein und auch imstande sein, ihre Zeit selbst einzuteilen.

Eine Zukunft mit Pietro ergab keinen Sinn, doch sie vertraute Gott und dass er ihr helfen würde, sich für die Zeit stark zu machen, wenn Pietro nicht mehr da sein sollte. Sie sah Tim, der ihr fröhlich zuwinkte, lächelte winkend zurück und dachte: ‚Ja, es kommt immer Sonne nach dem Regen, also wird alles gut werden.' Sie schloss kurz die Augen und dachte, wie gut sie sich heute fühlte, denn sie war sehr gut angezogen und sie merkte, dass sie oft Eindruck bei anderen hinterließ. Die Leute achteten sie immer, speziell wenn sie irgendwo einen Raum oder einen Platz betrat, schauten sich viele Leute nach ihr um, als ob sie etwas Besonderes wäre und grüßten sie freundlich. Kamila war immer wieder über dieses Phänomen erstaunt, denn sie hielt sich für ganz normal. Zurzeit war sie eine Studentin. Innerlich fühlte sie aber auch, dass sie in Zukunft etwas Besonders leisten würde, doch sie wusste noch nicht, was das sein könnte.

Mit Pietro war immerhin ganze vier Wochen Schluss, bevor sie wieder zusammenfanden, obwohl Kamila es versuchte und ihr Verstand sagte: ‚Lass die Finger von ihm, er wird sich nicht ändern.‘ Sie konnten einfach nicht voneinander lassen. Doch diesmal änderte sie ihr Verhalten ein wenig. Sie fing an mit Nora am Wochenende wegzugehen, während Pietro arbeitete. Sie begleitete ihn nicht mehr zur Arbeit wie sonst. Nora und Kamila, wurden gute Freundinnen und trafen sich regelmäßig. Pietro wurde häufig sauer, wenn sie mit Nora unterwegs war, denn sie kam spät zu ihm und er wartete auf sie wie ein Schoßhund. Kamila konnte es weder ihm, noch ihren Freundinnen recht machen. Nora motzte auch, wenn sie früher heimmusste. Sie wollte nicht schon um Mitternacht nach Hause, nur weil Pietro Kamila noch sehen wollte. Ihrer Freundin zuliebe versuchte Kamila, eine Stunde hinauszuzögern, doch dann gab es Zoff mit Pietro, dass sie Nora vorzöge. Aus der Not überredete sie Nora, auch bei Pietro zu übernachten, so dass sie nicht betrunken heimfahren müsste, sie noch weiter feiern könnten und Pietro Ruhe gab, da sie dann ja endlich bei ihm war.

Eines Abends kamen sie total betrunken mit dem Taxi bei Pietro an. Nora sah ihr Auto komisch geparkt in der Parkanlage. Kamila glaubte, noch ganz nüchtern zu sein und das Auto gerade einparken zu können, und setzte sich seelenruhig hinters Steuer. Sie fuhr das Auto in die Parklücke und die Seitentür gegen die Parkstange in Pietros Apartmentanlage. Pietro sah das Spektakel vom Balkon aus an und rannte sofort runter. Kamila und Nora, beide total betrunken, standen nebeneinander und schauten erschrocken die Seitentür an. In ihrem Rausch dachten sie, es wäre eine Fata Morgana. Pietro nahm Kamila den Autoschlüssel aus ihrer Hand, fuhr das Auto wieder raus und parkte es richtig ein. Er nahm sie mit nach oben in sein Apartment und da sie total verstört waren, tranken sie noch einen Schnaps zur Entspannung und sagten, dass sie morgen sehen würden, was sie alles mit dem Auto machen konnten. Pietro sorgte sich immer um Kamila und hatte daher ein Barbecue für sie vorbereitet, bevor sie kamen. Er wusste, sie würde sonst nichts essen. Ja, auch noch so spät. Deswegen hatte er auf dem Balkon gestanden und ihrem Parkspektakel zugesehen. Er grillte Fisch für sie. Auch wenn Pietro nicht gerne Fisch zubereitete, tat er es trotzdem, weil er wusste, dass sie Fisch liebte.

Nora sah ihnen sofort an, dass sie sich sehr lieb hatten. Irgendwie passten sie ja zusammen, auch wenn sie sich oft stritten. Gemeinsam verbrachten den restlichen Abend, erzählten sich Geschichten und lachten betäubt, bis sie einschliefen. Ganz früh am Morgen fuhr Nora nach Hause und erzählte später, dass ihr Kumpel ihr geholfen hatte, die Autotür auszubeulen. Man sah kaum mehr eine Delle. Gott sei Dank war das Auto sowieso nicht wie ein rohes Ei behandelt worden und unter vielen Kratzern fiel die kleine Unebenheit nicht auf. Am Telefon lachten sie noch über ihre Blödheit und beteuerten sich gegenseitig, sie würden nie mehr betrunken Auto parken, geschweige fahren. Sie müssten sich zügeln. Diesmal waren sie noch gut davongekommen. Pietro sah das nicht so locker wie Nora. Er hielt Kamila eine Standpauke: „Kamila du bist doch nicht bei Sinnen. Was alles hätte passieren können. Du muss besser aufpassen. Das ist kein Spiel, das war so gefährlich." „Ja, ich weiß, es war doof! Außerdem haben wir daraus gelernt, wir werden es nicht mehr tun!" Ehrlich gesagt empfand sie seine Standpauke als ironisch, denn er war schließlich derjenige, der ab und zu Joints rauchte. Aber sie nickte brav und versprach, sie würde sich bessern, denn sie hatte auch keine Lust auf weitere Diskussionen.

Der Sommer ging vorbei und man spürte an dem frischen Wetter, dass der Herbst an die Tür klopfte. Ihr Tag fing viel zu früh an. Sie schliefen noch, als sie einen Anruf von Kamilas Mutter erhielten. Sie fragte sofort: „Hast du schon den Fernsehen an gemacht?" Verblüfft über ihre Frage sagte Kamila: „Nein, wir waren noch im Bett. Warum sollte ich Fernsehen schauen?" Ihre Mutter informierte sie, dass sich in New York eine Katastrophe ereignet hatte. Da New York so weit entfernt war, dachte Kamila sich nichts dabei, machte aber den Fernseher an. Erschrocken hörte sie den Nachrichten zu. Es hieß, dass irgendein Flugzeug in das World Trade Center geflogen wäre. Sie rief Pietro zu: „Pietro schnell, komm und schau was los ist!" Sie stand wie angewurzelt neben ihm und hörte den Nachrichten zu. Und dann sahen sie, wie ein anderes Flugzeug in den zweiten Turm flog. Pietro stand neben ihr und starrte genauso entgeistert die Bilder an. Er sah sie erschrocken an und sagte: „Scheiße, was ist hier los?" Das Telefon klingelte erneut und diesmal war Pietros Mutter am Telefon und fragte ihn, ob er die Nachrichten schon gesehen hätte. Er sagte: „Ja".

Sie waren erstaunt, dass ihre Eltern in Deutschland und seine Eltern in Brasilien schon davon wussten, während sie seelenruhig geschlummert hatten. Es war so unwahrscheinlich. Das schien wie ein schlechter Film zu sein, sie konnten sich nicht vorstellen, dass das wirklich war und gerade passierte. Die Kameras zeigten die aufgebrachten Menschenmassen, die mit Tränen überströmten Gesichtern durch die Straßen liefen und Schutz suchten. Kamila saß versteinert mit Pietro vor dem Fernseher und hielt sich die Hand vor den Mund. Sie schauten sich erschrocken an und konnten immer noch nicht verstehen, was los war, bis Präsident Bush eine Ansprache hielt und den Krieg gegen die Schuldigen erklärte. Das Verständnis über eine Terrorattacke von Osama bin Laden kam erst Tage später. Zu dem Zeitpunkt wusste niemand, wie das passieren konnte. Es war schlimm, die Katastrophenbilder im Fernsehen zu sehen, doch für sie war New York immer noch viel zu weit weg und sie ahnten und glaubten noch nicht, dass sie auch davon betroffen sein könnten. Ein paar Tage nach der World-Trade-Center-Katastrophe verstanden sie endlich, dass das Attentat ein größeres Ausmaß an Vernichtung mit sich gebracht hatte, als jeder es ahnte. Nicht nur, dass es Unmengen von Opfern forderte, viele auch nicht direkt betroffene Menschen litten darunter. Da sie beide Studenten waren, betraf es auch sie. Präsident Bush erklärte den Krieg, doch es war nicht ganz klar, gegen wen er ihn führen wollte. Diese Kriegsansage störte Kamila. Sie war eine geborene Pazifistin und Krieg war etwas, das in ihrem Kopf nicht unbedingt eine Lösung mit sich brachte.

Sie diskutierte oft mit Freunden und Kriegsbefürwortern über den vom Präsidenten erklärten Krieg. Clarissa fand es richtig vom Präsidenten. Sie sagte, Amerika müsse sich wehren. Ja, das fand Kamila auch, aber Krieg war für sie nicht der Schlüssel. Ihre Einstellung zum Krieg machte Kamila wütend und sie ging eine Diskussion mit Clarissa ein und fragte sie, ob sie denn wüsste, was der Krieg für sie bedeuten könnte. Sie war der Meinung, dass es nicht so leicht zu erklären wäre. Ja, Kamila war ihrer Meinung, es war nicht leicht zu erklären. Sie sagte ihr: „Viele Amerikaner hatten lange kein Krieg in ihrem Land erlebt, und sowas bringt viele Opfer mit sich. Krieg kennt keine Gnade und Regeln." Kamila fragte sie: „Was würdest du tun, wenn hier Krieg herrschte und ein paar Soldaten deiner Tochter Unheil antun würden? Wärst du immer noch für den Krieg? Was wäre, wenn Soldaten kämen und dir dein Hab und Gut beschlagnahmen würden? Wärst du immer noch für den Krieg?" Clarissa sah sie ungläubig an, daraufhin sagte Kamila: „Die Kriegsfilme, die wir anschauen, sind nicht so fern von der Realität. Wir sind nur so immun gegen diese Filme und sehen es als Action und Unterhaltung an, weil wir keinen Krieg erlebt hatten." Kamila führte das leidenschaftlich aus, denn sie kannte leider Mädchen aus Bosnien, die damals – in Deutschland - zu ihr in die Klasse gekommen waren. Sie waren jung und mehrmals von den Soldaten in Krieg vergewaltigt worden. Das war der Krieg, für den viele stimmten. Kamila war dagegen und äußerte sich auch laut dagegen. Es war nicht gut, Gewalt mit Gewalt zu bekämpfen, es müsste doch noch eine andere Lösung geben. Clarissa hörte ihr zu, wie leidenschaftlich sie gegen den Krieg debattierte und akzeptierte ihre Argumente. Allerdings war sie der Meinung, dass Amerika sich nicht schubsen lassen durfte, und da stimmte Kamila ihr zu 100 Prozent zu.

Noch am gleichen Tag, rief Pietro an und erzählte, dass alle seine Flugstunden gestrichen waren mit dem Vermerk ‚bis auf weiteres'. Pietro war ratlos und hoffte nur, dass er seine Commercial License fertig machen konnte. Deswegen war er ja in Amerika. Alles war total unklar. Strenge Regeln wurden eingeführt, es gab viele nationale Begrenzungen während der nächsten Wochen und man durfte nicht mehr über bestimmte Denkmäler fliegen. Der Luftraum über der Golden Gate Bridge war gesperrt und wurde bewacht. Die Auswirkungen des Anschlags reichten sogar bis zu ihrer sowieso wackligen Beziehung und mit einem Schlag zerstörten sie ihre berufliche Planung. Bevor die Katastrophe passiert war, wollte Pietro in Amerika als Fluglehrer arbeiten, bis Kamila mit ihrem Studium fertig war, danach wollten sie entscheiden, wie und wo sie weiterleben wollten. Doch alles schien anders zu kommen. Es war nichts mehr klar. Sie wussten nicht, ob Pietro überhaupt seine Fluglizenz hier fertig machen konnte. Da Kamila Business als Hauptfach studierte und nicht Biologie, hatte das Ganze weniger mit ihr zu tun. Auf dem Universitätsgelände kursierten Gerüchte, dass viele Biologiestudenten, die in Amerika ihr Arbeitsjahr nach dem Studium verrichten wollten, keine Papiere bekamen. Irgendwie hatte das was damit zu tun, dass ein Flugzeugentführer sich nach Amerika auf einer Studenten Visa eingeschleust hat. Ob das alles wahr war, wusste aber keiner. Generelle Angst herrschte. Kamila wusste, dass alles hier vergänglich war – es war wie eine Fata Morgana, ein Traum – und sie sich bemühen musste, so schnell wie möglich ihr Studium abzuschließen. Man wusste ja nicht, was auf sie noch alles zukommen würde. Wochen vergingen und Pietro konnte zwar wieder fliegen, um die Lizenz zum Abschluss zu bringen, doch die Luftbegrenzungen blieben bestehen und er, wie jeder andere auch, musste sich daran halten. Pietro hatte jetzt nur noch ein Ziel, er wollte konzentriert und schnell seine Ausbildung über die Bühne bringen und dann anschließend als Pilot arbeiten zu können. Für ihre Beziehung wollten sie noch eine Lösung finden.

Beginn der Sehnsucht

Nach dem 911-Desaster, riss sich Pietro vorbildlich zusammen und schaffte es tatsächlich, in zwei Monaten die Prüfung für die Commercial License zu absolvieren und erfolgreich zu bestehen. Kamila freute sich riesig für ihn. Sie wusste, was ihm das bedeutete, doch wusste sie aber nicht, dass mit seinem Pilotenabschluss auch ein Ende ihrer Beziehung kommen würde. Sie hielten an ihren ursprünglichen Plänen fest und sie wusste, dass sie sich erst einmal von Pietro verabschieden musste. Er musste zurück nach Brasilien, den mit seiner Lizenz war auch der Geldhahn seiner Eltern zugedreht. Er musste sich einen Job suchen und Verantwortung übernehmen. Pietro wollte sich noch darum bemühen, in Amerika als Fluglehrer zu arbeiten und so hielt er seinen Plan in Kamila am Leben. Kamila war sich sicher, dass es irgendwie klappen würde. Sie lebten immer schon mit der Angst, dass sie sich trennen müssten, doch nun hatte sie die Realität eingeholt. Kamila flüsterte leise, als sie in seinen Armen lag: „Ich will nicht, dass du gehst." Er antwortete: „Ich will auch nicht!" Dann sagte er voller Gefühl: „Was hast du gedacht, warum ich so viel Zeit für die Lizenz benötigt habe?" Sie zuckte mit den Schultern und versuchte Fassung zu bewahren, während sie ihn traurig ansah und er sagte: „Ich wollte nur die Zeit hinauszögern. Ich wollte, dass wir zusammen sind, solange es geht." Sie lächelte gequält, denn sie wollte sich nicht trennen, weil sie ihn liebte. Ihr Abschied glich diesmal einer richtigen Lovestory, nur einer wirklich traurigen. Sie verbrachten die restliche Zeit bis zu seinem Abflug, welcher letztendlich in März stattfand, immer zusammen und trafen keine Freunde mehr. Oft lagen sie eng umschlungen zusammen, weinten sich in den Schlaf und bangten, dass sie sich vielleicht nie wiedersehen würden. Doch sie hofften, dass es anders kommen würde, irgendwo, irgendwann. An diesem Gedanken hielten sie fest, wie ein Abstürzender an einem Rettungsseil – er sollte zurückkommen. Über Wochen hinweg verabschiedeten sie sich jeden Tag so intensiv, weil der Abschied diesmal für immer sein sollte. Die Zeit raste. Pietro räumte sein Appartement aus und verschickte seine Sachen nach Brasilien. Er löste seinen Appartementvertrag auf und wohnte zeitweise bei Maxim. Als allerletztes verkaufte Pietro sein Auto. Kamila ging mit ihm und fuhr ihn zurück zu sich nach Hause, zu Clarissa, wo er die letzten sieben Tage bis zu seinem Abflug blieb. Es war schwer, ihn gehen zu lassen und sie glaubte gar nicht, dass das die Realität war. Pietro schrieb ihr noch ein paar Abschiedszeilen, die sie für sich haben sollte:

Liebstes Hasi,

Dich getroffen zu haben, war das Beste, das mir im Leben passiert ist.

Ich danke Gott, dass er mir die Möglichkeit gab, mit dir zusammen zu sein – Wir lachten, wir weinten, wir liebten uns und wir stritten … Alles war so schön, dass ich nicht einmal merkte, wie die Zeit davonlief.

Ich habe die Zeit sehr genossen, an deiner Seite zu sein.

Ich hoffe, dich wiederzusehen. Ob hier oder dort*, das ist egal!!!!

Ich liebe dich wie verrückt und ich vermisse dich.

Pietro

*er meinte Brasilien

Als Kamila die Zeilen las, schluchzte sie verzweifelt, doch sie konnte nicht glauben, dass es ein Abschied für immer sein könnte. ‚Das kann nicht sein, dass wir nicht zusammengehörten. Er war doch so wie ich und ich bin wie er‘, dachte sie unglücklich. Sie liebte ihn auch, als sie spürte, dass sie ihn gehen lassen musste, aber sie war noch nicht bereit dafür und dachte: ‚Werde ich je dafür bereit sein, ihn gehen zu lassen?‘ Die nächsten Tage ließen ihr nicht viel Zeit, um nachzudenken, denn die Zeit vor Pietros Abreise war sehr turbulent. Um alles besser verpacken zu können half Kamila Pietro dabei, seine Papiere zu sortieren. Das tat sie gerne für ihn. Es war ein totales Durcheinander. Zwischen den Papieren entdeckte sie zufällig ein Foto von Pietro und einem Mädchen zusammen im Flugzeug. Er war mit ihr fliegen. Sie fragte überrascht: „Wer ist das Mädchen?“ Er reagierte total sauer, fühlte sich erwischt und sagte gereizt: „Es war nichts weiter und da waren wir auseinander.“ Sie sah ihn fassungslos an und fragte: „War das die Zeit, als wir aus Brasilien zurückgekommen waren und einen Monat getrennt gewesen sind?“ Für sie war das ein Vertrauensbruch. Das sollte nicht sein. Er begründete: „Maxim kam mit zwei Mädels und wir gingen fliegen.“ Kamila wurde sauer wie noch nie. Sie packte seine Sachen zügig und befahl: „Verschwinde, du Mistkerl! Verschwinde!“ Sie schrie verletzt: „Du sollst endlich aus meinem Leben verschwinden und mich von dir selbst erlösen. Wie konntest du mir das antun? Ich habe dich geliebt!“ Er erwiderte: „Du bist verrückt geworden. Es gibt keinen Grund jetzt so auszuflippen! Es war nur ein Flug.“ Sie wurde sauer: „Wozu hast du dann ein Andenkenfoto gemacht, du Arschloch? Woran wolltest du festhalten, wenn es nichts bedeutet hat?!

Es war seine vorletzte Nacht und sie hatte nicht das Herz, ihn jetzt aus dem Haus zu jagen. Sie schämte sich vor sich selbst, dass sie ihm alles durchgehen ließ, doch sie liebte ihn so sehr. Doch seine Liebe zündete einen ungewöhnlichen Hass gegen sich selbst. Bis zum Ende wollte sie es sich nicht eingestehen, doch sie liebte ihn, wie noch nie einen Mann zuvor. Der Abschiedstag brach an. Kamila brachte Pietro zum Flughafen und gleichzeitig planten ihre Freundinnen einen Ausflug mit ihr, um in den Redwoods National Park zu fahren, damit sie nach seiner Abreise abgelenkt ist. Ihre Freundinnen waren bereit, sich um sie zu kümmern. Sie wussten, dass das nicht einfach für Kamila werden würde. Sie stimmte zu, denn sie dachte, das wäre eine gute Idee.

Ihre Freundinnen Cathleen und Katharina, verabschiedeten Pietro und setzten sie wie geplant am Flughafen ab und sagten: „Wir sind in der Nähe, lasst euch Zeit. Pietro alles Gute, pass auf dich auf! Kamila ruf an, wenn du soweit bist." Mit Kamilas Auto fuhren sie weg, damit sie keine Parkgebühren am Flughafen zahlen mussten. Pietros Onkel und ein paar seiner Verwandten kamen auch zum Flughafen, um sich von Pietro zu verabschieden. Kamila empfand sie eher als störend, denn es war ihr letzter Moment und sie wollte niemanden um sich herumhaben. Es dauerte auch nicht lange, der Abschied ging sehr schnell vonstatten. Eine letzte Umarmung, ein letzter Kuss. Pietro checkte ein und dann musste er schon durch die letzte Kontrolle und weiter zum Terminal, wo sie ihn nicht begleiten konnten. Kamila stand reglos da und schaute zu, als er seine hellbraunen Lederschuhe auszog und sie auf das Band zum Scannen legte. Sein Onkel stand neben ihr. Pietro drehte sich zu ihnen um und streckte seine Hände aus und machte eine dumme Mimik. Er wollte sie damit zum Lachen bringen und sie tat ihm den Gefallen und lächelte, obwohl ihr nicht danach war. Kontrolliert und emotional zerstört ging sie rasch vom Flughafen und rief ihre Freundinnen an, damit sie sie abholen kamen. Sie tat alles mechanisch, irgendwie im Schock. Pietro war jetzt weg. Sein Onkel war hinter ihr hergekommen und fragte: „Kamila, könnt ihr mich auf dem Weg nach Hause absetzen?" Seine Anwesenheit störte sie, aber sie wollte auch nicht unhöflich sein und stimmte zu: „Ja, sicher." Er war sehr nett, doch sie wollte jetzt alleine sein. Sie wollte trauern und ihren Tränen freien Lauf lassen, doch sie tat es nicht. Da der Onkel neben ihr stand, hielt sie die ganze Zeit inne und das zerrte an ihr. Es kam ihr wie eine Ewigkeit vor, bis ihre Freundin endlich kam. Es war Stau um den Flughafen herum und sie brauchten eine halbe Stunde, um sie abzuholen. Wortlos nahmen sie Pietros Onkel mit und fuhren ihn heim. Danach fragte ihre Freundin sie besorgt: „Wie geht's dir?" Kamila saß auf der Rückbank, blickte in den Rückspiegel und sagte nichts. Sie kämpfte mit den Tränen. Cathleen fragte nicht weiter und sie fuhren los. Kamila war wirklich unglücklich und kämpfte so sehr damit, ihre Emotionen zurückzuhalten. Sie war regungslos und voller Schmerz. Die Mädels fuhren in den Redwood Park. Während der Fahrt unterhielten sie sich und ließen Kamila in Ruhe, denn sie wussten, dass sie jetzt einfach Zeit brauchte. Im Park angekommen, ging Kamila gezielt auf die Toilette und schluchzte kniend in ihre Arme. Sie war total erschöpft und sie vermisste Pietro sehr. Es war schwierig für sie zu akzeptieren, dass sie ihn nie wiedersehen sollte. Das war es, was sie zum Anfang, als sie ihn das erste Mal traf, gespürt hatte. Sie hatte genau vor diesem Augenblick Angst gehabt, und jetzt war er wahr. Den Redwood-Park-Ausflug verbrachte sie weiterhin mechanisch. Sie konnte sich auch danach nicht mehr an Einzelheiten erinnern. Wie eine Mumie schlenderte sie einfach nur hinterher und war kaum ansprechbar. Kamila war erleichtert, als sie endlich zu Hause ankam. Sie stieg aus dem Auto aus, ging zur Tür rein, war zu schwach, die Treppe hochzugehen und so brach sie weinend auf der Treppe zusammen. Die Hauskatze setzte sich nah an das Treppengeländer und schaute sie mitleidig an. Sie war nicht besonders dicke mit der Katze, aber sie fühlte, dass sie sie trösten wollte. Kraftlos kroch sie langsam die Treppe hoch und heulte laut vor sich hin, bis sie es in ihr Zimmer geschafft hatte und auf allen vieren in ihr Bett kroch. Sie hatte lange noch geweint, als sie endlich einschlief.

In Brasilien angekommen, rief Pietro sie an und erzählte: „Der Flug war gut, doch ich vermisse dich. Ich verspreche, ich werde schauen, dass ich alles so schnell wie möglich erledige und dann zu dir nach Amerika zurückkomme. Ich werde versuchen ein Fluglehrer zu werden, so wie wir es gemeinsam besprochen hatten." Kamila war erleichtert, wenn auch immer noch total traurig. Sie sagte ihm: „Ich vermisse dich auch und ich will dich wiederhaben." Er wiederholte immerzu: „Ich liebe dich so sehr, ich werde mich beeilen." Seit Pietro weg war, war sie nicht mehr die Alte. Sie wurde ruhiger und in sich gekehrter, denn sie konnte mit der Trennung nicht umgehen. Kamila fühlte, es war für immer, auch wenn Pietro etwas anderes sagte. Ja, sie hielt sich an Pietros Worte, doch sie fühlte, dass sie nicht wahr waren. Sie wollte ihm glauben und so tat sie es. In den Vorlesungen hielt sie sich sehr zurück, machte kaum mehr mit. Ihr makelloser 1,0 Notendurchschnitt glitt langsam die Leiter herunter. Trotz des Trennungsschmerzes musste sie aber weitermachen. Sie ging zur Uni und traf Nora, Cathleen und Mirka. Nora machte sich große Sorgen und traf sie regelmäßig dienstags und donnerstags mittags in einem Café. Sie wusste, dass das die Zeit war, in der sie sich sonst mit Pietro getroffen hatte. Ihr Business Professor kam auf sie zu und fragte: „Kamila, es geht mich nichts an und du musst auch nichts sagen. Ich habe nur gemerkt, dass etwas mit dir nicht stimmt. Bist du okay?" Gequält aber tapfer informierte sie: „Danke der Fürsorge. Mir geht es gut. Ich habe mich von meinem Freund getrennt und es ist noch ganz frisch." Er strich Ihren Arm verständnisvoll und sagte: „Wir vermissen deine feisten Kommentare in der Gruppe." Sie lächelte und ging weiter.

Kamila saß meistens nur deprimiert da. Nora versuchte sie aufzumuntern und forderte Kamila auf: „Du muss etwas dagegen tun, du bist zu lange traurig." Kamila nickte und hielt ihre Tränen zurück. Sie sagte: „Ich weiß, aber ich kann nicht anderes. Ich vermisse ihn so sehr. Ich kann mir nicht helfen." Pietro rief inzwischen täglich an. In einem ihrer Telefonate gestand er ihr entschlossen: „Ich komme nicht zurück, hier ist mein Land. Ich liebe es und ich kann nicht mehr in Amerika leben. Bitte komm zu mir." Sie wusste nicht, wie er sich das vorstellte, sie konnte doch nicht mitten in ihrem Studium aufhören und ihre Zukunftsperspektive aufgeben. Ob sie ihr Studium in Brasilien würde fortführen können, wusste sie nicht. Außerdem sprach sie doch kein Portugiesisch. „Wie stellst du dir das vor?", fragte sie schmerzvoll. Es war leichter für ihn, zu ihr zu kommen, als für sie, die Brücken hinter sich zu verbrennen. ‚Er ist auch nicht ohne seinen Pilotenabschluss nach Brasilien gegangen', dachte sie. Nach dem Anruf stellte Kamila tatsächlich eine pro-und-contra-Liste mit dem Titel ‚Warum ich in Amerika bleiben sollte' auf. Sie wollte wissen, wo es besser für sie wäre, zu leben. Pietros Idee war so unüberlegt. Sie sprach nicht seine Landessprache. Wo sollte sie arbeiten? Würde er für sie sorgen? Würden sie heiraten? Sie wäre in Brasilien ein Klotz an seinem Bein, total abhängig von ihm. In Amerika fühlte sie sich wohl und hatte wieder Freunde. Das Studium verlief super und sie tat sich damit leicht. In Brasilien kannte sie nichts und hatte keine Freunde. Sie müsste wie anfangs in den USA das Sprechen und Laufen lernen. Die Ortschaft war ihr total unbekannt. Als sie Pietro all diese offenen Fragen stellte, fühlte er sich total überfordert. So weit hatte er nicht gedacht. Er sagte: „Du liebst mich und ich dich." Sie fügte hinzu: „… und wir leben von der Liebe?" Er hatte dort selbst noch keine Arbeit und kein eigenes Zuhause. Er lebte bei seinen Eltern. Wo sollte sie hinziehen? Zu seinen Eltern? Er war bestürzt über ihren Realitätssinn und sagte: „Hasi, wir kriegen es schon irgendwie hin." Sie fragte ihn: „Weißt du, was du von mir verlangst?" Er wollte, dass sie ihre Zukunftsperspektive aufgab, weil er sich entschieden hatte, in Brasilien zu bleiben. Er merkte, dass viel auf dem Spiel stand und dass sie seiner Idee gegenüber resistent war.

Clarissa, Nora und ihre weiteren Freunde kümmerten sich rührend um Kamila. Auch wenn kein einziger Tag verging, an dem sie Pietro nicht vermisste. Sie sagte oft zu sich selbst, dass die Zeit ihre Wunden heilen würde, aber sie konnte den Tag der Erlösung nicht abwarten, denn sie weinte jeden Tag, seit Pietro weg war. Sie fühlte sich leer und seltsam entzweigerissen. Ihr liefen von alleine die Tränen, wenn sie nur an ihn dachte. Wenn sie es an einem Tag nicht schafften, miteinander zu sprachen, war Kamila noch trauriger. Wenn sie es schafften, zu telefonieren, machte er ihr Hoffnungen und mit beidem kam sie nicht klar. Es war kein richtiger Schluss, aber auch kein richtiger Wiedersehensplan. Pietro war viel unterwegs und irgendwann wurden die Telefonate seltener. Der Stundenunterschied und ihr reger Terminkalender machten sie auch nicht gerade flexibel. Pietro besuchte seine Freunde und erfreute sich an seinem Land, jetzt wo er frisch und unabhängig wieder da war. Er lebte ein anderes Leben in Luxus. Oft passierte es, dass sie ihn telefonisch gar nicht erreichte. Er war entweder unterwegs oder verreist. Kamila fühlte sich wie ausgewechselt, wenn er anrief. Wenn er es nicht tat, war sie sauer auf ihn. Sie hasste sich dafür, dass sie ihm die Kraft gab, über ihre Gefühlswelt zu herrschen.

Kamila verachtete sich dafür, dass sie ihm immer wieder alles verzeihen hätte können. Leider war es ihr nicht eindeutig, warum sie es tat. Es war unmöglich und ihr fehlte die Kraft, sich von ihm zu lösen. Sie hatte sich von ihm abhängig gemacht. Mit Freunden redete sie ständig nur über Pietro und langsam fürchtete sie, dass Freunde und Familie denken könnten, sie wäre jetzt total durchgeknallt. Diesen Alptraum wollte sie unbedingt hinter sich lassen. Das Einzige, was sie noch bei Verstand hielt, war der Ehrgeiz, ihr Studium erfolgreich zu beenden. Besonders fehlte ihr ihre Mutter, die sie so bedingungslos liebte. Traurig dachte sie: ‚Mutter würde wissen wie sie mich aufmuntern könnte.' Obwohl sie sich von allem verlassen fühlte, zurück nach Deutschland zu kehren war keine Option. Dorthin gab es kein Zurück mehr. Ohne ihr abgeschlossenes Studium würde sie nirgendwo hingehen. Sie würde es beenden und ein neues Leben in der Geschäftswelt beginnen. Pietro ließ sie nicht in Ruhe und machte weiterhin Versprechungen. Aber eines Tages fiel ihr auf, dass er ihr auszuweichen begann. Wütend kam sie zu dem Entschluss: ‚Ein Feigling war er, der nicht den Mut hat endgültig mit mir Schluss zu machen. Ich muss mich von ihm endgültig befreien.' Sie öffnete ihren Computer und schrieb ihm eine E-Mail: „Pietro, ich kann das Hin und Her nicht mehr dulden." Sie flehte schon fast: „Ich möchte so gerne einen Abschluss finden und bitte dich, dass du mich gehen lässt und keinen Kontakt mehr zu mir hast. Ich möchte dir Lebewohl sagen. Bitte respektiere es einfach."

Verdrängung

Er ließ sie nicht in Ruhe, obwohl er jetzt schon gute zwei Monate in Brasilien war. Regelmäßig rief er sie an. Dagegen war sie nicht gewappnet und fühlte sich schwach nicht nachzugeben. Während der Telefonate weinte sie nicht und versuchte nicht gefühlsduselig zu sein. Gefasst sagte sie ihm: „Ich brauche einen Abschluss. Ich wünsche dir alles Gute für deine Zukunft!" Weiterhin flehte sie: „Bitte lass mich einfach in Ruhe, damit meine Wunden heilen." Er schluchzte und sagte: „Das kann ich nicht." Sie verstand ihn nicht. Das war doch krank. Nora sagte: „Hörzu Kamila, an der Uni gibt es einen psychologischen Beistand für Leute wie dich, die trauern und Schwierigkeiten haben. Bitte tu es mir zuliebe und schau es dir nur einmal an." Die Beratung war kostenfrei. Kamila war entschlossen, aus der Trauer auszubrechen und alles war ihr recht. Sie rief an und tatsächlich war ein Seelenklempner am Apparat. Sie bekam sofort einen Termin und machte sich schon am nächsten Tag nervös auf den Weg. Dort traf sie auf eine Frau mittleren Alters, mittelgroß und gepflegt. Kamila war eher zurückhaltend und wartete ab, was dort passieren würde. Sie saß steif in einem Sessel und kam sich total bescheuert vor. Die Frau lächelte freundlich und fragte sie: „Was hat dich zu mir geführt?" Kamila antwortete: „Ich habe mich gerade von meinem Freund getrennt und er fehlt mir so sehr. Ich weiß nicht, wie ich dieses Gefühl abstellen soll!" Dann fing sie an zu heulen und erzählte der Frau die leidvolle Geschichte. Die Frau war auf die Situation total vorbereitet, denn sie hielt ihr auch schon einen Karton voller Taschentücher hin und ermutigte sie, ihren Gefühlen freien Lauf zu lassen. Da Kamila die Frau nicht kannte und die Sache anonym war, weinte sie wie ein kleines Kind. Die Frau war sehr nett und sagte: „Du hast einen starken Liebeskummer, welcher kein ernsthaftes Problem ist." Sie sagte: „Ich denke du solltest eher Pietro zu mir schicken, denn er hat, glaube ich, den größeren Hilfebedarf." Kamila lächelte und dachte: ‚Sie wolle nur nett sein. Ja, es könnte sein, dass Pietro mehr Probleme hatte als sie, aber er wusste besser damit umzugehen.' Erleichtert darüber, dass sie mental noch bei Sinnen war, ging Kamila nach Hause. Erleuchtet fühlte sie sich nicht, denn sie wusste nicht, wie sie diese Gefühlsduselei abstellen sollte. Sie fühlte sich genauso traurig wie am ersten Tag, und der war schon zwei Monate her.

Irgendwann reichte es. Sie stand entschlossen auf und entschied, sich selbst zu heilen. Die Therapie hieß: Ablenkung. Sie fing an so oft wie nur möglich wegzugehen. Da sie beliebt war, hatte sie keine Probleme jedes Wochenende wegzugehen. Sie verabredete sich mit Katharina, Catleen und Nora und war meistens am Freitag und Samstag komplett ausgebucht. Die Sonntage ließ sie frei für die Aufgaben, die sie für die nächsten Vorlesungen erledigen musste. Als Katharina anrief, ging sie mit ihr zusammen in einen Irish Pub in San Francisco. Es war noch recht früh und nicht viel los. Katharina nippte an ihrem Bier, weil sie noch nach Hause fahren musste. Kamila nahm eher größere Schlucke, um sich ein bisschen in die Weggehstimmung zu bringen. Es war immer noch ziemlich leer und sie waren hungrig, deshalb entschieden sie, es sich gemütlich zu machen und Essen zu bestellen. Sie aßen und schwatzten. Langsam wurde der Abend aufregender und es kamen auch ein paar nette Leute. Katharina fiel sofort ein Kerl auf. Er sah auch wirklich unglaublich gut aus – einer von der Sorte Maxim. Er gefiel Kamila auch, aber da sie immer noch mit Pietro beschäftigt war, nahm sie ihn nur als ein Gesicht wahr und nicht als Person. Lässig fragte Kamila Katharina: „Willst du ihn haben?" Katharina sah sie völlig perplex an und sagte: „Was meinst du? Er ist mit zwei Mädchen da! Er hat bestimmt eine Freundin." Kamila ließ nicht locker und fragte noch einmal: „Willst du ihn haben?" Katharina bejahte und fragte gespannt: „Was hast du vor?" Kamila lächelte nur, stand auf und ging auf die zwei Blondinen zu, die mit den süßen Jungs da waren. Katharina sagte hinterher: „Du bist wohl verrückt!" Kamila stellte sich lässig den Mädchen vor und fragte: „Woher kommt ihr denn? Ihr sieht so europäisch aus." Es stellte sich heraus, dass eines der Mädels, Manja, aus Deutschland war und sie freundeten sich auch sofort an. Kamila erzählte ihnen, dass sie mit Katharina da wäre und dass sie eine Brasilianerin wäre. Die Mädels, Anita und Manja, lachten und sagten, dass deren Freunde, die beiden süßen Kerle, auch aus Brasilien und Portugal kämen. Kamila winkte Katharina zu sich rüber und sie quetschten sich alle um den Tisch. Die Mädchen waren mit den Jungs nur befreundet und Katharina hatte freie Wahl. Sie wurden an dem Abend zu einer Gruppe und verstanden sich prima. Zwischen Katharina und dem süßen Kerl, Martim, funkte es auch sofort. Katharina sah Kamila ungläubig an und sagte: „Du kannst hexen." Kamila lachte und erwiderte: „Klar!" Kamila gefiel Hugo aus Portugal, doch er erinnerte sie zu sehr an Pietro und deshalb hielt sie sich zurück. Katharina lachte weiter und sagte: „Ich verbeuge mich vor dir." Kamila verkleinerte verführerisch ihre Augen und zwinkerte. Sie verbrachten den ganzen Abend zusammen und hatten so viel Spaß, dass sie sich gleich wieder mit der Gruppe für den nächsten Abend verabredeten, um in San Francisco in die In-Bar Grove zu gehen. Anita kannte dort ein paar Leute und schwärmte in den höchsten Tönen davon. Katharina und Kamila waren neugierig und machten sich am nächsten Tag auf den Weg dorthin.

Das Wochenende stand unter einem guten Stern. Kamila dachte zur Abwechslung nicht an Pietro und wirkte sehr anziehend auf die Leute. Sie schloss schnell Bekanntschaften und lachte ausgelassen. Beim Weggehen lernte Kamila ständig neue Leute kennen und so erweiterte sie auch ständig ihren Freundeskreis. Die Grove Bar war tatsächlich sehr angesagt und viele interessante Leute waren dort. Ziemlich schnell lernte Kamila auch einen Jungen aus Philadelphia kennen. Er hieß Sean. Er war 1,90 m groß, hatte eine kleine Stupsnase, große braune Augen und hell braune Haare. Er hatte einen sehr männlichen Körper und zog sich sehr klassisch an: Hemd, helle Hose und einen dunkelblauen Pullover über dem Hemd – typisch Tommy Hilfiger. Sean war einfach nicht zu übersehen und vielen Mädchen fiel er auch sofort auf. Er war klassisch schön, nicht unbedingt so verführerisch wie Maxim, doch er wurde von Mädchen begehrt. Seit Pietro weg war, hatte Kamila wieder angefangen zu rauchen und da in Amerika in Innenräumen Rauchverbot herrschte, ging sie raus und stand draußen vor der Bar nachdenklich an der Wand angelehnt, als Sean auf sie zukam und sich demonstrativ neben seinen Wagen stellte, den er vor der Bar geparkt hatte. Sie dachte: ‚Was für ein Schnösel. Bloß weil er gut aussieht und einen Porsche fährt, muss er es nicht so offensichtlich zeigen.‘ Sie drehte sich demonstrativ um und tat so, als ob sie ihn nicht sähe. Er ließ nicht locker und sprach sie an: „Rauchen ist ungesund, speziell für so ein hübsches Mädchen wie dich." Sein Spruch brachte sie zum Lächeln, weil er so durchschaubar war. Sie lächelte und erwiderte: „Wenn du mit mir reden möchtest, musst du schon näherkommen. Ich werde nicht schreien." Er ließ sich nicht lange bitten, kam auf sie zu und fragte: „Woher kommst du und wie heißt du?" Sie erzählte, dass sie Europäerin war und hier studierte. Er erzählte, dass er aus Philadelphia war und hier einen Freund besuchen würde, der gerade noch in der Bar war. Sie plauderten belanglos. Kamila rauchte fertig, sagte: „Ich muss zurück zu meinen Freunden, nett dich kennengelernt zu haben", und sie gingen rein. Sean ließ sie nicht aus den Augen. Irgendwann kam er rüber und fragte Kamila: „Magst du die Musik hier? Sie lächelte und erzählte: „Ja, die Bar ist super. Wir sind das erste Mal hier. Möchtest du noch was trinken?", fragte er weiter. Sie hatte schon einen Drink in der Hand und bedankte sich höflich für das nette Angebot. Sie fand seine Bestimmtheit anziehend und stellte ihn ihren Freunden vor, damit er sich in der Gruppe wohler fühlte. Sein Kumpel gesellte sich auch zu ihnen und so wurde die Gruppe größer. Kamila verstand sich prächtig mit Sean. Da Hugo, der Portugiese, auch Interesse an ihr zeigte, ergab sich ein unterschwelliger Konkurrenzkampf zwischen Hugo und Sean. Kamila fand beide gut, war aber nicht wirklich interessiert. Sie wollte Pietro vergessen und da Sean keine Gefahr für sie darstellte, weil er sowieso in ein paar Tagen nach Philadelphia zurückfliegen würde, flirtete sie ein bisschen mit ihm. Sie hatte nichts zu verlieren, so war sie auch eher sie selbst.

Ihre Freunde entschieden sich, das Lokal zu wechseln und Kamila fragte Sean freundlich, ob er mit seinem Kumpel mitgehen wollte. Er war sich nicht sicher und sie bestand auch nicht darauf. Er merkte, dass sie nicht weiter darauf einging und sich auf den Weg machte. Das machte ihn noch mehr neugierig auf sie und er wollte sie nicht gehen lassen und überredete schnell seinen Freund, ihrer Gruppe zu folgen. Katharina lachte und verkündete: „Du hast ihm echt was angetan, wenn er sogar seinen Freund überredet, den Pub zu wechseln." Kamila lachte und sagte: „Meinst du?" Katharina antwortete: „Aber hallo!" Als Gruppe feierten sie ausgelassen weiter in North Beach Distrikt. Sie tranken viel Alkohol und tanzten. Katharina bekam ihren Schwarm Martim und knutschte an dem Abend mit ihm. Sean machte Kamila den ganzen Abend den Hof und bedauerte, dass sie nicht in Philadelphia wohnte. Sie saßen draußen und Kamila rauchte viel. Das war vielleicht eine nervöse Geste oder auch ein Grund, nicht reingehen zu müssen. Sean rückte näher zu ihr und küsste sie sanft auf die Lippen. Sie war überrascht über seine Forschheit, fühlte sich aber von ihm nicht bedroht, da sie wusste, er würde schon bald wieder wegfahren. ‚Ungewohnt war es, einen anderen Mann als Pietro auf die Lippen zu küssen‘, dachte sie sich. Dann war er aber sehr vorsichtig und es fühlte sich gut an, von ihm geküsst zu werden und für eine Sekunde nicht an Pietro zu denken. Er forderte sie auf, wieder in die Bar reinzugehen und mit ihm zu tanzen. Drinnen wurde gerade ein ruhiges Lied gespielt und sie tanzten engumschlungen.

An dem Abend küssten sie sich noch einmal und Sean bestand darauf, ihre Telefonnummer zu haben, um mit ihr in Kontakt zu bleiben. Kamila wunderte sich, dass ihr Kuss ihm so nahe ging, und wollte das nicht. Sie war noch viel zu verletzt von der Trennung mit Pietro und sie glaubte nicht an Beziehungen über weite Distanzen. Solche Beziehungen funktionierten nie lange gut. Außerdem kannte sie ihn kaum. Nach der Disco ging sie mit der ganzen Gruppe zum Frühstück und Seans und ihr Weg trennte sich danach. Kamila machte sich Gedanken über den Kuss mit Sean und fühlte sich komisch, dass sie keine Aufregung oder Freude fühlen konnte. Es war anders als mit Pietro. Sie konnte sich nicht fallenlassen und dabei gut Abstand halten. Erleichtert dachte sie: ‚Ich habe die Kontrolle über meine Gefühle zurück und nun lass ich mich nicht mehr verletzen.‘ Leider konnte sie dieses Gleichgewicht mit Pietro nicht finden, denn jeder Gedanke an ihn versetzte sie in eine tiefe Trauer und leidvolle Sehnsucht.

Ihre Ablenkungsstrategie funktionierte, während sie weg war grübelte sie nicht lange. Diesmal traf sich die Gruppe bei Katharina daheim am Pool zum Barbecue. Sie hatte außer Kamila noch drei brasilianische Freunde eingeladen und bei brasilianischer Musik und brasilianischem Essen verbrachten sie witzige Stunden am Pool. Katharina mit ihrer Schwester Ana und ihren weiteren brasilianischen Freunden erinnerte Kamila sehr an Pietro. Wenn sie mit Katharina zusammen war, fühlte sie sich unbewusst geborgen. Vielleicht wurde sie auch deswegen so sehr von Katharina als Freundin angezogen und verbrachte viel Zeit, verglichen mit anderen, mit ihr. Ausgelassen tanzten sie am Pool Samba oder saßen am Tisch und spielten Black Jack. Kamila hatte ein richtig gutes Händchen und gewann ein Spiel nach dem anderen. Hugo, Manja und die drei Brasilianer spielten ernsthaft und zockten richtig. Hugo flirtete mit Kamila. Doch auch wenn Hugo ihr gut gefiel, war er ihr fast schon zu hübsch und sie dachte, er hatte ja schon was mit Anita am Laufen und deswegen ließ sie die Finger von ihm. Sie lachten sich immer flirtend an, blieben aber nur Freunde und so war es auch gut. Keiner von ihnen unternahm etwas, um dem anderen näherzukommen.

Katharina war ein richtig tolles und feuriges Mädchen. Sie war ausgeflippt und sagte genau das, was sie meinte. Sie zog sich sehr brasilianisch an, trug immer ganz kurze Oberteile und zeigte viel Körper. Ihre Schwester und sie waren einfach bildschöne Mädchen. Kamila merkte dies nicht aber irgendwie brauchte sie Katharinas Kultur, um die Nähe zu Pietro zu erhalten, während sie ihr Ziel nie aus den Augen ließ. Bei ihr fühlte sie sich wie ein Teil der Familie. Katharina wusste, dass Kamila nicht im Geringsten über Pietro hinweg war und sie nutzte jede Gelegenheit, mit ihr wegzugehen, da sie dafür empfänglich war. Zusammen unternahmen sie nicht nur abends etwas, sondern machten auch kleine Ausflüge. Eins davon ging nach Santa Cruz. Sie sonnten sich am Strand, mieteten ein Paddelboot und paddelten aufs Meer hinaus. Kamila fand es interessant im Meer Paddelboot zu fahren, auch wenn sie richtig Angst hatte, als die großen Wellen auf sie zukamen. Sie blieben nah am Ufer, denn das Meer war an dem Tag ziemlich stürmisch. Zurück von ihrem kleinen Ausflug gingen sie in die lokale Disco. Zu dem Zeitpunkt wusste Kamila nicht, wieviel Schmerz sie in sich trug und wie sehr sie sich hinter dem Partyleben versteckte. Obwohl sie gut unterhalten war mit ihren Freundinnen, gedanklich war sie, mehr als ihr lieb war, bei Pietro. Nach dem Kuss mit Sean hatte sie ein schlechtes Gewissen ihm gegenüber. Um ihr Gewissen zu erleichtern rief sie diesmal Pietro an, obwohl es ihr sehr schwerfiel. Seine Schwester ging ans Telefon und richtete aus: „Hi Kamila, Pietro ist nicht zuhause. Er ist mit seiner neuen Freundin im Kino. Soll ich was ausrichten?" Es war wie ein Schlag und Kamila ärgerte sich, dass sie sich wegen Sean so mies gefühlt hatte. Schließlich war Pietro mit anderen Mädels unterwegs. Wieder wurde sie wütend auf sich, weil sie überall heulte und er dagegen sein Leben unbeeindruckt weiterlebte. Es bedrückte ihn nicht, von ihr weg zu sein. Was für eine Lüge lebte sie denn? Sie antwortete leise: „Nein, brauchst du nicht. Es war nicht wichtig."

Pietro rief sie noch am gleichen Tag zurück und verkündete: „Ich mache Schluss mit ihr, wenn du es möchtest!" Verwundert hörte sie dem Schwachsinn zu und fragte ihn: „Möchtest du, dass ich einen anderen Mann treffe und dir dann sage, dass ich mit dem Neuen Schluss mache, wenn du was dagegen hast? Bist du noch bei Sinnen, mich so etwas zu fragen?" Er antwortete leise: „Ich liebe dich. Ich werde dich immer lieben." Wütend forderte sie: „Du bist ein Arsch Pietro, lass mich einfach in Ruhe." Er gab nicht auf, er erzählte wieder, dass er ohne sie nicht kann. Angewidert beendete sie irgendwann das Gespräch. Ihn plagte das Gewissen und zwei Tage später rief er erneut an, diesmal sprach er ungewöhnlich offen, vielleicht weil er betrunken war. Er gestand ihr erneut seine Liebe: „Ich liebe und vermisse dich, Hasi", versicherte er. „Es ist schlimm ohne dich und ich weiß, dass du eines Tages sehen wirst, warum ich gegangen bin." Sie schwieg und hörte zu. „Ich hoffe, eines Tages wirst du mir verzeihen", verbalisierte er. Sie schwieg weiter, schließlich sagte sie: „Ich will, dass du glücklich wirst. Ich wünsche dir nur das Beste, lass mich aber in Ruhe." Während sie sprachen, bat er sie: „Ich möchte, dass du auch ein eigenes Leben lebst, denn das tue ich ebenfalls, auch wenn mein Herz dir gehört." Sie hörte nur stumm zu, hatte diesmal wenig zu sagen, außer, dass sie ihn erneut bat, sie in Ruhe zu lassen.

Trotz ihrer Bitte rief er immer wieder an, erzählte, dass bei ihm alles schief lief und er nicht professionell fliegen konnte. Er hatte irgendein Problem mit den Atemwegen und für eine professionelle Karriere war das wichtig. Es sah schlecht für ihn aus. Pietro kämpfte dagegen an und unterzog sich einer Cortison Behandlung, die jedoch zur Folge hatte, dass er ziemlich viel an Gewicht zulegte. Als zweites Standbein entschied er sich erneut, auf die Universität zu gehen und Computer Engineering zu studierten. Er verkündete, er würde sein Leben in Brasilien neu gestalten, und fing an, sie mit seinen Ideen und Geschichten zu nerven. Kamila dachte: ‚Seine Mutter hat gewonnen. Das wollte sie von Anfang an, dass er etwas „standhaftes" macht und nicht das, was er liebt - das Fliegen.' Als sie sich ertappte die Beziehung zu idealisieren, verurteilte sie sich scharf dafür. Ihr war bewusst, dass sie alles schöner malte, als es tatsächlich gewesen war. Die Ferne lässt Leute die Alltagsroutine vergessen. Natürlich blieb sie meistens cool, wenn er anrief und wurde nicht sentimental. Innerlich wollte sie, dass er zurückkam, doch sie wollte, dass er es von sich aus tat, nicht, weil sie ihn darum bat. Sie bat ihn auch nie darum.

Kamila hatte verschiedene Freudinnen; die einen waren konservativer, die anderen freizügiger. Ihr war es egal, mit wem sie wegging, Hauptsache, sie war weg und hatte Ablenkung. Außerdem repräsentierte jede Freundin eine ihrer vielen Seiten. Keine ihrer Freudinnen glich der anderen. Sie waren alle unterschiedlich. Angefangen von der Landesherkunft übers Aussehen bis zum Charakter und dem Temperament. Sie hatte keine Vorurteile gegen Menschen, die sie selbst waren, denn sie erfuhr gerade an ihrer Person, wie schnell man sich ändern konnte. Freitags- und Samstagsabends tranken sie viel Alkohol und flirteten hemmungslos mit den Jungs. Kamila fand das Spiel witzig und ihr gefiel es, dass sie immer gut beim anderen Geschlecht ankamen und vor allem, dass sie bei ihnen die Kontrolle über ihre Gefühle behielt. Sie fühlte nichts und das fand sie toll.

Im Sommer saß Kamila dann aber doch auf heißen Kohlen. Sie konnte es nicht erwarten, nach Hause zu ihrer Familie zu fliegen und als es soweit war, rannte sie förmlich in die Arme ihrer Mutter. Kamilas Mutter verwöhnte sie nach Strich und Faden, bereitete ihre Lieblingsspeisen, Pfannkuchen mit Nutella, und hörte sich geduldig die Geschichten von Pietro an. Kamila bewunderte ihre endlose Geduld, die tatsächlich nur die eigene Mutter aufbringen konnte. Leider vergingen auch diese zwei Wochen wie im Flug und unter Fernweh Tränen flog Kamila zurück nach Amerika.

Pietro quälte sie und rief immer noch an. Irgendwie konnte dadurch die Beziehung nicht beendet werden. Kamila hatte nicht das Herz, den Hörer nicht abzuheben. Sie konnte aber die nervigen Ausreden von ihm nicht mehr hören und wollte verstehen, warum er nicht zurückkommen wollte. Deshalb bohrte sie immer forscher nach, etwas das sie sonst nie tat. Schließlich gab er nach und gestand die Wahrheit. Er erklärte: „Ich liebe dich, doch ich habe in Amerika keine Perspektive. Ich möchte nicht ewig jobben und ein Pizzalieferant sein. Als Pilot kann ich nicht arbeiten, denn mir fehlen die Stunden und jetzt kommt auch noch die Gesundheit dazu. Meine Eltern werden mich nur hier, nicht in USA, finanziell unterstützen. Es ist nicht mein Land, aber ich liebe dich so sehr und ich will dich. Ich will dich für mich, ich will mit dir sein." Er flehte: „Bitte komm mich in Brasilien besuchen. Ich möchte dich sehen und in meinen Armen halten." Kamila glaubte ihm alles, egal was er formulierte. Sie sagte: „Ich versuche, dich zu besuchen, kann aber nichts versprechen." Doch ihre Mutter ermutigte sie und äußerte: „Weißt du Schatz, Stolz ist so eine Sache, die man im Leben bereuen könnte. Stolz ist generell gut aber nicht, wenn du dich so quälst. Denk nicht an das Geld, ich helfe dir. Wenn du denkst du wirst einen Abschluss finden oder Hoffnung wenn du zu Pietro fliegst, dann tue es." Nachdem sie das Telefonat mit ihrer Mutter beendet hatte, rief sie Pietro an und verkündete, dass sie ihn besuchen kommen könnte. Als er die Neuigkeit hörte, war er zuerst euphorisch, dann sagte er verhalten: „Ich muss es nur noch mit meiner Mutter klären." Kamila wurde sauer, dass er ihr etwas Vorschlug, was seine Familie vielleicht gar nicht unterstützte. Sie wusste, dass seine Mutter gegen ihre Beziehung war. Kamila verabscheute ihn dafür, dass er alles machte, was seine Mutter forderte. Und das nur, damit er weiterhin in Luxus Leben durfte. Er sagte wieder: „Ich liebe dich und ich muss nachdenken, wie wir es hinkriegen könnten." Sie schwieg. Was Kamila nicht wusste war, dass seine Mutter andere Pläne für Pietro hatte. Sie wollte, dass er die Tochter eines angesehenen Freundes heiratete. Das verriet Pietro Kamila jedoch nicht.

Nach dem Gespräch konnte Kamila nicht mehr klar denken. Es waren inzwischen schon sechs Monate und es war immer noch das gleiche Thema. Er wusste gar nicht, was er mit seinen Telefonaten anrichtete. Er rief an, heulte und machte ihr sogar einen Heiratsantrag über das Telefon und dann machte er ein paar Wochen danach Schluss. Sie verstand nicht, warum sie ihn weiterhin so tief in ihr Leben eindringen ließ. Sie war attraktiv, intelligent und begehrt und sie ließ sich von ihm verrückt machen. Sie hasste die Liebe und die idiotischen Gefühlsduseleien, die ihr im Weg standen.

Erste Ziellinie

Im Sommer belegte Kamila so viele Sommerkurse, wie nur möglich. Sie wollte so schnell wie möglich ihre Zwischenprüfung absolvieren, da die Lage in Amerika nach dem Anschlag auf das World Trade Center sehr angespannt war und sie nicht wusste, ob eine Zeit kommen würde, wo sie tatsächlich ihr geliebtes Gastland verlassen müsste. Außerdem wollte sie vollständig auf die Universität wechseln und dort ihr Business Studium beenden. Sie wusste aber noch nicht, ob es die Universität in Deutschland sein würde oder die in den USA. Unter anderen belegte sie eine Speech Klasse und lernte dort Conny kennen. Sie kam aus Österreich und war ein sehr schüchternes Mädchen. Obwohl sie ihre Schüchternheit irritierte, mochte Kamila sie irgendwie. Anfangs machte sie auf Kamila einen recht faden und langweiligen Eindruck. Sie war sehr zurückhaltend in der Klasse, vielleicht weil sie der englischen Sprache nicht so wie Kamila mächtig war. Da Kamila von Haus aus sehr kontaktfreudig war, lernte sie auch andere Mädchen in dem Sommersemester kennen, mit denen sie die Zeit eigentlich lieber verbrachte als mit Conny.

Aber Conny war eine gute Seele, die neben ihr in der Vorlesung saß. Sie bemühte sich um Kamila, da sie beide deutsch sprachen. Obwohl Kamila Conny nicht näher an sich dranlassen wollte, mochte sie ihre Herzlichkeit sehr. Sie hatte wirklich ein nettes, sanftes Wesen. Kamila hatte zuvor Stress mit Katharina und Cathleen gehabt und war etwas genervt von ihnen, weil sich die beiden so sehr zerstritten hatten. Das war schade, dass die beiden sich nicht verstanden, denn dadurch litt die ganze Gruppe. Katharina war für Cathleen sehr offenherzig und Cathleen war zu rechthaberisch und zugeknüpft für Katharina. Kamila stand irgendwie dazwischen, obwohl sie beide Freundinnen mochte und eigentlich nichts damit zu tun haben wollte. Sie wollte mit Conny keinen neuen Einfluss in die Gruppe bringen. Beharrlich gab Conny nicht auf. Sie kannte in Amerika kaum jemanden, denn sie war mit ihrem Mann gerade erst nach Kalifornien gezogen. Ihr Mann arbeitete viel und Conny war oft alleine. Ohne Freunde in Kalifornien zu sein war eine Strafe, denn es gab so viele Möglichkeiten, etwas zu unternehmen und alleine war es einsam. Irgendwie kam es dazu, dass sich Conny und Kamila doch einmal zu einem Kaffee im Starbucks im Einkaufs-Center verabredeten.

Während des Treffens sprachen sie über ihre Amerikaerfahrungen und nippten gemütlich an einem Kaffee. Sie kamen sich in dem Gespräch näher. Aber auch wenn Kamila mit Conny sympathisierte, verhielt sie sich ihr gegenüber eher distanziert. Conny entsprach nicht ihrem Bild von einer abenteuerlustigen Freundin. Sie erschien Kamila zu schüchtern und Kamila wollte sie nicht verändern. Gleichzeitig wollte sie aber auch keine Bekannte nur zum Kaffeetrinken haben. Ihre Freundinnen waren fast wie Schwestern für sie und generell hatte sie eine innige Freundschaft mit ihnen. Außerdem suchte sie nach Freunden, mit denen sie auch ausgelassen feiern konnte und ihr Herzschmerz betäuben. Während des Semesters sahen sie sich zwangsläufig häufiger in den Kursen und Conny fragte oft vor den Wochenenden: „Hey was macht ihr heute Abend?" Kamila blockte. Sie verabredete sich aber mit Conny zum Einkaufen tagsüber. Das Weggehen ließ sie frei für Nora und andere Freunde.

Eines Abends wurde Conny mutiger. Sie rief Kamila an und fragte direkt: „Magst du heute mit mir weggehen?" Kamila überrascht über Connies Forschheit meinte schließlich: „Klar, komm rüber", und lud Conny ein, mit ihr und Nora wegzugehen. Conny kam zu Kamilas Haus hinüber, wo immer der Treff stattfand und alle am Wein nippten, bevor sie losfuhren. Es gab immer einen designierten Fahrer, und diesmal war sie es nicht. Kamila war überrascht von Connys Auftreten. Sie kam sehr modisch gestylt und passte von ihrer Persönlichkeit auch sofort zu allen. Irgendwie legte Conny am Abend ihre ,Hausmütterchen Persona' ab. Kamila war überrascht und erfreut, dass der Abend so schön harmonisch verlief und dass alle sich so gut verstanden. Conny passte einfach dazu. Weiteren Weggeh-Eskapaden stand ab diesem Abend also nichts mehr im Weg und Conny gehörte dazu.

Während des Sommersemesters lernten sie in dem Kurs „Vortragslehre" (Speech), wie man eine Sache gut präsentiert. Zum Beispiel lerne man, in einem Gespräch von drei bis vier Minuten eine gute Präsentation oder einen Vortrag zu liefern. Es war spannend zu erfahren, was für Eigenarten sie alle hatten. Die einen lachten nervös bei ihren sprachlichen Patzern. Die anderen wiederholten sich oft und wieder andere machten immer wieder die nervigen Äh-Geräusche oder räusperten sich die ganze Zeit. Im Großen und Ganzen fiel Kamila der Kurs nicht schwer. Es war eher einer der leichteren Kurse für sie, bei dem sie sich nicht viel Mühe geben musste, um zu glänzen. Conny hatte leider nicht so viel Glück, denn ihre Schüchternheit stand ihr im Weg. Sie fühlte sich nicht wohl, im Mittelpunkt zu stehen. Ihre Präsentationen waren inhaltlich immer top ausgearbeitet, aber ihr Vortrag war sehr unsicher und leise. Während des Semesterverlaufs verbesserten sie sich aber beide. Kamila wurde weniger zappelig und lernte, den Raum in ihrer Präsentation zu nutzen. Das entlud ihre energetischen Bewegungen. Sie fühlte sich wohl, wenn sie sich bewegen konnte. Conny dagegen wurde ein bisschen selbstbewusster und verbesserte ihre Tonlage, die anfangs kaum zu hören war. Die Professorin hatte eine sehr scharfe Beobachtungsgabe. Das überraschte Kamila, wie punktgenau ihre Kritik war. Ihr entging kaum etwas, sie sah alle ihre kleinen Eigenarten.

Psychologie war ein weiterer Bereich, der von Kamila auch keine besonderen Mühen forderte. Das Thema war immer ein Hobby von ihr gewesen und so saugte sie den Stoff mit Vergnügen auf. Zudem hatte sie auch einen sehr interessanten Professor, der zur gleichen Zeit ein praktizierender Psychologe war. Kamila mochte seine Art. Er war freundlich und direkt, eine sehr individuelle Mischung für einen Psychologen. Er nahm kein Blatt vor den Mund und sprach alles direkt aus, wie es war. Kamila schätzte das sehr an ihm. Er war kein Wischi-Waschi-Typ, der durch die Blume sprach, sondern hatte eine Meinung und forderte sie auch direkt dazu auf, ihm ihre mitzuteilen. Die erste Stunde fing schon spannend an. Es gab eine Vorstellungsrunde. Kamila wollte zunächst nicht mitmachen, aber es war Pflicht und so erzählte sie den anderen ebenfalls, wer sie war und warum sie den Kurs belegt hatte. Eigentlich war das warum überflüssig, denn alle mussten diese Kern-Kurse für ihr Studium absolvieren. Gezwungen spielte sie mit. Anschließend bekamen sie einen Fragebogen, um ihren Temperamenttyp herauszufinden. Das war der sogenannte Keirsey Temperament Sorter Test. Sie wurden aufgefordert, den Test online durchzuführen und würden in der nächsten Vorlesung die Resultate erhalten. Kamila fand es gut, dass der Professor herausfinden wollte, was sie motivierte. Ihr Testergebnis war für ihn vorsehbar. Irgendwie fand er Gefallen an ihrer abwartenden Art. Zumindest schrieb er das auf ihren Ergebnisbogen. Sie war als Idealistin eingestuft und gehörte zu den Personen, die immer in dem sie was tun, einen Sinn sehen möchten und zum Beispiel an Fortschritten mitbeteiligt sein wollen. Er hatte zuvor schon anhand ihrer Fragen und Antworten bemerkt, dass sie sich mit Schwachsinn nicht zufrieden gab. Sie musste immer nachbohren und den Ursprung und die Tiefgründigkeit der Sache herausfinden. Es überraschte sie, dass er sie so schnell durchschaut hatte und sich davon nicht irritiert fühlte, wie manch andere. Sie war jetzt neugierig was er ihr beibringen könnte. Es gefiel ihr, dass er die Eigenart seiner Schüler schätzte und förderte. Das erzeugte ein gutes gemeinschaftliches Gefühl in der Klasse. Das war auch nötig, denn als Abschlussarbeit mussten sie eine detaillierte Selbstanalyse schreiben, Vier-Phasen-Entwicklung nach Erik Homburger Erikson.

Im Großen und Ganzen war es ihr ganzes Leben auf ein paar Blättern Papier. Kamila musste das Erlebte Revue passieren lassen und sehen, ob sie sich auf der positiven oder negativen Seite der Gefühle in bestimmten Lebensphasen bewegte. Kamila fand diese Aufgabe wohl eine der Schwierigsten, die sie je machen musste, denn obwohl sie generell nicht viel für diesen Kurs machen musste, war das Wühlen in der Vergangenheit außerordentlich schwer. Es kamen viele Konflikte bei ihr vor, von der Erinnerung, wie sie sich in ihrer Kindheit gefühlt hatte bis jetzt zu Pietro. Männer hatten in ihrem Leben bisher immer eine zentrale und gestresste Rolle gespielt. Sie empfand sie generell als schwach. Sie hatten sie zwar nicht weitergebracht, aber wesentlich beeinflusst. Kamila fand es unglaublich anstrengend herauszufinden, was für einen unterschwelligen Einfluss Menschen auf sie, auf ihre Entscheidungen und auf ihr Leben hatten. Auch wenn jeder denkt, es war nur eine kurze Zeit jemanden gekannt zu haben, war diese Person in der Lage, einen prägenden Eindruck zu hinterlassen. Es gab auch andere Szenarien. Man hatte bestimmte Personen im Leben, die einfach neben einem her lebten, ohne etwas zu geben oder zu nehmen. Das waren diese ‚SO DA Menschen‘, sie waren einfach da. Doch diese prägende Menschen konnten auch durch ihre kurze Zeit eine gravierende Wirkung auf ein Leben ausüben. Der Sommer verflog und brachte interessante Erkenntnisse über ihr Leben. Und auch eine neue Freundschaft, denn nach dem Sommersemester vertiefte sich ihre und Connys Freundschaft.

Das Herbstsemester fing ziemlich wuchtig an. Kamila nahm wie immer eine volle Ladung Kurse auf sich, denn der Zeitdruck nagte an ihr. Sie wollte endlich erfolgreich sein und eine Karriere starten und vor allem wollte sie endlich erwachsen werden. Uniabschluss gehörte für sie dazu. Als die Kurse anfingen, lief sie auf dem Campus Mirka über den Weg und sie stellte ihr Ewa vor. Ewa war definitiv wieder anders als alle anderen Freundinnen. Sie war zwar auch sehr intelligent, aber sie war mehr von der konservativen Sorte. Sie mochte kaum weggehen und war dem Leben gegenüber viel ernster eingestellt. Kamila schätzte und mochte diese Ernsthaftigkeit, die Ewa mit sich brachte. Ewa passte zu Mirka, die auch konservativ angehaucht war. Kamila fand sie stabil und genoss ihre Leben Ansichten, auch, wenn sie mit ihr nie wegging.

Wegen der vielen Kurse, die Kamila belegt hatte, war ihr Budget bereits gesprengt und sie flog deswegen an Weihnachten nicht zu ihrer Familie nach Deutschland. Stattdessen verbrachte sie die Feiertage nun mit Katharina und ihrer Familie. Die Zeit war schwer für Kamila auch wenn sie sich darüber freute, dass sie jemanden hatte, mit dem sie die Zeit verbringen konnte. Die Feiertage bei Katharina waren nett und sie blieb gefasst, obwohl sie ihre Familie vermisste. Langsam lernte sie sich mit der Trennung abzufinden. Sie stand ihrem Abschluss nun so nah und nichts würde sie von ihrer ‚Zwischenlinie‘ abhalten. Im Frühling wollte sie endlich ihren A. A. Associate Degree Abschluss in der Tasche haben und plante daher, weitere Winterkurse zu nehmen. Sie war sehr damit beschäftigt, nichts anders zu machen, als für die Schule zu lernen und ihren täglichen Pflichten nachzukommen, um ihr Ziel zu erreichen. Sie wusste noch nicht ob sie danach nach Deutschland zurück gehen würde oder ob sie in USA ihr Ziel finalisieren würde und in USA leben wollte.

Es war schon ein Jahr vergangen, seit Pietro weg war und sie lernte langsam, auch damit umzugehen, obwohl sie sauer auf sich war, dass sie so lange dafür brauchte. Andere Mädchen hatten diese Probleme nicht, loszulassen. Vergessen konnte sie ihn aber immer noch nicht. Ihr war klar, dass es schon eine sehr lange Zeit war, die sie ihm bereits nachtrauerte. Die schönen Reisen, die sie zusammen unternommen hatten und an all' die glücklichen Erinnerungen waren immer noch ziemlich präsent. Es machte sie traurig und sie sehnte sich nach der tollen Zeit. Doch sie saß nicht mehr zu Hause und heulte. Stattdessen lenkte sie sich ab und verabredete sich mit anderen Leuten. Sie ging oft aus, doch sie hatte Schwierigkeiten, wieder zu lieben. Pietro hatte ihr Herz nicht nur gebrochen, er hatte es zum Teil auch außer Gefecht gesetzt. Rückblickend wusste sie, warum sie sich so sehr gegen diese Liebe gewehrt hatte, denn sie tat richtig weh. Das schlimme war, dass Pietro nicht nur ihren Partner für sie repräsentierte, er war alles – Freund, Verbündeter, Familie – geworden und es fiel ihr schwer, das loszulassen. Oft hoffte sie, dass der Schmerz nachlassen würde. Sie wollte endlich aufhören zu fühlen, denn in der Zeit fühlte sie nur Leid und Sehnsucht. Aber sie wusste nicht, dass sie stärker war, als sie es sich selbst zugestand. Doch sie dachte, sie bräuchte Pietro, um sie selbst sein zu können. Ewa, wie viele andere von Kamilas Freunden, haben gerne für sie hergehalten, um ihren Schmerz zu lindern. Sie verstanden ihren Herzschmerz, denn das Leben im Ausland fern der Lieben bringt es irgendwie mit sich. Ewa und Kamila hatten zusammen den Calculus Mathematik Kurs. Sie taten sich leicht in der Vorlesung und hatten noch genug Zeit, sich währenddessen auf irgendwelchen Zetteln zu unterhalten. Kamila erzählte Ewa: „Ich muss mich endlich von Pietro erlösen. Er lebt sein eigenes Leben, welches mich nichts anging. Das Schlimme ist, ich kann diese komische Sehnsucht nicht abstellen und das Gefühl, dass da mehr war, als er zugeben wollte." Dazu kam, dass er sie immer noch kontaktierte. Sie schickte ihm erneut einen Brief und flehte ihn inständig an, sie in Ruhe zu lassen und sie nicht mehr zu kontaktieren. Es dauerte nicht lange und Pietro rief sofort nach dem er den Brief erhalten hatte an. Sie hatte inständig gehofft er wird sie endlich von sich loslösen und war ein bisschen geschockt als er wieder anrief. Sie sprachen eine gute Stunde miteinander und er erzählte immer noch das gleiche: „Ich liebe und vermisse dich Kamila, meine Gefühle sind gleich für dich und ich kämpfe genauso mit ihnen wie du." Sie war fast schon angewidert von seinen ständigen Liebesbekenntnissen. Ein Jahr war vorüber und alles was sie hörte, waren seine Liebesbekenntnisse. Was sie aber noch mehr ärgerte war, dass sie bei ihm nicht standhaft bleiben konnte, denn sie liebte ihn ja auch. So klammerte sie sich erneut an seine Worte und die Hoffnung, dass sich etwas ändern würde, dass Gott ihr helfen würde.

Zwischenzeitlich zog sie näher zu ihrer Universität in San Francisco, wo sie ihren Bachelor-Abschluss machen wollte. Alles klappte und sie wurde als Transfer-Student an der Universität akzeptiert. Kamila hatte alle ihre Kurse mit einer sehr guten Leistung abgeschlossen und damit den A. A. Degree bestanden. Seit dem Vorfall mit dem World Trade Center hatte sie befürchtet, dass sie Hals über Kopf das Land verlassen müsste, um sicher bei Ihrer Familie zu sein. In dieser Zeit hatten viele Studenten diese Befürchtung und es war wichtig für sie, etwas in der Hand zu haben, worauf sie in Deutschland aufbauen könnte. Und das hatte sie hiermit geschafft – ihr erstes Zwischenziel!

Am ihrem Abschlussmorgen stand sie schon sehr aufgeregt auf. Sie hatte die Nacht vorher ihren schwarzen Talar gebügelt und ihre schwarze Kappe mit der Quaste vorbereitet. Sie gehörte der Abschlussklasse 2003 an und hatte eine grün-weiße 2003er Quaste. Kamila setzte die Kappe auf den Kopf und betrachtete sich im Spiegel. Sie war glücklich, einen Schritt weiter zu sein. Sie war so weit, jetzt würde sie auf die Universität in San Francisco wechseln und danach endlich erfolgreich sein. Betrübt dachte sie über ihre Eltern nach, die nicht dabei sein konnten. Es wäre eine finanzielle Belastung gewesen und da sie extrem schnell voranschritt, zerrte es an der Hauskasse. Kamila hatte nicht darauf bestanden, dass sie kamen. Es war immerhin nur ein Zwischenstopp für sie und nicht ihr Hauptziel. Kamila wollte sich absichern und dann ihren Weg entspannt weitergehen, egal wohin er führte. Sie nahm zwar an der Feier teil, aber das wichtige Ereignis würde erst mit dem Bachelorabschluss kommen. Genau das erklärte sie auch ihrer Familie und versicherte ihnen, dass sie sich keine Gedanken machen müssten. Allerdings jetzt, als sie alleine zu ihrer Feier gehen musste, war sie traurig.

Kamila wünschte, speziell ihre Mutter wäre hier und könnte sie so sehen. Sie wollte nicht sentimental auseinanderfallen, deshalb packte sie schnell ihren gebügelten Talar und ihre Kappe in ihr Auto und fuhr zur Feier. Guten Gewissens konnte sie sagen, dass sie klasse aussah mit ihrer schwarzen Bluse und ihrem schwarzen Rock und natürlich den passenden schwarzen Schuhen unter dem Talar. Die Kombination von Rock und Bluse sah wie ein elegantes Kleid aus. Sie wollte gut aussehen, einfach für sich selbst. Zum ersten Mal war sie richtig stolz auf sich selbst. Nora und Ewa wollten sich ihre Abschlussfeier nicht entgehen lassen und kamen mit ihr zu feiern. Sie schossen Andenkenfotos, so konnte sie auch ihren Eltern das Ereignis bildlich präsentieren. Nora traf sie schon kurz vor der Feier auf dem Collegeparkplatz und drückte sie fest, während sie ihr gratulierte. Sie brachte Kamila auch ein Geschenk mit, als Anerkennung für ihren Erfolg. Überrascht bedankte Kamila sich bei ihr: „Mensch, du musstest mir doch nichts schenken. Ich bin froh, dass du da bist und ich nicht alleine das hier durchziehen muss." Nora umarmte sie und versicherte: „Du siehst klasse aus." Kamila lachte, sie hakten sich ein und liefen gemeinsam zu den Menschenmassen.

Die offizielle Feier fand im Football Stadion des Colleges statt, damit alle Leute Platz hatten. Es dauerte nicht lange und die Veranstalter riefen die Abschlussstudenten auf und stellten sie in zwei Reihen. Sie gaben bekannt, von welcher Seite sie in das Stadion einlaufen und wie die Feier ablaufen würde. In der Schlange traf Kamila auch auf ein paar ihrer Studienkolleginnen und sie unterhielten sich angeregt, ob der Talar offen oder geschlossen getragen wurde. Sie entschieden sich, ihn offen zu lassen. Das sah einfach besser aus. Als sich die Gruppe in Bewegung setzte, spielte hinter ihnen die Collegeband. Kamila war sehr aufgeregt. Sie war so stolz, dass sie endlich ihrem Traum ein Stückchen näher kam. Gedanken schossen wie ein Film durch ihren Kopf. Sie dachte an Pietro, und dass er jetzt bestimmt sehr stolz auf sie sein würde. Sie dachte an Clarissa und Elsa, und dass sie sie bald verlassen würde und nach San Francisco ziehen. Kamila dachte auch an ihre Eltern. Sie hatten es ihr ermöglicht, ihren Traum in die Realität umzusetzen, weil sie nie an ihr gezweifelt hatten, selbst dann nicht, als sie selbst den Glauben verloren zu haben schien.

Sie sah sich um und sah die Menge an Eltern, Verwandten und Freunden auf der Tribüne, die ihnen allen applaudierten und Fotos schossen. Ihre Familie fehlte, doch sie hielt Ausschau nach Nora und Ewa, die extra ihretwegen gekommen waren. Sie setzte sich auf einen der Stühle zu ihren Studienkolleginnen und dann sah sie auch sofort Nora, die bemüht war, so viele Fotos wie möglich zu machen. In der Menge entdeckte sie auch Ewa, die das gleiche wie Nora tat, Fotos schießen. In der Menge sah sie auch eine ihrer Lieblingsprofessorin. Frau Sup saß in der Mitte aller Professoren und schaute stolz auf ihre Schützlinge, die sie so lange betreut hatte. Die Stimmung war ergreifend und Kamila schossen Tränen der Rührung in die Augen, die sie sich sofort ärgerlich verkniff. Sie konnte jetzt nicht heulen, schließlich hatte sie doch Make-up im Gesicht und würde sich mit der ganzen Gefühlsduselei nur verschmieren. Sie saß da und wartete gespannt auf den Aufruf ihren Namens. Dann war es so weit.

Kamila wurde aufgerufen und ging mit zitternden Knien, aber strahlend nach vorne, um ihr Diplom entgegenzunehmen. Der Professor, der die A. A. Diplome überreichte, annoncierte ihren Namen per Mikrofon durch und informierte das Publikum, dass sie weiter auf die San Francisco State University gehen würde und wünschte ihr viel Glück. Gratulierend übergab er ihr das Diplom und sie ging wie auf Wolken zurück zu ihrem Sitz und hörte die Menge applaudieren. Sie setzte sich hin und schaute den anderen Studenten zu, die nach und nach ihr Diplom erhielten. Da sie in Europa aufgewachsen war und hier ihren Abschluss machte, kam ihr das alles wie in einem Film vor. Früher hatte sie diese Szenen immer im Kino gesehen und jetzt war sie ein Teil des Geschehens. Ihr Leben war inzwischen wie ein wirklich spannender Film. Sie wusste nur nicht, was als nächstes passieren würde, da sie den Regisseur nicht kannte.

Ein Junge, den sie nicht kannte, nahm sein Diplom entgegen. Er war im Football Team, denn er saß bei der Sportlergruppe und hatte das Logo des College Football Teams auf seinem Hut aufgedruckt. Er nahm sein Diplom entgegen und dann zog er seinen schwarzen Talar aus und stand nur in seiner Football Unterwäsche da. Sein Arsch sah ziemlich knackig aus und die Menge fing an zu lachen und zu kreischen. Jeder applaudierte ihm und lachte sich kaputt. Der Veranstalter lief ihm hinterher, damit er seinen Hintern bedeckte, doch der hatte bereits die gewünschte Show gehabt und den Leuten eine unvergessliche Unterhaltung geboten. Nach der offiziellen Feier traf Kamila Ewa, die herzlich gratulierte und ihr wunderschöne gelb-orangefarbene Rosen überreichte. Ihre Professorin, Frau Sup, beglückwünschte Kamila auch und sie unterhielten sich, aßen Kuchen und tranken Punsch, der für sie vorbereitet war. Sie verblieben nicht allzu lange. Nora und Kamila wollten weg, um ihren Abschluss richtig zu feiern.

Conny und Kamila waren inzwischen sehr gute Freunde geworden und sie erinnerte sich immer unwillig, dass Kamila anfangs nicht mit ihr weggehen, sondern nur mit ihr einkaufen wollte. Kamila lachte darüber und bezeugte, sie fühlte sich schon schuldig genug. Sie hatte damals eben nicht gewusst, wie aufregend sie war. Conny feierte ihre Junggesellinnenabschiedsparty und lud noch weitere Freundinnen ein. Kamila kannte nicht alle Mädels, die Conny beim Snowboarden kennengelernt hatte. So würfelte diesmal Conny die Gruppe zusammen. Kamila lud noch Nora ein und sie wurden sechs abenteuerlustige Mädchen, die Connys Junggesellinnenabschied feierten und die Stadt unsicher machten. Zuerst trafen sie sich bei Chloe. Sie war Pilotin und einfach zu nett, um nicht gemocht zu werden. Chloe war Kamila auf Anhieb sympathisch. Sie wohnte in San Francisco mit ihrem Freund zusammen und hatte von ihrem Apartment aus die wohl beste Aussicht auf die Stadt. Sie wohnte in Twin Peaks und abends sah man ganz San Francisco aus ihrem Apartment. Kamila war begeistert von Chloes Aussicht und dachte kurz an Pietro, der ihr das hier zuerst gezeigt hatte. Nora gesellte sich mit den anderen Mädels dazu und ihre bitteren Gedanken verflogen, als sie gemeinsam die Millionen-Dollar-Aussicht bewunderten. Chloe lachte. Sie war sehr gut vorbereitet und hatte für Conny eine Krone besorgt, die geschmückt war mit einem Schleier voller kleiner Plastik-Kondome. Alle Mädchen erhielten passend dazu einen kleinen Kranzschleier, damit man sah, dass sie als Gruppe zusammengehörten. Jeder hatte einen Penis-Strohhalm, der im Dunkeln leuchtete und die Braut in spe hatte einen Sternenstab, der in der Mitte mit einem Kondom geschmückt war. Chloe hatte auch für witzige Kartenspiele gesorgt und sie alle waren bester Laune nach den vielen Drinks und Snacks, die bereits auf dem Tisch gestanden hatten. Sie feierten ausgiebig und am Abend gingen sie aus. Sie quälten die arme Conny und ließen sie ein weißes T-Shirt anziehen und fremde Jungs durften überall unterschreiben. Die ersten Jungs gingen sofort auf Connys Brüste los und schrieben ihr dort die Glückwünsche hin und gaben Drinks aus. Die ganze Nacht feierten sie durch und Kamila erweiterte nach der Junggesellinnenparty ihren Freundeskreis um eine weitere Person, Chloe. So lernten sie sich meistens kennen. Sie akzeptieren und unterstützten sich, wo auch immer sie konnten. Nach der Feier flog Conny zur Hochzeit nach Europa. Kamila fuhr nicht mit, denn ihr Urlaub mit ihrer Familie war ihr heilig und Zeit und Budget wegen ihren Studiums beschränkt. Sie brauchte ihre freie Zeit für Weihnachten, wo sie nach Deutschland fliegen wollte, um ihre Familie zu sehen. Alles andere war nicht planbar. Conny nahm es ihr aber nicht übel.

Verliebt in eine Stadt

Es war so weit, nach Kamilas Zwischenabschluss traf sie sich mit Clarissa auf ein Gespräch im Wohnzimmer und sie sprachen über Kamilas Umzug in die Nähe von der Universität. Clarissa bedankte sich bei Kamila und sagte: „Du bist für mich wie eine Tochter und du wirst in meinem Haus immer eine offene Türe vorfinden." Sie wusste aber auch, dass es für Kamila jetzt an der Zeit war, weiterzuziehen. Der Abschied war beschlossene Sache. Es fiel ihr schwer, sich von Clarissa zu verabschieden. Sie hatte sich immer wohl mit ihr gefühlt und beschützt in ihrem Haus. Sie hatte auch viele Erinnerungen dort, nicht nur mit Pietro, sondern auch viele schöne Momente mit ihren Freundinnen. Mit einem dicken Dankeschön für alles, was sie für sie getan hatte, drückte Kamila Clarissa ganz fest an sich und verabschiedete sich herzlich von ihr. Beide wussten aber, dass es kein Goodbye für immer war, denn sie ist eine Freundin der Familie und Kamilas Herzens, so blieben sie immer in Kontakt. Kamila freute sich darüber, denn es wäre hart für sie gewesen, so eine liebe Person nicht mehr in ihrem Leben zu haben. Kamila verabschiedete sich auch von Elsa. Sie wusste, dass vielleicht irgendwann die Zeit kommen würde, an dem sie über die Situation lachen konnte.

Kamila zog zu einer Bekannten, die sie nicht sehr mochte, aber lerntechnisch war das die beste Lösung, direkt in San Francisco zu wohnen. Die Sterne standen aber nicht günstig für Kamila in der Zeit. Kamila fühlte sich bei der neuen Mitbewohnerin nicht so wohl wie bei Clarissa, doch sie dachte: ‚Da muss ich wohl durch.'

Conny half ihr beim Umzug und dabei, ihre Sachen einräumen. Kamila wohnte in einem Zimmer im Dachgeschoss. Nebenan lag ein Bad, so dass sie oben ihre Privatsphäre hatte. Beim Einräumen der Kleidung fragte Conny: „Na sag mal, wie viele Hosen hast du denn insgesamt? Das hier nimmt ja kein Ende beim Einräumen." Kamila lachte und beteuerte: „Nur ein paar." Der Besuch ließ auch nicht lange auf sich warten. Schon in der ersten Woche kam Nora Kamila besuchen und sie gingen richtig schön weg. Es ergab sich, dass Nora sogar einen Jungen traf, der für sie sehr besonders wurde. Nora flirtete mit ihm, wie Kamila es schon lange nicht mehr bei ihr gesehen hatte. Sie mochte ihn auf Anhieb. Eines kam zum anderen und Nora traf sich häufiger mit Can und als sie krank wurde, machte er sich sogar auf den Weg zu ihr, nur um ihr eine Hühnersuppe zu bringen. Nora schwärmte richtig, wenn sie von ihm sprach. Die Gruppe wusste, sie war diesmal wirklich verliebt.

Im Gegensatz zu Nora konnte Kamila sich seit Pietro nie so richtig auf einen Jungen emotional einlassen, obwohl es an Möglichkeiten nicht mangelte. Sie dachte noch oft an Pietro und fühlte sich schlecht, wenn sie andere traf. Pietro rief immer noch ab und zu an. Kamila wusste das es falsch von ihm war und sie sich nur an Erinnerungen klammerte, die lange vorbei waren. Der Schlussstrich wurde aber nicht gesetzt. Durch den Riss in ihrem Herz war es schwierig für sie, wieder jemandem zu vertrauen. Sie hatte Angst, wieder zu leiden. Wenn Kamila sich mit Jungs traf, flirtete sie harmlos, doch sie ließ sie nie richtig an sich ran. Sie konnte es nicht mehr ertragen, ihr Herz einem Mann so zu öffnen, wie sie es für Pietro getan hatte. Obwohl es auch schon zwei Monate mit Madison, der Mitbewohnerin, waren, konnte die Zeit für Kamila nicht schnell genug voranzugehen.

Ihre Mutter war wie immer die Stütze und munterte sie oft auf. Diesmal aber berichtete sie, dass Oma und Opa krank waren und sie zu ihnen nach Polen fahren wollte. Das erschreckte Kamila und sie befürchtete, dass sie ihre Großeltern nicht mehr wiedersehen würde. Die Furcht zu Beerdigung fahren zu müssen, ohne sie vorher nochmals gesehen zu haben nagte an ihr. Sie schämte sich, dass sie so oft über ihr bescheuertes Liebesleben nachdachte, während es ihre Mutter so schwer hatte und obendrein noch hart arbeitete, um ihr das Studium zu finanzieren. Kamila fragte sich, ob ihr Ziel das wirklich wert war, so weit weg von allen ihren Lieben zu sein. In ihren Augen hatte ihr Leben doch keinen Sinn ohne ihre Familie. Sie wollte nach Hause und zu ihrer Mutter. Sie wollte nicht bei und mit Fremden wohnen, wo sie sich nicht daheim fühlte, sondern nach Hause, wo sie Geborgenheit und Liebe fand. Doch sie erhoffte sich eine Karriere, eine Freiheit, die sie für diese Herzschmerzen entlohnte. Viele Immigranten rennen hinter dem sogenannten „American Dream", aber vergessen was der „American Price" ist.

In jener Zeit funktionierte Kamila nur. Sie erledigte alle ihre Aufgaben fleißig und ordentlich und war froh, zu beschäftigt zu sein, um sich nicht mit ihrer Traurigkeit auseinandersetzen zu müssen. Die ständigen Abschiede nagten immer mehr an ihr. Sie war es leid, neue Freundschaften einzugehen, die sie eventuell wieder verlieren würde. Es fühlte sich an, als würde sie in einem Zug sitzen und ewig lange fahren. Die Menschen stiegen ein und stiegen irgendwann mal wieder aus, aber sie blieb weiterhin in dem Zug und wartete ungeduldig darauf, endlich ihre Station zu erreichen. Sie wollte ankommen und nicht das Leben des Ausländers führen. Kamila wollte und benötigte Stabilität und die wünschte sie sich nichts sehnlicher, als das Studium hinter sich zu bringen. Wurzel schlagen und ein unabhängiges Leben führen wollte sie. Ein Land ihre Heimat nennen können, einen Job haben den sie liebt und ein eigenes Zuhause, das ihr gehörte. Auch irgendwann eine kleine Familie.

Kamila lief am Strand bei Crissy Field in San Francisco. Sie saß im Sand und beobachtete die Wellen, die am Festland brachen. Am Tag zuvor hatte sie von Pietro eine E-Mail erhalten. Er hatte geschrieben: „Bist du böse mit mir?" Sie war überrascht über seine Frage und wusste nicht, was sie darauf antworten sollte. Das Ganze war ihr zu blöd und es war ihr auch zu blöd, mit ihm zu reden. Er war nicht mehr so, wie er hier gewesen war, aber vielleicht war er immer schon so gewesen und sie hatte es nur nicht gesehen. Sie dachte auch über einen Anruf von einem Jungen nach, den sie im Pub kennengelernt hatte. Sie war überrascht, dass sie, während sie mit ihm sprach, tatsächlich überlegte, warum sie überhaupt mit ihm telefonierte. Er war sympathisch und das Gespräch war nett, doch sie wusste nicht, warum sie mit ihm sprach. Er war nicht ihr Typ, aber sie konnte nicht länger um Pietro trauern und zwang sich auszugehen. Viel Kraft und Mühe wollte sie dafür nicht aufbringen. Sie war der Meinung, dass die Liebe sich leicht finden würde, bei Pietro hatte sie auch nichts machen müssen.

Schlimm war, dass sie inzwischen verstand, warum Pietro in Brasilien sein wollte. Er war in Amerika ein Niemand, auch wenn er halb-Amerikaner und ein Pilotenstudent war und seinen Lebensunterhalt mit dem Ausfahren von Pizza und Bauarbeiten bestritt. Sie wollte auch nicht lebenslang eine Studentin sein. Überraschend für sie war, dass sie trotz der Situation doch mit dem Singledasein ganz gut zurechtkam. Sie schaute auf das Meer, schloss die Augen, fühlte den Wind auf ihrem Gesicht und war dankbar für die schöne Natur, die ihr immer wieder Hoffnung und Kraft gab. Kamila liebte es, wie schön sich der Sand unter ihren Füssen anfühlte und wie die Sonne im Wasser reflektierte. Sie war dankbar, dass sie hier sein und das alles sehen durfte und sie war dankbar dafür, dass sie die Möglichkeit hatte, in San Francisco ihr Ziel zu verfolgen. Die Sonne wärmte ihr Gesicht und sie genoss das Gefühl der Zufriedenheit, das sich in ihr ausbreitete.

Träume & Gegenwart

Schweißgebadet wachte Kamila in der Nacht auf. Sie träumte nachts erneut von Pietro und es fühlte sich so echt an, doch beim Aufwachen konnte sie sich nicht an die Details erinnern. Der Traum riss sie aus dem Schlaf und sie konnte nicht mehr einschlafen. Sie fragte sich erneut: ‚Wird es je einen Tag geben, an dem ich nicht an Pietro denken werde? Ihre Gedanken drehten sich im Kreis und wiederholten sich wieder und wieder. Sie verstand Pietros Einstellung nicht. Dass er so leben konnte, als wäre nichts geschehen. Das quälte sie. Er plante zu studieren, wollte jetzt IT-Ingenieur werden und ganz von vorne anfangen. Kamila war fassungslos, dass die ganzen Jahre in Amerika umsonst für ihn gewesen waren. Er war jetzt wie ein Vogel ohne Flügel. Enttäuscht war sie, dass sie sich so sehr in ihm getäuscht hatte: ‚Können sich Menschen so sehr ändern? Können sie lieben und dafür nicht kämpfen? Können sie anderen gehorchen und sich noch mögen?‘

Sie glaubte nicht, dass er das lange durchhalten könnte und war sich sicher, dass irgendwann alles über ihm zusammenbrechen würde und er dann alles in Frage stellen würde, was er tat. In einer ihrer Konversationen fragte sie ihn: „Warum beerdigst du deinen Herzenswunsch? Warum versuchst du nicht alles um einen Beruf um das Fliegen herum zu kriegen? Das ist doch etwas was du so sehr liebst?“ Sie wusste, dass sein Stiefvater ein Ingenieur war und seine Mutter darauf bestand, dass Pietro einen ‚anständigen‘ Job hatte. Kamila dachte, dass seine Mutter nicht viel darüber nachdachte, was Pietro für ein Mensch war und was er eigentlich wollte. Pietro war schwach und er tat, was sie von ihm erwartete; so sehr wollte er dazugehören. Das war wahrscheinlich auch der Grund, warum er in Brasilien auch wieder mehr rauchte. Wenn Kamila mit Pietro sprach, wurde sie oft wütend auf ihn, weil er so ein Feigling war und nicht für seinen Traum kämpfte. Er gab alles, was ihm lieb war, für ein bisschen Luxus auf. Wenn sie ihn darauf ansprach, fühlte er sich immer überfordert und klagte: „Du verstehst mich nicht“. Kamila stimmte ihm zu und sagte: „Ja, du hast Recht. Ich weigere mich Leute zu verstehen, die ihre Ideale für Luxus verkaufen.“ Er erwiderte darauf: „Eines Tages wirst du mich verstehen. Ich kann dich nicht bitten, zu mir zu kommen und deine Ziele aufzugeben. Ich liebe dich. Ich weiß, wenn ich dich lange genug darum bitten und darauf bestehen würde, dann würdest du irgendwann nachgeben und mich dann dafür hassen. Ich könnte nicht damit leben, dass du mich hasst." Darin stimmte sie ihm zu. ‚Ja, würdest du wollen, dass ich ein Teil von mir aufgebe, von meiner Leidenschaft, meiner Seele, dann wärst du meiner nicht würdig!' Wäre es so gekommen, hätte sie ihm das nie verziehen, doch er hatte eines vergessen. Kamila war aus einem anderen Holz geschnitzt als er. Sie hatte immer ihr Ziel vor Augen und sie hätte es nie aufgegeben. Vielleicht hätte sie einen anderen Weg gesucht, aber niemals hätte sie alles aufgegeben, wie er es getan hatte. Sie nannte ihn ungewöhnlich mutig: „Ein Feigling bist du! Ich möchte dich nicht verstehen!" Daraufhin rief er sie seltener an.

Mehrfach verabredete sich Kamila mit Nora und sie gingen in eine neue Disco Rouge, um Anita und Manja zu treffen. Es war spät im Herbst. Sie hatten einen schönen Abend und Kamila lernte Jan kennen. Er war drei Jahre älter als Kamila, 1,87 Meter groß und hatte blonde Haare und blaue Augen. Er war beim Militär und arbeitete als Offizier. Eigentlich stammte er aus Washington D. C. und war nur für eine bestimmte Zeit in San Francisco stationiert. Kamila mochte Jan auf Anhieb und das ließ sie sich auch anmerken. Ungewöhnlich forsch flirtete sie offensiv mit ihm. Die funken sprangen schnell. Er kam rüber und fragte: „Darf ich dich um diesen Tanz bitten?" Sie grinste und sagte: „Aber gerne." Eng umschlungen tanzten sie eine Weile und er küsste sie. Ihre Freundinnen waren erfreulich geschockt, dass sie sich endlich auf jemand anderen einließ. Sie hofften, dass der Pietro-Fluch gebrochen würde, und da Kamila schon ein Jahr keinen Mann an sich heran ließ, war Jan der perfekte Mann dafür. Er war nett, gutaussehend, wirkte vertrauenswürdig und war unverbindlich, weil er wieder weg musste. Am Ende des Abends fragte Jan Kamila: „Magst du noch auf ein Bier mit zu mir kommen?" Sie wussten beide wozu. Zögernd, dass sie noch nie zuvor sowas getan hatte, stimmte sie zu. Zwar hatte sie immer schon geflirtet, aber mit einem Mann, den sie nicht gut kannte mitzugehen, war für sie unvernünftig und dumm. Doch sie war es leid, immer vernünftig und klug zu sein, außerdem traf Pietro doch auch andere Leute. Sie informierte ihre Freundinnen, dass sie mit Jan mitgehe und Nora meinte: „Das ist jetzt höchste Zeit." Die anderen lachten zustimmend. Nora schrieb sich Jans Nummer auf, Kamila stieg mit Jan in ein Taxi und fuhr mit zu seinem Hotel. Im Taxi verhielt sie sich wie ein Teenager bei der ersten Verabredung und wusste nicht genau, was sie machen oder sagen sollte. Laut äußerte sie ihre Sorge: „Ich muss wohl verrückt sein, einfach so mitzugehen, du könntest ja auch ein Verbrecher sein." Jan zögerte nicht und beteuerte: „Wenn du dich unwohl fühlst, können wir sofort umkehren." Das beruhigte sie zwar nicht, aber ihr Instinkt warnte sie nicht weiter und so ging sie mit. Sie gingen in sein Hotelzimmer und entspannten sich, tranken Bier und sprachen ewig. Er sagte: „Komm, wir gehen raus am Wasser spazieren." Überrascht stimmte sie zu. Sie gingen verträumt in der Nähe des Hotels spazieren. Er war nicht gierig oder aufdringlich. Doch irgendwann flogen doch die Kleider. Merkwürdig war es, von einem anderen Mann als Pietro geliebt zu werden. Es war schön mit Jan, doch sie verdrückte sich währenddessen ein paar Tränen, denn sie dachte an Pietro und dass sie mit ihm nicht schlief, sondern mit Jan. Sie war froh, dass Jan das nicht merkte. Er war wirklich nicht nur gutaussehend sondern auch extrem gut erzogen.

Am nächsten Morgen war alles sehr vertraut mit Jan. Er küsste sie wach und kümmerte sich rührend um sie. Dann fuhr er sie nach Hause, denn er war mit seinen Kumpels zum Baseballspielen im Baseball Park verabredet. Es musste alles schnell gehen. Zuerst kam es ihr merkwürdig vor, vielleicht wollte er sie nur loswerden. Sie äußerte sich nicht und nahm es locker, schließlich kannten sie sich erst seit einem Tag. Er hielt noch kurz an um eine Wasserflasche von einem Geschäft zu holen und fragte sie ob sie auch etwas wollte. Sie versicherte: „Wasser wäre gut.“ Es war unglaublich heiß draußen. Er fragte welches Wasser sie wollte. Sie schaute ihn erstraunt an und sagte: „Das ist mir egal.“ Sie schmunzelte als er ihr Fiji Wasser brachte. „Ein gewöhnliches Wasser täte es auch“, sagte sie. Er lächelte und sagte verführerisch: „Nur das Beste für Kamila.“ Verlegen schmunzelte sie ihn an. Bevor er sie nach Hause brachte, betonte er mehrfach: „Bitte verzeih mir. Ich werde dich später anrufen und wir gehen Essen. Ich möchte dich richtig ausführen.“ Angetan von ihm, verabschiedete sich und ging ins Haus. Sie hatte gemischte Gefühle, rief Nora an und erzählte ihr alles von ihrem Abend mit Jan. Nora fragte Kamila: „Wie fühlst du dich?“ Kamila antwortete: „Hmm, es ist neu, aber ich bereue die Nacht mit Jan nicht. Er ist zwar ganz anderes vom Aussehen, was ich gewöhnlich dachte zu mögen, doch er ist echt nett, gut erzogen und respektvoll.“ Jan rief tatsächlich an und fragte sie offiziell nach einem ersten Date. „Darf ich dich jetzt offiziell zu unseren ersten Date einladen?“ Sie lachte verlegen: „Sehr gerne, ich freue mich auf den Abend und dich.“ Bevor wir aber essen gehen, zeige ich dir noch meine Lieblingsplätze in San Francisco. Erfreut verkündete er: „Ich bin gespannt!“ Er holte sie ab und sie gingen zusammen zum Palace of Fine Arts in San Francisco spazieren und dann zu Crissy Fields. Er war begeistert wie sie. Er wunderte sich, dass er bisher nie etwas davon gehört hatte. Danach gingen sie essen und es war einfach schön, mit ihm die Zeit zu verbringen. Sie flirteten verträumt und es fühlte sich tatsächlich wie das erste Date.“ Jan war wirklich liebevoll. Auch wenn er nicht unbedingt ihrem Beuteschema entsprach, fand sie ihn unglaublich attraktiv. Er hatte einen superschönen durchtrainierten Körper, blondes Haar und helle Augen; der typische Sonnyboy mit markanten Gesichtszügen. Er hatte Ecken und Kanten und das machte ihn sehr interessant. Er hatte so viel zu erzählen. Er war bereist und neugierig auf die Welt. Er war bodenständig und unglaublich ehrlich.

Seit dieser Nacht trafen sie sich jeden Tag. Er war leider nur noch zwei Wochen lang in San Francisco stationiert und musste dann zurück nach Washington D.C. Die Zeit war sehr schön mit Jan. Letztendlich wollte sie nicht, dass er wegfuhr, doch sie hätte es nie zugegeben. Jan war einfach süß, aber sie traute sich nicht, ihm das zu sagen. Sie hatte schon Rendezvous gehabt, seit Pietro weg war, doch mit Jan hatte sie seit Pietro wieder Schmetterlinge im Bauch. Er war ein besonderer Mann, das fühlte sie auf Anhieb. In der Zeit als sie Jan kennenlernte, dachte sie, dass Gott sich ihrer nun erbarmte, denn sie hatte die Hoffnung schon verloren. Die zwei Wochen verflogen im Nu und es war an der Zeit, sich von Jan zu verabschieden. Sie drückten und küssten sich herzlich und sagten Lebewohl. Er fragte: „Kommst du mich besuchen?“ Sie hätte am liebsten ja gesagt, doch es war mit ihrem Studium fast unmöglich und sie wollte noch nach Deutschland zu ihrer Familie fliegen. Sie beteuerte: „Es wäre schön, dich wieder in San Francisco zu sehen!“, und er antwortete: „Ich werde mein Bestes tun, dich wiederzusehen.“ Sie verblieben so, dass sie sich bald anrufen würden.

Um sich nicht falschen Hoffnungen zu geben ging Kamila weiterhin mit Conny und Nora oft weg. Danach schlichen sich die Mädels zu ihr ins Zimmer, damit sie Madison nicht aufweckten und schliefen gemeinsam in ihrem Bett, um nicht betrunken Auto fahren zu müssen. Sie war die Einzige, die in San Francisco Mitte wohnte. In dieser Zeit wirkte Kamila sehr auf die Männerwelt und sie genoss die Aufmerksamkeiten, wie zum Beispiel nicht in der Warteschlange vor der Disco stehen oder für ihre Drinks bezahlen zu müssen. Das war der Vorteil, gut auszusehen. Auch wenn sie oft schon müde vom ganzen Weggehen war, sie tat es weiterhin, um Zeit zu vertreiben. Was sollte sie sonst am Wochenende tun? Langsam wurde sie unmotiviert und lief Gefahr, ihre Ziele zu vernachlässigen, ganz vergessen tat sie sie jedoch nicht. Kamilas Leben ähnelte dem Spruch ‚Pass auf, was du dir wünschst‘. Noch in Clarissas Haus hatten Nora und Kamila irgendwann abends auf dem Balkon gesessen, Wein getrunken und über ihr Leben gesprochen. Kamila war da noch mit Pietro zusammen und wünschte sich, ein aufregendes Leben wie Nora zu führen, auszugehen, begehrt zu werden und einfach zu tun und zu lassen, was man wollte. Nora hingegen wünschte sich das langweilige, aber beständige Leben mit einem Freund an der Seite, wie Kamila es hatte. Jetzt, Jahre später, lebte Kamila Noras Leben und umgekehrt. Alles, was Kamila jetzt wollte, war das langweilige, beständige Leben, vor dem sie sich früher gefürchtet hatte.

Ausgelaugt und inzwischen keine Lust mehr auf Lernen und Uni machte ihr Privatleben schwer zu schaffen. Sie verlor langsam die Kraft, sich auf die Uni zu konzentrieren. In diesem Semester hatte sie auch die Finanz-Kurse belegt und hoffte, dass sie sie trotz ihrer derzeitigen Demotivation gut bestehen würde. Egal, wie schlecht es ihr ging, im Hinterkopf hoffte sie eisern, dass wenn sie alles hinter sich gebracht hatte, ein besseres Leben und eine steile Karriere auf sie warten würde. Sie dachte, dann mehr Chancen zu haben, denn dann würde sie zu den Akademikern gehören.

Nora widmete sich mehr und mehr Can, was Kamila verstand. Conny dagegen hatte mehr Zeit für sie. Connys Mann pendelte beruflich oft zwischen Europa und Amerika und war deswegen nur alle zwei Wochen da. Er hatte bisher kaum die Gelegenheit gehabt, Freunde in Kalifornien zu finden und wenn er zu Hause war, wollte Conny ihn nicht alleine lassen. Das brach ihr das Herz. Kamila sah kein Problem darin, ihn anderen Leuten vorzustellen und in den großen Freundeskreis einzubinden. Am St. Patricks Day lud Nora Kamila zu einer Party ein, die ein Freund von Can veranstaltete. Kamila fragte Nora ob es in Ordnung wäre, wenn Conny und ihr Mann auch mitkommen würden. Nora willigte sofort ein. Es würde bestimmt gutgehen und Kamila schmiedete Pläne, Josh den anderen Jungs vorzustellen, damit auch er Freunde hatte. Die Rechnung ging nicht sofort an diesem Abend auf. Es dauerte ein bisschen, bis die Jungs sich anfreundeten. Josh war auch nicht der Typ, der sofort gut ankam. Er war eigen, schroff und wirkte arrogant; obwohl er ein gutes Herz hatte. Er war das komplette Gegenteil zu Conny, doch das Interessante an der Beziehung war, dass die schüchtern wirkende Conny die Hosen anhatte, obwohl sie es nie zugegeben hätte. Nun, Kamila war eine der wenigen, die das sehen konnte.

Einige Wochen später gingen sie zusammen als gemischte Gruppe in die Disco Ruby Skye. Die Jungs schienen untereinander nicht warm zu werden und das störte Kamila. Während des ganzen Discoabends passierte nichts, sie wurden nicht zu Kumpeln. Kamila sah Conny an und versicherte: „Mach dir keine Sorgen, ich kriege es schon hin." Conny erwiderte: „Leider kann man da nichts erzwingen." Kamila zwinkerte ihr zu und meinte: „Entspann dich, es wird schon." Sie gingen noch nach der Disco zusammen Pizza essen und die Jungs sprachen über Golf. Für Kamila war es das gefundene Fressen. Sie ergriff die Chance und fragte Can und seine Freunde gezielt: „Jungs, warum nehmt ihr Josh nicht mal mit zum Golfspielen? Er spielt auch gerne Golf. Und ich habe gehört, dass er gar nicht so übel ist. Da ich nicht spiele, kann ich es nicht beurteilen, doch eure Meinung wäre interessant." Die Jungs lachten. Harish kam Josh zu Hilfe und schlug vor: „Klar, ich rufe dich an", doch Can sagte kaum etwas dazu. Er wurde mit Josh nicht warm.

Am nächsten Tag rief Kamila Conny an und fragte: „Na, haben sie sich erbarmt und Josh mitgenommen? Sie lachte und sagte: „Tatsächlich haben sie ihn angerufen und du glaubst es nicht, aber er ist auch tatsächlich heute morgen mitgegangen." Kamila lachte: „Ist er jetzt wirklich nach der durchtanzten Nacht früh aufgestanden und zum Golfspielen gegangen?" Sie lachten, denn sie würde kaum jemand zwingen können, nach nur vier Stunden Schlaf Golf zu spielen. Conny erzählte: „Josh schien sich auch gut mit den Jungs zu verstehen, auch wenn Can eher noch ein bisschen skeptisch war." Kamila freute sich: „Jetzt ist alles gut, jetzt hat er ein bisschen Anschluss gefunden. Den Rest muss er jetzt selbst hinkriegen." Sie wusste, wie einsam es ohne Freunde sein konnte, auch wenn man einen Partner hatte. Sie hatte zwar momentan keinen Freund, aber erfreute sich an ihren Freundinnen und an ihrem ganzen Freundeskreis, der sich nach und nach erweiterte. Für sie waren ihre Freunde wie eine Familie und ihr lag es sehr am Herzen, dass sich alle gut verstanden und auch untereinander befreundet waren.

Immer häufiger vermisste Kamila das Gefühl, geliebt zu werden. Auch mit treuen und fürsorglichen Freundinnen vermisste sie Pietro und ihre vergängliche Zeit, auch noch nach guten zwei Jahren, seit er weg war. Dass Zeit die Wunden heilen würde, hielt sie inzwischen für Mythologie. Sie hatte die Hoffnung verloren und glaubte kaum noch, dass jemand sie eines Besseren belehren würde. Oft bereute sie, mit Pietro zusammen gewesen zu sein, denn die schöne Zeit war die sehnsüchtigen Schmerzen nicht wert. Sie wollte alles vergessen, aber das ging nicht. Ihr kam es vor, als hätte ihr Herz ein Eigenleben und terrorisierte sie. So sehr Kamila der Liebe und Beziehungen aus dem Weg ging, so sehr wurde sie damit konfrontiert.

Auf dem Unigelände trafen Conny und Kamila zufällig eine Schulfreundin, Kiri, auf dem Campus, die Kamila und Conny strahlend zu ihrer Hochzeit einlud. Kamila war ein bisschen überrascht über die Einladung, denn immerhin waren sie nur Schulfreundinnen und waren nie miteinander ausgegangen. Höflich nahmen sie die Einladung an, denn es gehörte sich so und Conny und sie überlegten was sie Kiri schenken können und vor allem was sie anziehen sollten. Die Hochzeit fand schon zwei Wochen später statt. Natürlich gingen sie zuerst einkaufen. Kamila wählte einen schicken lilafarbenen Blaser und einen kurzen champagnerfarbenen Minirock mit einem schwarzen Oberteil und passenden champagnerfarbenen Schuhen dazu. Conny zog auch ein kurzes pink-schwarzes Kleid an und darüber einen schwarzen Blazer. Sie sahen einfach umwerfend aus. Kamila fragte Madison: „Na wie sehe ich aus? Ist das gut so für eine Hochzeit?" Madison erzählte: „Wow, du hast umwerfende Beine! Ich hätte mir gut überlegt, dich zu meiner Hochzeit einzuladen. Du würdest mir ja glatt die Show stehlen." Kamila war überrascht über ihren Kommentar und fragte: „Denkst du wirklich? Soll ich etwas anderes anziehen?" Madison erwiderte: „Nein, so meinte ich es nicht. Du siehst wirklich klasse aus." Von Madison war das mehr als ein Kompliment, denn Kamila fühlte, dass sie bestimmt kein Fan von ihr war.

Sie trafen sich vor der Kirche mit Conny und gingen gemeinsam zu ihren Plätzen. Kiris Hochzeit war romantisch, sehr schlicht, aber schön. Sie fand in der Redwood City Kirche statt. Die Kirche war ungewöhnlich und entsprach nicht Kamilas Erwartung. Solche Kirchen kannte Sie bisher nicht. Sie bestand komplett aus Glasfenstern und stand mitten im Wald. Somit fühlten sie sich, als wenn sie mitten im Wald wären. Kamila war völlig erstaunt. Sie fand es sehr spirituell und fühlte sich der Natur sehr nahe. Die Trauung dauerte nicht lange und während sie den beiden zusah, ergriff sie ein kurzer Schmerz. Sie hätte sich und Pietro auch so etwas gewünscht.

Kamila und Conny gratulierten Kiri und ihrem Ehemann zu ihrem Glück und da sie ihre Geschenke schon online gekauft und an ihre Adresse verschickt hatten, gingen sie gleich weiter zu dem Empfang. Kamila fand, dass total super und unkompliziert: Das Brautpaar richtete sich eine Einkaufseite in ihrem Lieblingsgeschäft ein und markierte Sachen, die es gerne hätte. Jeder konnte auf diese Seite gehen, sich ein gewünschtes Geschenk aussuchen und dem Brautpaar schenken. Somit war jeder glücklich und als Gast sorgte man sich nicht mehr, ob das Geschenk passend war. Kamila fand dieses System klasse, somit stand fest, dass das Brautpaar keine zehn Kaffeemaschinen bekam. Sie entschied sich für verschiedene Gläsersets; Sektgläser, Weingläser und Saftgläser. Somit würde sie zukünftig gedanklich immer mit dem Brautpaar anstoßen.

Der Empfang fand in einem alten Gerichtssaal statt und hatte das Thema Mickey Maus. Kamila fand es komisch in einem Gerichtssaal zu feiern. Der Raum verbreitete ein seriöses Feeling. Kamila scherzte mit Conny: „Naja, bei der Scheidung hättest du wenigstens einen romantischen Rückblick." Conny schüttelte den Kopf und sagte: "Ja, finde ich auch makaber. Schau, da sind unsere Plätze." Die Tische waren klassisch weiß gedeckt und mit buntem Mickey-Maus-Konfetti bestreut. Das fand Kamila wiederum kitschig und irgendwie unpassend in dieser etwas sterilen Umgebung. Die Tische hatten eine Sitzordnung und Kamila saß mit Conny an einem Tisch mit verschiedenen Studienkollegen und Bekannten der Brautleute. Unter anderen saß dort auch ein junger Mann, der mit Kiris Trauzeugin liiert war. Er fing sofort an, sich für Kamila zu interessierten und mit ihr zu flirten. Kamila wusste nicht, dass er der Freund der

Trauzeugin war, aber sie hatte ihn wie eine Wölfin im Blick, kam an ihren Tisch und stellte sich selbst vor. Dann drückte sie ihm einen Kuss auf dem Mund. Er war nicht ganz glücklich darüber und Kamila fand ihn ätzend, da er mit ihr flirten wollte, obwohl er mit seiner Freundin da war. Die Sitzordnung verstand Kamila auch nicht. Die Brautjungfern und Trauzeugen saßen zusammen an einem runden Tisch beim Brautpaar, aber deren Partner waren an anderen Tischen im Raum verteilt. So war die Gruppe irgendwie gespalten. Es fühlte sich nicht vollständig an.

Die Trauzeugin beobachtete ihren Freund wie eine Löwin ihr Junges. Doch er interessierte sich nicht dafür, kam immer wieder zu Kamila und wechselte sogar den Platz, um genau neben ihr zu sitzen. Kamila war nicht gerade nett zu ihm, aber je aufmüpfiger sie wurde, desto mehr interessierte er sich für sie. Conny fühlte sich in der Situation unwohl. Sie sah, dass die Trauzeugin langsam wütend auf Kamila wurde, obwohl sie nichts dafür konnte, dass ihr Schwarm sich für sie interessierte. Conny schlug vor: „Komm Kamila, ignorier den Typen, das Mädel kratzt dir sonst die Augen aus." Kamila sah Conny an und erklärte: „Ich tue doch gar nichts." Conny nickte und sagte: „Ich weiß auch nicht, was der Typ vorhat, aber wenn er dich nicht in Ruhe lässt, müssen wir gehen." Kamila ignorierte den Typen, doch das half kaum, denn er wurde nur noch neugieriger auf sie. Irgendwann saß die aufgebrachte Trauzeugin an ihrem Tisch und es wurde so unangenehm, dass Conny und Kamila sich zügig von dem Brautpaar verabschiedeten und den Weg nach Hause antraten. Als Kamila rausging, lachte sie und sagte zu Conny: „Weißt du, der Typ ist ein Arsch, Punkt. Aber das Mädchen ist doch ziemlich doof! Sie hat ihren Frust gegen mich gerichtet und nicht gegen ihren Typen, der überhaupt kein Interesse an ihr hatte und sie öffentlich so beschämt hat." Conny nickte zustimmend. Kamila fragte: „Warum schieben Frauen meistens den anderen Frauen die Schuld zu? Tatsache ist doch, dass ihr Typ ihr nicht treu war und sein wird. Und ich bin bestimmt nicht die Einzige, an die er sich rangemacht hat." Conny fügte nachdenklich hinzu: „Schade, dass das Mädel es nicht verstanden hat. Aber Liebe macht bekanntlich blind." Kamila lachte: „Ohh ja, das tut sie! Schau mich an." Conny hakte sich bei Kamila ein und drückte sie amüsiert: „Komm, wir machen es uns heute noch schön."

Kamila wollte keine Trophäe oder Preis für die Männer sein. Ja, sie war hübsch und sie hatte mehr als genug Bewunderer, aber es war nicht das, was sie für sich wollte. Sie wollte kein Spielzeug für das männliche Ego sein. Ihre Partner sollte sie respektieren, ihre Ideen mögen und sie zusätzlich auch noch scharf finden. Gott sei Dank, dass Männer wie Jan ihr ab und zu wieder Hoffnung gaben, denn er war ein netter Kerl, der ihr Wesen sah. Bei ihm hatte sie das Gefühl, dass er sie so sah, wie sie gerne gesehen werden wollte. Einer, der nicht nur an Oberflächlichkeit interessiert war, sondern auch an ihr als Person. Sie mochte Jan und es war schön, mit ihm zwei bis dreimal die Woche zu telefonieren, seitdem er versetzt wurde. Er rief oft an und gab ihr das Gefühl, dass sie etwas Besonderes war. Das Gefühl hatte sie selten seit Pietro weg war und dafür war sie Jan dankbar.

Es stellte sich als falscher Schachzug heraus, zu Madison zu ziehen. Kamila hatte eine schwere Zeit, denn Madison war eifersüchtig auf Kamila und ihre offene Art, die Leute in ihre Bahn zu ziehen. Sie war beliebt und fröhlich. Madison war mit sich selbst unzufrieden und mit der Wahl, wie sie ihr Leben gestaltet hatte. Kamila war wie ein leuchtendes Licht für sie, die sie daran erinnerte, nicht das zu tun, was sie sich wirklich wünschte. Kamila fühlte sich dort ungewollt. Sie ging nicht gerne in die Küche, obwohl sie hungrig war und etwas essen wollte, weil Madison sie nicht gerne sah. Deswegen verzichtete sie lieber auf das Essen, bevor sie ihren Gesichtsausdruck ertragen musste.

Das neue Semester fing an und Kamila belegte alternative Kurse, die sie zwar nicht unbedingt brauchte, aber absolvieren wollte, weil sie hoffte, sie würden ihrer angeknacksten Gemütslage von Nutzen sein. Sie belegte ganzheitliche Gesundheitsmethodik, die den Studenten half, zu sich selbst zu finden. Dr. Salt, der Dozent, der die Vorlesung leitete, bat alle Studenten von Anfang an aufzuzeichnen, wie ihre Gefühle aussahen. Es fiel Kamila schwer das zu tun, denn sie war es nicht gewöhnt, ihren Gefühlen eine bildliche Darstellung zu geben. Ewig saß sie vor dieser Aufgabe und versuchte, in sich hineinzufühlen, doch sie fühlte nichts. Sie hatte so lange daran gearbeitet nichts zu fühlen, seit Pietro weg war und jetzt sollte sie einen Ausdruck dafür geben? ‚Ohh was soll der Scheiß, ich hasse diese Aufgabe‘, dachte sie. Schließlich zeichnete sie einen traurigen Kopf mit vielen Gedanken und Sorgen. Sie machte sich ständig Sorgen um ihr Studium, ihre Familie, ihre Liebessituation und sie fühlte sich jetzt noch erschöpft.

Dennoch, hatte Kamila nicht mehr viele Semester vor sich, bis sie endlich das Studium abschließen würde. Sie konnte kaum erwarten, ihr Diplom in der Hand zu halten, ein eigenes Leben zu führen und als Akademikerin eine Karriere zu starten. Jeder behauptete, dass Akademiker es leichter hätten. Sie wären angesehen und verdienten besseres Geld. Als das Semester fortschritt, tauchte sie immer tiefer in die Kurse ein, die ihr dabei helfen sollten, sich selbst wiederzufinden. Sie analysierte sich und ihr Benehmen, achtete auf ihren Körper und ihre Anspannung und begann, sich immer besser zu verstehen. Kamila merkte, dass sie die Situation bei Madison am meisten bedrückte. Die Frau war eifersüchtig auf alles was Kamila tat und ließ es sie spüren. Die Waschküche stand neben Kamilas Zimmer. Madison ließ die Waschmaschine um Mitternacht laufen, obwohl sie wusste, dass Kamila nicht schlafen konnte, bis die Wäscheladung fertig war. Sie schnitt Karotten um drei Uhr früh in der Küche, die ebenso neben Kamilas Zimmer lag. Kamila fühlte sich fast schon wie ein Waisenkind, das zwischen Küche und Waschküche wohnte. Sie war ständig müde und erschöpft, keine Privatsphäre und keine Rückzugsmöglichkeit. Sie war froh, wenn Madison nicht zu Hause war.

Am Wochenende machte Madison so viel Krach, dass Kamila schon früh um acht Uhr auf den Beinen stand. Sie zog sich an, verließ fluchtartig das Apartment und ging zum Ocean-Beach ans Wasser. Sie suchte in der Selbstanalyse nach Symptomen wie Kopfschmerzen, Müdigkeit und Erschöpfung, doch was sie schließlich erkannte war, dass die Ursache ihrer Probleme die Wohnungssituation war und sie sie schleunigst ändern musste, um nicht krank zu werden. Der ausschlaggebende Punkt kam, als Kamila mitten in der Nacht aufwachte und schlimmes Herzrasen erlebte. Erstarrt konnte sie sich nicht bewegen. Kamila beruhigte sich irgendwann, atmete konzentriert ein und aus und lag noch lange wach im Bett – entschlossen, ihre Lebensumstände zu ändern. ‚Ich werde nicht hier bleiben, ich werde es ändern‘, wiederholte sie sich immer wieder den Satz im Kopf so lange, bis sie eingeschlafen war.

Wechselspur

Da sie erst nach dem Abschluss des Semesters bei Madison ausziehen konnte, ging sie so oft wie möglich weg, um dem Ganzen zu entfliehen. Kamila trank viel Alkohol und tanzte ausgiebig die Nächte durch. Sie wurde auch von allen Seiten regelrecht angebaggert. Inzwischen glaubte sie kaum mehr an die große Liebe, sie wusste, die Jungs spendierten Drinks, machten Komplimente und sahen sie, wie andere Mädchen auch, nur als Fleisch an. Diese Oberflächlichkeit hasste sie, doch sie spielte mit und flirtete, obwohl sie sich nach ehrlicher Liebe sehnte. Das alles war so künstlich, und das erschöpfte ihr sensibles Wesen.

An einem Morgen lag sie in ihrem Bett und überlegte: ‚Was ist los mit mir? Warum kann ich mich nicht wieder verlieben? Warum kann ich nicht ehrliche Gefühle in meinem Leben zulassen?‘ Während sie sich diese Fragen stellte, hielt sie immer noch Kontakt zu Jan. Er war ungewöhnlich, wie ein Anker. Er rief sie immer an und erzählte, was er so am Tag tat. Sie erzählte ihm nicht viel von sich, weil sie sich nicht traute. Vielleicht sah sie keinen Sinn darin, zu viel von sich preiszugeben und zu investieren und ihn dann wieder gehen lassen zu müssen. Nach einiger Zeit wurden die Telefonate seltener. Er rief ganze zwei Wochenenden nicht an und sie meldete sich auch nicht. Sie verabredete sich mit Freunden und machte sich schick, um wieder weg zu gehen. Sie gingen ins Redwood Room im Sky Hotel, tranken ein paar Drinks und waren auch schon ziemlich beschwipst, als sie sich entschieden, ins Ruby Skye zu wechseln, um mal richtig zu tanzen. Komisch, nur beim Tanzen konnte sie sich kurzweilig richtig frei fühlen und fallen lassen. Da war ihr alles egal. Sie gingen lachend auf die Schlange zu, vier Leute waren vor Ihnen. Kamila sah einen Jungen, er war groß und dunkelhaarig mit braunen Augen. Ihr fiel aber eher sein roter Pass auf, als er ihn rausholte. Sie dachte, er wäre aus Deutschland und sie sprach ihn an: „Hey, kommst Du aus Deutschland?“ Er sagte: „Nein, aus Großbritannien“. Sie erwiderte: „Naja, dann sind wir Nachbarn.“ Sie lächelte und wandte sich unbekümmert ihren Freunden zu. Sie waren die nächsten und gingen gutgelaunt rein und sofort auf die Tanzfläche. Nachdem sie ein bisschen den Alkohol aus ihrem Körper rausgetanzt hatte, ging sie die Treppe rauf in den Raucherbereich.

Der Engländer folgte Kamila und fragte: „Wie heißt du denn?“ Sie antwortete unbekümmert: „Kamila und du?“ Er stellte sich auch vor, sein Name war Raul. Sie hatten nicht viel Zeit zum Reden, denn die Bar machte in vierzig Minuten zu. Es war schon fast zwei Uhr früh. Sie wollten aber noch nicht heim und Conny und Josh überredeten Kamila zu einem Pfannkuchen beim Imbiss nebenan. Raul ließ Kamila nicht aus den Augen und kam auch mit und sie unterhielten sich eine Weile draußen. Zwischen ihnen stimmte die Chemie, wie man so schön sagt, doch Raul musste gehen. Er war nur diesen einen Tag in San Francisco und wollte am nächsten Tag mit einem Freund nach Las Vegas weiterfahren. Er fragte Kamila nach ihrer Telefonnummer. Sie lächelte und sagte resigniert: „Raul es ist gut, dich kennengelernt zu haben und ich mag dich, aber ich bin nicht naiv genug, um zu glauben, dass du dich morgen noch an mich erinnerst. Du fliegst morgen nach Las Vegas." Erstaunt schaute er sie an und formulierte: „Du bist unglaublich. Ich bedaure, dass ich nicht länger in San Francisco bleiben kann, aber ich kann meinen Freund nicht alleine weiterziehen lassen. Bitte gib mir deine Nummer, ich möchte mich melden." Resigniert gab sie nach. „Okay, hast du was zu schreiben?" Er hatte sein Telefon nicht mit und versicherte: „Nein, aber sag mit die Nummer und ich merke es mir." Sie lachte ungläubig, flüsterte ihm die Nummer ins Ohr und verabschiedete sich mit einem Wangenkuss. Sie ging rein zu Conny und Josh fragte sie: „Na Kamila, wo hast du den Prinzen gelassen?" Sie schmunzelte und sagte: „Der Prinz ist auf und davon." Alle lachten. Als die Sonne aufging, fuhr sie nach Hause, aber sie schlief nicht allzu lang, denn die Geräusche in der Küche waren nicht zu überhören. Madison wütete.

Jan rief nach zwei Wochen wieder an. Kamila fand es süß, dass er ihr seine Gedanken anvertraute und sie um Rat fragte. Wichtig fühlte sie sich in seiner Gegenwart. Er erzählte von einem Freund, der an seinem Jung-gesellenabschied mit einer Stripperin fremdgegangen war und seiner Verlobten am Telefon diesen Zwischenfall gebeichtet hatte. Kamila war erschrocken über diese Begebenheit und konnte kaum glauben, dass sein Kumpel so ein Arsch war und so etwas getan hatte. Jan fand das auch nicht gut, empfand aber, dass es richtig war, ihr die Wahrheit zu sagen. Kamilas Meinung war zwiegespalten. Er war überrascht über ihren Standpunkt, doch sie erklärte: „Ich bin mir nicht sicher, ob ich es wissen wollen würde. Weißt du, Menschen machen viele Fehler, doch die Frage ist, warum hat er ihr das gebeichtet? Und vor allem am Telefon? Das war doch total Feige! Wollte er sich ein reines Gewissen machen? Wollte er herausfordern, dass sie die Beziehung aufgibt? Oder wollte er ihre Grenzen austesten? Fakt ist, er liebt sie nicht, denn wenn er schon wirklich Mist gebaut hat, würde er da sein wollen, wenn sie die Nachricht erhält und die Welt für sie zusammenbricht. Er aber hat ihr diesen Scheiß am Telefon gesagt. Das ist so, als wenn ich dir die Adern aufschlitze und dich verbluten lasse, während ich zig Kilometer weg bin." Er hörte zu und sagte: „Aus der Perspektive habe ich es gar nicht gesehen. Ich fand gut, dass er es gestanden hat." Kamila erwiderte: „Ja, aber die Frage ist doch, für wen es gut ist? Er hätte es persönlich sagen sollen und ihr ins Gesicht schauen, wenn ihre Welt zerbricht. Er ist Feige und ich bin mir sicher, seine Verlobte hätte mehr Respekt für ihn, wenn er wie ein vernünftiger Mensch die Nachricht gestanden hätte. Jetzt wird sie ihn vielleicht heiraten, doch sie wird es nie vergessen, oder schlimmer, nie verzeihen." Kamila liebte es, sich mit Jan zu unterhalten. Sie liebte alles, was er repräsentierte, seine Stabilität, seinen festen und ehrlichen Charakter. Er war ein guter Kerl, einer den man sich angeln und gleich zum Altar schleppen sollte. Im Gegensatz zu Jan erzählte sie kaum etwas von sich und ihren Freunden.

Kamila wollte nun ihr Studium so schnell wie möglich fertig machen. Sie verdrängte ihre Bedürfnisse und wagte auch nicht, sich mehr mit Jan vorzustellen und redete sich ein, dass er sie nur als Freundin oder platonische Bekannte sah, sonst nichts. Gleichzeitig war sie immer noch schwer enttäuscht von Pietro. Sie bemühte sich auch kaum um ihn und rief nie an, blieb hart und wartete eher darauf, dass er auf sie zukommen würde. Vielleicht hatte sie auch Angst davor abgewiesen zu werden. Deswegen versuchte sie erst gar nichts. Natürlich hoffte sie und wünschte sich, dass Jan und sie füreinander geschaffen wären, doch sie traute sich nicht daran zu glauben. Sie wollte, dass Jan das machen würde, wozu Pietro nie imstande gewesen war; für sie und ihre Gefühle zu kämpfen. Sie liebte die Zeit am Telefon mit Jan. Er war so sanft und fürsorglich, so ein richtiger toller Mann, den sich eine Frau wünschte. Als er noch in San Francisco war, hatte sie sich in seinen Armen so wohlgefühlt, richtig beschützt. Eigentlich war sie sowieso verwundert, denn sie hätte nie zu hoffen gewagt, dass die Freundschaft mit Jan so lange dauern würde. Sie hatten sich nur zwei Wochen lang gesehen und waren jetzt schon über ein halbes Jahr telefonisch rege in Kontakt. Ihre Freundinnen kannten ihn als Jan, den Jungen, der ihr den Funken Hoffnung gab, dass jemand sie so sehen wollte, wie sie wirklich war. Er sah sie nicht als sexy an, bloß, weil sie eine klasse Figur hatte und wirkte. Er mochte ihren Charakter und sie spürte das. Nach Pietro war ihr Selbstvertrauen in den Keller gesunken und sie konnte sich kaum noch vorstellen, dass sie überhaupt noch jemanden lieben konnte. Jan war Offizier in der Armee, einzigartig, erfolgreich, intelligent und besaß mit seinen fünfundzwanzig Jahren ein Haus in Washington D.C. Er war alles, was sie sich von einem Mann gewünscht hätte, nur war er am anderen Ende der USA. Es tat ihr so gut mit Jan zu telefonieren und seine Geschichten zu hören. Sie wunderte sich, warum er immer noch mit ihr telefonieren wollte, wo er mit seiner Attraktivität doch jede hätte haben können.

Es vergingen weitere Monate und sie traute sich irgendwann und fragte Jan woran sie eigentlich waren. Natürlich hatte sie ungefähr zwei

Gläser Wein intus, um den Mut zu fassen. Sie war jetzt bereit darüber zu reden, wie sie über ihn dachte. Voller Demut und Angst gestand sie ihm: „Weißt du Jan, ich habe dich sehr gern und ich wünschte, ich könnte dich wiedersehen." Zur ihrer Überraschung sagte er erleichtert und aufgeregt: „Mir geht es auch so! Und offen gesagt, ich finde es schon fast unheimlich, dass ich in allen Punkten genauso denke wie du. Es fühlt sich richtig mit dir an." Sie grinste während er sprach, die Bestätigung war so schön. Er schien in allem was er war und was er repräsentierte perfekt für sie zu sein. Sie sprachen an diesem Abend über anderthalb Stunden und Kamila wiederholte sich: „Ich möchte dich wiedersehen." Er nahm seinen Arbeitsplan zur Hand und neckte sie: „Mann, warum hast du das nicht vor zwei Monaten gesagt? Da hätte ich viel Zeit gehabt. Jetzt im April bin ich im Dienst bis Juli. Juli könnte ich kommen!" Sie bedauerte das sehr und fragte ihn: „Worauf hast du denn eigentlich gewartet? Auf eine persönliche Einladung?" Er antwortete ernst, dass er das in der Tat hatte. Sie war enttäuscht, dass sie sich nicht früher getraut hatte ihm zu sagen, dass sie ihn mochte. Er erzählte: „Ich habe dich vom ersten Augenblick an ziemlich klasse gefunden! Möchtest du nicht vielleicht zu mir kommen?", fügte er hinzu. Allerdings wäre er bei der Arbeit auf Abruf und wenn sein Chef rief, müsste er weg. Sie wollte ihn nicht stören oder sich dann ärgern, wenn er keine Zeit für sie hätte und so beschlossen sie, sich im Juli wiederzutreffen. Dann sagte Jan etwas, was ihr Herz richtig in die Höhe trieb: „Weißt du, dass mein Tag immer ein wenig glücklicher ist, nachdem ich mit dir gesprochen habe?" Sie lächelte geschmeichelt und bestätigte: „Meiner auch." Das alles mit Jan fühlte sich so richtig für sie an. Er war wirklich ein toller Kerl. Sie hoffte sehr, dass es mit ihm klappen könnte und war dankbar, mit Jan darüber gesprochen zu haben. Dennoch wagte sie sich nicht, sich noch mehr vorzustellen, aus Angst, wieder enttäuscht zu werden.

Es war schon fast elf Uhr abends und sie lag wach im Bett und wartete, dass der Geschirrspüler endlich fertig wurde. Gedanken gingen ihr durch den Kopf. Da sie nicht schlafen konnte, bereitete sie sich auf ihre Präsentation für die Businessklasse vor. Sie musste einen Fünfjahresplan erstellen und ging eifrig an den Entwurf. Traurig stellte sie nach einer Weile fest, dass alles was sie aufschrieb, nur beruflicher Natur war. Es war nichts persönliches dabei. Sie traute sich nicht etwas persönliches zu planen und war der Meinung, dass eine eigene Familie für sie kaum infrage kommen würde, denn nach der Enttäuschung mit Pietro war sie nicht mehr die Alte. Zwar hatte sie Glück, denn viele fanden sie toll, doch das alles war oberflächlich, weil sie halt gut aussah. Jan stellte sie von sich weg. Sie hatte einfach Angst zu hoffen.

Kamila hatte nur noch zwei Semester, bis sie die Uni abschließen konnte. Allerdings fühlte sie sich, als wenn sie kaum etwas geleistet hatte und fühlte sich einsam, denn sie war immer noch inmitten Studium, hatte keine feste Beziehung und wurde jetzt schon ein Vierteljahrhundert alt. Sie hasste es. Heute fühlte sie sich, als wäre ihr Leben ein Schiff ohne Steuerrad, auf dem Wasser trieb und die Stürme bestimmten ihren Weg, ohne dass sie lenken konnte. Sie fühlte sich dem Wasser und seiner Strömung ausgeliefert. Bestürzt sah sie sich in ihrem Zimmer um und es sah aus, als ob eine Bombe eingeschlagen hätte. Überall lagen Schuhe und auf dem Bett stapelten sich Klamotten. Teller und Kaffeetassen vom Frühstück lagen neben dem Bett. Der Inhalt ihres Schminkkoffers lag zerstreut neben dem großen Spiegel. Umzugskartons standen in dem kleinen Zimmer. Sie würde bald packen müssen, denn sie zog zu einer Studentenfreundin. Sie war zwar auch nicht der Hammer, aber das war ihr egal, sie musste weg von Madison. Kamila war aber nicht glücklich über den erneuten Umzug. Sie fühlte sich erwartungslos und skeptisch. Jetzt war sie Mitte zwanzig und hatte kaum noch Erwartungen an ihrem Geburtstag. Sie hatte keine Geburtstagstorte, keine Kerzen zum Auszublasen, keinen Sekt, um anzustoßen, keine Familie, die fröhlich in ihr Zimmer stürmte, sie umarmte und ‚Happy Birthday‘ sang. Merkwürdigerweise vermisste sie es auch nicht und fühlte sich einfach erschöpft. Erschöpft, aber ruhig.

Gegen Nachmittag kamen Conny und Nora vorbei und nahmen sie in ein Crêpe-Restaurant mit. Es war schön und Kamila fühlte sich bei ihren Freundinnen geborgen und konnte ihren Geburtstag wieder genießen. Nach dem Essen noch einkaufen, aber dann musste Kamila wieder in das kleine Zimmer zurück, zwischen Waschküche und Küche bei Madison, der Hexe. Ewa erlöste sie am Abend aus ihrem neuerlichen Trübsal, als sie kam, um mit ihr ins Metrix Marina zu gehen. Wie immer unterhielten sie sich über Gott und die Welt. Kamila fand es sehr rührend, dass sie sich extra die Mühe gemacht hatte, ihr Geschenke zu kaufen und zu ihr zu kommen, damit sie sich nicht alleine fühlte. Es machte sie glücklich, solche Freundinnen zu haben.

Unerwartet meldete sich Raul aus England, der gerade in Las Vegas war, genau zwei Tage nach ihrem ersten Treffen. Er hatte tatsächlich ihre Nummer in Erinnerung behalten. Kamila war total erstaunt und beeindruckt zugleich. Sie hatte nicht mehr an Raul gedacht. Die Nummer hatte sie ihm nur einmal zugeflüstert und er hatte sie sich nicht einmal aufgeschrieben oder gespeichert. Er hatte lediglich gesagt, er würde sie sich merken. Kamila hatte gedacht, dass er sie auf dem Arm nahm, war weitergegangen und hatte kaum mehr an ihn gedacht. Doch er meldete sich aus Las Vegas und schrieb, dass er lieber in San Francisco geblieben wäre, um Kamila näher kennenzulernen. Sie war baff, beeindruckt und er hatte ihre Aufmerksamkeit. Er verkündete: „Ich möchte dich kennenlernen und ich melde mich wieder aus London, wenn ich zurück in England bin.“

Kamila war immer noch erstaunt, warum er das machen wollte, denn er war jetzt in Las Vegas und die Jungs hatten genug Gelegenheiten, sich dort auszutoben. Außerdem kannten sie sich gerade mal zwei Stunden. Er ließ sich ihre Mailadresse geben und sie fingen an zu schreiben. Als Raul ein paar Tage später wieder in England war, rief er an. Sie unterhielten sich prächtig. Es war komisch, dass sie sich nur einen Augenblick kannten, aber sie waren gegenseitig interessant genug, um immer wieder zu schreiben. Sie scherzten oft und spielten das Spiel ‚was ist, wenn er nicht nach Las Vegas geflogen wäre? Was ist, wenn er in San Francisco wohnte. Sie lagen einfach auf der gleichen Wellenlänge und fühlten sich voneinander nicht bedroht, da sie ziemlich weit entfernt waren. Beide sehnten sich nach Aufmerksamkeit und Zuneigung und beide gaben es sich auch reichlich.

Raul war in einer ähnlichen Situation wie Kamila, sein Herz gehörte der Vergangenheit, seiner Ex-Freundin, mit der er nicht mehr zusammen war und auch nicht sein wollte. Schwierigkeiten bereitete es ihm, sie zu vergessen. Kamila hatte das gleiche Erlebnis mit Pietro und deshalb verstanden sie sich, auch wenn sie darüber kaum sprachen. Sie war ehrlich zu ihm und er zu ihr. Sie wussten, dass sie beide ausgingen und andere Leute trafen, wussten aber auch, dass es harmlos war. Diese Begegnung war anders. Es war zwar eine gewisse Chemie zwischen Ihnen, doch sie fanden ihre Persönlichkeiten toll und das entwickelte ihre Freundschaft. Er bedauerte oft, dass sie so weit weg voneinander waren. Sie schwieg dazu.

Kamila hörte ständig von Raul und anderen Männern, dass sie attraktiv wäre. Anfangs war es aufregend gewesen, doch mittlerweile störte es sie, denn sie wusste nicht, wie sie mit der Aussage umgehen sollte. Ständig hörte sie Komplimente, aber sie empfand sie eher als eine Einladung zum Sex und das wollte sie nicht. Sie wollte nicht nur begehrt, sondern auch verstanden und ernstgenommen werden, schließlich war sie doch keine Puppe, kein Statussymbol, weil sie attraktiv war. Kamila hatte sich viel geschmeichelter gefühlt, als Jan ihr sagte, sein Tag wäre immer ein bisschen glücklicher, wenn er mit ihr sprach. Den Spruch liebte sie.

Kamila hatte sich schon immer eine Familie gewünscht, Heirat und Kinder, doch leider war es nicht das was, sie jetzt haben konnte. Ihr Leben verlief komplett anders. Ja, sie wollte studieren und endlich auf eigenen Beinen stehen, doch nicht, weil sie so emanzipiert war, sondern weil das Leben sie gelehrt hatte, dass sie von Männern nicht abhängig sein durfte. Aber würde ihr das ganze Studieren zum Glück verhelfen wusste sie auch nicht. Gedanklich stellte sie eine Bilanz auf und stellte die positiven und negativen Erlebnisse gegenüber. Seit sie studierte, war sie weg von ihrer Familie. Allerdings einsam fühlte sie sich trotzdem, auch wenn sie Freunde hatte und tolle Erlebnisse erlebt hatte. War das der Preis, den sie für ihre noch nicht existierende Karriere zu zahlen hatte, fragte sie sich oft. Zudem hatte sie keine Sicherheit dafür, dass sie nach dem Studium auch einen Traumjob bekommen würde oder ob sie überhaupt eine Arbeitsstelle finden könnte.

Das Studium gab ihr keine Sicherheit, dass sie Erfolg haben würde. Es gab ihr auch keine Liebe. Dieser innerliche Drang war für sie nicht zu überhören. Das war das, was sie machen musste. Zweieinhalb Jahre vergingen seit Pietro weg war und sie sehnte sich immer noch nach der Zeit mit ihm. Sie zog jetzt inzwischen zum dritten Mal um und hatte immer noch keinen Platz gefunden, den sie ihr Zuhause nennen konnte. Die Situation war unerträglich und ihr Ehrgeiz und ihr Stolz erlaubten ihr keine Freude an jeglichen Sachen, denn sie wollte vorwärts, sie wurde ungeduldig. Es nervte sie, dass sie alle Regel befolgte und alles richtig machte und sich weiterhin unglücklich fühlte.

Für ihre letzten zwei Semester zog sie nach Marina, Kalifornien. Sie wusste nicht, was sie erwarten würde, jetzt wieder mit anderen Leuten zu wohnen. Kelly und ihre Freunde waren nett und zuvorkommend, doch nett bedeutete kaum etwas, denn erst die Zeit zeigte die wahren Gesichtszüge der Leute. In San Francisco hatte sie trotz vieler Niederlagen auch immer wieder Glück mit Menschen. Conny, ihre treue Freundin, schnappte sich ihr riesiges Auto, sie nannten es auch ‚den Bus‘, packte alle ihre Sachen rein und fuhr mit Kamila nach Marina. Der Umzug ging recht flott, obwohl Madison zu Hause war. Kamila sah zu, dass sie sie nicht störte und alles genauso hinterließ, wie sie es vorgefunden hatte. Kamila hatte sich an dem Tag zuvor von ihr verabschiedet und sie hatten sich auch ausgesprochen. Das erste Mal hatte Madison sogar zugegeben, dass sie vielleicht unfair zu Kamila gewesen war, aber sie war eifersüchtig, dass Kamila so ehrgeizig und zielstrebig war. Sie wollte sie auch nie richtig bei sich haben. Kamila gestand traurig: „Ich fand es schlimm, dass du mir keine Chance gegeben hast und mich schlichtweg terrorisiert hast. Ich habe mich hier schrecklich gefühlt. Ich wünsche dir trotzdem alles Gute.“ Sie sagte erschöpft: „Bitte tu keiner Person mehr das an, was du mir angetan hast, das war psychischer Terror.“ Kamila war erleichtert, als sie das Haus verließ und atmete erst mal aus. Eifersucht seitens anderer Frauen, aber auch Männer war ihr leider oft begegnet. Egal wie sie sich anstrengte, das verstand sie nie.

In Marina war es schön. Im Vergleich zum Zimmer bei Madison hatte sie jetzt eine Luxussuite. Es gab ein riesiges Fenster mit Blick auf den Garten. Es war wunderschön ruhig dort, wie auf dem Land. Die Gegend war herrlich idyllisch. Bei Madison hatte sie eine Aussicht auf kahle Wände gehabt und neben Küche, Waschraum und Toilette gewohnt. Sie war so froh, von Madison weg zu ziehen, sogar beim Umzug herrschte bei ihr

Chaos. Obwohl Kamila nicht ausgeschlafen und total müde war, stand sie früh auf und packte fleißig ihre Sachen. Sie wollte dort nur noch weg. Bei Kelly in Marina musste sie sich erst daran gewöhnen, dass sie keinen eigenen Fernseher im Zimmer hatte, doch sie erhoffte sich mehr Produktivität und Kreativität dadurch und trauerte ihm auch nicht nach. Die Ruhe war jetzt das wichtigste, denn sie war so erschöpft nach der Zeit bei Madison. Sie drückte sich selbst die Daumen und hoffte, dass die letzten zwei Semester gut verlaufen und sie sich hier besser fühlen würde.

Gleich nachdem Kamila dort eingezogen war, fuhr Kelly in den Urlaub und ließ sie in dem großen Haus alleine. Kamila wollte nicht alleine in dem riesigen Haus schlafen, denn sie hatte Angst. Deswegen lud sie ihre Freundinnen auf eine Pyjamaparty ein. Die Mädchen ließen sich nicht lange bitten. Chloe, Conny, Franca und Nora waren dabei. Nora musste nachkommen, da sie noch Besuch zu Hause hatte, aber sie wollte auf jeden Fall später dabei sein. Sie waren wie immer voll ausgerüstet. Auf dem Tagesplan standen Mojitos und Zigaretten. Sie kauften sich mindestens eineinhalb Liter Rum, braunen Zucker und Pfefferminzblätter. Da Kamila keine Ahnung hatte, wie man die Mojitos zubereitete, übernahm Chloe diese wichtige Aufgabe. Sie ging wie ein Profi ans Werk und zauberte die Drinks. Nach der ersten Runde sorgte Kamila sich, dass der Rum nicht reichen würde, denn die Drinks schmeckten lecker wie Limonade. Chloe lachte erschrocken: „Du spinnst, das ist doch reichlich." Doch Conny, ihre rechte Hand, war auch der Meinung: „Nee, das reicht nicht, wir brauchen mehr Alkohol." Kamila rief Nora an und bat sie, noch ein paar Flaschen Wein mitzubringen. Nora lachte, aber sie mussten sie nicht zweimal bitten. Die Drinks waren schnell ausgetrunken und Chloe sorgte fleißig für Nachschub. Es dauerte nicht lange und sie merkten langsam, dass es die Mojitos ziemlich in sich hatten. Sie merkten es spätestens, als sie die Musik laut aufdrehten und verrückt zu ‚turn me on' Kevin Lyttle tanzten. Sie waren wie vom Teufel besessen. Die Mädchen krochen vor Lachen auf dem Boden herum, als das Lied ‚The Time of my life' aus ‚Dirty Dancing' lief. In der Szene, in der Jonny Baby am Ende in die Luft wirft. Conny und Kamila dachten, es wäre lustig, es nachzumachen. Conny war Jonny und Kamila die mutige Baby und so versuchte Conny sie zu fangen und Kamila zu springen. Sie waren zu betrunken, um klar denken zu können und lachten sich bei jedem Versuch kaputt. Von jetzt an konnte Kamila wieder wie bei Clarissa Partys schmeißen, und meistens fanden die auch bei ihr statt. Damit es ihnen an dem Abend nicht langweilig würde, hatte Kamila schon im Vorhinein für verschiedene Trinkspiele gesorgt. Conny war meistens die Verliererin und musste die meisten Kurzen trinken und sie malten ihr zur Strafe noch Penis-Zeichnungen auf die Beine. Sie schrie: „Wie soll ich das je wieder wegkriegen? Und was wird Josh dazu sagen?" Die Mädchen brüllten vor Lachen. Nora, die ja erst später und nüchtern zu ihnen stieß, musste sich erst einmal zurechtfinden, denn die Mädchen waren schon außer Kontrolle. Sie versorgten Nora erst mit Alkohol, bevor sie alle vors Haus zum Rauchen gingen. Nora nippte brav am Wein, denn die Mojitos waren tatsächlich schon alle. Zu fünft saßen sie vor dem Haus, als Conny Kellys Katzen sah. Conny wusste, dass Kamila kein Fan von Katzen war und neckte sie damit: „Kamila, schau die Katzen haben schon jetzt Angst vor dir." Kamila lachte und antwortete: „Du hast keine Ahnung, wie froh ich bin, dass die Katzen draußen leben und nicht im Haus." Irgendwann fiel Conny auf, dass die Katzen keine Schwänze hatten. Sie schaute Kamila betrunken und empört an: „Die Katzen haben ja keine Schwänze! Kamila hast du den Katzen die Schwänze abgeschnitten?" Alle fingen an zu lachen. Kamila schaute Conny erstaunt an. „He, was sagst du da? Du hast Recht die haben echt keine Schwänze. Ist das normal oder sind diese Katzen Krüppel?", fragte Kamila erstaunt. Mit Conny war nicht mehr zu reden, sie war schon viel zu betrunken, und lallte: „Du hast den Katzen bestimmt die Schwänze abgeschnitten." Kamila brach in Gelächter aus und protestierend stellte sie fest: „Du bist nicht mehr zu retten." Alle lachten, denn sie zogen sich immer gegenseitig auf. Conny streichelte die Katzen mitleidig und fragte sie: „Gebt es zu, Kamila ist es gewesen." Alle wussten, dass Kamila Katzen nicht mochte, aber sie hätte ihnen – und auch andern Tieren – nie etwas zuleide tun können. Conny lachte immer weiter und scherzte: „Die Katzen verfolgen dich, weil sie wissen, dass du sie nicht magst." Kamila konnte es kaum glauben. Immer, wenn sie umzog, die Katzen waren schon da. Nachdem Nora drei Drinks intus hatte, benahm sie sich genauso bescheuert wie alle anderen. Gegen vier Uhr früh wollten alle langsam ins Bett gehen. Nora weigerte sich und Kamila bat sie, so brav wie Conny zu sein und ins Bett zu gehen. Doch Nora trotzte wie ein kleines Kind. Conny kicherte und benahm sich kindisch. Sie sang fröhlich, dass sie viel braver wäre als Nora. Kamila musste lachen und sagte: „Das stimmt, du bist super brav." Endlich hatte sie alle Mädchen gut untergebracht und als sie ins Bett ging, fiel Kamila sofort in den Tiefschlaf.

Am nächsten Morgen wachte sie ziemlich spät auf. Alles war ruhig und sie dachte, dass die anderen noch schlafen würden. Es war gegen zehn Uhr. Sie tapste aus ihrem Zimmer die Treppe hoch in die Küche und sah die ganze Bande beim Frühstück. Jeder hatte Kopfschmerzen und verlangte zuerst nach Kopfschmerztabletten. Das Frühstück verlief etwas ruhiger, aber gemütlich und sie blieben noch ewig vor dem Fernseher sitzen, bis sich dann schließlich alle auf den Heimweg machten. Das Semester fing an. Kamila hatte wieder die volle Ladung Vorlesungen genommen und nutzte die Zeit, die Bücher zu lesen. Es war schön draußen, denn Kalifornien hatte ein unschlagbares, immer sonniges Wetter. Für Kamila war es das perfekte

Klima. Sie chattete mit Raul und sprach mit Jan am Telefon. Jan hatte immer die besondere Gabe, ihr ein Lächeln ins Gesicht zu zaubern, nur indem er war, wie er war.

Da keiner sich richtig für sie entschied. Sah sie nichts daran mit beiden ein freundschaftliches Verhältnis zu haben. Wobei für Jan schlug ihr Herz ein bisschen mehr. Als Jan sich ganze zwei Wochen nicht meldete, war sie verunsichert, denn es war untypisch für ihn. Kamila dachte schmerzlich, dass die Freundschaft zu Jan langsam zu Ende ging. Die Entfernung von San Francisco nach Washington D.C. war zwar nicht so groß, doch zu weit weg für eine Beziehung. Als sie sich schon fast damit abgefunden hatte, dass Jan sie nicht mehr anrufen würde, tat er es doch. Sie war gerade auf dem Campus und hatte ein bisschen Zeit zwischen den Vorlesungen. Sie freute sich, von ihm zu hören. Gegenseitig fragten sie sich, wie es ihnen in der Zwischenzeit ergangen war. Jan erzählte kurz über sich und kam dann auch gleich zur Sache. Er gestand: „Kamila, du weißt, du bist ein besonderer Mensch für mich. Doch leider ist mir die Distanz zu weit. Ich habe das Gefühl, dass die Entfernung die Nähe zwischen uns töten würde. Ich möchte aufrichtig sein, ich habe vor zwei Wochen ein anderes Mädchen kennengelernt und ich möchte ihr und mir eine Chance geben." Kamila war traurig das zu hören und gleichzeitig froh, dass sie sich nicht nur auf Jan konzentriert hatte, sondern selbst auch andere Männer, wie zum Beispiel Raul, eine Chance gab. Sie antwortete herzlich: „Ich finde dich klasse, und ich gönne dir dein Glück! Danke, dass du Aufrichtig bist und mir die Wahrheit sagst. Ich wünsche dir nur das Beste und werde mich immer gerne an dich erinnern." Sie war ihm aufrichtig dankbar. Er war der Einzige gewesen, der ihr einen Funken Hoffnung gegeben hatte, dass es doch irgendwo anständige Männer gab. Er eröffnete: „Ich fände es unfair dich warmzuhalten." Sie lächelte, als er sprach und beruhigte ihn: „Ich weiß deine Ehrlichkeit sehr zu schätzen und du wirst immer eine sehr schöne Erinnerung für mich bleiben." Erneut wünschte sie ihm viel Erfolg und sagte: „Sag deinem Mädel, dass sie mit dir viel Glück hat." Er lachte, bedankte sich und sie verabschiedeten sich herzlich. Dann legten sie auf. Kamila löschte Jans Nummer aus ihrer Kontaktliste, damit sie nie in die Versuchung geriet, ihn anzurufen.

Sie saß auf der Bank vor der Bücherei und merkte, wie ihr Tränen in die Augen schossen. Sie war Jan dankbar dafür, dass er so aufrichtig zu ihr gewesen war. Seine Aufrichtigkeit berührte sie. Sie wollte sich keinen Illusionen hingeben und wieder für Männer Entschuldigungen finden, so wie damals für Pietro. Ebenso war sie froh, dass sie Raul eine Chance gegeben hatte, denn das Leben war ziemlich wechselhaft. Deshalb ließ sie Jan gehen. Zwar wusste sie, dass sie ihn gerne für sich gehabt hätte, doch wollte sie, dass er den ersten Schritt tat. Sie hatte inzwischen nach mehr als zwei Jahren begriffen, dass Pietro sie nicht wegen der Entfernung verlassen hatte, sondern weil er sie nicht genug liebte. Tief im Herzen hatte sie sich gewünscht, dass es mit Jan klappen würde, vielleicht auch, um sich zu beweisen, dass Fernbeziehungen einen glücklichen Ausgang haben können und dass die Entfernung für die wahre Liebe kein Hindernis sein muss. Sie wollte wieder glauben, dass Liebe alle Berge versetzen kann. Sie wischte ihre Tränen ab und ging zu ihrer nächsten Vorlesung. In Gedanken versunken dankte sie Jan, dass er aufrichtig gewesen war. Sie hätte es von Pietro erwartet, nicht von ihm, denn Jan und sie hatten nur zwei Wochen in Person und über ein Jahr am Telefon miteinander verbracht, doch er war ihr nichts schuldig. Pietro war zweieinhalb Jahre mit ihr zusammen gewesen und sie liebte ihn von Herzen. Er war bis heute zu feige, ihr die Wahrheit zu sagen und sie verabscheute ihn und letztendlich sich selbst dafür, dass sie ihm vertraut hatte.

Es war Sommer und alle waren zufrieden, nur Kamila trat auf der Stelle und kam nicht weiter. Zu Kamilas Belustigung dachten aber alle, dass sie glücklich wäre. Sie ließ sich nie etwas anmerken und gab sich Mühe, mit allen recht gut auszukommen. Sie beschwerte sich nicht über ihre Lebensbedingungen. Zu allen benahm sie sich stets dankend, und beteuerte dass alles toll wäre, doch sie fühlte sich traurig und nichts war toll. Sie fühlte sich erschöpft, richtig ausgepowert und hatte kaum mehr Kraft. Sie war erschöpft von den ganzen Reisen und vom Umziehen. Ihr Kopf war ausgelaugt von den Grübeleien wegen Pietro und ihrer ungewissen Zukunftsplanung. Sie hasste ihr Selbstmitleid, doch sie war so müde und abgekämpft und sie hatte kaum jemanden, der sie festhielt und ihr sagte: „Alles wird gut.“ Ihre Familie war so weit weg. Sie hatte zwar Freundinnen, doch sie erzählte ihnen auch nicht alles. Stattdessen hielt sie ihr lustiges und nettes Mädchenimage weiter aufrecht. Wer wollte schon von jemandem die Probleme hören?

In Marina war alles viel ruhiger und das tat ihr gut. Keine ständige Hetzerei. Sie bekam ein paar Tage ruhigen Schlaf und begann, sich besser zu fühlen. Sie war sich sicher, dass, wenn sie länger bei Madison geblieben wäre, es ihr sicherer Tod gewesen wäre. Sie wäre durchgedreht oder an Erschöpfung zugrunde gegangen. Ehe sie es sich versah, war es schon August. Im August war ihr Abschluss. Es war jetzt so greifbar und sie musste sich bald eine Arbeit suchen. Das stellte wieder eine Herausforderung dar. Das war alles nicht leicht. Sie hatte immer wieder Steine vor sich, die sie erst zur Seite schieben musste, um weiterzugehen. Ihr Traum war es, im pharmazeutischen Verkauf zu arbeiten und Medikamente zu verkaufen. Es hieß, dass das sehr schwierig wäre, doch genau das wollte sie gerne machen. Sie saß auf der Terrasse und überlegte, wie sie in diese Branche reinrutschen könnte. Kamila war es satt, immer wieder für etwas so hart kämpfen zu müssen. Sie dachte, ob ihre Aufgabe vielleicht darin bestand, sich selbst etwas zu beweisen und sich selbst herauszufordern. Wo wäre sie wohl in zehn Jahren? Es war 2004, wo wäre sie also 2014? Sie sah ihre jetzige Situation und fragte sich, ob sie wirklich auf dem richtigen Weg war. Die Frage war, ob es genauso sein würde, wenn sie eine Karriere hätte? Würde sie auch dafür so viel aufgeben müssen?

In einem Einkaufszentrum fiel ihr eine Zeitung auf, die über zwischenmenschliche Energie schrieb. Sie berichtete, dass positive Vorstellung nicht genug war, sondern man das Positive fühlen sollte, um Gutes anzuziehen. Das klang logisch, denn in den letzten Tagen und Wochen dachte sie oft negativ und fühlte sich traurig. Das musste ein Ende haben und sie nahm sich vor, ihr Leben zu verändern. Doch das war gar nicht so einfach, denn sie fühlte sich immer noch so wie vorher. Sie wusste, sie musste an ihren Gedanken und ihrer Einstellung arbeiten.

Sie stellte eine Liste zu ihren Erfolgen auf und war überrascht, dass sie tatsächlich Erfolg gleichwertig mit Freiheit sah. Tatsächlich, wenn sie erfolgreich wäre, könnte sie sich Sachen leisten, die ihr Wohlbefinden fördern würden. Sie könnte oft an der frischen Luft sein, reisen und Sport machen. Viele Leute wollten Erfolg wegen der Macht, doch sie wollte es wegen ihrer Freiheit. Im Gegenzug dazu waren ihre Ideale in der Liebe deutlich höher gesteckt. Sie wollte eine verwandte Seele finden, mit der sie sich identifizieren konnte, mit der sie ihren Erfolg und ihre Freiheit teilen konnte. Sie wollte das Gefühl haben, mit einem gleichwertigen Partner zusammenzugehören. Sie wollte niemandem gehören und schon gar nicht jemandes Trophäe sein.

Am frühen Nachmittag, nach der ganzen Denk-Aktion und der Listenschreiberei fuhr sie zu Conny, die sie zum Grillen eingeladen hatte. Es war schön am Pool zu grillen und sie fühlte sich immer wohl bei Conny. Außer Kamila kamen auch noch Harish und seine Freundin. Irgendwie war die Stimmung gespannt zwischen ihnen. Man sah ihm an, dass er sie nicht wirklich mochte und lieber mit Kamila flirtete. Seine Freundin tat Kamila leid, weil sie schon über dreißig war und bereit dafür, eine Familie zu gründen. Sie erzählte bedrückt, dass Harish, ihr charmanter Freund, ihr einen Artikel empfohlen hatte, der sie darüber informierte, wie sie ihre Eizellen einfrieren könnte. Empört hörten Kamila und Conny der Geschichte zu und Kamila riet ihr: „Verschwende deine Zeit nicht und suche das Weite, auch wenn du denkst, dass du ihn liebst. Sowas sagt niemand, der seine Frau liebt." Sie, war bestürzt und gestand: „Ihr habt recht, ich muss mein eigenes Leben führen. Es ist nur so schwer." Kamila nickte: „Ja, das weiß ich", lachte sie geknickt. Es war klar, es war tatsächlich nur eine Frage der Zeit, bis sie auseinandergehen würden. Aber so war nun

mal das Leben. Nicht alle hatten das gleiche Tempo und Gefühle waren halt
Mist.

Durch seine Augen sehen

Mindestens drei Monate sind schon vergangen, seit Kamila Raul das erste Mal im Ruby Sky getroffen hat und sie ihm ihre Telefonnummer zugeflüstert hatte. Seit diesem Tag waren sie tatsächlich regelmäßig in Kontakt. Oft philosophierten sie mit Hilfe des Internets über das Leben und Raul war der Meinung, dass Kamila eine reiche verwöhnte Göre aus Deutschland wäre, die in Amerika studierte. Kamila wollte ihm seine Fantasie nicht rauben und ließ ihn in dem Glauben, dass sie nichts anders tat als Party zu machen und ab und zu in der Uni zu erscheinen. Deshalb lachte sie nur, als er das verkündete. Er wusste nichts von den ganzen Umzügen, Heimweh und Herzschmerz. Es amüsierte sie, wenn er erwähnte: „Weißt du, als ich zur Uni gegangen bin, habe ich mich nicht als Student in den Bars von Vier-Sterne-Hotels rumgetrieben." Sie lachte und sagte zynisch: „Du hast recht, das ist alles was ich mache." Aber tatsächlich kostete sie das auch kaum etwas, weil sie immer eingeladen wurde. Das war der Vorteil daran, gut auszusehen. Die Jungs umgaben sich gerne mit schönen Mädchen und spendierten ihnen Drinks, um das eigene Ego aufzupolieren. Es war ziemlich harmlos und alles was die Mädchen taten, war, sich mit ihnen freundlich zu unterhalten, auch wenn jeder dachte, dass sie dafür mehr machen mussten. So war es jedoch nicht. Das erzählte sie Raul aber nicht, denn er musste ja nicht alles wissen. Vielleicht wollte sie sich auch durch seine Augen sehen und ihrer traurigen Realität entfliehen. Zu dem Zeitpunkt lag ihr Ziel in nicht allzu weiter Ferne. Sie war jetzt fast fertig mit dem Studium und schon dabei, ihre Bewerbungen für die erste richtige Arbeitsstelle als Akademikerin zu schreiben. Das Dumme daran war, dass sie keine Zeit hatte, diesen Ziellauf zu genießen, denn sie war schon wieder zu sehr damit beschäftigt, sich um die nächste Etappe zu kümmern.

Raul war in der Zeit einfach ein wunderbarer Freund und half ihr sogar bei ihren Bewerbungen. Er arbeitete in der Investmentbranche, informierte sie über Top Firmen und Stellenangebote, die sie interessieren könnten und gab ihr Firmeninformationen, die er in seinen Fachzeitschriften gefunden hatte. Es war genau seine Branche und er saß in London direkt an der Quelle. Raul imponierte ihr, weil er intelligent und belesen war. Sie liebte es, mit ihm zu reden, denn er nahm sie ernst. Während sie sich fleißig bewarb, planten die beiden, sich in Europa zu treffen, wenn sie sowieso ihre Familie besuchen würde. Im Dezember würden es dann acht Monate sein, seit sie sich das erste Mal in San Francisco für zwei Stunden getroffen hatten. Er wollte nach Deutschland kommen, doch Kamila war dagegen. Sie schlug stattdessen vor, ein paar Tage nach England zu fliegen und ihn dort zu treffen. Für sie war diese Lösung einfacher, denn Kamila wusste nicht, wie sie auf das erste Wiedersehen nach so langer Zeit reagieren würde.

Für Kamila war die Freundschaft noch zu neu und sie wollte ihn nicht ihrer Familie und Freunden präsentieren, bevor sie sich mit ihm sicher war. Was sollte sie ansonsten sagen, wenn sie ihn dann plötzlich doch nicht toll fände? Der Plan stand fest, sie würde nach London fliegen. Das war zwar verrückt, sogar für sie, doch sie dachte: ‚Was soll's, wer nicht wagt, der nicht gewinnt.' Sie war bereit, Risiken einzugehen, um auch mal ihren Gefühlen Ausdruck zu verschaffen. Die kamen immer so an letzter Stelle. Kamilas Mutter, die immer schon Mutter, Freundin und Verbündete zugleich war, ermutigte sie in ihrem Vorhaben, indem sie ihr sogar den Flug nach London zu Weihnachten schenkte. Sie wusste, dass Kamila immer noch unter der Trennung von Pietro litt und sie wollte auch, dass sie sich nach der langen Zeit mit Studium und Umzügen ruhig einmal etwas gönnte. Ihre Mutter empfand Kamila als zu ernsthaft und sie wollte, dass sie endlich einmal mit ihren Gefühlen aus sich herauskam. Sie wollte, dass ihr Kind das Leben genoss und nicht immer das ‚Richtige' tat. Das fiel Kamila noch immer sehr schwer, aber sie freute sich darüber und nahm die Reise sehr gerne an. Von ihrer Mutter fühlte sie sich immer geerdet.

Raul bemühte sich auch weiterhin um ihre Freundschaft. Er rief Kamila sogar aus Amerika an, als er bei einem Freund in New York zu Besuch war. Irgendwie erschien ihr das alles nicht real und zu schön, um wahr zu sein. Solche Geschichten passierten doch nur in Büchern und Filmen. Sie hatten sich nur zwei Stunden gesehen und waren jetzt seit Monaten in Kontakt. Jetzt nach einer so langen Zeit würden sie sich in London also zum ersten Mal für längere Zeit treffen. Geplant war, dass sie Raul vor Weihnachten für vier Tage besuchen würde. Sie machten sich nichts vor: sie mochten ihre Charaktere und ihr Aussehen, aber sie wussten auch, dass sie sich unabhängig davon mit anderen Leuten trafen. Die Zeit, seit ihrem Treffen machte ehrliche Freunde aus ihnen. Beide hatten Spaß an der momentanen Situation und respektierten sich. Kamila überlegte oft, ob sie in Raul verliebt wäre oder ob sie sich nur einfach wieder verlieben wollte. Sie wusste, dass es so gut wie unmöglich war, eine Beziehung auf die Ferne aufrecht zu erhalten. Vielleicht suchte sie aber auch unbewusst einen Grund, um wieder nach Europa zurückzukehren? Sie war so weit weg von ihrer Familie. Ehrlich gesagt hatte sie Angst, alleine ohne Freunde wieder neu anzufangen. Nicht, dass sie nicht in der Lage dazu gewesen wäre, doch in der Vergangenheit hatte sie das so oft tun müssen, dass sie inzwischen einfach entkräftet war.

Leider passte auch der Zeitpunkt nicht, um mit Raul eine Beziehung zu beginnen. Sie wollte nach ihrem Studium noch unbedingt ein Jahr in Amerika bleiben, um Berufserfahrungen zu sammeln und mit dieser Qualifikation in Europa ihre Karrierechancen zu erhöhen. Kamila war es leid, immer wieder warten zu müssen, bevor sie richtig leben konnte. Durch das Hin und Her konnte sie sich kaum über das erreichte Ziel freuen. Dass Raul darauf bestand sie zu treffen, wunderte sie. Er hätte sich stattdessen viele andere Mädels suchen können, die näher an ihm dran waren und in London wohnten, denn er war nicht nur erfolgreich, sondern auch gutaussehend. Sie war immer noch überrascht über die Tatsache, dass sie sich nur zwei Stunden kannten und dass sie jetzt seit fast acht Monaten in Kontakt geblieben waren und sich nun wiedersehen wollten. Dass er sich damals ihre Telefonnummer gemerkt hatte, ohne dass sie ihm sie aufgeschrieben hatte – nur zugeflüstert – imponierte ihr immer noch sehr.

Fakt war, dass die Beziehung mit Jan auch nicht geklappt hatte, obwohl er näher an Kamila dran war als Raul in London. Immerhin, sie hatten ganze zwei Wochen zusammen verbracht und danach ein Jahr am Telefon. Kamila war aufgeregt, Raul bald wiederzusehen. Sie erwartete kaum etwas und wollte nur eine schöne Zeit haben. Fatalistisch gestimmt dachte sie, dass alles einen Sinn haben müsste; auch die Leute, die ihr über den Weg liefen, mussten einen Sinn erfüllen. Zudem verkörperte Raul vieles, was sie sich jetzt in einem Partner wünschte. Er hatte einen festen Wohnsitz, das war wohl das wichtigste Argument, er hatte eine stabile Arbeit an einem festen Platz und die Chemie zwischen ihnen stimmte. Er war groß, hatte schöne und warme Augen, hörte ihr zu, wenn sie sprach. Außerdem erinnerte er sich an alle Kleinigkeiten, die sie gesagt hatte, und war sehr aufmerksam, eine Eigenschaft, Kamila mit angeborener Intelligenz verband, denn dies hatte tatsächlich nichts mit Bildung zu tun. Kamila lachte in sich hinein, denn sie musste echt aufpassen was sie formulierte, er konnte alles wiedergeben. Er wusste sogar noch, was sie an dem Abend anhatte, als sie sich das erste Mal getroffen hatten. Sogar an die Farbe ihrer Schuhe erinnerte er sich. Sie war fasziniert von seiner Scharfsinnigkeit. Sie wusste nicht mehr genau was er anhatte, nur Jeans und ein Hemd, das war. Sie lächelte, als er ihr das erzählte und sagte: „Also, wenn ich betrunken schon so einen Eindruck auf dich gemacht habe, wie ist es denn dann, wenn du mich wirklich kennenlernst?" Er lachte und gestand: „Ja, du hast Eindruck gemacht. Du bist auch niemand, den man so schnell vergisst!" Doch die Frage, die Kamila sich selbst stellte, war, ob sie ihm gegenüber ihr wahres Ich zeigen würde. Sie war inzwischen eine Meisterin im Verbergen ihrer Gefühle. Sogar, ihre jahrelangen Freunde waren überrascht, wie sie sich wirklich fühlte, als sie ihnen einen kleinen Einblick gewährte. Von den bisher eingegangenen Beziehungen war Kamila tatsächlich angeschlagen, die Entfernungen und die Reisen waren zu viel. Um ehrlich zu sein, hatte sie auch Angst davor, sich mehr von Raul zu erhoffen.

Kamila war froh, dass mit dem Studium endlich fertig zu sein, genau dafür hatte sie doch das alles auf sich genommen, speziell die Einsamkeit und das Fernweh. Sie hoffte, dass sie Erfolg haben würde und sie vielleicht anderen Menschen damit helfen könnte, ihre Ziele zu verfolgen und sich nicht entmutigen zu lassen. Gott sei Dank hatte sie nicht gewusst, wie emotional und steinig der Weg – um den sie so viele Leute beneidet hatten – werden würde, sonst hätte sie es vielleicht gar nicht gewagt.

Kamila dachte nun oft an London. Lächelnd erinnerte sie sich, an die erste Reise nach London. Damals war sie sechzehn Jahre alt gewesen. Sie liebte die Hafenstadt Plymouth. Dort hatte sie zum ersten Mal das Meer gesehen. In Gedanken versunken grinste sie und dachte, dass England vielleicht das richtige Land für sie wäre. Für sie stellte San Francisco die große Freiheit dar, Deutschland war die geliebte Heimat und Zuflucht, da ihre Mutter dort lebte, Polen erinnerte sie an ihre Wurzeln und London/England war halt der nette Flirt. London faszinierte sie und entsprach genau ihrem Lieblings-Stil; die schönen Häuser aus roten Ziegeln, die wunderschönen gepflegten Gärten – und dort wollte sie damals einfach ihren verrückten Gefühlen entfliehen, wie jetzt auch. Was für eine Ironie. Sie wollte endlich die Enttäuschung von Pietro überwinden. Vielleicht war London ihre Heilstadt und nicht nur der nette Flirt. Seit sie das letzte Mal in England gewesen war, hatte sich so viel ereignet und sie war jetzt eine andere Person. Kamila würde dorthin fliegen als eine unabhängige und gebildete Frau, nicht mehr als das naive Mädchen, das die Welt entdecken wollte. Dass Raul sie dafür bewunderte, alleine in Amerika zu leben und sich dort alleine durchzuschlagen, genoss sie sehr. Für viele Leute in ihrer Heimat galt Kamila als Vorbild. Sie verstand nicht, was sie meinten. Doch sie bewunderten sie für eine Charakteristik – sie traute sich zu leben, dem Gefühl in sich zu folgen und einfach sie selbst zu sein.

Sie dachte kaum daran, doch es war tatsächlich etwas, worauf sie stolz sein konnte. Kamila war jetzt anders und ihre Beziehungen zu Männern spiegelte das auch wieder. Sie wusste, dass es mit Raul anders sein würde als mit Pietro oder Jan. Es würde anders sein, denn Raul und sie gestanden sich Unabhängigkeit und Freiheiten zu, ohne Lügen und Vorwürfe. Beide waren gebildet, unabhängig und vor allem hatten beide in der Vergangenheit Erfahrungen gemacht, die sie auch heute noch ein bisschen beutelten. Sie lebten die totale Aufrichtigkeit, ohne Eifersucht.

Tatsächlich waren sie Freunde geworden, die sich zufällig auch attraktiv fanden. Egal was passieren würde oder auch nicht, das würde so bleiben.

Endlich schloss sie das vorletzte Semester erfolgreich ab und ihr blieb nur noch ein letztes Semester, um ihr Diplom zu erhalten. Inzwischen zählte sie die noch verbliebenen zwanzig Tage bis Weihnachten, bis sie nach Hause fliegen und Raul in London sehen konnte. Alles war so aufregend. Während sie daran dachte, erhielt sie eine SMS von Raul, der sich nach ihrer Adresse in Amerika erkundigte. Verblüfft fragte sie, wozu er sie bräuchte und er schrieb zurück, es wäre eine Überraschung. Sie fand es zuckrig. Raul war immer noch in New York bei seinen Freunden und es war erfrischend, dass er immer wieder an sie dachte.

Als sie später einschlief, hatte Kamila einen merkwürdigen Traum. Sie sah ein weißbezogenes Bett mitten auf der Straße stehen. Es war ihr Bett, aber sie ging mit ihren Freunden weg. Als sie zurück kam, hatte ihr ein obdachloser Mann nicht nur das Bett, sondern auch ihren Laptop gestohlen. Im Traum hatte sie deshalb sehr geweint. Es ging ihr nicht um das Bett, sondern um den Laptop. Erschrocken wachte sie auf und stellte fest, dass sie von ihrem Laptop abhängig sein musste, wenn der Verlust solch eine Gefühlsregung auslösen konnte. Aber ihr Laptop war auch das einzige, das sie tatsächlich mit der Außenwelt verband. Sie schaute kein Fernsehen mehr, sondern lernte und lernte und lernte. Was blieb ihr denn anderes übrig? Sie schaltete ihren Laptop wieder an und verdrängte die restlichen Gedanken.

Je näher der Reisetermin rückte, desto mehr bemühte sie sich, für Raul so gut wie möglich auszusehen. Irgendwann sah sie sich im Spiegel unzufrieden in die Augen und dachte, was das sollte. Viele Männer fanden sie nicht nur hübsch, sondern auch witzig, intelligent und sexy. Sie hatte einen eigenen Charakter und eine tolle Persönlichkeit. Sie lächelte ihren Gedanken zustimmend. Raul könnte keine Göttinnen-Figur von ihr erwarten, er selbst war ja auch kein griechischer Gott; zwar groß, aber eher schlank als muskulös. Kopfschüttelnd ging sie vom Spiegel wieder weg. Im Internet suchte sie Informationen über Veranstaltungen in London heraus, damit sie wusste was, sie dort unternehmen könnten. Sie war völlig in Gedanken verloren, als Pietro anrief. Überrascht hob sie den Hörer ab und lehnte sich erstmal zurück als sie seine Stimme hörte. Wie immer sprach er über die Vergangenheit. Kamila wollte zwar mit Pietro befreundet sein, doch es störte sie, dass er nur über die Vergangenheit sprach und nie sein Leben mit ihr teilte. Er wiederholte ständig, wie wichtig sie für ihn wäre und dass er leider versagt hätte. Sie hasste ihn dafür, dass er ihr seelisches Gleichgewicht immer wieder in Unruhe brachte, und das sie ihn einfach nicht blockieren konnte.

Sie vermisste ihn immer noch und wollte sich gleichzeitig so sehr von ihm erlösen; wie einen Tumor abschneiden und es heilen lassen. Pietro fühlte sich an wie eine Krebskrankheit, sie war langwierig, die Behandlung schmerzhaft und man wusste nicht, ob man es besiegte. Dieses Mal sprach Pietro aber über etwas, das ihn von einer anderen Seite zeigte, er war ungewöhnlich offen. Er gestand: „Es tut mir leid, dass ich weggegangen bin. Aber ich dachte…", seine Stimme brach, „… ich dachte, wenn ich dich aufgebe und in Brasilien bin, dass ich dann fliegen könnte und meine Karriere vorantreiben könnte." Ihr Atem stockte und sie verstand nicht, was er ihr damit sagen wollte. Er sprach weiter und schluchzte: „Bitte vergib mir, aber das Schlimmste ist, dass du ein Teil dieses Traumes warst und ich es lange nicht begriffen habe. Ich konnte den Traum nur mit dir leben, denn ihr beide gehörtet zusammen." Sie setzte sich langsam hin und wiederholte seine Worte mit zitternder Stimme: „Du dachtest, du musst mich verlassen, damit du in Brasilien fliegen kannst? Du weißt ich hätte nie zugelassen, dass du deinen Traum nicht lebst. Ich hätte alles dafür getan. Warum hast du mir das nicht gesagt, warum jetzt nach so vielen Jahren?" Er schluchzte und verkündete: „Du und mein Fliegen waren meine Träume, und ihr seid nur zusammen im Paket gekommen." Er hatte tatsächlich nicht mehr fliegen können, nur ab und zu als Hobby. Er befolgte jetzt die Vorstellungen von seiner Mutter, studierte IT und traf das Mädchen, das seine Mutter für ihn ausgesucht hatte. Sie legte verstört den Hörer auf und ging erstmal raus mit Kellys Hund spazieren. Sie brauchte Luft nach Pietros Geständnis.

Jetzt zum Ende ihres Studiums wurde Kamila ungeduldig und wollte so schnell wie möglich fertig werden und sich eine eigene Wohnung leisten; ihr eigenes Reich. Sie wollte endlich auf eigenen Beinen stehen und tun und lassen, was sie wollte, keine WGs mehr. Sie wollte nicht mehr ihre Eltern um Geld bitten müssen und unabhängig sein. Ihre Zukunft erschien immer noch ungewiss. Was würde sie beruflich machen? Würde sie in Amerika bleiben, würde sie zurück nach Deutschland gehen? Warum machte sie das alles? Was wurde mit Raul? Was wäre, wenn sie sich in Raul verlieben würde? Er war immer noch in London und sie in San Francisco. Eine Beziehung über diese Entfernung, das konnte doch nie gut gehen. Pietro verdrängte sie. Sie konnte nicht glauben, was er ihr gesagt hatte. Wenn er ihr von Anfang an die Wahrheit gesagt hätte, hätte sie mehr Respekt vor ihm gehabt. Er war ein Feigling und sie hatte kein Mitleid für Menschen, die sich und ihre Träume für Bequemlichkeit aufgaben. Es schmerzte sie, dass er so verlogen war und dass sie ihm so sehr vertraute.

Sie brauchte Stabilität und sehnte sich danach mehr als nach allem anderen. Angestrengt überlegte sie, was sie nach ihrem Studium beruflich tun sollte. Sie wollte im Vertrieb sein, das war sicher. Um mehr über die verschiedene Bereiche zu erfahren, besuchte sie Studentenmessen, auf denen sich viele Firmen vorstellten. Und um der Übung willen begab sie sich zu vielen Vorstellungsgesprächen. Alles war wie immer geplant und durchdacht, ihr Ziel fest vor Augen. Sie würde Karriere machen. Es stand ihr zu, nach so vielen Opfern musste es ihr zustehen. Akademiker hatten es doch einfacher, oder?

Weihnachten rückte näher und sie war sehr aufgeregt, weil es so schön war, ihre Familie wiederzusehen. Kamila führte stundenlange Gespräche mit ihrer Mutter und fühlte sich geborgen. Leider blieb sie zunächst nur zwei Tage zu Hause und flog dann für vier Tage nach London. Sie hatte sich erkältet und sogar überlegt, die Reise zu Raul abzusagen. Doch alles war gebucht und bezahlt, deshalb flog sie trotz ihrer Erkältung und hoffte, Raul würde es zu schätzen wissen. Ihre liebe Familie fuhr sie zum Flughafen und wünschte ihr viel Spaß. Kamila hatte sich auf den schlimmsten Fall vorbereitet. Falls Raul und sie sich nicht mögen sollten, würde sie sich ein Hotelzimmer in London nehmen und die paar Tage alleine dort verbringen. In der Welt schon viel rumgekommen, hatte sie keine Probleme in fremden Städten sich zurecht zu finden und vor allem selbst zu beschäftigen. ‚Was tue ich da eigentlich?‘ fragte sie sich, als sie im Flugzeug saß und auf dem Weg nach London war. Je näher England kam, desto nervöser wurde sie. Im Duty-free-Shop kaufte sie ihm noch ein Hugo-Boss-Parfum, ein Geschenk für die Gastfreundschaft, die er ihr hoffentlich entgegenbringen würde, immerhin würde sie bei ihm vier Tage bleiben.

In London wunderte sie sich zuerst, dass sie nicht mehr durch die Passkontrolle musste, da die Grenzen innerhalb Europa offen waren. Es fühlte sich befreiend an, nicht mehr den Pass vorzeigen zu müssen. Als sie mit ihrem Koffer in die Wartehalle kam, hielt sie Ausschau nach Raul, doch zuerst konnte sie ihn nicht sehen. Er kam einige Minuten später und holte sie ab. Er sah gut aus, ein bisschen anders, als sie ihn in Erinnerung hatte, doch recht nett. Er nahm ihr den Koffer ab, der ziemlich groß war. Er sah ihn ungläubig an und sie dachte: ‚Er hat Angst, dass ich bei ihm einziehen will, aber ich packte immer mehr ein, als ich wahrscheinlich brauchte. Man weiß nie, welche Schuhe zu was passen.‘

Den Tramlink nahmen sie in das Zentrum und von dort aus gingen sie zu Fuß in sein Apartment, das war das Einfachste. Raul war ein Gentleman, er war durch und durch freundlich und zuvorkommend. Zuerst war es ungewohnt und etwas fremd, doch sie schienen sich gut zu verstehen, immerhin sprachen sie jetzt schon seit langer Zeit miteinander. Freunde waren sie zuerst und da es zwischen ihnen erneut knisterte, kam die gewohnte Nähe auch schnell wieder. Von Minute zu Minute wurden sie zusammen lockerer und verstanden sich einfach prächtig. Die Chemie zwischen ihnen übertraf jedes Vorstellungsvermögen. Ungewohnt für Kamila machten sie auch keine Anstalten es zu verbergen. In London bemühte sich Raul, dass es Kamila gut ging. Raul hatte ein klassisches Programm geplant. Fast schon Romantisch. Eine Pianistin Kim Brewer Vorstellung besuchten sie. Beim Ausgehen hatten sie auch lustige Pärchen Debatten, denn Raul widersprach ihrem Kleidungswunsch und weigerte sich zuerst einen Anzug anzuziehen. Doch als Kamila protestierte, tat er es nur ihr zuliebe. Sie beschloss: „Okay, wenn du keinen Anzug anziehst, ziehe ich mein schwarzes Kleid aus und gehe in Jogginghose (die sie nicht hatte)." Sie neckte ihn belustigt, denn sie wusste das es typisch für Männer war, die jeden Tag einen Anzug tragen müssten. Privat hassten sie es. Er warf sich ihr zu liebe in Schale und sah sehr gut aus.

Kamila war leider immer noch erkältet und Raul pflegte sie mit Suppen und Tees, damit es ihr bloß schnell besser gehen würde. Während ihres Aufenthaltes hatte Kamila ein paar Stunden für sich in London, da Raul mit seinem Kumpel zum Squash spielen verabredet war und nicht kurzfristig absagen konnte. Sie nutzte die Zeit und ging zur Nicholson-Paintmaker-Ausstellung und schlenderte gemütlich durch London. Er traf sie eine Stunde später im Starbucks und schmunzelte kommentierend: „Ich könnte mich daran gewöhnen dich hier zu haben." Da sie sich so gut verstanden, raste die Zeit und die vier Tage fühlten sich wie ein Wochenende an. Der Abschied rückte näher. Als sie im Starbucks saßen, gestand ihr Raul: „Weißt du, ich muss gestehen, ich hatte Angst, dass wir uns miteinander langweilen könnten, denn dann hätte es eine lange Zeit sein können. Ich bin selbst überrascht, dass die Zeit mit dir so schnell verflogen ist." Sie lachte und neckte ihn: „Gib's zu, du hattest Angst, dass ich bei dir einziehen will, als du meinen großen Koffer gesehen hast." Er lachte laut: „Du muss zugeben, das ist auch ein ziemlich großer Koffer." Er nahm ihre Hand drückte sie und sie schlenderten durch London.

Am letzten Tag brachte Raul Kamila zum Flughafen und sie verabschiedeten sich voneinander. Der Abschied hinterließ einen bleibenden Eindruck auf sie, denn Raul blieb stehen, bis sie um die Ecke gebogen war und aus seinem Blickfeld verschwand. Kamila fand das total süß. Diese Kleinigkeiten bedeuteten ihr viel, wie bestimmt vielen Frauen, doch er hatte sie drauf. Sie schmunzelte und winkte ein letztes Mal. Ihr Abschied schien ihm nicht gleichgültig zu sein.

Diesmal wusste sie, dass sie gerne mehr hätte, als nur einen Augenblick und es erschien für einen winzigen Moment, als wenn sie es vielleicht tatsächlich kriegen könnte. Als sie glücklich in Deutschland ankam, holten sie erneut ihre Eltern vom Flughafen ab. Kamila erzählte ausführlich, was sie alles unternommen hatten und wie schön es gewesen war. Während sie in die Berge fuhren, erhielt Kamila eine SMS von Raul. Er schrieb: „Danke, dass du bei mir warst. Ich hatte eine tolle Zeit mit dir." Es war einfach schön mit ihm gewesen, sogar als sie mit ihm den Film ‚Gladiator' gesehen hatte und währenddessen in seinen Armen eingeschlafen war und ihn wegen der Erkältung an schnarchte und ansabberte. Er hatte sie nicht aufgeweckt und sich nicht gerührte. Als sie aufgewacht war, sah sie den Sabberfleck, aber er hatte sie nur zärtlich angelächelt. Er war lieb zu ihr und hatte sie die ganze Zeit ganz still in seinen Armen gehalten und sie schlafen lassen. Was für ein Gentleman. Leider war sie zu nüchtern und wusste, dass die Entfernung ihr eigenes Ding machen würde. Sie war auch nicht bereit, alles, wofür sie so hart gearbeitet hatte, aufzugeben – für keinen Mann. Pietro hatte sie gelehrt, dass kein Mann es wert war, seine Ziele und vor allem sich selbst aufzugeben.

Zur Weihnachten flog Raul mit seinen Freunden nach Südafrika. Kamila wunderte sich, dass er lieber mit Freunden weg flog als mit seiner Familie zusammen zu sein. Als sie fragte, erklärte er: „Das mach ich immer schon so, wir feiern keine Weihnachten." Sie musste Weihnachten zu Hause sein und sie wusste auch, dass er kein Kind von Traurigkeit war, naja sie war aber auch kein Mauerblümchen, doch tief im Herzen wäre sie jetzt gerne verheiratet mit dem Richtigen. Sie wünschte sich sehnlichst ihre Karriere endlich zu beginnen. Das Ende des Studiums war so nah und sie konnte es schon fast greifen.

Der Abschied von ihrer Familie und von Deutschland fiel ihr wie immer schwer, doch diesmal hoffte sie, dass es nicht für lange sein würde, denn im Frühling würde sie endlich ihr Diplom haben, komme, was wolle. Der Flug von Deutschland nach Amerika dauerte länger als sonst und sie war ziemlich ungeduldig, in San Francisco anzukommen. Mit den ganzen Aufenthalten dauerte es fast 24 Stunden. Ihre Freundin Chloe, die unabhängige Pilotin, holte sie diesmal vom Flughafen ab und sie übernachteten bei Conny, die ihnen ihr Apartment für einen Monat überlassen hatte, weil sie in Europa war. Chloe kaufte Wein und Pizza und begrüßte Kamila erstmal mit einem Festessen. Sie verbrachten den Abend mit Geschichten über Raul und Chloes Freund, Jeff. Chloe erzählte: „Es kriselt bei uns, Jeff verlangt viel von mir. Er ist jetzt bereit für eine Familie und Kinder. Ich aber nicht. Ich weiß nicht ob ich überhaupt je Kinder möchte." Chloe war eher wie Kamila eingestellt. Sie wollte Karriere und ihre Unabhängigkeit. Sie war noch zu jung um überhaupt an Kinder kriegen zu denken. Dies machte Kamila nachdenklich. Waren sie und ihre Freundinnen den so anderes? War das nicht normal erstmal das Nest vorbereiten zu wollen bevor man die Eier legt? Sogar im Tierreich war es so. Früh am Morgen verabschiedeten sich die Freundinnen den Chloe musste arbeiten. Kamila legte sich nochmal hin und schlief den Rest des Tages, weil sie von der Reise noch so erschöpft war.

Raul schrieb gleich nach seiner Südafrikareise fast täglich mit ihr. Leider änderte sich aus ihrer Sicht alles. Diesmal wollte sie mehr. Eine Freundschaft war ihr nicht mehr genug. Der Traum, der ihr mit Pietro nicht in Erfüllung ging, sollte jetzt mit Raul wahr werden. Leider wusste sie, dass Raul gerade dafür nicht bereit war. Er war noch viel zu verletzt von seiner Ex-Freundin und das machte es schwierig. Leider verstand sie es. Sie war noch nicht im geringsten von ihrer Beziehung mit Pietro geheilt, doch sie wollte sich wieder lebendig fühlen. Sie wollte sich binden und nicht auf eine Eingebung warten, die nie zu kommen schien.

Am Abend nahm Kamila den Schäferhund, Kellys Hund, und ging mit ihm in den nahegelegenen Wald spazieren. Das war für sie eine Art Erholung von allem und jedem. Hunde und Natur erdeten sie und sie hatte dort Zeit einfach in sich zu gehen. Zurück im Haus holte sie die Post aus dem Briefkasten und sah, dass Raul ihr eine Postkarte aus Südafrika geschickt hatte. Es schmeichelte ihr, dass er auf Reisen immer an sie dachte. Über Skype bedankte sie sich und neckte ihn mit der Frage: „Vermisst du mich?“ Er war ehrlich und das schätzte sie sonst an ihm, doch diesmal wollte sie das nicht unbedingt hören, was er ihr jetzt erzählte: „Ich finde dich aufregend, intelligent und wunderschön und ich möchte dich wiedersehen. Ja, ich denke oft an dich, doch ich würde nicht so weit gehen und sagen, dass ich dich vermisse.“ Komischerweise verstand sie, seine Erklärung. Sie fühlte, dass zwischen ihnen keine sehnsüchtige Liebe war, eher eine ehrliche Freundschaft mit viel Chemie. Sie waren so Aufrichtig miteinander, dass es schon verrückt war, nicht mehr zu erwarten. Kamila wollte wahrscheinlich wieder etwas fühlen. Sie dachte immer, dass ihre Gefühle im Weg waren, doch vielleicht war ihr diesmal einfach ihr Verstand im Weg. Um Abstand zu gewinnen, versuchte sie sich andersweitig zu beschäftigen.

Die tägliche Routine und der Stress gingen ihr ziemlich an die Substanz. Nora rief an: „Ich denke ein Essen ist fällig. Ich hole dich später ab.“ Kamila stimmte zu und sagte: „Ich habe Neuigkeiten.“ Nora lachte: „Ich bin gespannt, wie es in England mit Raul war!“ Kamila erzählte die Geschichte mit Raul. Nora sah sie irgendwann ernst an. Das tat sie nie. Eigentlich beruhte die Freundschaft zwischen ihnen auf Freiheit. Niemand verurteilte sich und jeder gestand sich jeden Blödsinn, doch diesmal war Nora direkt. Mit ihren Worten traf sie Kamila dort wo es weh tat. Sie fasste zusammen: „Weißt du Kamila, ich weiß, dass das was du und Pietro hattet, etwas Besonders war. Es gibt viele Leute, die ein ganzes Leben lang leben werden und das was ihr hattet nie erleben werden! Ich habe euch gesehen, ich war dabei. Ich weiß, dass ihr euch ehrlich geliebt habt." Kamila schnürte sich die Kehle zu als Nora sprach und sie schwieg. „Doch inzwischen habe ich entdeckt, dass du dir mit deinen Beziehungen, die nach Pietro folgten, selbst Leid zufügst. Ist dir nicht aufgefallen, dass du dir immer Beziehungen aussuchst, die ganz weit weg von dir sind, bloß damit du niemandem wirklich nahe an sich ran lässt? Ich weiß, dass du Angst hast, doch das musst du jetzt ändern. Du schadest dir nur selbst." Kamila war nicht bereit das zu hören. Noch viel zu beschäftigt sich selbst zu schützen und wieder einigermaßen ihr Gefühlsleben zu heilen, sah sie nichts Schlimmes in ihren Beziehungen. Immerhin bemühte sie sich, aus sich rauszukommen. Wütend auf Nora versuchte sie sich zu erklären und zu wehren. Nora hatte recht, leider war sie zu früh mit dieser Erkenntnis. Kamila war noch einfach nicht in der Lage das zu analysieren. Sie suchte gerade nur nach Gefühlsgleichgewicht. Enttäuscht von Nora, verabschiedete sie sich kühl, die Meinung von ihr saß.

Um sich abzulenken, tat sie, was sie immer tat, sie machte Musik an und fing an zu lernen. Kamila verlor sich in ihrer Arbeit. Es war ihr letztes Semester, endlich wurde sie fertig mit ihrem Studium und endlich würde sie frei sein, so hoffte sie. Sie würde in die große Welt gehen und Karriere machen. Fleißig hatte sie schon zwei Jobmessen absolviert, bei denen sie sich sogar sehr gut vermarktet hatte. Die verschiedenen Firmen waren sehr interessiert an ihr. Sie hatte auch ein erstes Bewerbungsgespräch bei einer renommierten Technologiefirma und war dort zu einem zweiten Gespräch mit der Geschäftsleitung eingeladen worden. Die darauffolgende Woche hatte sie erneut ein anderes Vorstellungsgespräch. Sie schmunzelte darüber, dass sie jetzt so gefragt war und meistens einen Anzug trug und sich darin auch richtig wohl fühlte. Sie liebte die Businesswelt, das war ihr Revier, etwas, das sie verstand, im Gegenteil zu der Gefühlsduselei.

Als Raul anrief tastete sie sich vorsichtig voran, erwähnte, dass sie daran denke, vielleicht nach Europa zurückzukehren. Dort wollte sie arbeiten und näher bei ihrer Familie sein. Er ignorierte ihre Anspielung und sagte: „Ich habe überlegt dich in San Francisco besuchen zu kommen." „Wann denn?", fragte sie. Er antwortete: „Wie wäre der Juni?" Irgendwie verstand sie ihn nicht. Warum machte er sich so viel Mühe, wenn er nicht wusste, was er von ihr wollte. Es war so ein dummes Katz-und-Maus-Spiel zwischen ihnen entstanden. Sie mochten sich, doch niemand traute sich direkt zu sein. Kamila war sich immer noch nicht sicher, was aus ihr und Raul werden würde, aber sie war sich sicher, dass sie sich noch einmal wiedersehen würden. Sie fühlte aber, dass es anders als in London sein würde. Ob es gut oder schlecht sein würde, wusste sie noch nicht.

Das Studium hielt sie auf Trab. Sie hatte in diesem Semester eine volle Ladung Kurse und noch mehrere Bewerbungsgespräche dazu. Das war alles sehr stressig, doch die Interviews verliefen super. Die Leute mochten Kamila und die meisten wollten sie auch sofort einstellen. Qual der Wahl hatte sie. Während ihrer Finanzvorlesung überlegte sie, ob es vielleicht nicht besser wäre, zurück nach Deutschland zu gehen. Nach sechs Jahren USA war die Entscheidung nicht leicht zu treffen. Hier hatte sie gute Freunde gefunden. Sie liebte die Stadt und die amerikanische Lebensweise, doch Deutschland war ihr Zuhause, da wo ihre Liebsten waren. Ironischerweise wusste sie, dass sie keinen zweiten Gedanken an Deutschland oder irgendein anderes Land verschwenden würde, wenn ihre Eltern jetzt in Amerika wären, doch sie waren nicht dort.

Kamila war aber noch nicht bereit Amerika zu verlassen, nicht aus Gefühlsduselei. Sie liebte einfach das Land, die Lebensweise und auch noch von dieser Liebe wollte sie sich nicht trennen! Sie überlegte: ‚Muss ich jetzt zurück nach Europa, um weiterzukommen?‘ Sie schnaufte kurz und lauschte weiter der Vorlesung. Die Gedanken tauchten erneut auf und es fiel ihr schwer sich zu konzentrieren. Sie liebte San Francisco, das war die Stadt, die ihr zeigte, dass das Leben schön sein kann. Dort glaubten die Leute an sie und hielten sie für intelligent und humorvoll. Hier hatte sie treue und liebe Freunde. Sie war sie selbst. Sie fühlte sich frei. Gedankenverloren kritzelte sie im Block herum, der vor ihr lag.

Endlich war die Vorlesung vorbei. Auf dem Weg nach Marina überquerte sie die Golden Gate Bridge und war wie immer von der Aussicht fasziniert. Sie hatte genug für ihre Karriere geopfert, war alleine nach Amerika gegangen, sie ertrug es, mit Fremden zu wohnen und keine familiäre Geborgenheit zu spüren. Kamila fühlte, dass es an der Zeit war, endlich ihre Karriere zu starten. ‚Das war ihr Anrecht nach der ganzen Mühe‘, dachte sie.

Kamila fühlte sich so ruhig und ausgelassen wie schon lange nicht mehr. Die unruhigen Gedanken waren über Nacht verschwunden und sie war endlich entspannt. Befreit von Sorgen strahlte sie richtig und fühlte sich für einen Moment frei. Erneut erhielt sie eine Einladung zu einem weiteren Vorstellungsgespräch bei einer weiteren Technologiefirma. Eigentlich wollte sie dort nicht wirklich hin, denn sie hatte schon eine Zusage von deren Konkurrenten erhalten, aber nur für ein Jahr. Kamila war neugierig und wollte sich absichern. Kelly, ihre Mitbewohnerin riet: „Du hast nichts zu verlieren. Geh und schau es dir mal an." Sie zog ihren schwarzen Hosenanzug an mit einer rosa Bluse und Schuhen im exakt gleichen Farbton. Kamila fühlte sich gut, parkte vor dem großen Industriegebäude und meldete sich an der Rezeption an. Die Stimmung in dem Büro war gelassen und viele junge Leute arbeiteten dort. Im Wartebereich setzte sie sich hin und sah auf den Boden. Ein roter Teppich lag unter ihren Füssen mit einem schwarzen Firmenlogo.

Ein seltsames Gefühl ergriff sie und sie fühlte sich, als ob sie dort richtig wäre. Sie konnte nicht länger in Gedanken schwelgen, denn Rob der Geschäftsführer kam auf sie zu und bat sie in sein Büro. Er war ihr auf Anhieb sympathisch und erinnerte sie an Danny DeVito. Er war klein und mollig und hatte etwas Lustiges an sich, aber sie vertraute ihm sofort, obwohl sie ihn nicht kannte. Über Kamilas Zeugnis sprachen sie zuerst, doch es schien ihn nicht sonderlich zu interessieren. Überrascht stellte sie fest, dass in der Tat ihr Studium Diplom nur eine Eintrittskarte für das Vorstellungsgespräch war. Rob war an ihren Lebensumständen interessiert, ob sie Durchhaltevermögen und den gewissen Biss hatte. Überrascht über seine Fragen stellte sie ihm eine Gegenfrage: „Was denken Sie? Glauben Sie, ich habe das Durchhaltevermögen und den Biss?" Kamila war ziemlich direkt, vielleicht auch deswegen, weil sie schon ein Angebot von der Konkurrenz in der Tasche hatte. Es fiel ihr leicht sie selbst zu sein. Bei der Konkurrenz mochte sie den Geschäftsführer nicht. Der Ehrlichkeit halber war er auch nicht unbedingt von ihr begeistert. Er hatte ihr gesagt: „Ich denke nicht, dass sie unbedingt verkaufen können." Auf ihre Frage, warum er das dachte, hatte er gesagt, es wäre sein Bauchgefühl. Diese Aussage hatte Kamilas Wahl erheblich beeinflusst. Deswegen fragte sie Rob nach seinem Bauchgefühl. Ohne nachzudenken beschloss er: „Ich bin mir sicher, dass Sie alles verkaufen können was Sie sich in den Kopf setzen und ich möchte Sie einstellen! Sie haben den Biss und Charme, den man in diesem Job braucht." Er schmunzelte und fragte: „Wann können Sie anfangen?" Sie lächelte und fragte frech: „Wann kann ich mit einem Angebot rechnen?" Rob zögerte nicht und verkündete: „Gleich", schlug seinen Laptop auf und bereitete sein Angebot vor. Kamila war verblüfft über seine Zielstrebigkeit und Entscheidungsfähigkeit, bat ihn aber höflich um einen Tag Bedenkzeit, denn sie wollte noch Rücksprache mit ihrer Familie halten. Er sagte: „Kein Problem." Sie fuhr mit einem zweiten Vertrag in der Hand nach Hause und rief daheim bei ihren Eltern an.

Voller Freude erzählte Kamila ihrer Mutter von den beiden Angeboten und von den unterschiedlichen Eindrücken, die sie bei den Gesprächen gewonnen hatte. Ihre Mutter freute sich für sie, dass sie schon während ihres letzten Semesters eine Einstellung gefunden hatte und ihrem Ziel, Karriere zu machen, wieder ein Stück näher gekommen war.

Kamila, legte die zwei Verträge nebeneinander und wusste auf Anhieb, warum sie bei dem ersten Angebot gezögert hatte. Sie war nicht ganz überzeugt. Darum entschied sie sich für Robs Angebot. John, mit dem sie zuerst gesprochen hatte, bedauerte es sehr und fragte sie: „Kamila, warum hast du dich unentschieden?" Sie erklärte ihm, dass sie nicht ganz überzeugt von seinem Chef wäre und er verriet ihr daraufhin, dass er im kommenden Jahr die Position seines Chefs übernehmen würde und sie dann nicht viel mit diesem zu tun hätte. Kamila bedankte sich für sein Vertrauen, doch die Atmosphäre im Team und gegenüber der Vorgesetzten wäre wichtig für sie. Er wünschte ihr viel Glück und sie gingen ihre Wege. Am nächsten Tag erhielt sie überraschend einen erneuten Anruf von John und er fragte sie tatsächlich, was es bräuchte, um sie an Bord zu holen. Kamila antwortete: „John, ich fühle mich sehr geehrt und geschmeichelt und danke Ihnen für diesen Anruf, aber ich habe mich schon entschieden. Sie fügte auch hinzu: „Ihr Angebot war finanziell tatsächlich ähnlich lukrative, aber meine Motivation lag leider woanders." Er bedauerte erneut und wünschte ihr viel Erfolg.

Endlich war es so weit: Kamila hatte ihren Abschluss geschafft. Es waren sechs Jahre vergangen, seit sie in den USA angekommen war und sie war endlich am Ziel, dem Abschluss ihres Studiums. In den letzten Tagen war sie so sehr mit der Arbeitssuche und den Abschlussarbeiten beschäftigt gewesen, dass sie es kaum richtig verarbeiten konnte. Dazu kam, dass sie nun auch endlich eine eigene Wohnung für sich suchen konnte. Sie war sehr glücklich, dass ihre Mutter zu ihrer Abschlussfeier anreisen würde. Leider hatte es bei ihren anderen Familienangehörigen aus Zeitgründen nicht geklappt. Sie hatte anfangs auch nicht darauf bestehen wollen, doch gegen Ende des Semesters hätte sie doch gerne ihre ganze Familie um sich gehabt, um mit ihnen zu feiern. Es war ihr wichtig jetzt ihren Erfolg mit ihnen zu teilen und das Erreichen ihres Ziels mit ihren Liebsten genießen.

Kamila hatte noch zwei letzte Examen vor sich, aber es kam für sie nicht infrage, die Prüfungen nicht zu bestehen. Sie war zu gut vorbereitet und zielstrebig, alles abzuschließen. Sie ging unter die Dusche und ein Gefühl der Erleichterung überkam sie und sie fing vor Erleichterung an zu weinen. Endlich hatte sie geschafft, worauf sie sechs lange Jahre gewartet und gehofft hatte. Sie war so stolz, dass sie bald alles hinter sich hatte; den Stress in der Schule, sich jedem anzupassen, weil sie mit ihnen wohnte. Von nun an würde sie selbstständig sein und endlich das Leben in vollen Zügen genießen können. Sie weinte so sehr, dass sie sich in der kleinen Duschkabine hinhocken musste, so froh war sie. Kamila schaute zum Himmel hinauf und dankte Gott, dass sie es überstanden hatte. Sie dachte, sie hätte es nicht mehr länger ausgehalten, denn sie war so erschöpft und hatte dem Ziel so lange entgegengefiebert, dass sie vergessen hatte, wie es war, anzukommen.

Die letzten Jahre hatten ihr viel emotionalen Kummer gebracht, denn alles hatte sich nur um ihr Studium gedreht. Die Umzüge, die emotionalen Ablehnungen und der Stress mit der Schule, die Unsicherheit mit der Arbeitsuche und der Stress, zu allen Vorstellungsgesprächen gehen zu müssen, waren sehr anstrengend gewesen. Trotz ihrer inzwischen schwindenden Kräfte hatte sie sich gut vermarktet, viele sahen in ihr die starke, intelligente und fröhliche Person. Kamila ließ auch gerne alle in dem Glauben, dass alles okay sei, doch in der Realität war sie erschöpft. Sie hatte kaum mehr Kraft, doch jetzt war sie Akademikerin, eine angehende Geschäftsfrau. Sie war jetzt bereit die Welt zu erobern, so hoffte sie.

Als ihre Mutter in San Francisco ankam und Kamila sie vom Flughafen abholte, sah sie wie immer hinreißend aus. Kamila umarmte sie innig und sie fuhren zu Kelly und ihr nach Hause. Kaum angekommen, hatten sie wieder wenig Zeit zum Entspannen, denn zwischen Vorlesungen und Abschlussprüfungen suchten Kamilas Mutter, Ewa und Kamila nach ihrem zukünftigen Apartment. Es war eine Katastrophe, welche Apartments zu Wahl standen. Wenn man nicht gerade reich war, musste man in einem Loch leben und Kamila wollte keine WG mehr. Das erklärte, warum so viele Menschen eine WG gründeten. Kamila hasste inzwischen die ganzen Inserate, die keine Wohnungen, sondern Löcher vermarkteten. Sie schlug unbekümmert vor: „Komm, wir fahren einfach durch San Francisco und schauen uns die ‚zur Vermieten‘-Schilder an." Ihre Mutter sagte: „Das ist wohl das Gescheiteste." Wenn die Gegend und die Anlage ihnen zusagten, würden sie dort anhalten und sich die Wohnung ansehen. Kamila fuhr zu einer der besten Gegend in Pacific Heights, die an Nob Hill grenzte. Ein Haus am Lafayette Park fiel ihr auf und es hatte ein ‚For Rent‘-Schild, das darauf hinwies, dass es zu vermieten war. Kamila wusste, dass sie es sich nicht leisten können würde, dort zu wohnen, aber sie wollte es sich wenigstens einmal ansehen. Als sie die Nummer wählte, hatte sie Glück, denn die Vermieterin war gerade in dem Gebäude und sie konnten sich das Apartment ansehen. Es war einfach perfekt. Es hatte Laminatboden, war hell und hatte eine süße kleine Küche und Toilette. Kamila fragte die Vermieterin, wie viel es kostete und sie antwortete: „1590 Dollar pro Monat." Kamila lächelte und bedauerte: „Wow, das kann ich mir nicht leisten. Nicht jetzt zum Anfang, ich fange erst an zu arbeiten bin auf Provision angewiesen." Die Vermieterin lächelte freundlich und antwortete: „Du erinnerst mich an mich, als ich so alt war wie du vor vielen Jahren. Ich habe auch in deiner Branche angefangen und anfangs auch kein Geld gehabt." Sie fragte Kamila: „Was könntest du zahlen?" Kamila antwortete traurig, dass 1000 Dollar ihre Schmerzgrenze waren. Die Vermieterin lachte und machte ein Gegenangebot: „1050 und das Apartment gehört dir." Kamila schaute ihre Mutter an. Die lachte und sagte: „Überleg nicht lange, nimm es sofort!" Kamila hätte der Vermieterin um den Hals fallen können. Die Vermieterin fragte dazu noch: „Brauchst du eigentlich Möbel? Die Wohnungen wurden früher möbliert vermietet und ich habe ein großes Lager, das ich gerne leeren würde." Kamila schaute sie verwundert an und antwortete: „Ja, sehr gerne. Ich habe noch keine Möbel." Sie gab ihr eine Kommode, einen Esstisch mit passenden Stühlen, drei Rattan-Stühle, eine Couch, einen Wohnzimmertisch und sogar einen riesigen Teppich. Kamila war so überwältigt, dass sie der Vermieterin letztendlich doch um den Hals fiel. Kamila drückte sie herzlich und bedankte sich glücklich. Kamilas Mutter und sie schauten sich zufrieden an, als die Vermieterin wieder weg war.

Kamila sagte rührend zu ihrer Mutter: „Das ist alles deinetwegen passiert. Du bringst mir immer Glück!" Ihre Mutter lachte und sagte: „Das ist erledigt, jetzt hast du dein eigenes Reich." Es war doch nicht möglich, dass so etwas einfach passierte, doch es geschah tatsächlich. Kamila hatte nicht nur einen Job erhalten, sondern auch noch ein Apartment gefunden in einer der besten Gegenden von San Francisco – und das sogar möbliert. Sie hätte vor Glück schreien können.

Das Ziel

Die Mädels trafen sich nochmals einen Abend vor der Feier zum Essen. Kamila, ihre Mutter, Ewa, Grazia und andere Freunde saßen in San Franciscos South of Market. Wie so oft waren sie ziemlich international besetzt. Grazia war aus Italien, ihre Freundin aus der Türkei, Ewa aus Polen und weitere Studienkollegen aus Schweden. Ihnen allen war die Erschöpfung ins Gesicht geschrieben, doch das Lachen und die Freude in den Augen wischten vieles weg. Alle waren so erleichtert, dass sie es geschafft hatten. Jetzt konnten sie ihr Leben beruflich so gestalten wie sie es wollten, da sie jetzt mit der Universität fertig waren. Genauso hatte sie sich das vor ihrem Studienbeginn vorgenommen. Alle fieberten dem morgigen Tag entgegen, an dem die offizielle Feier stattfand. Lachend scherzten sie, dass sie ab heute junge professionelle Frauen waren.

Am nächsten Morgen war Kamila schon beim Aufstehen ganz aufgeregt und ihre Mutter war genauso angespannt wie sie. Schon am Abend zuvor sind sie auch spät schlafen gegangen, da sie noch ewig lange weg gewesen waren und in der Nacht noch lange quatschten. Kamila zog ihre hellbeige Hose an und dazu ein orangenes Shirt mit weißem Kragen. Darüber trug sie eine pflaumenblaue Kutte und eine Kappe mit Zipfel, die gelb und pflaumenfarben war. Auf dem Campus hatte sich eine unglaublich große Menge von Leuten eingefunden. Man sah viele Leute in ihren Mänteln und Kappen. Das war die Abschlussklasse 2005, und sie gehörte dazu!

Auf dem Parkplatz wurde Kamila von der guten Stimmung überwältigt, obwohl sie ziemlich erledigt war, da sie ein paar Tage zuvor noch die Finanz-Abschlussprüfung geschrieben hatte. Es machte ihr aber fast nichts aus, denn sie war zu aufgeregt. Als sie mit ihrer Mutter im Auto am Campus ankam, war sie einfach froh und endlich glücklich. Mama nutzte die paar Minuten im Auto bevor sie ausstiegen, um ihr zu sagen: „Kamila ich bin so stolz auf dich. Du hast dich so tapfer alleine in einem fremden Land geschlagen. Du hast nicht aufgegeben in solch jungen Jahren. Ich habe noch etwas für dich." Ein Geschenk hielt sie in ihren Händen. Kamila sah sie demütig an und mit zittriger Stimme offenbarte sie ihre Gefühle: „Ich möchte kein Geschenk mehr, sie schnief ergriffen. Ich habe so viel erhalten, das Studium, Autos, Reisen und vor allem deine Unterstützung und dein unermüdliches Vertrauen! Meine Freiheit! Du hast mich verstanden, als ich einen Ausweg für meine persönliche Entfaltung suchte. Du hast mir erlaubt, meinen Instinkten und meinem Gefühl zu folgen." Tränen liefen über ihre Wangen, doch sie sprach weiter: „Ich kann dir nicht genug danken für dein Verständnis. Ich durfte so sein, wie ich bin, ohne jegliche Kritik." Schluchzend bezeugte sie: „Das größte Geschenk, das ich jetzt habe, ist, dass du dabei bist! Dass du mit mir diesen Augenblick, der für mich die Freiheit bedeutet, mit mir teilst!" Kamilas Mutter hatte immer an sie und ihre Träume geglaubt. Sie hat sie nach Amerika gehen lassen, und hatte sie zu 100 Prozent unterstützt, als sie in Deutschland zu verwelken drohte. Kamila wusste, dass sie ohne ihre Mutter das alles nie geschafft hätte. Voller Demut und Erleichterung schluchzte sie gefühlvoll, das war ein großer Tag in ihrem Leben. Geschafft hat sie es! Diesen Satz wiederholte sie mindestens noch zweimal und schluchzte lauter dabei.

Als Kamila schluchzte, flossen auch bei der Mutter Tränen der Rührung. Dann forderte liebevoll ihre Mutter: „Jetzt hör auf zu weinen, unser Make-up wird gleich verlaufen, denke an die Fotos." Sie schauten in den Spiegel und mussten lachen. Kamilas Mutter forderte sie auf: „Komm, öffne das Geschenk." Es war ein Schmuckkästchen. Darin war eine Platinkette mit einem Brillant-Kreuzanhänger und Platinohrringe mit Brillanten. Erneut schluchzte Kamila laut vor Rührung, weil sie wusste, dass ihre Mutter schwer dafür gearbeitet hatten. Sie sah es an und sagte: „Ich habe so viel erhalten, mehr verdiene ich nicht!" Ihre Mutter lächelte unter Tränen und sagte: „Doch, das verdienst du. Und noch vieles mehr!" Ihre Mutter steckte Kamila die Ohrringe an und legte die Kette um den Hals. Kamila drückte ihre Mutter fest an sich und sagte: „Danke! Ich danke dir, dass es dich gibt."

Bevor sie weiter auf den Universitätscampus gingen, besserten sie ihr Make-up. Kamila fühlte sich, als ob sie dorthin schweben und nicht laufen würde. Ihre Bewegungen empfand sie viel bewusster und sie spürte, dass es das letzte Mal sein würde, dass sie dort als Studentin gehen würde. Vielleicht nahm sie die Anlage, auf der sie so viele Jahre jeden Tag verbracht hatte, deshalb noch lebendiger wahr. Ihre Mutter war in ihrem Element und stellte Kamila wie damals als kleines Mädchen überall hin und knipste stolz Fotos von ihr. Kamilas Freundinnen stießen zu ihnen. Conny, Nora, Chloe und Ewa, die sich sofort ihrer Mutter annahmen. Kamila freute sich, dass Ewa und Conny sich um ihre Mutter kümmerten und ihr die ganzen Ansprachen in Polnisch und sogar Deutsch übersetzten, falls ihre Mutter etwas nicht verstehen würde. Inmitten der Abschlussgruppe saß sie und blickte zu ihrer Mutter und ihre Freundinnen rauf. Sie saßen auf der Tribüne zwischen hunderten von stolzen Eltern, Freunden und Bekannten der anderen Absolventen. Kurz vermisste sie ihre restliche Familie und in Gedanken schweifte sie kurz zu ihnen. Doch als sie ihre Freundinnen sah, merkte sie, dass sie auch inzwischen zu ihrer Familie gehörten. Sie waren schließlich für sie dagewesen, als sie sich alleine in einem fremden Land durchkämpfen musste. Es freute sie, dass sie auch an diesem für sie großen Tag da waren und mit ihr feiern konnten.

Die internationale Menge fiel ihr auf. Es waren so viele Ausländer – Chinesen, Japaner, Mexikaner, Brasilianer, Schweden, Norweger, Deutsche etc. und ihre Mutter, die Polin. Alle waren gleich stolz auf ihre Kinder. Man hörte die Studenten in vielen Sprachen telefonieren. Gleich gerührt waren sie als der Name und das Land mit ihrem Kind in Verbindung gebracht wurde. Als ihr Kind das Offizielles Diplom entgegennahm. Genau das hatte ihr schon direkt zu Beginn an der Universität imponiert, dass so viele Nationalitäten zusammensaßen, und alle waren sich wohlgesonnen. Keine Ausländer, sondern Freunde, Studenten und Akademiker waren sie. Sicher fühlte sie sich inmitten so vieler Absolventen aus verschiedenen Ländern. Dazu zählte sie vieler dieser grandiosen Menschen als Freunde. Kamila war stolz und sie wusste nicht, warum sie gerade an diesem Tag über die Verschiedenheit und Gleichheit von Ländern nachdachte. Doch sie war als Idealistin zur Welt gekommen und sie war überzeugt, dass es möglich war, dass alle Länder dieser Welt lernen könnten, sich zu schätzen und zu respektieren. Sie würde damit nicht sagen, dass sich alle lieben müssten. Es gab viele Dinge, die sie generell an anderen Ländern störte – aber das waren ihre Eigenheiten und die musste man tolerieren, wenn man es nicht respektieren konnte. Kamila generalisierte auch, zum Beispiel konnte sie nach wie vor die Unpünktlichkeit der Brasilianer und Mexikaner nicht ausstehen. Außerdem fand sie, dass die deutschen Frauen zu sehr untereinander konkurrierten. Kamila nahm wahr, dass viele Polen im Ausland gleichgültig zueinander waren und ihre Landsleute nicht mochten. Türken wirkten in ihren Augen oft ausländischen Frauen spottend und zwangen anderen ihre Sitten und Frauenbilder zu zielstrebig auf. Im Grunde aber hatte sie gelernt, damit umzugehen und hatte Freunde aus allen genannten Ländern, die sie nicht missen wollte und als Familienangehörige ansah. Trotz ihrer kulturellen Macken hatten sie viele schöne Traditionen. Sie verbrachte viele geniale Tagen miteinander und brachten Kamila immer zum Lachen. Dafür war sie sehr dankbar. Letztendlich war sie auch nur ein Mensch.

In der Gruppe saß Kamila mit Grazia und anderen Schulkollegen, die inzwischen auch ihre Freunde waren. Jeder schrie vor Freude und machten Fotos als Andenken. Die Kommilitonen telefonierten mit Freunden und Familien, leider hatte Kamila keinen Empfang, weil es eine der größten Abschlussklassen in der Schule war und die Leitungen einfach überlastet waren.

Es war ein überwältigendes Gefühl, so viele Studenten, so viel Glück und Erleichterung in den verschiedenen Gesichtern zu sehen. Kamila lachte und freute sich auch schon auf ihre Abschlussparty, bei der sie mit ihren Liebsten zusammen sein würde. Die Afterparty war bei Conny geplant. Schon ein Tag vorher hatten sie alles, was das Herz begehrte, zusammen mit ihrer Mutter eingekauft; Softdrinks, Alkohol, Käse- und Schinken-Häppchen, Obstspieße und so vieles mehr. Kamila freute sich, dass auch Clarissa da war, um mit ihnen zu feiern. Doch bevor es zu der Afterparty gehen konnte, fing die offizielle Abschlussfeier an.

Es wurde still wie in einer Kirche. Jeder hörte dem Professor zu und nahm dankbar die Gratulationen an. Verschiedene erfolgreiche ehemalige Studenten kamen und gratulierten ihnen und gaben ihnen ein paar Ratschläge für die Zukunft. Der Bebe©-Geschäftsführer und Vorstand kam und erzählte, wie gerührt er gewesen war, als er damals in der Abschlussgruppe gesessen hatte und mit dem Abschluss den Anfang seiner Träume bestimmte. Kamila hörte ihm besonders aufmerksam zu. In dem Augenblick wünschte sie sich sehnlichst, irgendwann auch mal da oben zu stehen und eine Rede zu halten. Ja, sie war hier und sie kämpfte mit den Tränen, weil sie endlich das Licht am Ende des Tunnels sah. Sie wollte auch im Leben etwas Besonderes bewirken und andere ermuntern. Ob sie es je schaffen würde, wusste sie nicht, aber sie bewunderte jeden Gastredner, der zu ihnen sprach. Sie ahnten nicht, wie sehr sie Kamila in diesem Augenblick prägten. Der Schulpräsident stand auf und gratulierte jedem Studenten einzeln. Kamila fühlte sich jetzt erfolgreich. Sie hatte einen Job, den sie in ein paar Wochen beginnen würde, ein neues Apartment, in das sie in der nächsten Woche ziehen würde und Raul wollte sie in einem Monat besuchen. Strahlend stand sie vor dem Präsidenten und er gratulierte ihr, sie bedankte sich mit Demut. Dann fiel sie voller Freude ihrer Mutter und ihren Freunden um den Hals. Sie warteten schon sehnsüchtig darauf, weiter zur Party zu fahren.

An diesem für sie so bedeutenden Tag, erinnerte Kamila sich daran, wie sie vor sechs Jahren den ersten Schritt nach vorne gewagt hatte. Voller Furcht hatte sie Angst zu hoffen und sich zu trauen doch als sie es tat ebnete sich der Weg, als sie vorangeschritten war. Ja, alles ist möglich und Erfolge ergeben sich, wenn man an sich selbst glaubt oder wenn es wenigstens nur eine einzige Person gibt, die an einen glaubt und der man vertraut – in Kamilas Fall war diese Person ihre Mutter.

Oft weiß man instinktiv, dass es nicht leicht werden wird, dass man viele Opfer bringen muss und Kraft zum Voranschreiten braucht, doch aus eigener Erfahrung wusste sie, dass es schlimmer ist, in einer Situation, die man hasst, zu verwelken! Kamila hatte ihren familiären Schutz und die

Geborgenheit aufgegeben, aber sie behielt das Wichtigste, das sie wohl sonst umgebracht hätte, wäre sie nicht nach vorne geschritten – sich selbst.

Doch jetzt an der Ziellinie schaute sie zurück und weinte diesmal Tränen der Freude. Zusammen mit den Menschen, die an sie geglaubt haben, vielleicht auch mal ein Ziel verfolgt haben und einen ähnlichen, wenn nicht den gleichen Weg gegangen sind. Kamila hatte für sich erkannt: „Ich bin es Wert, meinen angeborenen Umständen und abgewiesenen Gefühlen Stand zu halten. Ich habe mich nicht unterkriegen lassen und war fähig aufzustehen und mir in dieser Welt einen kleinen Platz zu behaupten. Und ich weiß, dass ich auch in meiner dunkelsten Zeit imstande bin, aufzustehen. Und wenn ich es kann, dann kann es jeder – auch du! Ich habe es geschafft!“ Kamila lächelte zufrieden und dachte, dass ihre Mutter recht hatte mit ihrem Spruch: „Man muss ab und zu eine Schauspielerin im Leben sein und immer nur nach vorne schauen.“

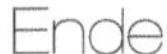

Meine Buchreise

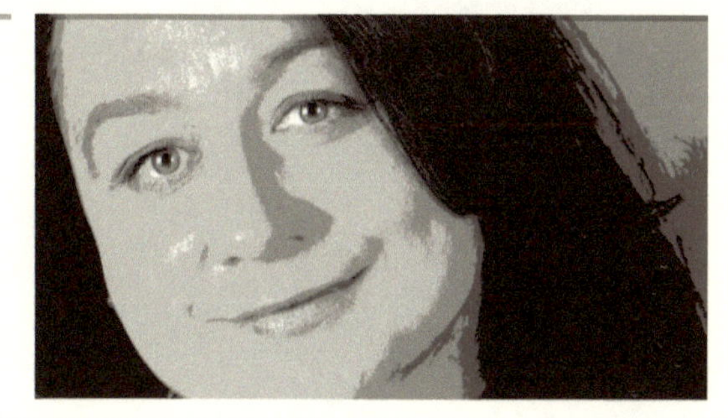

     Als kleines Mädchen lag ich oft im Garten meiner Großeltern und sah in den Himmel hoch und träumte von der Welt, neue Menschen und Kulturen kennenzulernen.

     Ich hörte Musik aus dem Ausland und in Gedankten tanzte ich zu den fremden Klängen. Meine Familie, meine Arbeit und die Leidenschaft für fremde Länder führte mich ins Ausland.

     Ich habe schon früh meine Gedanke und Träume niedergeschrieben. Dieses Buch entstand schon vor vielen Jahren, mit den erfundenen Charakteren, und jetzt ist die richtige Zeit es zu veröffentlichen.

Danksagung

Für die große Hilfe bei der Fertigung dieses Buches danke ich sehr meinen Unterstützern.

Speziell möchte ich auf die Hilfe der Unabhängigen Buch Designern, Format Designern, Studenten und Freelancern aufmerksam machen, die mich für erschwingliches Geld im Zusammenbau der letzten Version des Buches unterstützt haben. Das sind Menschen aus allen Ecken, Religionen und Sprachen dieser Welt.

Der wichtigste Dank gehört aber meiner Mutter, die mich auch heute noch auf unerklärliche Art und Weise unterstützt und mir die Kraft, Mut und den Willen gibt: ich selbst zu sein.

Das ist für dich. Ich liebe dich.

Septmeber 2020   Laudi Tyka

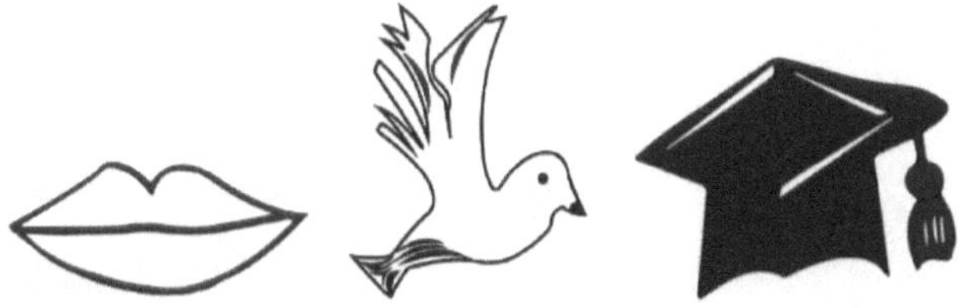

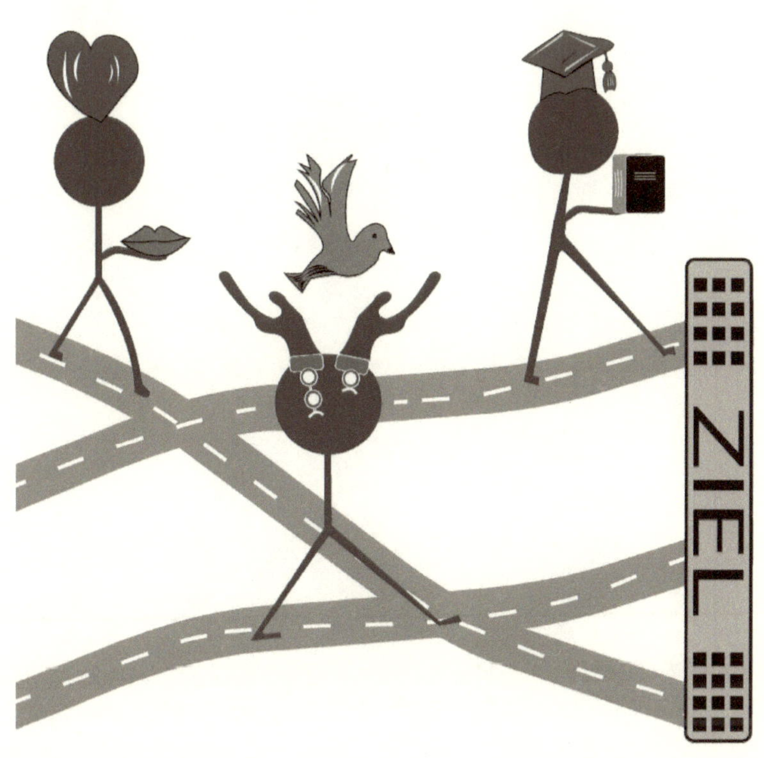

ZIEL